Stanisław Lem

Die Technologiefalle

Essays

Aus dem Polnischen
von Albrecht Lempp

Insel Verlag

Die Originalausgabe erschien 1995 unter dem Titel
Tajemnica chińskiego pokoju im Verlag Universitas, Kraków.
Die vorliegende Ausgabe folgt der zweiten Auflage 1996.

Das Kapitel »Brain Chips« übersetzte Friedrich Griese,
dieser Essay erschien in deutscher Sprache zuerst in:
Mind Revolution · Schnittstelle Gehirn-Computer,
München 1995, Akademie zum Dritten Jahrtausend (Tagungsband).

Satz: Libro, Kriftel
Druck: Wilhelm Röck, Weinsberg
Printed in Germany
Erste Auflage 2000
3 4 5 6 – 05 04 03 02 01

Inhalt

Jerzy Jarzębski

Der Verstand der Evolution und die Evolution des Verstands

Der Titel meiner Skizze ist natürlich eine Verbeugung vor dem Autor des Buches, der den hochinteressanten Essay *Ethik der Technologie und Technologie der Ethik* verfaßt hat. Wie man sieht, ist etwas in Stanisław Lems Denken, das solche Formulierungen provoziert, die sich leicht auf den Kopf stellen lassen. Seine neuesten Essays aus dem »PC Magazine« fügen sich unversehens zu einem Band, der nicht nur von seinem Umfang her gewichtig geraten ist. Zuerst schienen sie nur ein Anhängsel an die vor über dreißig Jahren entstandene *Summa technologiae* zu sein, ein Annex, in dem der Autor sich dem Leser als glücklicher Prophet der künftigen Entwicklung des menschlichen Wissens und der technischen Fähigkeiten präsentieren konnte. So war es auch: *Summa* erscheint heute als ein Werk, das sich – erdacht als ferne Prophetie und gewagt bis zur Bilderstürmerei – nach drei Jahrzehnten genau im Zentrum der aktuellsten wissenschaftlichen und konstruktionstechnischen Praxis wiederfindet. Zu Beginn der Lemschen Überlegungen heute steht also die (recht triumphierend klingende) Gegenüberstellung jener Ideen und Erwägungen von damals mit dem heutigen Wissensstand. Doch wenn das schon alles wäre, wäre *Die Technologiefalle* kein solch faszinierendes Buch. Es kommt hinzu, daß im Verlauf der Jahre und der Evolution der Wissenschaft sich die Situation des Autors dieser Prognosen ganz entschieden verändert hat. Im Jahre 1964, als die erste Ausgabe der *Summa* erschien, war Lem vor allem ein gefragter Science-fiction-Autor und Autor von populärwissenschaftlichen Essays, der ganz unversehens eine Fusion dieser Gattungen herbeigeführt hatte, indem er weit in die vorhersehbare Zukunft der Technologie blickte. Dieser Sprung in die Zukunft erschien vor dem Hintergrund des damaligen Wissensstandes in den Augen der Zeitgenossen wie eine wenn nicht völlig willkürliche Träumerei, so doch zumindest allzu große und unheilbare Vorliebe für Phantastereien und Flickschustereien an der Wirklichkeit – ein *wishful thinking*.

Das Buch wurde – auch wenn es wohl mit größerem Ernst und größerer Aufmerksamkeit gelesen wurde, als der Autor das heute wahrhaben will – damals nicht so unmittelbar am »Stand der Wissenschaften« und den laufenden Entdeckungen gemessen. Es war eine leere Matrize, die ausgefüllt sein wollte, ein überwiegend abstrakter Entwurf, dem es erlaubt war, verschiedene dem Anschein nach verrückte Ideen in sich zu tragen. Heute – wo so viele der Lemschen Vorhersehungen eingetreten sind und Gelehrte in Deutschland oder den USA sich geradezu dazu bekennen, daß sie sich seiner Inspirationen bedienen – verspürt der Autor der *Summa* die Last einer Verantwortung viel stärker als zuvor. Sie ist um so gewichtiger, als Lems Behauptungen nun vom Leben und von auf einmal verwirklichten Produkten dieser oder jener (genetischen, informatischen) Ingenieurkunst verifiziert werden. Der erste und entscheidende Unterschied zwischen der *Summa* und der *Technologiefalle* besteht also darin, daß die Urteile des ersten Buchs in einem von Hypothesen und Modellen relativ freien Raum formuliert wurden, während die Urteile des zweiten im Lärm des unweigerlich im Zentrum stehenden allgemeinen Interesses vorgetragen werden, im Angesicht von Berichten über experimentelle Forschungen und sogar Signalen von einem Markt, auf dem Ideen zu leben beginnen, die zuvor noch an Phantastik grenzten.

Welchen Einfluß hat das auf den Diskurs von Lem selbst? Sagen wir zuerst, daß bei ihm das Thema der Ethik eine immer größere Rolle spielt. In *Summa technologiae* überraschte der Begriff der Technologie als einer bis zu einem gewissen Grade selbstständigen Existenz, die sich unabhängig vom menschlichen Wollen entwickelt, wenngleich sie sich auf ein Substrat stützte, das aus dem menschlichen Streben nach Erkenntnis und der Beherrschung der Welt gebildet wurde. Die Technologie evoluierte gemäß dieser Vision nach dem Ebenbild des genetischen Codes, so daß sie moralischen Bewertungen eher entzogen war. In *Die Technologiefalle* wird der Entwurf einer künftigen Technologie, die zuvor eine Abstraktion war, plötzlich zum Inhalt des alltäglichen Lebens der Individuen und Gesellschaften, und die Technologie selbst tritt in die komplizierte Realität des zu Ende gehenden Jahrhunderts ein, taucht in den Häusern durchschnittlicher Menschen in Form des Internets auf, in Form von Produkten der genetischen Ingenieurkunst, vorläufig noch primitiver »phantomatisierender« Apparaturen usw. Folglich kann das, was generell gesehen eine »objektive« Erscheinung ist und unvermeidbar wie ein Naturgesetzt, im Kontext des praktischen Lebens stark negative Emotionen wecken. Ob es uns gefällt oder nicht: Die Menschen machen von ihren Entdeckungen gemeinhin schlechten Gebrauch. Anstatt die Verwirklichung der höchsten Ideale anzustreben, bedienen sie sich der Werkzeuge einer hochentwickelten Technik, um ihre primitiven Triebe zu befriedigen. Man kann das beklagen, verurteilen usw., doch hat das gewiß keine Konsequenzen. Der Mensch gründet sich nun mal auf eine merkwürdige Anatomie – und dieser Aspekt seiner Natur ist für Lem die Startrampe für sehr komplizierte und weitreichende Überlegungen.

Ausgangspunkt dieser Überlegungen ist der Versuch, den menschlichen Intellekt und die »künstliche Intelligenz« einer Maschine miteinander zu vergleichen. Der Titel des ersten Kapitels signalisiert, daß für den Autor Lamettries Traktat »Der Mensch als Maschine« inspirierend war. Doch in der Lemschen Version haben wir anstelle eines Gleichheitszeichens eine Konjunktion: Der Mensch ist keine Maschine; er existiert neben ihr und nach völlig anderen Prinzipien. Der Mensch ist auch keine einheitliche Ganzheit: Er wird von einem unheilbaren Dualismus zerrissen, einer echten Unvereinbarkeit des materiellen Substrats und des darin erwachsenden Denkens, eines noch immer nicht ganz bekannten Körpers und eines vielleicht noch weniger faßbaren Bewußtseins. Wir haben also mindestens drei Elemente, die nicht allzu gut zusammenpassen: den Menschen als ein unglaublich komplexes Produkt der biologischen Evolution, den Menschen als denkendes, in die Kultur verstricktes Bewußtsein, das auf eine nicht ganz durchschaubare und erklärbare Weise aus den Prozessen geboren wird, die in dem biologischen Körper ablaufen – und zuletzt das Produkt der Technologie: eine Maschine, die Operationen intellektueller Natur auf eine von ihren Konstrukteuren programmierte und im Einklang mit dem eigenen mechanischen und funktionalen Schema stehende Weise ausführen kann. Die Überlegungen Lems sind vor allem den Erkenntnisproblemen gewidmet, die sich in dem Moment einstellen, wo wir jene drei Elemente aufeinander beziehen wollen, das eine durch das andere erklären bzw. in einem Prozeß nachbilden wollen, der im anderen stattfindet. Die Schwierigkeiten sind dreifacher Natur: philosophischer, wissenschaftlicher und praktisch-konstruktiver.

Der Philosoph fragt, was es bedeutet, daß im Gehirn individuelles, menschliches Bewußtsein entsteht, und ob dieses auf dieselbe Weise existiert, wie seine materielle Grundlage existiert, oder vielleicht irgendwie ganz anders. Das ist im übrigen ein Dilemma, das der modernen Philosophie noch von Descartes aufgegeben wurde, und obgleich Lem weltanschaulich sicher dem Materialisten und Monisten Lamettrie nähersteht, so übersteigt es heute sowohl seine wie auch jedes anderen Menschen Möglichkeiten, die psychischen Prozesse unmittelbar aus dem Verlauf elektrischer Ströme in der Hirnrinde herzuleiten. Ein materialistischer Monismus – ja, natürlich, aber ohne den Erkenntnisoptimismus, der den Enzyklopädisten und ihren vielen Nachfolgern eigen war und über den vorhandenen Wissensstand hinausgeht. Und mit dem Bewußtsein, daß die Materie sich in ontologische Schichten oder ganze Hierarchien ordnet, die nicht wechselseitig durchdrungen werden können. Diese letzte Hypothese kam im übrigen in Lems belletristischem Werk stärker zum Ausdruck.

Das Erstaunen des Philosophen hat damit noch kein Ende: Das im europäischen Denken tief verwurzelte neoplatonische Schema, wonach der menschliche Geist unvergleichlich viel höher auf der Seinsleiter steht als primitive Körper, wird hier in bemerkenswerter Weise umgekehrt: Es ist gerade der Körper – als Produkt des sich vervollkommnenden genetischen Codes –, der eine atemberaubende Komplexität und »Klugheit« aufweist, von denen der hier ganz am Anfang stehende Geist des menschlichen Individuums noch weit entfernt ist.

Wenn hier etwas erstaunt, dann eher die massive Disproportion zwischen der Raffiniertheit der biologischen Apparaturen, die jedes Leben steuern, und der unendlichen Mühe, die es braucht, damit auf dieser Grundlage mehr recht als schlecht ein sich selbst und die Welt verstehendes Bewußtsein entstand. Man denkt hier unwillkürlich an Lems Elektrobarden aus *Kyperiade*, der – in Gestalt eines Berges von elektronischen Gerätschaften, vollgestopft mit der ganzen Weisheit der Jahrhunderte – zu Anfang lediglich den Satz »Das Leben ist schrecklich« röcheln konnte. Ob der Verstand demnach die Krone der Schöpfung ist oder ein unvollkommenes Nebenprodukt in der Evolution des genetischen Codes – das ist eher eine Frage für den Philosophen als für den Gelehrten. Und ich sehe darauf – obschon Lem die Frage fortwährend stellt – keine definitive Antwort.

Zu den Sorgen des Gelehrten wiederum gehört die Lösung des Problems, ob die Maschine »denkt« – nur eben etwas einfacher und primitiver als der Mensch – oder ob sie umgekehrt ganz anders funktioniert und, selbst wenn sie durch die Entwicklung der Computertechnik um ein Vielfaches verstärkt und verbessert wird, etwas ganz anderes bleibt, was mit dem Geist des Menschen nicht verglichen werden kann. Das ist wohl auch das zentrale Problem des Buches, immer wieder und in immer neuen Kontexten gestellt. Die Antwort fällt vorsichtiger aus als noch vor ein paar Jahren: Es ist wahr, daß die Maschinen der Situation immer näher kommen, wo es dem Menschen nur mit größter Mühe gelingt, den berühmt-berüchtigten Turing-Test zu »knacken«, das heißt festzustellen, daß er nicht mit einem anderen Menschen redet, sondern mit einem Mechanismus. Es sieht allerdings nicht danach aus, daß es in der vorhersehbaren Zukunft gelingen könnte, eine künstliche Intelligenz zu konstruieren, die über Bewußtsein verfügt, über ein »Ich-Gefühl«, und mit Willensakten ausgestattet wäre. Auch wenn der Computer in einigen Bereichen besser als der Mensch »denken« kann, kommt er letzterem in anderen Hinsichten noch immer nicht gleich, und eine Steigerung der Rechenleistung kann diese Kluft nicht überbrücken; denn es geht um einen Unterschied in der Qualität, die sich zusätzlich auf eine gänzlich andere materielle Grundlage der geistigen Operationen gründet.

Lem hat uns daran gewöhnt, wie im Spaß die Nase über die rein materielle Unvollkommenheit der Wesen zu rümpfen, die im Vergleich zur Perfektion der metallisch-kristallinen Roboter, deren Material sie allein schon dafür zu prädestinieren scheint, elektrische Intelligenz aufzunehmen, »zerfließlich, weich, teigig und wässrig« sind. Das ist ein Märchen: Gerade in wässrigen Lösungen oder Suspensionen – sagt uns Lem heute – verlaufen die informationsverarbeitenden Prozesse besonders effektiv. Folglich ist der menschliche Körper als Sitz des Geistes überhaupt nicht »schlechter« als Mikroprozessoren: Er funktioniert einfach anders, und die Konstrukteure sollten weiterhin von der Natur lernen.

Hier können wir fragen, wozu der Mensch eigentlich mit dem Widerstand des Materials ringt, wozu er begierig sucht, anthropomorphe Intelligenz zu konstruieren, warum ihm nicht der Computer als eine Maschine genügt, die durch ihre Rechenleistung einfach die Gelehrten unterstützt? Man kann sagen, daß es zumindest zweierlei Begründungen für diese Bemühungen gibt: Die erste ist philosophischer Natur – es ist einfach die Suche nach den Grenzen menschlicher Möglichkeiten, der Versuch, Gott weitere Prärogative zu entreißen und auf dieser Grundlage ein neues Weltbild aufzustellen. Die Anstrengungen der Konstrukteure künstlicher Intelligenz stehen also den Bemühungen sehr nahe, welche die Genetiker darauf verwenden, den Erbcode endlich zu knacken und unbegrenzte Einflußmöglichkeiten auf die Gestaltung neuer biologischer Wesen zu bekommen. Die einen und die anderen basteln an etwas herum, das in unserer bisherigen Kultur gewöhnlich als Domäne des Demiurgen angesehen wurde, so daß die Ergebnisse ihrer Arbeit unmittelbaren Einfluß auf Glauben und Weltsicht der Menschen haben können. Das hier erlangte Wissen ist nicht gar zu erfreulich, denn unvermeidlich lastet auf ihm die Angst vor den Konsequenzen neuer Entdeckungen, vor einer Aushöhlung der ethischen Ordnung der menschlichen Zivilisation. Die Zauberlehrlinge aber gehen immer weiter – denn eine Umkehr ist nicht mehr möglich!

Doch es würde sich täuschen, wer glaubt, daß wir es ausschließlich mit einem tödlichen Automatismus der Entdekkung »von allem, was es zu entdecken gibt«, zu tun hätten. Im Grunde ist der Wunsch nach künstlicher Intelligenz dort am stärksten, wo der Berg dummer, unbedeutender und unwichtiger Information in exponentiellem Tempo anwächst – wie ein Himalaya aus den Strömen unseres Mülls. Eines der Leitmotive der Essayistik Lems in den letzten Jahren ist seine Kritik an der ungefilterten Information, die uns über die Computernetze attackiert und unsere Sinne annektiert. So gesehen erinnert die Menschheit an Mäuler den Räuber aus *Kyperiade*, der von einem »Dämon zweiter Ordnung« besessen ist, der pausenlos Stöße von Kommunikaten produziert, die sprachlich sinnvoll, ansonsten aber völlig wertlos sind. Wäre dann die Computerintelligenz gar das Antidot gegen die auf der ganzen Welt wuchernde Computerdummheit? Die Antwort muß skeptisch sein, denn weder wissen wir, ob es gelingt, der Maschine die Merkmale eines menschlichen Intellekts zu geben (was landläufig ausgedrückt »Klugheit« an Stelle von Rechenleistung hieße), noch ob jener maschinelle Intellekt dem Menschen in der erwarteten Weise dienen will.

In *Die Technologiefalle* ist die Zahl der Geheimnisse gegenüber der früheren *Summa technologiae* kein bißchen geringer geworden. Die Lösung eines Rätels schafft nämlich sofort neue – so ist nun einmal das Schicksal jeder wirklichen Forschung in der Welt der Wissenschaften. Das Buch in meinen Händen bestätigt jedoch im ganzen Umfang diejenigen Intuitionen Lems, die ihn vor Jahren dazu veranlaßten, sich auf der einen Seite mit Kybernetik, Informatik und der Konstruktion »künstlichen Denkens« zu beschäftigen, auf der anderen aber mit Genetik und der Evolutionstheorie. Tatsächlich fand auf diesen Feldern der wohl größte und spektakulärste Sprung menschlichen Wissens statt – und sie brachten uns auch die faszinierendsten Rätsel und sind am engsten mit der Grundsatzfrage verbunden: der Frage nach der Beschaffenheit des Menschen und des Universums, ihrer Natur und wechselseitigen Beziehungen.

Was hat sich nun in Lems Ansatz gegenüber diesen Problemen im Verlauf der letzten dreißig Jahre verändert? Vor allem sehe ich eines: Der Autor der *Summa*, der seinerzeit eine fast unbegrenzte Vision von der Entwicklung der menschlichen Technologie zeichnete, spricht heute unvergleichlich viel vorsichtiger darüber. An diese Stelle ist bei ihm nun die Faszination für die Mechanismen der natürlichen Evolution getreten, die Bewunderung für die Perfektion ihrer Lösungen, für die Finesse biochemischer Reaktionen, die das Leben begründen. Mit Sicherheit ist das keine weltanschauliche Revolution: Lem bleibt im Grunde ein Schriftsteller, dessen Blick auf die Geschichte gerichtet ist, auf deren Verlauf und Gesetzmäßigkeiten. Fast in allen seinen Büchern finden wir Beweise für sein stark ausgeprägtes Interesses an den verschiedenen Formen evolutionärer Prozesse, die miteinander, nebeneinander oder auch in wechselseitiger Wirkung aufeinander ablaufen. Hier haben wir es ganz offensichtlich mit einem Gebiet zu tun, auf dem das von Fukuyama proklamierte »Ende der Geschichte« nicht gilt, das heißt das Ende des Denkens über die Zeit in Kategorien von »Fortschritt«, »Evolution«, »Zielorientiertheit«. Eine solche Zeitkonzeption stellt zuerst einmal die Vision der natürlichen Evolution als Sphäre eines objektiven und meßbaren Fortschritts auf, der allerdings bestimmt nicht auf irgendwelche übergeordneten Ziele gerichtet ist – außer auf die Reproduktion des genetischen Codes. Erst das menschliche Denken bringt hier die Teleologie hinein, die immer nach vorne orientiert ist, auf eine Abstraktion zukünftiger (erwünschter oder gefürchteter) Zustände. In Lems Vision der historischen Zeit erkenne ich beide Pole, das heißt einmal eine pessimistische Sicht der in der Welt ablaufenden Veränderungen – als ein richtungsloses Treiben unbekannten Katastrophen entgegen; das andere Mal optimistischer als ein bis zu einem gewissen Grad vorhersehbarer Prozeß, der in zunehmendem Maße für den Menschen beherrschbar wird. Gleichwohl scheint in den letzten Jahren bei Lem die erste dieser beiden Visionen zu überwiegen.

In *Summa technologiae*, einem im Grunde optimistischen Buch, auch wenn es aus der Sicht traditioneller Werte des Humanismus stellenweise nicht leicht zu aktzeptieren ist, fand die biologische Evolution relativ rasch eine Fortsetzung in der Evolution der technischen Zivilisation bzw. zu Ende gar in der selbständigen Entwicklung des aus der Abhängigkeit von der Biologie befreiten Verstandes. Heute verlegt Lem das Datum, an dem künstliche Geschöpfe der Technik die Natur »überholt« haben werden, in eine fernere Zukunft. Vielleicht zweifelt er auch immer mehr daran, ob sich die Evolution auf diesen Feldern als Verlauf einer einfachen Kurve abbilden läßt, das heißt einfach: ob die Maschinenintelligenz überhaupt irgendwann einmal in irgendeinem Sinne eine »Fortsetzung« des menschlichen Verstandes sein wird. Ähnlich vorsichtig äußert er sich über die Chance, biologische Gehirne durch sogenannte *Brain Chips* zu unterstützen – ein recht geschickter Weg, den Dualismus von »maschinellem« und biologischem Denken zu umgehen.

Ist dies ein vollkommener Rückzug von den optimistischen Ideen, die *Summa technologiae* belebt haben? Nicht unbedingt. Lem hat sich einfach nach seinen ziemlich abstrakten, zukunftsorientierten Projekten einer neuen Technologie nun praktischen Überlegungen über die Möglichkeiten der Anwendung seiner eigenen Ideen zugewandt. Kein Wunder also, daß er dabei zuerst einmal auf den Widerstand des Materials gestoßen ist. Neben diesem normalen Widerstand, den die Materie der Welt bietet, gibt es aber noch einen anderen Widerstand, der nicht leicht zu überwinden ist: der Widerstand, den die Menschen bieten. Neue Technologien werden dabei gar nicht unbedingt von konservativen Einzelpersonen abgelehnt, viel eher werden sie angenommen. Was dagegen Zweifel weckt, ist erst der Nutzen, den unsere heutige Zivilisation daraus zieht. Man kann das blinde Wirken der natürlichen Evolution kritisieren, doch die atemberaubende Meisterschaft ihrer Lösungen ist Rechtfertigung genug. Man kann die Unvollkommenheit der Technologie kritisieren, doch diese entwickelt sich schneller als jemals zuvor, holt ihre Verspätung rasch auf und lernt aus ihren Fehlern. Am schlechtesten schneidet in diesem Vergleich der menschliche Intellekt ab, und insbesondere der kollektive (Un-)Verstand, von dem sich Gemeinschaften, Völker, Konsumentengruppen usw. leiten lassen.

So wie die stillschweigende Annahme von *Summa technologiae* die Überzeugung gewesen zu sein schien, daß sich die menschliche Kultur in der Zukunft relativ harmonisch entwickeln würde, das heißt, daß die Gesellschaften fähig sein würden, sich neue technische Entdeckungen zunutze zu machen, so ist *Die Technologiefalle* ein Rechenschaftsbericht aus der realen Welt, und zwar aus einer, in der technologische Innovationen unter Menschen auftauchen, die dafür nicht vorbereitet sind, was zu Beschädigungen der Psyche des einzelnen und zu schwer vorhersehbaren Veränderungen in der Organisation des kollektiven Lebens führt.

Kommt die Menschheit damit zurecht? Nehmen wir einmal vorsichtig an, daß ja. Wenn in Lems Buch etwas Hoffnung weckt, dann die unerhörten Möglichkeiten, die in der biologischen Natur des Menschen stecken, und auch die bewundernswert weitsichtigen Lösungen der Evolution, die bisher so oft mit radikalen Veränderungen in Umwelt und Lebensweise der vom genetischen Code projektierten Wesen fertig geworden sind. Vielleicht erträgt die geduldige Biologie noch einmal das, was ihr der zu Aberrationen neigende Intellekt mit seinem Sproß – der Technologie – bereitet hat? Vielleicht gelingt es auch der Kultur, die auf lange Sicht gesehen wie biologische Homöostate funktioniert, die Innovationen aufzunehmen und wieder ein Gleichgewicht zu erlangen? Nach Darstellung des ganz in aktuelle Bezüge gebetteten Diskurses von Lem ist das noch nicht zu sehen. Statt dessen gibt uns der Autor einen Einblick in die Konsequenzen menschlicher Erkenntnis und Technologie, die ans Mark von Wissenschaft, Ontologie und Ethik gehen. Es verspricht deshalb keine Linderung existentieller und kognitiver Ängste, mit Lem und nach seinen Bedingungen nachzudenken. Doch es ist ein Denken »für Erwachsene«, das heißt eines, das die Schwierigkeiten nicht verschweigt, Antinomien nicht vertuscht und keine lichte Zukunft verspricht. Mit Sicherheit ist es richtig, heute nur so über die technologischen Perspektiven von Höllen und Himmeln zu reden.

Die Technologiefalle

Essays

Mensch und Maschine

1. Mitte des 18. Jahrhunderts schrieb der französische Philosoph und Materialist Lamettrie das Werk *Der Mensch als Maschine*. Ohne Zweifel könnten wir auch heute sowohl Anhänger als auch Gegner einer ähnlich extremen Erkenntnis menschlicher Natur finden. Mit anderen Worten und moderner ausgedrückt: Der Streit wäre erst entschieden, wenn es uns gelänge, eine dem Menschen gleichwertige Maschine zu bauen. Was aber heißt dem Menschen »gleichwertig«? Unsere Ähnlichkeit mit anderen Lebewesen gerade im Bereich des Körperlichen steht außer Zweifel: Der Mensch ist ein lebendgebärender Säuger, ausgestattet mit Organen, die sich nur in sehr bescheidenem Maße von den Organen und der gesamten Physiologie anderer Säugetiere unterscheiden: Von allen anderen aber unterscheidet uns der Geist, also das Gehirn.

2. Wie sich der Leser leicht denken kann, nähere ich mich mit diesen etwas nebulösen Feststellungen einer ganz modernen Frage, die der englische Mathematiker Alan Turing vor ungefähr einem halben Jahrhundert gestellt hat: Ist es möglich, einen »endlichen Automaten« dergestalt zu konstruieren (der Computer ist ein solcher Automat und einer der Äste im Baum der Informatik, der aus dem Samenkorn der Kybernetik erwachsen ist), daß er sich in einem Gespräch nicht von einem Menschen unterscheiden läßt? Unzählige Male habe ich, vor allem in den sechziger Jahren in der ehemaligen Sowjetunion, an Diskussionen und hitzigen Debatten teilgenommen, in denen versucht wurde, genau dieses Problem zu lösen. Bekanntlich gibt es bereits Programme (Software), die imstande sind, gewisse Arten von Gesprächen mit Menschen zu führen. Gleichwohl läßt sich jedes Programm, das einen vernunftbegabten Gesprächspartner simuliert, früher oder später »demaskieren«. Die einfachste Methode, auf die niemand oder fast niemand gekommen ist (warum, weiß ich nicht), bestünde darin, dem unsichtbaren Diskutanten eine beliebige Geschichte zu erzählen, eine Anekdote, einen Witz, und zu verlangen, daß er das eben Gehörte nun mit seinen eigenen Worten wiederholt. Eine Maschine wiederholt alles am ehesten noch wortwörtlich: Ein normaler Mensch ist in der Wiedergabe einer Geschichte deshalb nicht präzise, weil er nicht so sehr den aus Wörtern gefügten Text behält als vielmehr den Sinn, und das bedeutet, daß er versteht, was ihm erzählt wurde. Hier stehen wir nun vor dem eigentlichen Dilemma: Wie können wir uns davon überzeugen, ob die Maschine »Computer« überhaupt etwas – vergleichbar dem Menschen – versteht? Eingangs muß beachtet werden, daß »etwas verstehen« mehrere Ebenen und Arten besitzt. Ein Hund »versteht« in gewissem Sinne, was sein Herrchen vorhat, wenn er sieht, daß dieser die Koffer packt, denn er hat das schon gesehen und »weiß«, daß eine Reise bevorsteht. Aber selbst eine Mücke »weiß«, was ihr von der Klatsche droht, mit der genervt wedelt, wen die Aufdringlichkeit der Mücke stört. Auf welche Weise sich verschiedene Arten von »Wissen« voneinander unterscheiden, läßt sich nicht einfacher erklären als dadurch, daß man sich auf die »Instinkte« beruft, deren extremster Vertreter der Selbsterhaltungstrieb ist – und damit sind wir auch schon beim Kern der Sache. Kein Computer nämlich, und würde er noch so perfekt Schach spielen, wissenschaftliche Texte übersetzen oder Krankheiten anhand von Untersuchungsergebnissen diagnostizieren, wird versuchen, dem Schlag eines Hammers oder einer Picke auszuweichen, weil keiner einen »Selbsterhaltungstrieb« hat, um den herum sich alles »aufbaut«, was lebt (ausgenommen die Pflanzen). Was weder versucht hat zu fressen noch, nicht gefressen zu werden, ist im Laufe der milliardenjährigen Evolutionsprozesse ausgestorben; und nur wer erfolgreich frißt oder erfolgreich ausweicht, ist am Leben geblieben.

3. Eine gewisse Form eines »Selbsterhaltungstriebs« ließe sich einem Computer schon eingeben. Gleichwohl bringt uns ein solcher Eingriff der Lösung des Dilemmas nicht näher. Douglas R. Hofstadter beschreibt in seinem dicken, kurzweiligen und interessanten Buch *Metamagicum. Fragen nach der Essenz von Geist und Struktur* das Erlebnis, wie er einen Menschen von einer Maschine unterscheiden sollte. Am Ende stellte sich heraus, daß er mit ein paar Studenten gesprochen hatte, die auf seine Fragen so geantwortet hatten, daß er in die Irre geführt wurde. Als er schon dachte, er rede mit einem Computer, wurde ihm offenbart, wie es wirklich war. Wie soll es nun gehen? In ihrer allereinfachsten Form sieht die Sache so aus, wie ich sie vor Jahren in *Summa technologiae* beschrieben habe. Ich schrieb damals, daß man immer neue und zugleich immer bessere Konstrukteursarbeiten (heute würde ich sagen »Programmierungen«) hervorbringen kann und so die »demaskierten« Computer von Varianten abgelöst werden, die immer bessere Simulanten sind, dann käme man vielleicht zu einem Modell, das sich nicht mehr von einem Menschen im Gespräch unterscheiden ließe.

4. Sogar für die beschriebene Wiederholung einer Geschichte ließe sich ein Weg finden. Maschinen, die wissenschaftliche Artikel sortieren, sind beispielsweise so programmiert, daß sie die Texte nach Schlüsselbegriffen unterscheiden. Wenn die Frequenz von Wörtern wie »Blutplasma«, »Hämophilie« oder »Zellhaut« eine gewisse Schwelle überschreitet, gehört der Text mit ziemlicher Sicherheit zum Bereich der Medizin oder weiter gefaßt der Biologie. Wenn darin »Quarks« oder »Nuklide« vorkommen, dann ist klar, wo er einzuordnen ist. Auf diese fürs erste sehr primitive und nichts »verstehende« Weise kann man einer Maschine beibringen, so zu antworten, daß die Wiederholung des jeweiligen Texts dem Original strukturell (in Grammatik, Lexik und Stil) sogar sehr nahe ist, jedoch nicht deckungsgleich und wortwörtlich. Also ließe sich auch hier aus der Maschine ein geschickter »Betrüger« machen, der vorgibt, ein leibhaftiger Diskutant zu sein, und damit ergibt sich dann das nächste Problem.

5. Wir müssen uns nämlich nicht ausschließlich mit dem geheimnisvollen Gesprächspartner beschäftigen. Wir können auch danach fragen, was für einen Menschen die Maschine testet. Denn der größte Trunkenbold und Dummkopf wird als Unterscheidungsexperte nicht genauso gut sein wie ein

Mensch mit einem Hochschuldiplom oder ein Literat oder ein außergewöhnliches Genie.

6. Die Frage Turings hat sich stark verändert, weil wir heute über die fakultativen Möglichkeiten eines Computers mehr wissen als darüber, wie unser Gehirn funktioniert. Meiner Meinung nach, die sich hier nicht so sehr auf Fachlektüre zur Neurophysiologie stützt als vielmehr auf die eigene introspektive Erfahrung, setzt sich das Gehirn aus einer großen Zahl von Subsystemen zusammen, die für die Zusammenarbeit untereinander auf eine Weise verbunden sind, die sowohl der Optimierung von Ergebnissen der Informationsverarbeitung dient, zugleich aber auch den unglaublich langen historischen (evolutionären) Weg widerspiegelt, den das Gehirn in den Abertausenden Generationen von Tieren zurückgelegt hat, an dessen Ende die Hominiden standen und schon ganz zum Schluß wir selbst. Eine gewisse Abhängigkeit des Bewußtseins (ich fürchte mich vor diesem Begriff) vom Zustand seines Gehirns erlebt der alternde Mensch deutlicher als der junge, der geistig voll leistungsfähig ist. Einem älteren Menschen wie mir passiert es zum Beispiel, daß er den Vornamen eines ihm gut bekannten Wissenschaftlers vergißt, sagen wir Prigogine oder Planck. Die Anstrengung, sich (an irgend etwas) zu erinnern, läßt sich kaum vermitteln. Sie erweist sich denn in der Regel auch als vergeblich, doch das fieberhaft arbeitende »Bewußtsein« setzt ganz offensichtlich irgendwelche Mechanismen aus der Abteilung *Information retrieval* in Gang, denn fast immer, früher oder später, manchmal nach ein paar Sekunden, manchmal am folgenden Tag, »taucht« der gesuchte Ausdruck (hier: der Vorname) aus dem Abgrund des Vergessens auf. Wie er gefunden wurde? Ich habe keine Ahnung, und vorläufig kann es mir auch niemand erklären. Auf jeden Fall sieht man hier die eine Seite der Unzuverlässigkeit bei der Beherrschung des im Geist gespeicherten Informationsvorrats, auf der anderen Seite verbringt und vergeudet ein geistig schwer arbeitender Mensch (oder ein Sklerotiker) viel Zeit damit, eine Brille zu suchen, eine Zeitung, ein Buch oder einen Brief, weil das Weglegen, das Verwahren, das Irgendwo-Liegenlassen außerhalb der erinnerten Handlungen stattfindet, die das Bewußtsein zumindest im Kurzzeitgedächtnis ablegen sollte. Diese unbewußt und unerinnert ausgeführten Handlungen sind aber nicht selten »sinnvoll« und kohärent, das heißt, es muß nicht gleich darum gehen, Strümpfe in den Kühlschrank zu legen oder Eis in die Schublade. Allerdings läuft das meist – wie wir sagen – »gedankenlos« ab, vergleichbar dem Verhalten eines Epileptikers, der einen kleinen Anfall, einen *petit mal*, erleidet, dessen Bewußtsein sich also für einen Moment kurz »ausschaltet«, was von den Anwesenden bemerkt werden kann, aber nicht bemerkt werden muß, denn manchmal wird die »Bewußtseinslücke« von einer Handlung ausgefüllt, die einen Moment lang automatisch andauert. So kommt es, daß wir, anstatt uns einer Lösung der Frage nach dem »Wesen des Bewußtseins« zu nähern, um (unter anderem) die Frage seiner Simulation anzugehen, hier auf neue Hindernisse stoßen. Die Entdeckung der Teilbarkeit des Hirns, indem man den *Corpus callosum*, den Balken, durchtrennt, der mit zweihundert Millionen Nervenfasern die beiden Gehirnhälften verbindet, sowie eine durch einen solchen Eingriff verursachte »Spaltung« des Geistes in ein fast unabhängiges Paar »Geiste«, haben die Sache in den letzten Jahren noch eigentümlich kompliziert. Nicht klar ist (wieder einmal), ob und warum wir ein zweiteiliges Gehirn haben, ob dies eine Folge der vor vielen Millionen Jahren entstandenen zweiteiligen Symmetrie der Körper all der Tiere ist, die vor uns waren (wir es also mit dem Erbe sehr alter »evolutionärer Lösungen« zu tun haben, die wir seit Aberjahrhunderten mitschleppen), oder aber eher in Zusammenarbeit mit den Nervensystemen entstand, die das Gehirn bilden, und ob diese Zusammenarbeit auch heute optimal ist. Ich würde mich zwar für die erste Erklärung aussprechen, kann aber keinerlei Beweis für ihre Richtigkeit anführen.

7. Es scheint, daß ich das Problem durch den kurvigen Weg meiner Beweisführung noch undurchschaubarer gemacht habe. Ich glaube nämlich, daß der Turing-Test, der so stark von der Beschleunigung und der Leistung der Hardware und Software abhängt, zur Unterscheidung von Mensch und Maschine immer weniger geeignet ist. Außerdem stellt sich die Frage (vielleicht mehr für Philosophen als für Informatiker): Wozu zum Teufel brauchen wir eigentlich eine Maschine, die den Menschen so hervorragend simuliert, daß sie in ihrem sprachlichen Verhalten nicht mehr vom Menschen unterscheidbar ist? Es ist doch klar, daß die Evolution der Computer und mit ihr die Evolution der Programme sich nicht nur und nicht einfach von unserer geistigen Natur entfernt, sondern gleichzeitig in Bereiche vordringt (und das in zunehmendem Maße), die dem menschlichen Geist überhaupt nicht zugänglich sind. Was wir im Bereich der imaginativen Konstrukteurstechnik weder digital noch intuitiv, noch verstandesmäßig simulieren können, das können Computer. Unser Gehirn hat aufgrund seiner Entstehungsgeschichte ein affektives Leben geerbt und weiterentwickelt, all die negativen und positiven Emotionen, Streßzustände, Gefühle, Freuden, Leiden, Trauer, Entzücken, Schmerzen, die dem »bewußtseinslosen Dasein« der Computer völlig fremd bleiben, ohne die der Computer auskommen muß, ohne die – wie der Neurophysiologe behauptet – der Computer niemals befähigt sein wird, den Menschen in seinem bewußten Dasein nachzuahmen.

8. Daß dies jetzt so ist, dem stimme ich natürlich zu. Ob es immer so sein wird – das weiß ich nicht, und zwar aus mehreren Gründen, von denen ich hier bestimmt nicht alle aufführen kann. Der Bereich, in dem sich unsere Psyche auf die in unserem Organismus ablaufenden Prozesse auswirkt, ist zweifelsohne enorm groß, und man weiß nicht, wo unsere Grenzen verlaufen. Zum Beispiel wissen wir schon, daß sogar Gewebe, über das der menschliche Körper keine Gewalt hat, »wildgewordenes«, anarchistisches Gewebe, also Tumorgewebe, dem Einfluß des Gehirns selbst nicht unterliegt, doch die Abwehr des Organismus gegen den Tumor hängt ganz eindeutig vom Zustand ab, in welchem sich der Geist des Kranken befindet. Deprimierte leisten dem Tumor schwächeren Widerstand als jene, die leben wollen, die fähig sind, zu wollen, und damit gleichzeitig der tödlichen Bedrohung beträchtlichen Widerstand entgegensetzen. In der Depression des Geistes verkümmern und erlahmen alle Körperfunktionen, während sie in der Erregung an Macht gewinnen: Daher kommt das Krankheitsbild der Zyklophrenie (also des für dieses Bild typischen Wechsels zwischen Depression und manischer Erregung). Das ist deshalb nicht ganz abwegig, weil ein Programm, das dem Computer erlaubt, eine andere Geisteskrankheit zu simulieren (die Paranoia nämlich), schon vor längerer Zeit geschaffen wurde. Außer dem Gefühlsleben, dessen »Bedürfnis« uns auf eine schwer zu erklärende Art selbstverständlich ist, unterliegen wir der Macht von Morpheus: Ein Drittel unseres Lebens verbringen wir (oder wie andere meinen: vergeuden wir) im Schlaf. Auf die Frage, wozu wir den Schlaf brauchen und insbesondere wozu Träume »dienen«, gibt es bis heute keine einzige klare Antwort, und genau deshalb (weil es die verschiedensten Antworten gibt) weiß man in dieser Frage nichts Genaues. Ohne Schlaf kann der Mensch nicht länger als etwas über eine Woche auskommen. Computer dagegen schlafen nicht und scheinen ein solches »Bedürfnis« auch nicht zu haben. Was bedeutet das nun wieder?

9. Es scheint mir – ich will mich mit der gebotenen Vorsicht ausdrücken –, daß ein bestandener Turing-Test – darunter verstehe ich die Nichtunterscheidbarkeit von Mensch und Maschine selbst in der längsten »Prüfung« – überhaupt nicht klärt, ob eine Maschine ein Bewußtsein hat oder nicht. Diese Frage habe ich im übrigen in dem eingangs genannten Buch, so gut ich konnte, gelöst und damals gefunden, daß man sich der Simulation sprachlichen Verhaltens, also der Nachahmung eines vernunftbegabten Gesprächspartners, schrittweise, durch immer neue Approximationen, nähern kann, wobei man nach jeder verlorenen »Partie« sowohl am Programm als auch an der Maschine Verbesserungen vornimmt, bis man auf diese (vielleicht sehr unpraktische) Weise dazu käme, einen elektronischen Moloch zu konstruieren, der nicht nur eine Person aus dem Kreis der Domestiken, sondern auch Abiturienten oder gar Universitätsprofessoren mit seinem vorgeblichen Menschsein täuscht. Ob diese perfekte Kunst dann eine Demütigung unseres, des menschlichen Wesens bedeuten würde? Das ist eine Frage, die bereits über die letzte Bewertungsgrenze des Konstrukteurs hinausgeht.

10. Wir haben in der Tagespresse über den ersten angeblich von einem Computer geschriebenen »Liebesroman« lesen können. Das war ein sehr unzulängliches und wenig sinnvolles Unterfangen, denn der Computer »verstand« überhaupt nichts, tatsächlich gab ihm der Autor einfach die Möglichkeit, die »passende Deskription« aus bestimmten Zuständen der Heldin auszusuchen. Letztlich war es ein Unterfangen, bei dem es um Profit ging, denn viele Menschen wollen einen Roman kaufen, dessen Autor »ein Computer ist«. Man muß aber auch sagen, daß Computer im Porno-Bereich eingespannt werden, denn dafür gibt es die entsprechenden Programme, die das zeigen, worauf es dem Kenner ankommt. Doch dieser Einsatz hohen technologischen Könnens, hervorragender Leistungen der Wissenschaften zugunsten niederer, dummer, primitiver, brutaler und ekelerregender Arbeiten stellt eine der größten Enttäuschungen dar, die für das ausgehende 20. Jahrhundert typisch sind und die in besonders abstoßender Weise meine früheren Prognosen zum Einsturz gebracht haben: Es ist, als wären die klugen Mächte dazu gezwungen, die dunklen Lüste und Begierden mitzuschleppen, deren Wohnung auch der Mensch ist.

11. Mit dem Turing-Test habe ich nicht angefangen, um ihn so oder so auf meine Weise zu lösen. Wenn man sich aufs Prognostizieren einläßt, kann man sagen, daß es in Zukunft für den Computer leichter sein wird, den Menschen nachzuahmen, als für den Menschen, den Computer. Die kosmologische Simulation, die seinerzeit von »Scientific American« veröffentlicht wurde und die zeigte, wie das Weltall in einhundert Milliarden Jahren »aussehen« wird, wenn seine gesamte Masse nicht ausreicht, es zu »schließen«, es sich also ausdehnen wird, bis alle Sternenfeuer ihre Atomvorräte gänzlich ausgebrannt haben, war eine imponierende Demonstration dieses weitreichenden rechnerischen und zugleich simulatorischen Rigorismus, an dem es uns gebricht oder der die Arbeit von Hunderten von Mathematikern über Hunderte von Jahren erforderte. Aber schon an unserem Horizont taucht eine Chance auf, die meiner Meinung nach origineller ist als eine Antwort auf den Turing-Test. Die Computersimulation von Evolutionsprozessen findet nämlich vorläufig ausschließlich »im Innern« der Maschinen statt, und die abgrundtiefe Kluft zwischen der realen Welt und der numerischen Welt (zwischen »Körper und Geist«, »Materie und Information«) bleibt weiterhin offen, doch sie kann von neuen Gebilden geschlossen werden, die, was Konstruktion und Information angeht, »gezüchtete« Prototypen kleiner, pseudolebender (obschon toter, nur mit Elektronik vollgestopfter) »Geschöpfe« sind, die vorläufig dem Vergnügen verschiedener »Nanologen« und Sonderlinge der Ingenieurkunst dienen, die aber in Zukunft eine Evolution starten können, die von allein nicht in Gang käme. Es wäre dies eine »quasi-mechanische Evolution« oder eher eine informatisch-elektronische oder noch mehr eine molekulare Quantenevolution, von Menschen ausgelöst und von Menschen kontrolliert und gesteuert, doch ab einer bestimmten Etappe fähig, den »Stab zu übernehmen«, also fähig, »spontane Initiative« zu zeigen, zu der eine zunehmende Souveränität und sich ausbildende Spezialisierungstrends gehören. Wozu eine solche Evolution dienen könnte? Diese Frage kommt ein wenig zu früh; denn auch die Frage, die den Brüdern Montgolfier gestellt wurde, wozu ein Papierballon »dienen kann«, der durch erhitzte Luft aufsteigt, hätte seinerzeit nicht zu der Antwort geführt, daß er zu Flügen von Kontinent zu Kontinent dient. Ein anderer, bisher nicht existierender Kontinent kann in der Zukunft dank der sehr menschlichen Leidenschaften, etwas zu konstruieren, entdeckt werden – und seine Beherrschung kann uns, wer weiß das schon, viele Vorteile bringen . . . aber auch Niederlagen. In dem Roman *Fiasko* habe ich davon eine gewisse Vorstellung gegeben, allerdings auf eine einseitige, weil militärische Art, von der, leider, die aggressive, verderbte Natur unserer Gattung geleitet wird . . .

12. Die Geschichte der Informatik, in ihrer ganzen Spannweite von den Anfängen der Datenverarbeitung bis zur anthropozentrischen Gegenwart und aus dieser Gegenwart weiter bis an den Horizont künftiger möglicher Errungenschaften oder »Selbstverwirklichungen«, diese Geschichte, die die Biogenese umfaßt, die drei Milliarden Jahre dauerte und die Welt der Vielzeller hervorgebracht hat, aus der über die Linie der Hominiden der Mensch hervorging, jene riesige, weil bereits in geologischen Dimensionen meßbare Gesamtheit also, würde sich, quetschten wir sie mit einmal in die Aussageform eines Aphorismus, folgendermaßen darstellen:

Datenverarbeitung begann in den einfachsten Anfängen der Selbstorganisation, also des Lebens, und damit auf der Stufe molekularer Autoreplikatoren; aus ihnen enstand der genetische Code, der sich über Milliarden von Jahren veränderte, bis er die Potenz prospektiver Wachstumssteigerungen erlangte, die sowohl die Amöben als auch die Dinosaurier und uns hervorbrachte; von uns wiederum wird, bereits makroskopisch, die Datenverarbeitung ins Innere der Computer eingeführt, wo sich die von der Last des Körperlichen gereinigte Information mit Information kreuzt und von Information nährt, und zwar in einer Beschleunigung, die das Leben »allein« nie hätte erreichen können. Wenn diese Etappe der »Autonomie informatischer Evolutionierung« die Computer verläßt, weil diese ihrem Entwicklungsplan folgend zu Technobionten geworden sind, also zu Individuen, die ihrer Geburtsurkunde nach totgeboren sind, ihrer funktionalen Aktivität nach aber »wie lebendig« sind, und zwar »lebendig in Beschleunigung«, dann erweist sich dieses riesige Panorama aus Vergangenheit, Gegenwart und Zukunft als ein logisch stimmiges System, in dem Mikroleben Makroleben gezeugt hat, das wiederum »universalisiertes Zusammenleben« gezeugt hat – von den Molekülen über Organismen zu uns noch unbekannten und bisher sogar noch unbenannten »Technobionten«. Wenn man so denkt und die Sache so betrachtet, kann man akzeptieren, daß diese Entwicklungslinie, bei der der Mensch nicht Ziel ist, sondern eine Zäsur in der Panevolution, dazu befähigt, den Kosmos zu betreten, für den wir –

wie uns die Anfänge der Weltraumfahrt bereits gelehrt haben – uns körperlich, aber auch geistig und psychisch nur schlecht eignen. Die Symptome, Attribute und Beschränkungen, die aus seiner irdischen, hominidalen, lokalen und solaren Entstehung herrühren, haben sich tief im Menschen eingeprägt. Diese Vision ist nicht mehr als eine Prognose einer gegenwärtig noch phantastischen Möglichkeit. Die Wahrscheinlichkeit der Verwirklichung muß bescheiden, aber jeder Anfang späterer, ausgewachsener Höhepunkte so geartet sein. Man kann obiges Bild jedoch ebensogut auch als Tragikfarce sehen, die dem Verstand des Menschen zugestoßen ist bzw. zustoßen kann, der sich für die allerbeste kosmische Konstante hält, sich dabei aber nur als Vorspiel zu der folgenden transanthropischen Phase der »informationalen Eroberung des Weltraums« erweist. So gesehen, erhält jene projektierte Gesamtheit einen höhnischen Beigeschmack, wenn wir den Akt der Deuniversalisierung, also der Entthronung unseres sterblichen Verstandes, als Niederlage begreifen sollten.

Diagramm Mensch – Maschine

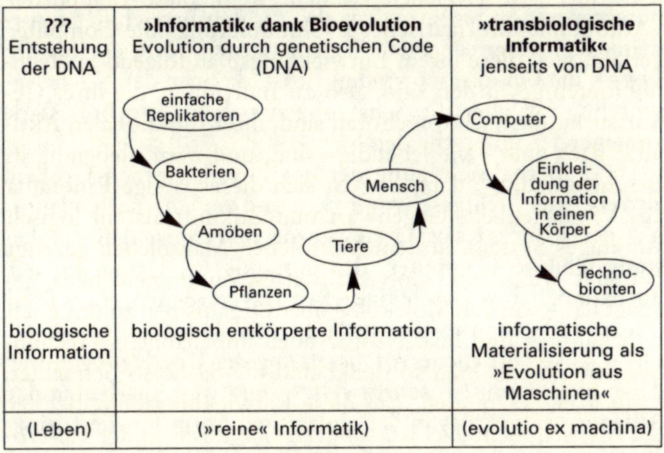

»Informationsbarriere?«

1. In *Summa technologiae* führte ich die metaphorischen Begriffe »Megabitbombe« und »Informationsbarriere« ein. Den Schlüssel zu den Schätzen der Erkenntnis nannte ich Information. Es ist ein bekanntes Phänomen, das den plötzlichen Anstieg der Zahl von Wissenschaftlern seit der industriellen Revolution verursacht hat: Die Menge an Information, die sich durch den jeweils entsprechenden Kanal schicken läßt, ist begrenzt. Die Wissenschaft ist ein solcher Kanal, der die Zivilisation mit der Außenwelt und ihrer Innenwelt verbindet. Ein Anstieg der Zahl von Wissenschaftlern bedeutet, daß die Kapazität dieses Kanals größer wird. Dieser Prozeß kann jedoch, wie jedes exponentielle Wachstum, nicht über eine beliebig lange Zeit ablaufen: Wenn es an Kandidaten für Gelehrte fehlt, prallt die Explosion der »Megabitbombe« gegen die »Informationsbarriere«.

2. Hat sich an diesem Bild etwas geändert? Zuerst möchte ich bemerken, daß man mehrfach den Versuch unternommen hat, die Grenzen der Rechenleistung der »endgültig letzten« Computergeneration festzustellen, also für den Bereich der Informatik den entsprechenden Wert herauszufinden, der für die Physik die Grenzgeschwindigkeit ist, die man dem Licht zuschreibt, daß aber die Schätzungen sich im Ergebnis stark voneinander unterschieden.

Unter Berücksichtigung der der Physik eigenen Größen, also eben der Lichtgeschwindigkeit und der Unschärferelation mit der Planck-Konstanten, wurde berechnet, daß der leistungsfähigste Computer, der imstande ist, Daten mit der höchstmöglichen Geschwindigkeit zu verarbeiten, ein Würfel (Hexaeder) mit einer Kantenlänge von drei Zentimetern ist. Die unausgesprochene Voraussetzung der Überlegungen war dabei gleichwohl ein schrittweises, iteratives Abarbeiten der Aufgabe, so wie dies in der einfachsten Form für die Turing-Maschine gilt, die nur einen von zwei Zuständen einnehmen kann: null oder eins. Nun kann jede Verrichtung jedes sequentiell arbeitenden Computers mit dieser allereinfachsten Maschine à la Turing ausgeführt werden, nur daß das, wofür ein Cray den Bruchteil einer Sekunde braucht, bei der Turing-Maschine Äonen dauert.

Man hat aber schnell bemerkt, daß sich auch Computer mit parallel arbeitenden Programmen bauen lassen, wenngleich ihre Programmierung und ihre Funktionsweise eine Reihe sehr schwer zu lösender Probleme schafft. Den Beweis, daß solche Computer als Konstruktion möglich sind, tragen wir im Kopf: Das Hirn entspricht nämlich (hauptsächlich wegen seines Baus, aber nicht nur) einem parallel arbeitenden Computer, der aus zwei großen Subsystemen (Hemisphären) besteht, in denen wiederum eine für den Menschen als Baumeister sehr merkwürdige »Allokationsstrategie« bezüglich der untergeordneten Systeme herrscht.

Für die Neurophysiologen war das ein echtes Chaos und ein einziges Rätsel. Sie konnten die Erscheinungen beim Ausfall einzelner Funktionen, wie zum Beispiel bei der Aphasie, der Amnesie, der Alexie usw., zwar herausfinden, aber sie vermochten deren Ursache und Wirkungsweise nicht zu erklären. Viele dieser und ähnlicher Phänomene in unserem Gehirn können wir im übrigen immer noch nicht richtig verstehen. Das Gehirn kann Informationen mit einer Geschwindigkeit von 0,1 bis 1 Bit pro Sekunde aufnehmen, doch heute erreicht uns der Strom neuer Informationen mit einer Geschwindigkeit, die zwischen drei und 20 Bit pro Sekunde liegt. Das gesamte menschliche Wissen verdoppelt sich ungefähr alle fünf Jahre, wobei sich dieser Zeitraum ständig verringert. Zur Wende vom 19. zum 20. Jahrhundert betrug er ungefähr 50 Jahre. Täglich werden auf der Welt 7 000 Aufsätze publiziert, 300 Millionen Zeitungen und 250 000 Bücher gedruckt, und es gibt schon über 640 Millionen Radio- und Fernsehgeräte. Da diese Daten von vor vier Jahren stammen, sind sie mit Sicherheit zu niedrig, vor allem in Folge des enorm schnellen Wissenszuwachses beim Satellitenfernsehen.

Die Informationsmenge, die von der Menschheit schon jetzt angehäuft wurde, soll 10^{14} Bit betragen und sich bis zum Jahr 2000 verdoppeln. Ohne Zweifel ist die Aufnahmefähigkeit des

Gehirns für Informationen bereits erschöpft: Außerhalb der Wissenschaften lassen sich die Anzeichen dieser »Informationsasthenie« viel leichter feststellen als in der Wissenschaft selbst, besonders wenn wir damit gezielt die Naturwissenschaften meinen. Diese sind von einem »Hof« aus Pseudo- und Quasiwissenschaften umgeben, die sich überall großer Popularität erfreuen, denn in der Regel geht es um »Wissen«, das zwar wertlos und falsch ist (Astrologie, Quacksalberei, sektirerische Absonderlichkeiten wie »Christian Science« und alle »Psychotroniken« wie Telepathie, Telekinese, »Geheimwissen«, Nachrichten über »Fliegende Untertassen« oder »Geheimnisse der Pyramiden« etc.), aber angenehm einfach und durch das Versprechen verlockend, des Menschen Schicksal und den Sinn des Lebens usw. usw. erklären zu können.

Ich beschränke mich hier jedoch auf die Naturwissenschaften, in die im übrigen aber auch schon lange eine Flut trüber Fälschereien eingedrungen ist, die nicht nur schädlich sind, sondern auch den gesellschaftlichen Status der Wissenschaft bedrohen: Immer häufiger kommt es bereits zum Betrug in der Wissenschaft, und dem leistet die immer noch gültige Regel des *publish or perish* Vorschub. Es sind also viele Faktoren, die dazu beitragen, daß die Informationsflut weiter anschwillt. Der oben erwähnte außerwissenschaftliche Bereich dagegen unterliegt hier Selbstbeschränkungen, die ein Zuschauer, der über Satellitenempfang verfügt, bei einem Vergleich leicht feststellen kann: Im Hinblick auf die Verschiedenartigkeit des Erzählstoffs unterscheiden sich die Sender auf der ganzen Welt in nur sehr bescheidenem Maße, was schlicht und einfach heißt, daß die Programme weit voneinander entfernter Staaten, Länder und Sprachgebiete inhaltlich fast deckungsgleich sind.

Dies ist bestimmt keine bewußte »Magerkur in der Fernsehdiät« und auch keine Nachmacherei: Das übersättigte Publikum will ganz einfach Abwandlungen der Geschichten sehen, die es schon kennt, und daher gibt es ständig neue Versionen von irgendwelchen Tarzans und Drei Musketieren, in den USA von Indianerkämpfen und Sezessionskriegen, in Europa dagegen vom letzten Weltkrieg. Die Informationsallergie ist im visuellen Bereich besonders aufdringlich, in den Sendestationen fürchtet man Innovationen mehr als das Feuer, während man den Anschein der Innovation schätzt. Natürlich spiele ich hier nicht den Kritiker, denn ich werte nicht und mache deshalb die Programme nicht schlecht, was ja nicht weiter schwer wäre, sondern ich versuche lediglich, den tieferen, rein perzeptorischen Grund für eine Tatsache zurechtzustutzen, die dem Fernsehzuschauer aus eigener Erfahrung bekannt ist und darin besteht, daß sich die vielen angeblich völlig unterschiedlichen, unabhängig voneinander produzierten Programme merkwürdig gleichen: Dreht man nämlich den Ton weg, ist es meist schwer festzustellen, ob wir ein Bild anschauen, das in der Türkei, in Großbritannien, Holland, Schweden, Dänemark oder Spanien usw. ausgestrahlt wird, denn von überall ergießt sich auf unsere Antennen fast der gleiche labberige Brei.

3. Also rettet sich der Durchschnittsmensch vor der Informationsflut zum einen dadurch, daß er die Menge der auf ihn niederregnenden Bits reduziert, zum anderen dadurch, daß er die Bits eliminiert, die für die geistige Absorption nicht unbedingt »notwendig« sind. Im Alltagsleben geschieht dies durch einen zunehmenden Ethnozentrismus der Medien, eine »wachsende Dickfelligkeit« gegenüber Inhalten, die schockieren oder unsere Gefühle verletzen können. In der Wissenschaft ist eine derartige Zurückhaltung jedoch nicht akzeptabel. Daher wächst dort die Bedeutung der Hilfstruppen, wie sie die Informatik mit ihren Computerdivisionen heranschafft. Wie jede neue (wenn auch nicht mehr buchstäblich neue) Erscheinung ist die Computerisierung zu einem unverzichtbaren Teil des Lebens geworden, der aber zugleich neue Schwierigkeiten mit sich gebracht hat: In den Ländern, in denen die Computerisierung erst ganz am Anfang steht (zu ihnen gehört *de facto* auch Polen), hat man die Schwierigkeiten und Dilemmata noch nicht zu spüren bekommen. Das erstbeste Beispiel macht deutlich, worum es gehen kann. In dem Science-fiction-Roman *Rückkehr von den Sternen*, erschienen

1960, führte ich »Kalsters« ein, kleine Geräte, die den Geldtausch und -fluß ersetzten. Natürlich gibt es in dem Roman für die Beschreibung der Infrastruktur dieser »Erfindung« keinen Platz! Aber jetzt wird in Zeitschriften (zum Beispiel amerikanischen) schon von *Smart cards* geschrieben, die auf genau demselben Prinzip beruhen. Es geht ohne Geldumlauf, auch das Bezahlen mit Schecks kann der Vergangenheit angehören, denn jeder hat ein Konto bei der Bank, und im Geldbeutel eine *Smart card*, die er beim Bezahlen dem Kassierer gibt, der sie in die Kasse steckt, die mit der Bank verbunden ist; der Computer teilt dem Bankcomputer dann mit, wieviel Geldeinheiten er vom Konto abziehen soll; auch das läuft über den Weg Schuldner (also dessen Computer) – Bank – Empfänger (also dessen »Kalster«).

Das alles ist schön und gut – unter der Voraussetzung, daß sich niemand mit einem »elektronischen Dietrich« Zugang zu unserem Konto verschafft; wie jedoch bekannt, gibt es seit langem schon sowohl *Computer crime* als auch »Hacker«, die sich sogar Zugang zu den bestgeschütztesten Computern diverser Generalstäbe verschafft haben. Bargeld läßt sich vergraben, in einer Schatztruhe verstecken, Bankcomputer dagegen werden mit Sicherheit und oft über ihre Kabelverbindungen oder auch ferngesteuert angegriffen werden. Das Phänomen der »Viren« wiederum ist uns schon so vertraut, daß es nicht lohnt, auf diese »dunkle« Seite des informatischen Lebens einzugehen.

4. Zur Überwindung der »Informationsbarriere« in der Wissenschaft können einerseits Computernetzwerke dienen, die sich zueinander etwa so verhielten wie die Neuronen im Gehirn (jedes Neuron ist, wie wir wissen, direkt oder indirekt mit zehntausend anderen verbunden, so daß es eigentlich ein Mißverständnis ist, wenn wir vereinfacht sagen, daß das Gehirn 12 oder 14 Milliarden Neuronen hat, denn es geht um die Zahl der Verbindungen, nicht nur um die der Einheiten, die nach dem *Flipflop*-Prinzip arbeiten), andererseits Computergiganten, die vorläufig mein »Golem XIV« aus der Erzählung *Also sprach Golem* repräsentieren kann.

Hier sollte ich vielleicht erklären, wie ich darauf gekommen bin und worauf das Konzept der übergolemischen Anstiege in »Terabitpotenzen« beruht, deren Verlauf von »Schweigezonen« unterbrochen wird. Das ist nun keine »reine Phantasie«, denn von Anfang an habe ich als Leitstern, oder eher als Leitkonstellation, die natürliche Evolution des Lebens auf der Erde genommen. Ihre vielleicht charakteristischste Erscheinung war die Entstehung der jeweils nächsten Pflanzen- und Tierart, die sich durch eine diskontinuierliche (diskrete) Zunahme ihrer Komplexität auszeichnete. Zuerst entstanden die Uranfänge des Lebens, von denen wir nichts wissen, außer daß sie im Laufe von drei Milliarden Jahren (mindestens, nicht höchstens) den genetischen Code mit seiner verblüffend kreativen Universalität ausbildeten; aus ihm entstanden Algen, die zur Photosynthese fähig waren, danach die Bakterien, Protozoen und die Meeresflora, dann die Fische, Amphibien und Reptilien und zum Schluß die Säugetiere, die von der Entstehung der Hominiden mit dem Menschen an der Spitze gekrönt wurden. Zwischen den Arten aber klaffen bedeutende Leerräume: Welche Übergangsformen auch immer beispielsweise zwischen Reptil und Vogel bestanden haben oder zwischen Fisch und Amphibie, geblieben ist nichts von ihnen: Diese Abkapselungen der Arten als »Schweigezonen der Speziation« hielt ich für hinreichend gewichtig, um sie auf die sukzessive Kulmination des Verstandes zu »übertragen«, der sich von seinen ursprünglichen, durch Physiologie und Anatomie gegebenen Aufgaben befreit, die das zentrale Nervensystem jedes Lebewesens leisten muß (sofern es ein tierisches Wesen ist).

5. Natürlich muß man das Konzept des leistungsstärksten Computers in Form eines »Würfels« mit einer Kantenlänge von drei Zentimetern verwerfen. Ob allerdings der Bau immer größerer Computer ein besserer Weg ist als die Bildung von neuronalen Netzen nach dem Ebenbild der Hirnnetze, das kann nur die Zukunft zeigen. Gegenwärtig sieht ein Vergleich des Hirns mit einem Computer der jüngsten Generation folgendermaßen aus. Das Gehirn ist ein rein parallel geschaltetes

System aus vielen Prozessoren, das aus ungefähr 14 Milliarden Neuronen besteht, die eine dreidimensionale Struktur bilden, in der jedes Neuron bis zu 30 000 Verbindungen mit anderen Neuronen hat.

Wenn jede Verbindung im Verlauf einer Sekunde nur eine Operation ausführt, dann wäre das Gehirn theoretisch imstande, zur gleichen Zeit zehn Billionen Operationen auszuführen. Der *Flipflop* eines Neurons dauert Millisekunden. Komplexe Aufgaben wie das Erkennen und Verstehen von Sprache leistet das Gehirn in der Größenordnung von einer Sekunde, da sie mehrere Rechenoperationen erfordern, ein Computer dagegen braucht für die analoge Ausführung der Aufgabe eine Million elementarer Schritte.

Weil ein Neuron einem anderen Neuron keine komplexen Symbole übermitteln kann (es ist ja eine »einfache« *Flipflop*-Apparatur), hängt die Leistung des Gehirns von der großen Zahl der wechselseitigen Verbindungen zwischen den Neuronen ab. Dem ist es zu verdanken, daß wir uns einer Sprache oder mehrerer Sprachen bedienen können, während es schon ein Problem ist, mit dem nicht jeder fertig wird, im Kopf zwei vielstellige Zahlen miteinander zu multiplizieren. Das Phänomen unerhört gewandter Rechenkünstler, die darüber hinaus vielleicht sogar noch debil sind, ist für mich hier ein ganz eigenes Rätsel, denn es zeugt von der Existenz verschiedener Subsysteme, die sogar – oder gerade dann – zu höherer Leistung fähig sind, wenn durchschnittlich normale andere Systeme beschädigt sind! (Das Gehirn hält Beschädigungen überhaupt und generell bedeutend leichter aus als ein Computer.)

Die heutigen Supercomputer arbeiten (wie der Experte behauptet) auf dem Entwicklungsniveau eines fünfjährigen Kindes (es geht allerdings um die nichtaffektive Leistung). Ziemlich paradox ist eine Situation, in der für die Simulation (Nachbildung im Modell) des Gehirns in Echtzeit Tausende Computer höchster Rechenleistung notwendig wären, wohingegen für die Nachbildung einer arithmetischen Berechnung im Modell Milliarden von Menschen benötigt würden . . .

Die elementare Operation eines Neurons dauert wie gesagt ungefähr 1 Millisekunde, ein Computer dagegen kann diese in der Zeit einer Nanosekunde ausführen, er arbeitet also um sechs Größenordnungen schneller. Und trotzdem erkennt ein Mensch, der ein Café betritt, das Gesicht des Bekannten, den er sucht, im Bruchteil einer Sekunde, während der Computer dafür ein paar Minuten bräuchte . . .

6. Wohl das entscheidende Problem unserer (also der menschlichen) Zukunft ist die Antwort auf die Frage, ob und wie eine schöpferische Informationspotenz der Computer entstehen kann – verstanden als eine authentische Schöpfung: Die Lösung einer beliebig schwierigen mathematischen Aufgabe hat mit schöpferischer Leistung wie ich sie hier verstehe nicht viel gemein, denn die Antwort ist bereits in der mathematischen Struktur der gestellten Aufgabe »verborgen«. Ich komme deshalb noch einmal auf das Buch zurück, das ich eingangs zitiert habe. Ich schrieb darin, daß der Übergang von endlichen Energiereserven zu neuen – von der Muskelkraft, Tieren, über Wind und Wasser zur Kohle und Erdöl und von ihnen wiederum zur Atomkraft – voraussetzt, daß zuvor Information gewonnen wird. Erst wenn durch *trial and error* die Menge dieser Information einen »kritischen Punkt« überschreitet, eröffnet die auf ihrer Grundlage geschaffene neue Technologie uns neue Energievorräte und Tätigkeitsfelder. Wären (schrieb ich) die Brennstoffvorräte (Kohle, Erdöl, Gas) zum Beispiel am Ende des 19. Jahrhunderts zur Neige gegangen, so ist es zweifelhaft, ob wir in der Mitte des 20. Jahrhunderts die Atomenergie in Betrieb genommen hätten, denn ihre Freisetzung erforderte gewaltige Energien, die zunächst im Labor und dann im industriellen Maßstab bereitgestellt werden mußten. Auch so aber (schrieb ich damals) ist die Menschheit (selbst heute) noch nicht so weit, zur ausschließlichen Nutzung der Atomenergie überzugehen . . .

Die von Fleischmann und Pons vorgeschlagene *cold fusion* wiederum, die kalte Fusion von schwerem Wasserstoff zu Helium, wurde schnell als Fehler diskreditiert, wenngleich kürzlich wieder Japaner (vor allem) damit begonnen haben,

Experimente auf diesem Gebiet durchzuführen, so daß man genaugenommen »nichts Genaues weiß«. Ich spreche davon deshalb im Zusammenhang mit der Informatik, weil wir zwar im Modell bereits nachahmen, das heißt simulieren können, wie der Kosmos in einhundert Milliarden Jahren aussieht (das wurde bereits gemacht), wobei natürlich solche Ausgangsparameter festgelegt wurden, die dem heutigen Wissen vom Kosmos entsprechen, dagegen können wir aus der Simulation keine Neuheiten herausholen, die unerwartet wären – darum unerwartet, weil es von ihnen in den Ausgangsdaten keine Spur gibt. Hier ein Beispiel, das manchen Leser vielleicht überraschen wird.

7. Bolesław Prus sagte durch den Mund von Professor Geist, eine seiner Gestalten in »Die Puppe«:

»Also bitte, unterbrach Geist, da haben wir 3 Würfel derselben Größe und aus demselben Material, die dennoch nicht das gleiche Gewicht besitzen. Und warum? Weil im vollen Würfel die meisten Stahlmoleküle enthalten sind, im hohlen weniger und in dem aus Drahtgitter die wenigsten. Stellen Sie sich also vor, daß es mir gelungen ist, statt voller Moleküle Gittermoleküle der Körper zu bauen, und Sie werden das Geheimnis der Erfindung verstehen.«*

Und jetzt ein Artikel in der Wissenschaftsspalte des Nachrichtenmagazins »Der Spiegel« (ich zitiere nicht die Fachpresse, weil mir an Knappheit liegt):

Wissenschaftler rechnen mit einer »völlig neuen Chemie«, die sie sich von den fußballförmigen Kohlenstoffmolekülen, sogenannten Fullerenen, erhoffen. Zum ersten Mal sind sie in deutschen Labors entstanden, und die Zahl der Anwendungsmöglichkeiten ist Legion.

Und weiter:

Fullerene, benannt nach den selbsttragenden Kuppelstrukturen von Richard Fuller in der Architektur, sind hohle Kügelchen, gebildet aus sechzig Kohlenstoffatomen, die so wie die Fünfecke, die einen Fußball bilden, miteinander ver-

* Zitiert nach Bolesław Prus, Die Puppe. Aufbau-Verlag 1954, S. 499.

bunden sind. Sie lassen sich als Konstruktionselemente in Weltraumschiffen verwenden, weil sie unbeschädigt von einer Stahlplatte abprallen, wenn man sie mit einer Geschwindigkeit von 27 000 km/h dagegenschießt ...

Die Japaner stellen bereits zylindrische Fullerene synthetisch her, die mit Bleiatomen gefüllt sind, und haben daraus Drähte in einer Dicke von nur ein paar Atomen gezogen ... In der amerikanischen Presse wird von *Buckminsterfullerens* geschrieben, in die man mit Erfolg Neon- und Heliumatome gestopft hat ... usw. Das ist nur der Anfang. Die angeblichen Phantasiegebilde von Bolesław Prus sind ein Jahrhundert später Wirklichkeit geworden ...

Es ist banal, daß niemand diese Übereinstimmung bemerkt hat, denn, so nehme ich an, Prus glaubte wohl selbst kaum an ihre Verwirklichung (aber so ganz sicher kann ich mir hier nicht sein; ich weiß nicht, warum er zum Thema seiner – Geists – Erfindung den Roman »Ruhm« schreiben wollte, die Idee dann aber verworfen hat). Im Grunde waren Gitterbauten (aus Kohlenstoffatomen zum Beispiel) theoretisch darstellbar, man wußte nur nicht, wie die Synthese zu erreichen ist (notwendig sind hohe Temperaturen und Drücke). Aber das sind schon Informationen, die in der Ausgangsüberlegung unbedingt zusammen mit den Parametern der Atome verfügbar sein müssen ...

Bisher weist ein Computer keine schöpferische Potenz auf: Ich glaube jedoch (ohne die Erfinder und Wissenschaftler schon arbeitslos zu machen), daß auf einem anderen Feld – in der Industrieproduktion – die Invasion bereits begonnen hat, welche eine Bedrohung durch Massenarbeitslosigkeit verursacht.

8. Norbert Wiener, der Begründer der Kybernetik, hat vor einem halben Jahrhundert in seinem Buch *Human Use of Human Beings* genau das vorhergesagt: Arbeitslosigkeit verursacht durch die massenhafte Ausbreitung der Automatisierung von immer mehr Herstellungsprozessen. Wer hat nicht im TV eine der vielen japanischen Autofabriken gesehen, die wie Straßenzüge angelegt sind, zu deren Seiten sich riesige (meist gelb) gestrichene Roboter wie verrückt drehen und in

Abwesenheit des Menschen Teile von Karosserien, Motoren und Kupplungen zusammenbauen, verschweißen und verschrauben – diese menschenleeren Fabriken werden bereits errichtet, und dadurch wird die Arbeitslosigkeit (behaupten einige Wirtschaftswissenschaftler und Ingenieure) zu einem unumkehrbar fortschreitenden und gesellschaftlich gefährlichen Phänomen, denn die Arbeit der Automaten-Roboter ist billiger als die der Menschen und meist auch genauer, weil die Roboter, deren Armee weltweit 300 000 schon überschritten hat, weder Essen brauchen noch Lohn, noch Erholung, noch Urlaub, noch Beihilfen oder eine Sozialversicherung fürs Alter (»im Alter« wandern die Roboter als Wracks auf den Schrottplatz).

Uns droht kein »Aufstand der Roboter«, ihre Vorherrschaft, mit der wir so oft geängstigt wurden. Es droht uns ganz einfach ein unblutiger Konflikt, der darin besteht, daß die Früchte unseres Verstandes und unserer Zivilisation Arbeiter einfach überflüssig machen: Wenn es heute noch nicht so ist, dann ist das kein Grund zur Freude, denn die Kosten solcher Investitionen werden sinken, und man darf annehmen, daß diesen Robotern das 21. Jahrhundert gehören wird. Es sieht also so aus, daß am Anfang des Lebens tatsächlich das Wort war – des genetischen Codes –, und auf einem fernen Abschnitt der Zukunft erzeugt dieses Wort Information, die aus toter Materie gedankenlos perfekte Arbeiter erzeugt ...

Aber was wird dann aus uns? Das ist die Frage, die ich heute nicht beantworten kann ...

Phantomatik

1. In »Wiedza i Życie« [Wissen und Leben] habe ich im Juni 1991 zum ersten Mal einen Artikel veröffentlicht, in dem ich die von mir vor dreißig Jahren vorhergesagte »Phantomatik« mit der heute verwirklichten und *Virtual Reality* genannten Illusionstechnik verglich. Ich bekenne jedoch, daß ich mich in »Wiedza i Życie« einer gewissen Vereinfachung schuldig gemacht habe oder eher der Auslassung einer zentralen Sache: Denn ich verglich das, was in vielen Ländern jetzt schon als »virtuelle Realität« Teil der Unterhaltungsindustrie ist, mit dem, was ich 1963 prognostiziert hatte. Ich beging damit die Sünde des Triumphalismus, denn meine »Phantomatik« verhält sich zu den Techniken der *Virtual Reality* etwa so, wie das neueste Mercedesmodell zu dem dampfgetriebenen Dreirad, das 1769 von dem Ingenieur N.J. Cugnot konstruiert wurde: Das Gefährt soll zwar ein Geschütz gezogen haben, doch rühmte es sich einer Höchstgeschwindigkeit von 9 km/h. Die ganze Ähnlichkeit zwischen einem modernen Auto und Cugnots Rumpelkiste ist, daß sich beide ohne Pferdekraft mit einem Kolbenmotor fortbewegen. Das ist alles.

Virtual Reality steckt noch in den Kinderschuhen, aber die vielleicht größte Schwäche ihrer gegenwärtigen, anfänglichen Manifestation ist die fast vollständige Unzulänglichkeit jenes Faktors, den ich für eine erfolgreiche Vortäuschung einer illusorischen Wirklichkeit für den wichtigsten hielt und halte: Es geht um die miserable Rückkopplung zwischen dem einer Phantomatisierung ausgesetzten Menschen und dem Computer, der den Menschen mit Sinneseindrücken versorgt. Erlauben Sie mir bittte, den Ausdruck »Phantomatik« zu verwenden, »phantomatische Maschine« oder kürzer »Phantomat«, das Adjektiv »phantomatisch«, das Verb »phantomatisieren« (jemanden mit etwas, als Information für seine Sinne), und all das nicht aus futurologischer Ambition, Selbstliebe usw., sondern einfach aus Bequemlichkeit, denn mit dieser *Virtual Reality* gibt es bei jeder Beschreibung Schwierigkeiten. Außerdem habe ich mir seinerzeit die »Phantomatologie« als eine

Theorie der Phantomatisierung ausgedacht, was nicht etwa sinnlos ist, denn wir haben es – gegenwärtig – mit einer bestimmten Technik im Embryonalstadium zu tun, in einer Frühphase (wie es in meinem Vergleich der Dampftraktor von Cugnot war), während ich in dem Buch *Summa technologiae* versucht habe, mir die Situation einer technologisch erlangten Perfektion vorzustellen, bei der die Rückkopplung (zwischen dem Mensch und dem Phantomaten) so funktionierte, daß es schon so gut wie unmöglich wäre, die »wirkliche Realität« von der »fiktiven« zu unterscheiden, die aus der Verwirklichung zweier nicht allzuweit voneinander entfernter philosophischer Thesen entstanden ist, und zwar aus dem Berkeleyschen *esse est percipi* (Sein ist, bemerkt zu werden) und dem (ebenfalls englischen und philosophischen) *nihil est in intellectu quod non prius fuerit in sensu* (es gibt nichts im Geist, was nicht zuvor in den Sinnen war).

2. Um also gleich den Hauptunterschied zu zeigen: Es klappt noch nicht so toll, weil für eine Täuschungsoptimierung der Computer mit dem Menschen so verbunden sein müßte, daß er auf jede Reaktion des Menschen reagiert. Lassen wir mal beiseite, daß ich eine unmittelbare Eingabe von Information in die Sinnesorgane (zum Beispiel durch Elektroden) projektiert hatte, daß alle unsere Sinne »systematisch getäuscht« werden müßten, so als wäre die reale Welt mit einer Welt »verbunden«, die aus dem Signalschauer gebildet wird, der von dem Phantomaten kommt. Lassen wir auch beiseite, ob sich »Helme«, *data gloves* usw. verwenden lassen: Am wichtigsten ist die Rechenleistung des Phantomaten, die es erlaubt, in Echtzeit mit der größten synchronen Präzision auf jede Bewegung des Menschen zu reagieren. Sagen wir, schrieb ich seinerzeit, daß ihn ein vorgetäuschtes Gemach oder das Innere einer Kirche umgibt: Bei jeder Bewegung des Kopfs und der Augen müßte er genau das wahrnehmen, was er wahrnehmen würde, befände er sich in der authentischen Umgebung: Der Computer muß also blitzschnell auf jede Veränderung im menschlichen Verhalten reagieren, denn sonst entsteht die Situation eines sogenannten »Circaramas«, ohne adäquate Rückkopplung im

Fluß der afferenten Sinnesreize, und die Illusion erweist sich als unzulänglich. Als Quasi-Futurologe habe ich das Kostenproblem nicht berücksichtigt – Computer mit der heute größten Rechenleistung (Cray zum Beispiel, aber es gibt schon neuere) kosten teuflisch viel. Deshalb ist die Unterhaltungsindustrie, die schon zig Millionenbeträge in »phantomatisches Spielzeug« investiert hat, bestrebt, für ihre Kunden solche Situationen zu schaffen, in denen der Mensch eine möglichst geringe Freiheit hat, seine perzeptive Situation zu verändern. Wenn wir mit einem Zug fahren und durchs Fenster schauen, haben wir auf die im Gesichtsfeld auftauchenden Veränderungen um so weniger Einfluß, je näher am Waggon die Erscheinungen sind, die wir beobachten, während sich der Hintergrund bis zum Horizont durch unsere Reaktionen nicht verändert, sondern fast ausschließlich von der Bewegung (Geschwindigkeit) des Zuges abhängt. Genauso ist es zum Beispiel bei einer Fahrt in der Nacht, wenn wir nicht auf den Weg und den Straßenrand schauen, sondern auf den Mond: Er scheint reglos am Himmel zu stehen, als hinge er fest über dem Fahrzeug, und keine Bewegungen des Körpers, des Kopfs oder der Augen verändert seine Position. Und wenn der Mensch an einen Gleiter geschnallt durch die Luft segelt, dann entscheiden auch nicht seine Bewegungen, sondern die sich weithin erstreckenden Landschaften, die er von oben sieht, darüber, was er wahrnimmt.

Gerade die »Gleitersituation« wurde deshalb auch schon genutzt. Der Kunde-Proband wird auf eine Art Leinwand gelegt und von Gurten gehalten (viele Gleiter haben tatsächlich eine Art Sack, in den die beim Segeln »überflüssigen«, stillgelegten Beine gepackt werden), dann bekommt er einen Helm aufgesetzt, damit er sieht, was er im Liegen sehen würde, ein Gebläse wird eingeschaltet, das die Illusion eines Flugs noch verstärkt, und das ist schon alles.

Man muß aber zugeben, daß die Vereinfachung der Situation und die fast vollständige Ausschaltung von Einflüssen menschlicher Aktivität auf das, was wahrgenommen wird (also die maximale Reduktion von Rückkopplungseinflüssen), die Perfektion der Illusion zerstört. Wenn »der Liegende«

schnell nach oben schaut, indem er den Kopf dreht, kann es sein, daß er weder Himmel noch Wolken oder die Tragflächen des Gleiters sieht, weil der Computer mit den Reaktionen nicht nachkommt: Dem Kunden wurden alle Sinne getäuscht, aber die Leistung des »Betrugs« ist informationstechnisch nicht so, daß er damit zurechtkommt. Wer sich für die Hintergründe der informationstechnischen Ausstattung des Films »Jurassic Park« interessiert hat, weiß, daß ein sechsminütiger Spurt der langbeinigen Saurier (es sollte ein Struthiomimus sein, eine Spezies aus der Mitte des Mesozoikums) die Programmierer, soviel ich weiß, über einen Monat Arbeit kostete, und dabei gab es da nicht die Spur einer Rückkopplung, denn die Helden des Films sehen überhaupt keine Saurier und rennen »vor niemandem« davon – der Eindruck, daß die Saurier neben ihnen herlaufen, ist der Effekt von Tricks bei der Montage, aber keine »allgemeine Phantomatisation«. Gleichwohl macht die Gegenüberstellung der Zeiten – ein Monat Arbeit für eine Täuschung von ein paar Minuten – bewußt (für den Film wurden die leistungsstärksten heute verfügbaren Computer verwendet), in welch frühem Stadium die gesamte Phantomatisierungstechnik sich gegenwärtig noch befindet.

3. Weil ich das Buch, das Prognosen für die Illusionstechniken enthält (es gibt mehrere davon – ich verweise auf *Summa technologiae*), in der Ära vor den bemannten Raumflügen schrieb, habe ich die vielleicht tollste Frage gar nicht angesprochen. Ein Mensch kann sich einbilden, er hätte einen Apfel von einem Ast gepflückt, den eingebildeten Apfel essen, kann er aber nicht, es sei denn, es gelingt uns, etwas Neues für die Zähne, die Mundhöhle und die Geschmacksorgane zu ersinnen. Das Fehlen der Gravität dagegen läßt sich selbst mit einer nur annähernden Perfektion nicht simulieren, und deshalb merkt man sehr leicht, wenn man einen Film über einen Raumflug anschaut, ob er echt ist oder eine Täuschung. Die Leute haben eine völlig veränderte Motorik des Körpers, und alle unbefestigten Gegenstände verhalten sich ohne Anziehungskraft anders als auf der Erde. Wir haben kein Mittel, das visuell oder perzeptiv zu simulieren. (Darunter leiden bisher denn auch die Leute vom Film.) Und das propriozeptive Muskelempfinden läßt sich schon gar nicht täuschen: Entweder muß man den Menschen tatsächlich in den Orbit bringen oder passen. Ähnliche Schwierigkeiten auf dem Weg zu den phantomatischen Idealen gibt es im übrigen viele, und vorläufig kann allein die sogenannte »wissenschaftliche« Phantastik hier wirklich funktionieren, denn beschreiben läßt sich alles.

4. Besonders attraktiv kann die Phantomatik gleichwohl für Behinderte werden (Kranke, die gezwungen sind, im Bett zu liegen, solche, die eine Rückenmarksverletzung an den Rollstuhl gefesselt hat, und in der Zukunft sogar für Blinde, wenn man spezifisch und gezielt den Hirnbereich des Gesichtssinns am Sulcus calcarinus reizt) und ihnen sogar die Illusion körperlicher Aktivität ermöglichen, Schwimmen zum Beispiel, Skifahren und andere Sportarten. Man kann sich die (natürlich illusorische) Veränderung eines jeden Tennisamateurs in einen Boris Becker oder Ivan Lendl vorstellen und die einer Frau in Martina Navratilova. Allerdings reicht es hierfür schon nicht mehr, nur auf den Gesichtssinn und die Berührung der Hand Einfluß zu nehmen – notwendig wird ein Kostüm mit eingenähten Elektroden, das an einen elastischen Taucheranzug erinnert. Erst so verpackt, einschließlich des Kopfes, ist es möglich, sich der fast schon vollkommenen Illusion hinzugeben, dort zu sein, wo man in Wirklichkeit nicht ist, Objekte anzufassen, die außerhalb des vom Phantomaten erzeugten Informationsflusses in Wahrheit nicht existieren, Szenen, Phänomene und Wesen zu beobachten, wie man es sich nur wünscht, Engel, Dämonen und Dinosaurier (falls jemand dazu Lust hat) eingeschlossen; gleichwohl führt uns die Frage des Tastsinns zu einem Thema, das als besonders heikel gilt.

In meiner Prognose vor dreißig Jahren beschränkte ich mich auf erotische Erlebnisse, die ausgefallen und zugleich ziemlich bescheiden waren (ein Kunde männlichen Geschlechts, den es gelüstet, von einem berühmten Filmsternchen oder einer Königin geküßt zu werden, was sich ohne weiteres machen ließe). Gegenwärtig führen die Sitten und Gebräuche der permissiven Zivilisation zu einem Extrem, welches das Verlangen nach einer Antwort auf die Frage ist, »ob es möglich ist, Sex mit einem Computer zu haben«, und ein Autor, der seine Phantasie anstrengt, verkündet, daß es möglich ist, ein Hummer zu sein, der mit einem Hummerweibchen kopuliert! Vor Jahren beschränkte ich mich auf eine bescheidenere Verkörperung, und zwar eines Krokodils, und das außerhalb der Sphäre seiner Liebesneigungen. Etwas ernster aber, und ohne jede Prüderie, muß jedoch gesagt werden, daß selbst der Sex eines Elephantenbullen mit einer Elephantenkuh oder Sex mit der Göttin Venus, wenn man erstmal ein entsprechend geschnittenes Kostüm angelegt hat und zugleich das passende Programm für einen Computer verfertigt hat, der über ausreichende Rechenleistung verfügt, im Grunde genommen möglich ist. Falls jemand eine solche Vision irritiert, mag es genügen zu sagen, daß es in jedem Falle teuer ist, solche Programme zu schreiben – jedenfalls bis Programme unter der Herrschaft von Eltern-Programmen »selbst« entstehen, was ebenfalls im Bereich des Möglichen liegt. Der Mensch beschränkt sich dann darauf, den Eltern-Programmen die entsprechenden Befehle mit den entsprechenden Einschränkungen zu geben (also inhaltliche Bedingungen, Grenz- und Schwellenwerte in der Anwendung auf die menschliche Physiologie und Anatomie). Probleme können denn auch besonders dort auftreten, wo jemand zum Beispiel ein Affe mit Schwanz werden will (an Sonderlingen mangelt es ja nicht auf dieser Welt), denn *womit* sollte er seinen phantomatischen Schwanz zum Wedeln bringen?

Wenn wir schon beim phantomatischen Sex angelangt sind, muß hinzugefügt werden, daß es hier im Grunde um die bis heute ununterbrochen eingesetzte Technologie der Onanie geht, und man sollte sich über den, der einen derartigen Phantomaten einen *Onanisator mit Rückkopplung und der Fiktion eines oder einer »Geliebten«* nennt, nicht ärgern, denn eine solche Bezeichnung ist in Wahrheit kein Schimpfwort, sondern einfach die Benennung – außerhalb jeglicher Phantomatisierung – eines realen Sachverhalts.

Wertvollere Tätigkeiten außerhalb von Sex und Zeitvertreib, die von der Phantomatologie erfaßt werden können, sind verschiedene Arten des Trainings, vom Boxtraining und weiter gefaßt dem Sporttraining angefangen bis zu den Fähigkeiten eines Arztes, insbesondere eines Chirurgen, da hier die Chance besteht, fiktive Operationen an fiktiven Patienten durchzuführen, aber auch das Training von Bob-, Autorennfahrern oder Segelfliegern. Auch Schwimmwettkämpfe lassen sich im übrigen mit geeigneten Programmen simulieren, wobei die an die Adresse der Sinne und Propriozeptoren gerichteten Reize sich mit Sicherheit als nicht ausreichend erweisen, denn verschiedene Kräfte (scheinbare, wie die Folgen der Trägheit vom Typ der Coriolis-Kraft, und Widerstände, wie sie zum Beispiel das Wasser einem Schwimmer entgegensetzt oder die Luft beim freien Fall) wird man bestimmt durch Steuerung von Mikroskeletten zusätzlich verstärken müssen, die mit Elektroden in das Kostüm eingenäht werden. Inwieweit sich eine solche »Zubereitung« der informationalen Täuschung als wünschenswert erweist, ist vorläufig schwer zu sagen. Der Mensch reagiert nämlich vor allem auf seinen Gesichtssinn. Das hat jeder schon erfahren, der die bewegten Bilder in einem Circarama erlebt hat. Ich weiß nicht, ob es in Polen eines gibt; ich habe es in Wien erlebt. Die Leinwand ist wie die Wand eines Brunnens, die den Zuschauer von allen Seiten umgibt; es wird empfohlen, den darauf gezeigten Film im Stehen anzuschauen, da dies den Täuschungseffekt noch verstärkt, und wenn das Bild zum Beispiel einen Tiefflug über Schluchten oder eine Stadt zeigt, kann das echte Schwindelgefühle hervorrufen, obwohl die Otolithen in unserem Innenohr überhaupt keiner Fliehkraft oder Beschleunigung ausgesetzt sind: Die rein visuell hervorgerufene Täuschung dominiert über andere Sinnessignale. Genau deshalb kann die Frage nach Proportion oder Disproportion zwischen dem, was als Teil unseres Sensoriums den Impulsen des Phantomaten unterliegt, und dem, was davon unberührt bleibt, in erster Linie experimentell festgestellt werden.

Es ist im übrigen gut möglich, daß sich der Illusion auch solche Bereiche öffnen, die ich hier gar nicht erwähnt habe, denn die durch die Sinne erlebte Welt ist – wie in den beiden Thesen der zitierten Philosophen bereits gesagt – aus Reizen erbaut, und das, was imitiert werden kann, wird letztlich zu einem Erlebnis, das von der Wirklichkeit nicht mehr unterschieden werden kann. Ob das nun Nachteile bringt, ist so schwer wieder nicht vorherzusagen, denn es gibt wohl keinen Lebensbereich, der sich durch Einsatz technischer Mittel (allgemeiner gesagt: wissenschaftlichen, technischen, chemischen Wissens) nicht auch zum Mißbrauch eignen würde. Der Mensch schafft sich seine Werkzeuge nicht unbedingt in mörderischer Absicht, aber für solche Zwecke lassen sich die Werkzeuge gewöhnlich leicht einsetzen. Es lohnt, sich einmal klarzumachen (schon ganz jenseits jeder Phantomatologie), welch hermaphrodites, janusköpfiges, ambivalentes Gesicht der »Fortschritt« hat. Gäbe es in der Medizin nicht immer wieder verbesserte Bluttransfusionen, würden Operierte oder Bluter oft hoffnungslos sterben; doch gegenwärtig erschüttern enorme Skandale den Gesundheitsdienst in hochentwickelten Ländern (wie Deutschland oder Frankreich), weil das aus Konserven übertragene Blut immer wieder mit dem AIDS-Virus infiziert ist und der Akt der Rettung vor dem Verbluten sich damit in ein Todesurteil auf Bewährung verwandelt. Jedenfalls solange keine erfolgreiche Therapie gegen das Virus entdeckt ist. Doch gehe ich jede Wette ein, daß neue Formen des »Fortschritts« entstehen werden und schon entstehen und mit ihnen unzertrennlich verwachsen neue Formen der Bedrohung.

5. Es muß hinzugefügt werden, daß der Fortschritt und sein Fluch vor allem den Bewohnern der Staaten vorbehalten bleiben, die die zivilisatorische Spitze der Welt bilden. Daß die Armen und Hungernden die Pein der Übersättigung, des Überdrusses, der Abstumpfung und schließlich der Zügellosigkeit nicht erfahren können, daß selbst das, was für viele Menschen auf Erden leicht zugänglich ist, wie das Fernsehen, auch das Satellitenfernsehen, selbst kleine Kinder Aggressionen lehrt, während uns von der Verrohung der Kleinen die Presse der reichen Länder unterrichtet. Auch Armut hat also ihre Vorteile!

Ich habe allerdings nicht vor, hier zu moralisieren: Meine

Bemerkungen sind viel eher eine Reflexion über die neuen Erlebnismöglichkeiten, die uns eine Zivilisation bieten kann, in der zugleich alles leichter und zu einer potentiellen Bedrohung der menschlichen Werte einschließlich des Lebens wird. Diese Ambiguität kann keine technische Innovation aus unserem Erdenleben mehr tilgen. In dem Roman *Lokaltermin* zeichnete ich die Zivilisation eines fremden Planeten, dessen Bewohner vor jeder Form von Aggression, jedem Gift, jeder Kugel und Gewalt durch die dort so genannte »Ethiksphäre« bestens geschützt sind, so daß sie schließlich Gefangene eines technisch hergerichteten und deshalb unerträglichen Paradieses sind, das sich als die komfortabelste aller möglichen Höllen erweist . . .

6. Hinter dem Rücken des 21. Jahrhunderts taucht währenddessen die molekulare Biotechnik auf – weder Fata Morgana noch Gespenst. Das *Human Genome Project*, bereits in vollem Gange, soll uns die Chance geben, die Evolution unserer eigenen Spezies zu steuern, indem wir die gesamte Information über das Genom des (nicht sehr) vernünftigen Menschen erhalten. Damit erscheint die Allmacht der Information als eine vor hundert Jahren noch völlig unvorhersehbare Bedrohung: Ich habe ihr seinerzeit eine der »Reisen« des Ijon Tichy gewidmet, wobei ich das Thema der Autoevolution in das Gewand einer Narrengroteske kleidete, denn hätte ich ernsthaft darüber geschrieben, wäre ich, auch ohne es zu wollen, zum Verkünder einer Neuen Apokalypse geworden. Und zwar deshalb, weil ich mich im Laufe von vierzig Jahren als Schriftsteller mit futurologischen Ansprüchen davon überzeugt habe, daß, was immer ich mit einseitigem Optimismus zubereitet habe, der Lauf der Geschichte mit maßloser Grausamkeit gewürzt hat; so daß der Fortschritt sozusagen im Keim zur Hoffnung auf ein besseres Sein wurde, in Wahrheit jedoch – dank der durch Wissen genährten Entwicklung – zu einem neuen Unglück. Es ist furchtbar, darüber zu schreiben, aber das radioaktiv verseuchte Eismeer, das ganze nukleare Erbe der früheren sowjetischen »geheimen Städte«, die ganze Masse der aussterbenden Arten in Flora und Fauna bedeuten eine allmähliche, vom Menschen verursachte Überlastung der Biosphäre, und sie verursachen eine Armut, vor der uns keine informatorische Täuschung retten kann. Denn so wie unser Sein in der Wirklichkeit angelegt und in der Wirklichkeit verwurzelt ist, so muß es auch in Zukunft sein. Ich war nie ein Gegner des wissenschaftlichen Fortschritts und auch kein sogenannter »Technokrat«, sondern ich habe mich bemüht, zuförderst Maß zu halten, dann aber auch für die Gedanken den richtigen Pfad entlang jenes schmalen Grats zu finden, auf dem sich die irdische Zivilisation in ihre unbekannte Zukunft bewegt – verlockt von Trugbildern einer nicht nur informational verwunschenen Hoffnung, daß wir nicht in den Orkus stürzen, der sich zu beiden Seiten dieses abgründig im Weltall aufgehängten Wegs auftut . . .

Exformation

1. Exformation – einen solchen Ausdruck gibt es nicht. Ich brauche ihn jedoch, um verkürzt den Unterschied zum bisherigen Bedeutungsumfang der *Informationsexplosion* zu zeigen. »Explosion« kommt vom lateinischen *explodo*, was (in etwa) »verwerfen« bedeutet. Genau genommen geht es um einen Ausbruch, der einen Stoff (Sprengstoff, aber das ist hier schon fast ein weißer Schimmel) ausdehnt und damit ver- oder auch auseinanderwirft, so daß die Substanz, die zu einer derartigen chemischen Veränderung fähig ist, sich in Bruchteilen von Sekunden (abrupt) ausweitet und einen Raum ausfüllt, der viele Tausend Mal größer ist als der ursprünglich in nicht explodierter Form eingenommene. »Information«: auch dieses Wort ist lateinischen Ursprungs und bedeutet »Gestalten«, »Schaffen« (zum Beispiel eines Bildes, Gemäldes). Der Begriff der Information hat im 20. Jahrhundert eine beachtliche Karriere gemacht und wurde zum Substrat und Richtungsweiser der sich herausbildenden und an Bedeutung gewinnenden Technologien. Nun sollte man glauben, daß Information aber nicht explodiert und die Explosion wiederum nichts schafft, sondern vielmehr zerstört. Genau das ist aber in der Natur nicht der Fall: In ihr, würde ich sagen, herrscht das Gegenteil von Destruktion, nur daß wir uns angewöhnt haben, diesen Prozeß ganz anders zu nennen und ihn außerhalb der Wissensgebiete angesiedelt haben, die von den Technologien der Menschen handeln, nämlich da, wo diese Technologien noch (oder vielleicht auch nur fast noch) nicht hingelangt sind: in der Biologie nämlich.

2. Die typischsten Explosionen, die notwendigsten und fundamentalsten, weil sie Leben ermöglichen, finden überall um uns und – was vielleicht am sonderbarsten ist – in uns selbst statt, und wenn es jemand ganz genau nehmen möchte, in der weiblichen Variante der Spezies homo. Das Ei der Frau hat einen Durchmesser von ca. 0,1 mm, ungefähr so viel wie durchschnittlich die kleinste Zelle eines erwachsenen Organismus, und im Laufe von ein paar Monaten »explodiert« sie zu einem Organismus, der die »Explosion« immer langsamer von innen gesteuert und reguliert fortsetzt, sobald er einmal auf der Welt ist, um schließlich einen Umfang anzunehmen, der ungefähr neun Billionen Mal größer ist als zu Anfang (das befruchtete Ei). Wie wir bestimmt schon wissen, befindet sich der ganz Plan des Organismus, also das Ergebnis dieser konstruktiv-explosiven Expansion, fertig im Eikern, und aus Gründen, über die ich hier nicht sprechen will (denn sie würden unsere Ausführung sprengen), befindet sich ein ähnlicher, wenn auch nicht vollständig gleicher »Bauplan« im Kopf des männlichen Samens, der außerdem noch der »Zünder« dieser Bioexplosion ist (die »Exformation« zu nennen ich bereit wäre, denn es handelt sich um biochemisch computerisierte Instruktionen eines bestimmten Baus). Außerdem sollte man den bemerkenswerten Tatbestand berücksichtigen, daß es einen Riesenunterschied gibt zwischen unseren Technologien bei allen Konstruktionen (zum Beispiel Autos, Computer) und allen Bauwerken (zum Beispiel Brücken, Häuser) und der Technologie, die vom Leben verwendet wird und die im Laufe der letzten drei (fast schon vier) Milliarden Jahre seit dem Bestehen des Planeten Erde von ihm verfeinert wurde.

3. Die biotechnologische Exformation, in der Biologie Ontogenese oder schlicht Entwicklung der Leibesfrucht genannt, läuft scheinbar viel langsamer ab als eine gewöhnliche Detonation von Sprengstoff. Doch selbst wenn man einmal davon absieht, daß die Embryogenese einen der Zerstörung entgegengesetzten Effekt hat, denn sie schafft etwas, anstatt zu zerstören, so steht die Proliferation bei lebenden Organismen im Größenverhältnis der schlagartigen Explosion von Sprengstoffen in nichts nach, denn die Ausdehnung im Endzustand ist beim Sprengstoff höchstens Millionen Mal größer als zu Anfang, während sie für uns und die anderen Lebewesen, die sich aus einer Eizelle entwickeln, Billionen Mal größer ist. Es ist demnach ein millionenfacher Unterschied zugunsten des Lebens: Würde man also die Veränderung zwischen Ausgangs- und Endzustand berücksichtigen, verläuft der Konstruktionsprozeß des Lebens nicht weniger »explosiv« als bei den verschiedenen Techniken, mit denen etwas »in die Luft gejagt« wird. Das hat für uns vielleicht noch keine tiefere Bedeutung, und es mag scheinen, die obige Gegenüberstellung sei an den Haaren herbeigezogen. In der Tat wäre es eine bedeutungslose Variante einer hie und da bei Beschreibungen verwendeten Sprache, in Wahrheit aber ist es so, daß wir uns diese exformatorische Technologie des Lebens in Zukunft zu eigen machen und nicht nur für biologische Ziele einsetzen können.

4. Der Unterschied zwischen der Art, wie ein Ingenieur etwas konstruiert und wie der Organismus gebaut ist, beschränkt sich nämlich nicht auf obige Differenz. Der entscheidende Unterschied besteht nicht dort, wo wir das eine Mal eine chaotische Explosion beobachten, mit der die Entropie abrupt vergrößert wird, und ein andermal eine elterliche »Explosion«, die mit einer für uns unerreichbaren Präzision gesteuert wird und die in der Frucht enthaltene Entropie auf Kosten ihrer Zunahme woanders verringert. Der für die Ingenieurkunst wichtigste Unterschied liegt darin, daß wir es in unseren Technologien immer mit Material und Werkzeug zu tun haben, mit dem, was bearbeitet wird, und dem, was bearbeitet, mit dem Baumaterial und dem Bauarbeiter, mit dem Operierten und dem Operateur, dem Fahrzeug und dem Fahrer, dem Stoff und dem Instrument, die Lebenserscheinungen aber kennen diese grundlegende Dualität nicht. Das Lebende »baut sich selbst«, gestaltet selbst, steuert selbst, reguliert selbst, erschafft selbst. Daher auch meine der Vereinfachung zuliebe (und nicht aus wortschöpferischer Passion) gewählte »Exformation« als ein verblüffendes Phänomen, Nachkommen »zu entwerfen«, Kinder »zu konstruieren«, die von ihren Konstrukteuren so vielleicht gar nicht gewollt sind und von denen diese niemals wissen, welche Zusammensetzung aus dieser Permutation und Kombination der Gene als Säugling dabei herauskommt. Das ist das Merkwürdigste und wird für die Ingenieure am schwierigsten zu übernehmen sein . . .

5. Mit ziemlicher Sicherheit war es nicht so, wie Marx sich das vorgestellt hat, daß die Arbeit den Menschen geschaffen hat, seine Entstehung aus den Hominiden, doch bestimmt war der Prototyp eines jeden Werkzeugs unserer Ära die Hand. Ohne die Befreiung der Hand von ihrer stützenden Funktion, also ohne unsere Zweibeinigkeit und die aufrechte Haltung, sähe es mit der Entstehung der Manufaktur (also der Handarbeit) und der modernen Automation sehr schlecht aus. Der Eolith, also der Einsatz von unbearbeitetem Stein, das Paläolithikum, also die langen Jahrhunderte der Technologie des Schlagens und Behauens von Mineralien, der Beginn des Neolithikums und so weiter wären ohne die bis heute gültige Unterteilung in das, was bearbeitet, und das, was bearbeitet wird, unmöglich. Natürlich verliert diese Unterteilung (allerdings nur zum Teil) ihre Berechtigung dort, wo das mehr oder weniger »domestizierte« Leben in unsere Bedürfnisse eingreift. Der Bauer ersinnt ja nicht die Struktur der Körner, aus denen sein Weizen wächst, aber Werkzeuge, mit denen er den Boden bestellt, braucht er auch; und dasselbe gilt für jede Aufzucht, von Vieh zum Beispiel (genauso bei der Aufzucht von Haustieren, von Hunden zum Beispiel). Gleichwohl ist das ein Alphabet, über das zu sprechen sich nicht lohnt, wenn wir in die Zukunft schauen. In meinen SF-Erzählungen entstehen bzw. wachsen aus den Saatkörnern Tonbandgeräte oder Möbel, aber das wäre zu schön, um wahr zu sein: Wir wissen nicht, in welcher Gestalt die Vereinigung von Bearbeitungsgerät und bearbeitetem Material eintritt, da aber das Leben dieser Erde imstande war, dieses Kunststück zu vollbringen, sehe ich keine unüberwindbaren Hindernisse, daß auch wir, vielleicht schon im 21. Jahrhundert, schnell lernen, vergleichbare Techniken in Gebrauch zu nehmen. Man muß nicht gleich allzu phantastisch denken: an einen Sack mit Samen, der, mit irgend etwas übergossen, keimt und woaus ein glänzendes Auto hervorwächst. Doch es geht um eine grundsätzlich wichtige Sache, darum nämlich, daß die Produktionskosten zwar vielleicht nicht ganz so wie die Kosten beim Wachstum von Unkraut und Gras fast bei Null lägen, im Vergleich mit den heutigen jedoch unglaublich niedrig sein werden. Da wir aber weder wissen, auf welchem Weg oder mit welchen Methoden diese größte aller wissenschaftstechnischen Revolutionen ablaufen wird, ähnlich wie wir bis heute nicht wissen, wie sie sich vor Milliarden von Jahren auf der Erde abgespielt hat (also wie Leben entstanden ist, um es einfach zu sagen), sollte man nicht allzu leichtfertig in die unbekannte Zukunft vorauseilen, die erfüllt ist von dem, was zu entdecken und/oder zu erfinden ist, denn das wird keine echte Entdeckung und auch keine völlig neue Erfindung sein. Das Erdenleben hat sich diese Technologie doch schon vor so langer Zeit »ausgedacht« und realisiert sie überall und mit solchem Erfolg (bei der Gelegenheit hat es uns selbst geschaffen), so daß diese Methode der Ingenieurkunst nicht als Märchen abgetan werden sollte. (Und es waren solche Leitsterne, die mir Anfang der sechziger Jahre, als ich *Summa technologiae* schrieb, leuchteten.) Darin schrieb ich am Ende sogar von der »reinen Informationszucht«, also von einer solchen Zucht, die gar nicht mal zum Leben diente, sondern uns als Frucht Wissenschaftstheorien liefern würde. Aber das ist ein anderes Thema, schwierig und weit.

6. Vor dreizehn Jahren wandte sich die damalige Polnische Akademie der Wissenschaften mit der Bitte um eine Prognose zur Entwicklung der Biologie an mich, die ich schrieb, wobei ich als ungefähre Grenze das Jahr 2060 nahm, weil das (grob gesehen) die Verdoppelung des Zeitraums war, seit Crick und Watson den genetischen Code DNA, den Universalschlüssel und -entwurf von allem, was auf Erden lebt, entdeckt hatten. Meine Prognose wurde in Polen nicht veröffentlicht, denn es kamen die stürmischen Zeiten der (ersten) Solidarność mit ihren kriegerischen Folgen. Ich publizierte jene Prognose (vielleicht war das töricht, bestimmt sogar) in Deutschland, in einer Science-fiction-Anthologie, und überzeugte mich von folgendem: wenn jemand eine Information (hier: eine Prognose) vor der ganzen Welt so verheimlichen will, daß sie nie von irgend jemand gesehen wird, dann darf er sie in keinem Panzerschrank verstecken, nicht in Verliesen, hinter Zahlenschlössern, und nicht um Mitternacht auf einem Friedhof vergraben. Es reicht, sie meinetwegen in Millionenauflage als *Science-fiction* zu veröffentlichen, dann findet sie selbst der Teufel nicht. Dort also schrieb ich mehr oder weniger das, was ich hier oben zusammengefaßt habe (es war etwas fachlicher ausgedrückt, denn ich hatte für ein Fachpublikum geschrieben), und außerdem fügte ich noch hinzu, daß sich aus der durchschnittlichen Ingenieurs- oder auch biotechnischen Biologie sowohl eine cisbiologische als auch eine transbiologische Domäne herauszubilden beginnt. Das sollte folgendes besagen: Zu Anfang verfügen wir über Abc-Bücher mit einem ganz gewöhnlichen oder einfach aus dem Leben genommenen Wissen, und erst später, vermutlich nach 2060, wie ich annahm, betreten wir »transbiologisches« Terrain. Die Unterschiede sah ich, um das ganz simpel auszudrücken, darin: Cisbiologische Ingenieurkunst ist das, was auf seine Art das Leben einfach zum Zweck der Prokreation tut (hieraus entwickelt sich zum Beispiel die mikrochemische Herstellung aller Arzneimittel, die auf die Ursachen der Erkrankungen gerichtet werden wie ein Geschoß ins Ziel. Heute haben diesen Weg große Konzerne, besonders in den USA, wie »Gentech« zum Beispiel, beschritten, und es gibt bereits viele, auch wenn die Ergebnisse bisher bescheiden sind). Transbiologie dagegen nannte ich Produktionstechniken, die direkt mit den Prozessen des Lebens nichts, aber auch gar nichts mehr gemein haben, außer daß man sie aus den Methoden herleiten kann, mit denen das Leben arbeitet, das heißt, die es zur Schaffung von Genomen verwendet, für die Herausbildung der jeweiligen Pflanzen- und Tierarten (was heute der Festlegung der Arten von Fernsehgeräten und Autos bei der Planung und Montage entspräche), für die Ausrüstung dieser Arten mit der Fähigkeit, sich im Falle einer Beschädigung selbst zu reparieren (das heißt die Fähigkeit zur Selbstheilung wie das Vernarben einer Wunde zum Beispiel), und so weiter. Kurz gesagt, ich suggerierte, daß wir uns mit unserer Konstrukteurskunst zuerst innerhalb der biologischen Domäne heimisch machen und dann, entsprechend klüger geworden, wie erstklassige »Plagiatoren« über diese Domäne hinausgehen (daher jenes »cis« und »trans« als erläuternde Zusätze). Eine solche Reihenfolge der Schöpfungsarbeit erschien wahrscheinlich aus Gründen, die darzulegen sind.

7. Ich denke, der aufgeweckte Leser weiß, warum ich in einer Zeitschrift, die in einem weitgefaßten Sinn der informatischen Praxis gewidmet ist, obige Thematik anspreche: Es geht doch darum, sich die wertvollste und raffinierteste *Information* (in diesem Text *Exformation* genannt) verfügbar zu machen, die man sich überhaupt denken kann, und man kann es, denn es gibt sie überall in der irdischen Biosphäre, und sie funktioniert seit Jahrmilliarden. Gleichwohl fügte ich folgende Unterteilung hinzu: Wie man heute in der Wissenschaft allgemein annimmt, weist der Prozeß des Lebens mindestens eine aus zwei Komponenten bestehende Leistungsfähigkeit auf. Zum ersten die, daß der Prozeß von alleine in Gang gekommen ist, denn in der Regel nimmt man nicht an, daß irgendwelche netten Urastronauten die Keime des Lebens zur Erde gebracht und auf ihr eingepflanzt haben. Und folglich (zum zweiten) geschah es, daß das Leben, allein auf der Welt, sich anfangs in den Ozeanen vermehrte, nach Jahrmillionen dann auf die Kontinente kroch, die Atmosphäre veränderte, sie für künftige Tiere mit Sauerstoff nutzbar machte und die Hülle des Planeten mit einem riesigen Evolutionsbaum der Artbildung anfüllte, so daß sie heute ungefähr zehn Kilometer (oder etwas mehr) dick ist (wenn man vom Meeresboden bis zum unteren Teil der Stratosphäre mißt, zu der Vögel manchmal noch fliegen können). Diese aus zwei Komponenten bestehende Potenz also, die dem Leben eigen ist, muß nun von der Ingenieurkunst des Menschen nicht kopiert oder übernommen werden, weil zwar »das Leben nicht anders konstruiert werden konnte« (wenn es selbst nicht hätte entstehen können, hätte es auch »im weiteren Verlauf« nichts schaffen können, denn es wäre in dem System niemand gewesen, der es hätte organisieren können), wir Menschen aber nicht annehmen können, daß wir erst abwarten, »bis etwas von selbst entsteht«, das dann dank seiner Selbstschöpfung lernt, »was weiter damit geschehen soll«. Wir müssen unser biotechnisches Geschöpf mit keiner derartigen doppelten Fähigkeit ausstatten, denn unser Geschöpf muß nicht »von selbst« entstehen: *Wir* können es auf unsere Art synthetisieren und mit der Fähigkeit versehen, daß es sich in eine für uns günstige

Richtung entwickelt. Moose, Flechten oder Dinosaurier sind ja nicht *für uns* entstanden, als Herrscher der Bioingenieurkunst jedoch sind wir daran interessiert, das zu produzieren, was uns so nützlich ist wie heute zum Beispiel Milchprodukte. Schon etwas abstrakter also: Die Menge aller möglichen »Bauelemente«, die mit der Fähigkeit zur Weiterentwicklung und eines tatsächlich für ein Projekt (wie im Ei) programmierten Bauens versehen werden können, ist höchstwahrscheinlich größer als die Menge solcher »Elemente«, die sowohl (erstens) ohne jede äußere Ingenieurshilfe etwas wie Protoplasma bilden als auch (zweitens) aus diesem Protoplasma eine Evolution von Schöpfungen in der Art von Fauna und Flora hervorbringen. Die zweite Aufgabe muß selbst entstehen und das Entstandene von selbst mit einer universalen Schöpfungskraft ausstatten, die sich prospektiv in den Meeren und auf dem Land des Planeten ausdehnt. Sie ist ohne Frage schwieriger als jene erste, weil etwas synthetisiert werden muß, was vielfältige schöpferische Kräfte besitzen soll (selbst aber zum Entstehen nicht fähig ist).

An einem einfachen Beispiel kann man die Sache verdeutlichen. Wir produzieren keine Pferde und können sie aus den Urstoffen nicht produzieren. Irgendwelche »Urpferde« jedoch waren die Vorfahren der Pferde in ihrer heutigen Vielfalt. Uhren konnten sich im Gegensatz zu Pferden natürlich nicht von selbst hervorbringen (ich denke dabei an »künstliche« Uhren, die wir an Rathaustürmen oder auch an Handgelenken anbringen, und nicht an »natürliche« in der Art der Schwingungen der Atome oder der Planetenbahnen). Wir haben die Uhr also erdacht, konstruiert, und von den allerersten gingen »evolutionäre Radiationen« aus oder gar »Speziationen«, also eine Artbildung der Uhren; wenn auch die Aufgabe (das Messen der Zeit) der Sanduhr und der Quarzuhr gemein ist, so unterscheiden sie sich doch im Bau, das wird jeder zugeben, nicht weniger als eine Mücke von einem Pferd. Folglich gilt: Auf der Erde entstand natürlich nur das, was *selbst* entstehen konnte – ohne Intervention von außen – als Ausgangsprodukte der natürlichen Evolution. Und bestimmt ist die Menge der verschiedenartigen und für das Entstehen von Leben unabdingbaren Bedingungen, die erfüllt sein müssen (sonst entsteht kein Leben), um vieles größer als die Zahl der Bedingungen, die dasjenige erfüllen muß, was selbst nicht entstehen könnte, was wir aber auf den Weg einer weiteren für uns nützlichen Spezialisierung bringen können. Unsere gesamten Technologien vom Schmelzen der Metalle bis zur Konstruktion von Weltraumshutteln bestehen doch nur darin, bestimmte, ursprünglich sehr elementare, unzuverlässige und in hohem Maße pannenträchtige Techniken »anzustoßen« und ihnen »Schwung zu geben«, während der technische Fortschritt (unter anderem) die Unzuverlässigkeit verringert und das Parameterbündel der für uns notwendigen Fähigkeiten vergrößert. Es geht demnach um den riesigen Strom nicht unbedingt neuer Lebensprozesse, aber solcher, die eine Übernahme von Lebenstalenten ermöglicht, und zwar um dem Leben ähnliche, aber schon irgendwie »außerlebendige« Wesen zu schaffen. Das erste »außerlebendige«, das mir hier einfällt, kann der Computer sein, und wir könnten bereits – angefangen mit dem Rechenbrett – einen riesigen Evolutionsbaum von immer leistungsfähigeren Computern zeichnen, die alle informationsverarbeitend funktionieren, mehr oder weniger so, wie die natürliche Evolution informationsverarbeitend arbeitete und arbeitet. Letztere hat ihre Arbeit »für sich« getan, die Computer tun etwas Ähnliches ausschließlich »für uns«. Mit einem Wort, ich postulierte die mögliche Existenz von *zwei* Sets von »Apparaturen«, was sich auch wie in der Logik darstellen läßt: Ein größerer Kreis enthält das, was nicht von allein entsteht, was sich aber, wenn es einmal da ist, »vermehren« und etwas Vorgegebenes »konstruieren« kann; und ein kleinerer Kreis innerhalb des größeren, der »fähig« ist, selbst zu enstehen (günstige natürliche Bedingungen vorausgesetzt) und gleichzeitig eine Evolution in Gang zu setzen: auf der Erde eine biologische mit DNA, mit Eiweiß, woanders aber vielleicht eine andere ...

Das ist dann auch schon alles, was man sich zum Thema einer verursachenden Konstruktionskraft ausdenken kann, ohne (das ist eine notwendige und unabdingbare Voraussetzung) sich dabei auf irgendwelche Urgewalten, Urastronauten, Zauberkräfte oder grüne Männchen zu berufen.

8. Zum Schluß komme ich wieder auf das Heute zurück. In letzter Zeit wurde viel über die Bedrohungen geschrieben, die von der genetischen Ingenieurkunst ausgehen, vom *Human Genome Project*, dem Klonen. Letzteres vor allem hat ein Donnergrollen auch von seiten des Vatikans ausgelöst. Um es klar zu sagen: Die beiden amerikanischen Wissenschaftler haben nicht geklont. Klonen wäre, wenn man aus einem Organismus eine lebende Zelle nimmt und aus ihr (wie aus einem befruchteten Ei) einen Zwillingsorganismus züchten würde. Die Wissenschaftler machten dagegen nur das, was zur Zeit möglich ist. Sie nahmen ein menschliches Ei, das versehentlich nicht mit einem, sondern mit zwei Samen befruchtet war (was so ein Ei immer zu einem kurzen Teilungsversuch und zum Absterben verurteilt, denn nichts weiter kann aus einer doppelten Inseminierung entstehen – ganz bestimmt nicht). Als nächstes lösten sie dann (was man zum Beispiel bei Kühen mit den Eizellen bereits macht) mit einem entsprechenden Enzym die sogenannte *Zona pellucida* auf, von der das bereits zweigeteilte Ei umgeben ist. Wenn diese zwei Zellen, in die sich das ursprüngliche Ei geteilt hat, nichts mehr zusammenhält, beginnt jede von ihnen ihre eigene Entwicklung (wird aber so oder so schnell absterben – ich erinnere an das verhängnisvolle Mißverständnis einer »Pseudoempfängnis«, was am Anfang stand). Und das ist alles. In meinen Augen war das kein Klonen, sondern nur die Überprüfung des bisher nicht verifizierten Wissens, daß sich die Entwicklung eines menschlichen Eis nach der Befruchtung in nichts von der Entwicklung der Eier aller anderen Tiere unterscheidet.

Das mag einem gefallen oder nicht, aber über unleugbare Fakten läßt sich schlecht streiten. Natürlich ist der Informationsgehalt, und damit die prospektive Potenz (so hätte es der alte Driesch gesagt), bei einem menschlichen Ei anders als beim Ei einer Kuh, aber das leugnet ja niemand. Ob diese Experimentiererei notwendig war, darüber kann man unterschiedlicher Meinung sein! Lilienthal hat sich in seinem Flieger vor hundert Jahren den Hals gebrochen. Ob das notwendig war? Blanchard ging es zuvor mit seinen Ballons nicht besser. Ob das notwendig war? Ich sehe erste Schritte – oder eher ein Kriechen – in die Richtung, in der sich das verbirgt, was ich weiter oben mit der für langfristige Prognosen typischen Mühe versucht habe zu beschreiben, weil es vorläufig keine vorhersehbaren, aber unbekannten Phänomene gibt, so daß auch die Begriffe, die Sprache zu ihrer Beschreibung fehlen. Es gab und gibt kleine Schritte in diese Richtung, und wenn ich überhaupt etwas über die menschliche Erkenntnis weiß, dann dies, daß nichts den Menschen auf diesem Weg abhält – ob zum Guten oder zum Schlechten –, keine Ermahnungen, keine Verfluchungen und keine Gesetze.

Das ist nun einmal unser »faustisches« Schicksal, aber auf eine Bewertung des Menschen, der unerbittlich der Zukunft entgegenstrebt, will ich mich hier nicht einlassen, denn ich werte nicht, verteile kein Lob und verurteile nicht, sondern referiere lediglich das, was im Schoß der Zukunft verborgen ist. Natürlich können Regierungen verbietende Gesetze erlassen, so wie vor 160 Jahren vor dem mit der Geschwindigkeit eines Fußgängers daherkommenden Zug ein Wärter gehen und eine rote Flagge schwenken mußte, da man glaubte, daß, wenn der Zug mit 40 km/h dahinjagen würde, die Passagiere allesamt verrückt würden. Das Gesetz hielt sich nicht, und wenn die Menschen heute (wie in Kiew angesichts des »Weltendes«) verrückt werden, dann ist das eine ganz andere Geschichte ...

Phantomatik (II)

1. Über die Zukunft der Phantomatik, über ihre wesentlichen Spielarten könnte man noch viel mehr schreiben als das, was ich bereits im »PC Magazine« besprochen habe. In der letzten Zeit (ich schreibe das im Dezember 1993) sind in Deutschland einige Arbeiten erschienen, die dem Nachweis meines antizipatorischen Vorreitertums bei obiger Problematik gewidmet sind (diese Arbeiten haben nichts mit Sciencefiction zu tun, vgl. zum Beispiel »Zukunftsstudien, herausgegeben vom Institut zur Technologiebewertung«, Berlin 1993, von Bernd Flessner der Artikel »Archäologie in Cyperspace, Anmerkungen zu Stanisław Lems Phantomatik«). Der Autor zitiert dabei die erste und älteste Ausgabe meiner *Summa technologiae* – sie erschien mit einjähriger Verspätung in einer bescheidenen Auflage bei »Wydawnictwo Literackie« und rief weder bei uns noch im Ausland irgendein Echo hervor. Einziger Rezensent war damals Leszek Kołakowski in »Twórczość«, der meine »Phantomatik« (und andere Antizipationen) für eher unrealisierbar hielt und der dann wieder, als ich dreißig Jahre später in einem Artikel in der Zeitschrift »Wiedza i Życie« mich auf jene Veröffentlichungen, meine und seine, berief, in einem Leserbrief ziemlich wütend entgegnete, die sogenannte »Phantomatik« oder auch »virtuelle Realität« sei doch nichts weiter als eine *Illusion* und daraus, daß sich der Mensch Illusionen hingibt, folge nicht, daß er zwischen Wachzustand und einer illusionistischen Fiktion nicht würde unterscheiden können! Die Illusion bringt demnach – so könnte man hinzufügen – überhaupt nichts Neues zur Ontologie, da die Endgültigkeit der authentischen Realität durch die Technologie des »Cyperspace« in nichts gestört werden kann: Denn wer sich in den »Phantomaten« begibt, weiß, daß er darin eine *bestellte* Fiktion erleben wird, und von diesem Bewußtsein kann er sich nicht freimachen, ob er eine phantomatische Romanze mit der englischen Königin (in ihrer illusorischen Jugend) haben wird oder aus der Hand des schwedischen Königs den Nobelpreis entgegennimmt.

2. Tatsächlich könnte die These des Bischofs Berkeley *(esse est percipi)* entgegen der antiillusonistischen Diatribe Kołakowskis erst auf einer sehr fortgeschrittenen Etappe der weiteren Entwicklung der »Phantomatik« in Erfüllung gehen. Was die ebenfalls von mir angeführte Hypothese *nihil est in intellectu, quod non prius fuerit in sensu*, das heißt, es *gibt im Geiste nichts, was zuvor nicht in den Sinnen war*, so ist dies eine überaus kontroverse Hypothese. Ich erlaube mir, das im folgenden anhand von konkretem Material zu belegen. Also, man muß zugeben, was ich ja nun schon getan habe, daß »die Windelhöschenphantomatik«, das heißt die heutige, wiewohl in gewisser Weise bereits im Vorgriff prostituiert (durch die Absicht, »jetzt gleich« sogenannten »Computersex« zu haben), infolge ihrer fast primitiven, einfach nur rein technischen Unvollkommenheit, nicht mit dem Reichtum des intensiven Fühlens im Wachzustand als der erlebten endgültigen Realität rivalisieren kann. Legen die Kunden des Phantomaten doch elektronisches »Geschirr« an, *Eyephones, Datagloves* usw., und, angeschirrt wie ein Pferd, mit drückendem Gurt, einer Schlaufe am Schwanzriemen, einer Kandare im Maul und an Zügeln geführt (von den Impulsen des Computers), ist es nicht möglich, daß man nicht weiß, daß man beherrscht wird (von dem Zaumzeug das Pferd, von dem Phantomaten der Mensch).

3. Im Kapitel »Die Phantomologie« der *Summa technologiae* traf ich die heute eigentlich nicht mehr übliche Unterscheidung der Phantomatik in eine periphere und eine zentrale. Ich zitiere: »Durch die periphere Phantomatik wird der Mensch in eine Welt von Erlebnissen geführt, deren Nichtauthentizität unmöglich aufzudecken ist.«* Es läßt sich aber eine zweite, nichtperiphere Variante aufzeigen (also eine nicht auf die menschlichen Sinne einwirkende virtuelle Realität), sondern eine, die »zentral« genannt werden muß, dieweil sie nicht über ein vermittelndes Sensorium wirkt, sondern *direkt*: auf das Gehirn. Bisher ist nicht klar, wie dies ohne einen Eingriff in

* Zit. nach: *Summa technologiae.* Frankfurt a. M: 1978, S. 345.

den Schädelknochen und die Hirnhaut gemacht werden könnte. Nur während einer für einen chirurgischen Eingriff ausgeführten Trepanation des Schädels wurden schon bestimmte Stellen auf der dann bloßgelegten Hirnrinde gereizt, was bei dem Operierten Erlebnisse auslöste, die in seinem Gedächtnis codiert waren. (Bei einer Reizung der Schläfenrinde hörte er zum Beipiel – ohne Anführungszeichen, denn er war sich sicher, daß er »wirklich hörte« – eine Opernarie, außerdem »fühlte« er, daß er sie in einer Oper hörte). Was bei einer Reizung des Hirns während einer Operation allerdings ausgelöst wird, ist genauso unvorhersehbar wie der Inhalt eines Traums vor dem Einschlafen. Der »zentralen« Phantomatik also, einer, die so perfekt ist, daß sie dem Gefühl des »endgültigen Erlebens der unumstößlichen Realität« gleichkommt, kann man sich aber doch schrittweise nähern. Und weil wir die einleitenden Etappen zur peripheren Phantomatik so weit hinter uns haben, daß es auf der Welt bereits entsprechende computerisierte Apparaturen gibt, die auch funktionieren, ist als nächstes ein Schritt oder Sprung nach vorn in die Tiefen der Zukunft fällig. Nun schrieb ich in der *Summa*, daß diverse Rituale, Hypnosen, Suggestionen und Mysterien seit Urzeiten Menschen in einen Zustand versetzen konnten, der eine verdunkelte (oder auch nicht) Verengung des Bewußtseins bedeutete, worin man gar eine orgiastische Zügellosigkeit erblikken könnte. Außerdem bezeichnete ich vor 30 Jahren die Folgen des Gebrauchs von Meskalin, Psilocybin, Haschisch, LSD und ähnlichen Rauschmitteln als »präphantomatisch«. In einem der Texte, denen ich meine Geheimnisse anvertraut habe, stellte ich meine eigenen Erlebnisse vor, die ich nach der Einnahme (experimentell, unter psychiatrischer Aufsicht) von 1 mg gereinigtem Psilocybin (ein Auszug des halluzinogenen Pilzes *Psilocybe*) hatte. Ich würde hier – zum Zwecke der Beweisführung – zwischen zwei Rauschmittelarten unterscheiden: Auf der einen Seite haben wir Substanzen wie Alkohol, Psilocybin und auf der anderen z. B. das Derivat der Lysergsäure. Denn die Halluzinationszustände nach Einnahme ersterer verändern das Bewußtsein des Menschen darüber, daß er etwas eingenommen hat, was ihn in eine Welt traumhafter

Illusionen führt, nicht grundsätzlich, während die Einnahme von Präparaten wie LSD dieses Bewußtsein zerstören, das heißt es gänzlich auslöschen kann. Darin liegt eine Gefahr, denn es ist schon vorgekommen, daß ein Mensch nach der Einnahme von LSD sicher war, für alles »durchdringbar« zu sein, einfach vor ein Auto lief und auf der Stelle hätte tot sein können, da ihm das Gefühl der Gefährdung fehlte, das in seinem (vom Gift benebeltem) Geist nicht existierte. Doch dies nur als Einleitung zu zwei Problemen, die ich hier ansprechen will: Erstens, ob und welche Chancen können sich in Zukunft durch ein »instrumentales Versenken des Menschen in den Raum der zentralen Phantomatik« auftun – also indem auf sein Gehirn eingewirkt wird, ohne daß chemische Mittel, Rauschmittel (sowie von »dritter Seite« aufgezwungene Handlungen wie Hypnose) angewendet werden. Zweitens, ob ein Mensch bei normalem Körper- und Geisteszustand schon jetzt etwas erleben kann (und sei es nur ansatzweise), das der »Versenkung in eine zentral phantomatisierte – illusorische, aber vom Wachzustand nicht unterscheidbare –, also fiktive Realität« entspricht.

4. Gegenwärtig kennen wir grundsätzlich keine Methoden, mit denen auf das im Schädel eingeschlossene Gehirn eingewirkt werden könnte, das heißt, wir kennen keine, die durch Bewußtseinsprozesse *steuernd* wirken. Es gibt tatsächlich schon ganze Gruppen von Medikamenten, die verabreicht werden (und das bei Gott nicht nur zu therapeutischen Zwekken) und die dergestalt auf die Informationsverarbeitung im Schlaf einwirken, daß es auf den Packungsbeilagen heißt, das jeweilige Medikament wirke zum Beispiel so, daß nach seiner Einnahme »Alpträume auftreten können« oder daß die Träume durch eine bestimmte Intensivierung der Farben gekennzeichnet und »handlungsreich« seien. Dennoch kann niemand *a priori* sicher sein, daß er Alpträume haben wird, und auch nicht, daß er nach Einnahme dieser zweiten Präparate sehr lebhaft träumt. Man darf hier anfügen, daß jemand, der Präparate entdecken (synthetisieren) würde, die keine Rauschmittel wären, aber die »Steuerung eines chemisch ausgelösten

Inhalts des jeweils gewählten Traums« ermöglichten, schnell Milliardär wäre. Wenn wir die »Lebensbilanz« eines jeden Menschen nüchtern betrachten, dann »vergeuden« wir ja ein Drittel der Zeit dieses Lebens träumend und schlafend und ohne auf den Inhalt dessen, was wir träumen, wirklich Einfluß zu haben. (Daher bezeichne ich die Zeit des Schlafs als »vergeudet«, notwendigerweise im übrigen, obwohl uns, das heißt der Psychologie, dem medizinischen Wissen, die Gründe, weshalb wir gezwungen sind zu schlafen, so unbekannt sind, daß es hier außer einer Unzahl unüberprüfbarer Hypothesen, »warum wir schlafen«, nichts gibt.) Eine nichtnarkotisierende Nutzung, also eine, die nicht wie zum Beispiel Mittel aus der Gruppe der Heroine, Morphine, Opium usw. Abhängigkeit hervorruft und beschleunigt zum Tod führt oder in anderer Weise eine charakteropathische Verführung des Geisteszustands verursacht, gibt es nicht. Es geht letztlich auch immer um Chemikalien, die dem Organismus irgendwie (durch Spritzen, wie Heroin, oder oral – so habe ich Psilocybin eingenommen) zugeführt werden. Es kommt aber darauf an, nichts zu schlucken und sich nicht zu vergiften, sondern nur eine Täuschung hervorzurufen, die dem Wachsein perfekt gleicht.

5. Aber natürlich: Eigentlich alle Menschen dieser Welt erleben solche Täuschungen, und das war schon immer so. Ich meine den Schlaf, in dem wir nicht im »Nichts« versunken sind (der Tiefschlaf), sondern in dem wir das erleben, was auf polnisch als »marzenie senne« umschrieben wird, während auf deutsch die Unterscheidung genauso wie im Englischen oder Französischen eindeutiger ist: *Traum, dream, rève*, das ist »marzenie senne«, und *Schlaf, sleep, sommeil*, das ist »sen«. Welche der Methoden man auch nimmt, die angeblich von einem psychologischen Training abhängen und es dem Schlafenden ermöglichen sollen, »zu steuern, was er träumt«, so ist doch all das, selbst wenn viele Menschen zu einem gewissen Grad auf die geträumte Handlung ein wenig Einfluß nehmen können – es gibt individuelle Unterschiede –, bescheiden im Vergleich zur »Realität des Träumens«. Ich erlaube mir das am eigenen Beispiel zu demonstrieren: einfach an dem, was ich kürzlich geträumt habe.

6. Zuerst allerdings muß gesagt werden, wozu wir uns überhaupt mit solchen Fragen abgeben sollen. Also erstens: Wir wissen nicht, warum wir schlafen und träumen müssen, aber wir wissen, daß die Computer unserer Generation nichts, aber auch gar nichts träumen, und daß sie das Träumen nicht nur überhaupt nicht brauchen, sondern daß auch niemand wüßte, wozu ein Computer im Rahmen der Datenverarbeitung eine Pseudotraum-Software abarbeiten sollte, würde jemand eine solche programmieren. Ganz anders sähe die Situation aus, wenn ein Computer, der »eine längere Zeit im Zustand der Schlaflosigkeit verbringt«, »schlechter« arbeiten würde als einer, der – ganz wie ein Mensch – »ausgeschlafen« wäre. Auch hier kann der Unterschied zwischen unserem Gehirn und einem »Elektronengehirn« (wie die Computer der ersten Generation von ENIAKs, als sie noch im Krabbelalter waren, genannt wurden) ein Schlüssel (oder Dietrich) dafür sein, zu zeigen, warum immer deutlicher wird, wie unterschiedlich die Evolution des natürlichen Gehirns im Vergleich zur ingenieur-informatischen, weil konstruktorischen und Programme schaffenden Evolution der jeweils nächsten Generation von Computern ist. Ich füge noch hinzu, daß Marvin Minsky, einer der Väter der künstlichen Intelligenz, die von den einen als Hirngespinst, von Minskys Anhängern dagegen als schon bald erreichbares Ziel angesehen wird, verkündete, daß das sogenannte »Rätsel vom menschlichen Bewußtsein« in Wahrheit kein Rätsel sei. Er meinte nämlich, daß das Bewußtsein eine Kontrollinstanz höherer (der höchsten) Ordnung sei, die sich nicht mit den einzelnen Teilen des Stroms der Sinnesreize befasse, sondern nur darauf achte, welches Gesamtbild aus dem Zusammenfluß aller (im Gehirn) eingehenden Signale entstehe.

Daraus könnte man nun folgern, daß, sobald wir eine solche höchste Kontroll- und Integrationsinstanz als »Metaprogramm« in die Programme einfügen, der Computer sich des Bewußtseins bemächtigen wird (aber ganz so schön ist es nicht). Warum das für die Konstruktion von Hardware und Software ein konstruktiver Weg ist – bei den gegenwärtigen Entstehungswegen der nächsten Computergenerationen –, sage ich vielleicht ein andermal, damit mir das jetzt nicht meinen Hauptgedankengang zerstört. Nur als Kuriosum habe ich die von Minsky wiedergegebene Hypothese hier zitiert.

7. Nach langen Mühen komme ich jetzt endlich dazu, die Inhalte von zwei Träumen, die ich hatte, zu demonstrieren. In einem Traum träumte ich, daß ich ein junger, eben erst geweihter Priester war und während der Messe eine Predigt halten mußte (natürlich in der Kirche). Ich war furchtbar aufgeregt, ob ich Vernünftiges sagen und so reden würde, wie es sich gehört.

In Hinblick auf meine Realität und meinen Lebenslauf war das in der Tat merkwürdig, denn ich bin nicht gläubig, und es würde mir nicht »im Traum« einfallen, in ein geistliches Seminar einzutreten, auch habe ich natürlich nie irgendwelche Predigten gehalten und habe nicht vor, welche zu halten. Da nun der Trauminhalt genau entgegengesetzt zu meinem Lebensweg ist, kann ich mir auch nicht denken, welche Gründe diesen Inhalt ausgelöst haben könnten. Dagegen kann ich mich an verschiedene, völlig realistisch erscheinende Elemente dieses Traums erinnern (wie das Innere der Kirche aussah, die ich in dieser Form nie gesehen hatte, welche Menschen sich in den ersten Reihe des Kirchenraums befanden – es war niemand darunter, den ich gekannt hätte, usw.).

Darüber hinaus war da in dem Traum das ganz »offensichtliche« und »unverrückbare« Gefühl, daß ich ein Priester bin, daß ich erst am Anfang dieses Lebenswegs stehe, daß die Handlungen, die ich verrichten soll, meine natürliche und notwendige Pflicht sind, usw. Kurz, ich »fühlte« eine solche Vergangenheit »hinter mir«, die ich in Wahrheit nie, auch nicht in Ansätzen, erlebt habe.

Der zweite Traum ist dem Anschein nach »realistischer«. Ich bin Student und nach den Ferien laufe ich zu meiner Hochschule, weil ich fürchte, zu spät zur ersten Vorlesung in diesem Jahr zu kommen. Ich laufe direkt ins Seminargebäude, ohne Zeit zu haben, erst noch in das Studentenwohnheim zu gehen, in dem ich mit einem gewissen Jurek ein Zimmer teile, den ich im Traum seit langem kenne. Im Traum weiß ich, daß ich den Schlüssel zu dem gemeinsamen Zimmer in der Tasche habe, den ich aus Versehen nicht beim Pförtner gelassen, sondern aus einer »anderen« Eile heraus in die Tasche gesteckt habe (ich kann ihn durch den Stoff meiner Kleidung fühlen). Ich stürze in den großen Hörsaal, begrüße Studienkollegen, die ich gut kenne (im Wachzustand kann ich keinen von ihnen irgend jemandem zuordnen), sie bitten mich, in der ersten Reihe zu sitzen, aber ich möchte mich neben einen Bekannten am Rand in der zweiten Reihe setzen. Auf einmal sehe ich Jurek, springe auf, um mich bei ihm für den »unglücklichen« Schlüssel zu entschuldigen, doch er ist mir nicht böse. Da ertönen Stimmen, die ankündigen, daß der Professor kommt, und da ich merke, daß ich meinen Mantel nicht ausgezogen habe, stürme ich so durcheinandergebracht zu den Kleiderhaken, daß ich abrupt aufwache. Es ist, als hätte mich jemand aus dem Schlaf in die Wirklichkeit katapultiert, und mein erstes Gefühl ist Erstaunen: Wie konnte ich diesen Traum, der von der Realität so verschieden war, so bestimmt für meinen Wachzustand halten?

Wieder gibt es außer der Handlung und einer sehr realistischen Detailliertheit des Traums eine persönliche Vergangenheit, die meinem Leben völlig fremd ist. Tatsächlich habe ich vor vielen Jahren studiert, aber solche Studienkollegen hatte ich nicht, nie habe ich eine vergleichbare Universität gesehen, nie habe ich in einer Burse gewohnt, usw. usf.

Was demnach beiden hier verkürzt beschriebenen Träumen gemein ist, ist die Vergangenheit des Träumenden, die fiktiv und angepaßt ist. Nicht das, was erst noch eintreten sollte, denn das folgte ja aus der bereits geträumten Situation (als Priester, als ich im passenden Moment eine Predigt halten sollte, und als Student, als ich in den Hörsaal kommen und auf den Professor warten sollte). Sondern das Gefühl dafür, was die Vergangenheit meines geträumten Lebenslaufs war, das sich in meinem Traum jedesmal einstellte und mich mit derselben Sicherheit und Selbstverständlichkeit begleitete, mit der ich mich im Wachzustand an meine tatsächliche Vergangenheit erinnern könnte.

Die zentrale Phantomatik kann folglich erst dann zu einer »letzten Instanz« für das bewußte Seinserleben werden, wenn sie imstande ist, den phantomatisierten Menschen nicht nur mit einer aktuellen – sagen wir, von ihm aus einem »Katalog« ausgewählten – illusorischen Realität auszustatten, sondern darüber hinaus dieser Illusion eine Vergangenheit verpaßt, die in ununterscheidbarer Weise vorgibt, die einzige Vergangenheit dieses Lebenslaufs zu sein, so echt, daß es authentischer nicht sein könnte.

8. Der Traum mit seinen Trauminhalten legt nahe, daß das Gehirn selbst, ohne »jede äußere Mitwirkung« »erdachte« Handlungen hervorbringen kann, deren illusorischer Charakter erst nach dem Erwachen erkennbar ist. Im Keim trägt also jeder von uns – wie ein Soldat im Tornister seinen »virtuellen Marschallstab« – die prospektive Potenz, zu erleben, daß er jemand ist, daß er jemand war, der er nicht ist und nicht war, und schon allein das suggeriert die (vorläufig) prinzipielle Möglichkeit, daß eine nichtnarkotische »zentrale Phantomatik« entstehen kann.

Als Randbemerkung sollte ich vielleicht hinzufügen, daß es Schlafmittel gibt (Barbiturate), die es dem Gehirn unmöglich machen, zu träumen. Dies geht nicht ohne Schaden für das Gehirn ab, besonders wenn solche Hypnotika über längere Zeit eingenommen werden. Und es gibt Mittel einer anderen Gruppe, die die Fähigkeit zu träumen nicht zerstören, sondern manchmal sogar noch verstärken (in der bereits erwähnten Richtung von lebhaften Träumen und/oder Alpträumen).

9. Wozu es den Schlaf gibt, davon haben wir, wie gesagt, keine Ahnung, und Hypothesen, die besagen, daß allein die Tatsache des Wechsels von Tag und Nacht, von Licht und Dunkel der Auslöser des Schlafs sei (wie der Winter tatsächlich ein Faktor sein könnte, der bestimmte Tiere dazu verführt, in den Winterschlaf zu fallen), lassen sich weder ordentlich begründen, noch lassen sie sich falsifizieren. Insbesondere wissen wir nicht, warum derjenige, welcher viele Tage und Nächte lang nicht schlafen kann (das wurde sogar als Folter verwendet, zum Beispiel in den Gefängnissen des KGB), Halluzinationen und Zustände geistiger Umnachtung erfährt. Ja, das ist kausal immer noch nicht erklärt.

Zu den pathologischen Zuständen und ihren Grenzfällen, die eine Unterscheidung von Schlaf und Wachzustand erschweren, sage ich nichts, denn das würde diese skizzenhafte Beweisführung sprengen. In jedem Fall kann man ganz bescheiden soviel sagen: Die periphere Phantomatik, die in der »jetzt gültigen Gegenwart« auf das Gehirn wirkt, ist schon kein Hirngespinst Lems mehr, sondern eine Realtität, in die große Konzerne (wie SEGA zum Beispiel) ganz real Millionen von Dollars investieren.

Die Möglichkeit einer zentralen Phantomatik dagegen ist vorläufig immer noch nur eine Chance für die Zukunft, da wir – o Paradox! – über den funktionalen Bau des Gehirns im menschlichen Schädel unvergleichlich viel weniger wissen als über den funktionalen Bau eines (ja von uns gebauten und programmierten) Computers jeder Generation.

Zum Schluß sei noch hinzugefügt, daß wir zwar imstande sind, die Unterschiede zwischen im wesentlichen »kontextfreien« Programmiersprachen und kontextimpliziten herauszufinden, doch wahrscheinlich erlaubt erst die Ausrüstung der Computer (die nicht iterativ, also nicht schrittweise und in Reihe arbeiten, sondern polyparallel, gleichzeitig) mit Riesenspeichern, die kontextabhängig aktiviert werden, die Kluft, die zwischen einem »lebenden Gehirn« und der »Zahlenprothese« (wie es ein Computer ist) besteht, zu reduzieren: vielleicht sogar bis auf Null ...

10. Obiger Text, in dem Daten aus der Psychologie des Schlafs mit »computerologischen« Einschüben »vermischt« sind, habe ich deshalb geschrieben, weil Leute wie Hacker leicht in einen neuen Typ der Monomanie verfallen, und anstatt das Verständnis der psychischen und damit der kreativen und auch sprachlich »verstehenden« Prozesse zu vertiefen, überlassen sie es – allein schon wegen ihrer übermäßigen Faszination für die Architektur der Hard- und Software – den Rechenleistungen der *Brute force*, den Bau der Programme voranzutreiben. Würde es tatsächlich genügen, die Datenverarbeitung nach den Prinzipien, deren Urahn die Turing-Maschine war, millionenfach schneller zu machen, besäßen wir bereits Computer, die der menschlichen Intelligenz gleichkämen oder sie um ein Mehrfaches überträfen, aber so schön und leicht ist das nicht.

Ein Computer, der schlafen und träumen kann, ja sogar muß, und uns dann ohne Tricksereien der Programmierer erzählt, was er geträumt hat, wird zum Rivalen des Menschen. Der Aussage eines französischen Dominikaners (im Jahre 1948), daß mit der Entstehung der Kybernetik von Wiener das Gespenst einer Maschine aufgetaucht sei, die Aufgaben bewältigen kann, wie sie sich beim Regieren eines Staates oder gar der ganzen Welt stellen – vielleicht zum Guten und nicht zum Schlechten der Menschen –, dieser Aussage hat damals niemand ernsthaft Aufmerksamkeit geschenkt.

Doch das postkommunistische Chaos der Gegenwart zeigt, daß eine solche Maschine, die ich vor dreißig Jahren in der bereits genannten »Summa« negativ bewertet habe, in der aus den Fugen geratenen Welt heute wie gerufen käme ... Vielleicht wäre sie sogar leichter zu bauen als eine »mit Bewußtsein ausgestattete« Maschine, doch das ist wohl schon ein Thema für eine eigene Abhandlung ...

Tertium comparationis

1. In beiden Ausgaben des Buchs *Łacina na co dzień* [Latein im Alltag] von Czesław Jędraszko bedeutet obiger Titel »etwas Drittes, das zwei anderen als Vergleichsmaß dient«. So dachte ich auch, bis ich im »Słownik wyrazów obcych i zwrotów obcojęzycznych« [Wörterbuch fremder Wörter und Wendungen] von Władysław Kopaliński las, daß dieselben lateinischen Wörter bedeuten: »Vergleichsgrundlage, Gegenstand (Zustand), der gemeinsame Merkmale zweier Gegenstände (Zustände) besitzt, die miteinander verglichen werden«. Das ist nun nicht dasselbe. Ich optiere für Kopalińskis Definition, da ich sie für eine Skizze brauche, die eine wichtige, aber nie verwirklichte Proposition zeigen soll: Eine Richtung der Philosophie nämlich, die ihr Hauptaugenmerk auf die (postulierten) Ähnlichkeiten und (faktischen) Unterschiede zwischen einem Computer (als »endlichem Automaten«) und dem Gehirn des Menschen richtet.

Diese Automaten berühren wiederum die Theorie rekurrierender Funktionen und Algorithmen, und schon allein dadurch haben sie auch mit dem berühmten Beweis Gödels zu tun. Doch ist es schlicht unmöglich, in so einer einfachen Skizze wie hier ein solche Genealogie der Computer zu entwikkeln. Zugleich sperrt das Fehlen der gerade erwähnten philosophischen Perspektive die ganze Entwicklung der Computer und der davon abhängigen Informationstheorie in eine Art – ich würde hier nicht zögern, eine vielleicht etwas übertrieben heftige Formulierung zu wählen – technisch-rechnerisches Ghetto. Natürlich ist meine kategorische Auffassung angreifbar, und man kann sich dazu auf reiche Literatur berufen, angefangen von den Büchern des Informatikexperten Joseph Weizenbaum bis hin zu den noch bekannteren Abhandlungen der Dreyfus.

Die hier angeführten Bücher sind entweder eine argumentativ mehr oder weniger gut abgestützte »allgemeine Theorie der Unmöglichkeit«, »daß ein Computer dem Gehirn gleichkommt«, oder sie sind, wie die von mir hier *nicht* angeführten

Bücher aus dem Lager der »Computergläubigen«, Versuche zu beweisen, daß *Artificial Intelligence* (sagen wir à la Marvin Minsky, einem ihrer »Väter«) natürlich darstellbar ist und wir ihr deshalb bald in technischen Verwendungen begegnen werden. Schließlich gibt es noch Autoren wie Douglas Hofstadter, die (mit ihren Arbeiten) eine Art Spagat machen: Sie finden, daß auf dem Weg zur Künstlichen Intelligenz sowohl noch enorme Schwierigkeiten zu überwinden sind, gleichzeitig glauben sie aber auch, daß diese Schwierigkeiten grundsätzlich überwunden werden können (nur weiß man noch nicht, wie und wann).

2. Mir geht es hier jedoch nicht darum, die Frage der Verwirklichung von »künstlicher Intelligenz« in einer Maschine zu klären, und schon gar nicht, mich damit an erster Stelle zu beschäftigen. Es geht mir um das, was der Titel ankündigt. Wir brauchen eine solche »Philosophie der Anwendung von Computern«, die den Streit über Unterschiede und Ähnlichkeiten mit dem menschlichen Gehirn hinter sich läßt, denn bei ihm figuriert das Gehirn als ultimative Verkörperung des Verstandes, als die komplexeste Apparatur im ganzen Kosmos, und damit als so universell, daß es als geradezu ideales und unerreichbares Vorbild dienen muß, so etwas wie es der »Normal-Meter« für die jungen Leute vor dem Krieg war, der als Platin-Iridium-Stab (mit X-förmigem Querschnitt) in Sèvres bei Paris aufgestellt war. Heute ist das nicht mehr das ultimative Maß für Länge, und obwohl wir kein außer- oder übermenschliches Gehirn kennen, sollten gerade diejenigen, welche mit Computern arbeiten und sie als Programmierer bedienen, über das rein bauliche Etalon zugunsten einer abgehobeneren Reflexion mit einem stärkeren »Meta«-Charakter hinausgehen, um über das sichtbare, wenn auch wissenschaftlich nicht geknackte Modell des biologischen Gehirns künftige, oder zumindest mögliche Entwicklungsphasen der Computerwissenschaft zu erkennen. Fast alle mir bekannten Experten haben sich so intensiv der Erörterung von »Sein oder Nichtsein« der Künstlichen Intelligenz hingegeben, daß sie gegenüber der wohl entscheidendsten Frage, ob das Gehirn des Menschen es überhaupt verdient, als Vorbild des »Verstandes«, der Intelligenz bezeichnet zu werden, und ob es mit diesem Gehirn vielleicht »ganz anders« besser sein könnte, ganz blind geworden sind.

Ich erlaube mir, in dieser Skizze noch ein (letztes) Mal zum Latein zu greifen, und sage: *sed tamen potest esse totaliter aliter*. Es lassen sich nämlich mindestens zwei Arten von Merkmalen im lebenden Gehirn, wie es im Menschen arbeitet, unterscheiden: Diejenigen, welche Spuren und Erbe seiner sehr langen evolutionären Entwicklung sind (nicht nur, um Himmels willen, im Verlauf der Anthropogenese: Das Hirn ist paläontologisch gesehen ein, wie schon gesagt, bedeutend viel älteres »Puzzle«), sowie die Merkmale, die heute, also bereits als typisch menschliche Errungenschaft, seine Besonderheit ausmachen, uns also aus dem Baum der reich verzweigten Hominidenvarianten herausgeführt und den *homo sapiens sapiens* hervorgebracht hat. Sogleich füge ich hinzu, was ich einmal einem deutschen Philosophen im Zusammenhang mit Martin Heidegger geschrieben habe. Und zwar, daß ich für Heideggers größten Fehler nicht seine nach dem Weltkrieg scharf kritisierte Zugehörigkeit (und philosophische Verwandtschaft) zur Partei Hitlers hielt, sondern daß er ein Philosoph war, der die technologische Entwicklung unserer Zivilisation haßte und sich einbildete, eine wie immer geartete Rückkehr zu einer vortechnologischen Kultur sei eine real mögliche Richtung. Ich schrieb damals meinem Briefpartner, daß der Mensch in dem Augenblick, als er vor vielen Millionen Jahren als *Australopithecus, Homo robustus* und gleich danach als *Homo habilis* im Süden Afrikas auftauchte, durch seine gesamte Biologie zu einem zwar langsamen, aber einer historischen Beschleunigung unterliegenden Entdeckungsprozeß der Technologie (angefangen von Feuersteinen und altsteinzeitlichen Werkzeugen) verdammt war, da es mit der Befreiung der oberen Extremitäten von der Aufgabe, den Gang zu stützen, und der Befreiung des Gehirns von typisch animalischen und zu jener Zeit ausschließlich dem Überleben dienenden Fähigkeiten einen anderen Weg (außer dem Aussterben der Art) schon nicht mehr gab.

Für mich war damit auch klar, daß die Technologie ungefähr vor drei oder zweieinhalb Millionen Jahren zu einer mit dem Menschen genau so untrennbar verbundenden Eigenschaft geworden war wie vor vier Milliarden Jahren als kosmisch-planetarische Konstante die Erstarrung der Hülle um die Feuerkugel, die damals der Planet Erde war. Deshalb kann man sich in einem solcherart törichten Sinne über die Technologie etwa genausogut ärgern und sie verleugnen oder ihrer Entwicklung Vorwürfe machen, wie man die Gesetze der Thermodynamik hassen oder der Gravitation Vorwürfe machen kann. Wir können Erscheinungen, die wie Naturgesetze sind, bis zu einem gewissen Grad beherrschen, sie uns zu eigen machen und zu unserem Nutzen einsetzen. Dagegen hat es ebensoviel Sinn, gegen sie Schmähschriften aufzusetzen oder ihnen etwas vorzuwerfen, wie es Sinn macht, das Meer dafür auszupeitschen, daß es irgendeinem Tyrannen die Schiffe verschlang. Das ist weder rational noch würdig, Philosophie genannt zu werden, die nicht beliebig vom Fundament unsers Daseins losgelöst werden kann.

3. Nehmen wir einmal an, daß es so ist. Doch wo liegt nun die Verbindung mit der von mir geforderten Philosophie als einem Diskurs jenseits des Streits von »Pro-KI« und »Kontra-KI«?

Erstens, teilweise hat der Computer bereits einen Vorsprung vor dem Gehirn, und das darf nicht mit einer »Anthropologisierung« der Computer verwechselt werden, als würden nur noch ein paar Schritte in der Technik fehlen, bis diese sich wie Menschen verhielten. Ich erlaube mir hier anzuführen, was ich vor über einem Vierteljahrhundert in *Summa technologiae* geschrieben habe:

Was dagegen entstehen und sich ausbreiten wird, sind maschinelle Administrationszentren für die Produktion und Distribution von Gütern sowie für die Wissenschaftsverwaltung (Koordination der Forschungsbemühungen, anfangs mit »symbiotischer« Unterstützung von Hilfsmaschinen). Ob zwischen ihnen Konfliktsituationen entstehen können? Aber durchaus. Es wird in den Entscheidungsbereichen der Investition, der Forschung, der Energetik zu Konflikten kommen, denn schließlich muß ja wegen der Unmenge der miteinander zusammenhängenden Faktoren bezüglich der unterschiedlichen Maßnahmen und Schritte eine Prioritätenliste aufgestellt werden. In diesen Konfliktfällen wird man eine Lösung finden müssen. Das wird Sache der Menschen sein, erklären wir natürlich rasch. Ausgezeichnet. Nun wird es bei den Entscheidungen um Probleme von gewaltiger Komplexität gehen, und so werden die menschlichen Kontrolleure des Großen Koordinators (des Kontroll-Computers), wollen sie sich in dem vor ihnen liegenden Meer mathematischer Gleichungen zurechtfinden, gezwungen sein, die Hilfe anderer Maschinen in Anspruch zu nehmen, und zwar von Maschinen zur Optimierung von Entscheidungen. Die Frage ist nun, ob es möglich ist, daß bei diesen Maschinen, die zum Zweck der Kontrolle die Arbeit der kontinentalen Maschinen nachvollziehen, andere Ergebnisse herauskommen. Auch das ist durchaus möglich, weil jede Maschine im Laufe der Arbeit irgendwie »einseitig« (*biased*) wird. Dem Menschen ist es bekanntlich prinzipiell unmöglich, nicht in irgendeiner Weise einseitig zu sein; warum aber sollte die Maschine einseitig sein? Nun, die Einseitigkeit braucht nicht auf einer emotionellen Vorliebe zu beruhen; sie entsteht schon dadurch, daß den einander widersprechenden Alternativen unterschiedliches Gewicht beigelegt wird. (Denn solche Maschinen, die ja probabilistische Systeme sind, funktionieren nicht in identischer Weise.) Die Situation wird klarer, wenn wir uns vor Augen halten, daß sie sich teilweise auch in der Sprache der Spieltheorie ausdrücken läßt. Die Maschine ist gewissermaßen ein Spieler, der gegen eine bestimmte »Koalition« spielt, die sich aus einer gewaltigen Zahl unterschiedlicher Gruppierungen im Produktions- und Distributions-, aber auch im Transport- und Dienstleistungsbereich zusammensetzt.*

Diese längere Ausführung schließt die nun folgende Feststellung ab: Entweder können Computer nicht mehr Variablen als der Mensch berücksichtigen, dann hat es keinen Sinn, sie über-

* Nach: *Summa technologiae.* Frankfurt a. M.: Insel 1978, S. 247ff.

haupt zu bauen, oder sie können es, dann findet sich der Mensch aber in den Ergebnissen allein nicht zurecht, kann also nicht unabhängig vom Computer seine Entscheidungen treffen ... Der Mensch kann dann nur noch zum Meldegänger werden, der das Band mit Informationen vom Dezidentencomputer zum Kontrollcomputer trägt. Wenn die Computer unterschiedliche Ergebnisse liefern, kann der Mensch nichts anderes tun, als eine Münze werfen, um seine Wahl zu treffen: Aus der »höchsten Kontrollinstanz« wird ein Mechanismus zur Loswahl!

Wieder haben wir also eine Situation, und zwar nur bei Computern »mit Führungsaufgaben«, in der diese »schlauer« sind als der Mensch. Weiter schrieb ich damals, daß wir »heute« (1965) in der Wirtschaft und im Management überhaupt ohne solche Computer auskommen. Doch gegenwärtig (1994) schieben schon Computernetzwerke ihre »Fühler« in diese Gebiete. Außerdem gibt es jetzt Bereiche in der Mathematik und mathematischen Physik, in denen jeder Mathematiker oder Physiker den Ergebnissen der Computerarbeit einfach glauben muß, weil kein Mensch imstande ist, selbst wenn er sein ganzes Leben darauf verwendete, diese Arbeit zu kontrollieren. Wenn aber in diesen Disziplinen, die logisch eigentlich ganz exakt sind, ein Set von Ausgangsaxiomen nicht in idealer Weise deckungsgleich ist mit einem anderen Set, wo die Arbeiten in verschiedenen Forschungszentren ablaufen, dann können das nur »Supercomputer« überprüfen, doch solche »Supercomputer« sind ja nun kein Gottesgericht, sondern lediglich der nächste Schritt in der Entwicklung der Computeristik. Also öffnet sich vor uns ein Abgrund in Gestalt eines *regressus ad infinitum* ...

4. Doch all das, was ich gesagt habe, betraf ausschließlich das Verhältnis von Computern zu den Menschen und ihrer Arbeit. Zweitens, Prämisse und zugleich Thema jener hier im Ansatz postulierten »Philosophie eines *tertium comparationis*« muß das menschliche Gehirn sein, dessen Bau und Funktion, jedem Anschein zum Trotz, unvergleichlich viel schlechter erforscht ist, als dies bei Computern der Fall ist, denn diese bauen und benutzen wir ja selbst. Die Gehirne dagegen benutzen wir natürlich, aber wir haben sie nun wirklich nicht gebaut.

Ich erlaube mir deshalb, in fast stenographischer Form einige der »computerfremden« Eigenschaften unseres Gehirns aufzuzählen. Das Gehirn setzt sich aus einer noch ungezählten, aber großen Zahl von Subsystemen zusammen, wobei diese Subsysteme grundsätzlich zusammenarbeiten »sollten«, es aber durchaus vorkommt, daß sie sich antagonistisch verhalten und sich gegenseitig behindern. Das läßt sich ziemlich leicht in vielen Situationen erkennen. Wir können zum Beispiel leicht den Vorgang des Auswendig-Hersagens beschädigen, wenn wir unsere bewußte Aufmerksamkeit allzu stark darauf konzentrieren; sobald wir dagegen auf eine solch konzentrierte Aufmerksamkeit verzichten, verläuft der Automatismus der Deklamation, also in diesem Beispiel des tadellosen Aufsagens des Textes, glatt ab. (Das ist ja auch das Leitmotiv der Anekdote, in der ein Tausendfüßler gefragt wird, wie er die Bewegung seiner Hinterbeine koordiniere, und der Tausendfüßler vor lauter Nachdenken über diese Frage in Bewegungslosigkeit erstarrt.) Auch andere »hirninnere« Antagonismen lassen sich leicht finden: Wenn wir fließend etwas zusammenrechnen und dann anfangen, an dieser Fähigkeit zu zweifeln, machen wir beim Nachrechnen häufig viel größere Fehler. Es scheint also, daß man sich nicht allzusehr konzentrieren sollte ... Auch aus Forschungen (der fünfziger Jahre noch) geht hervor, daß ein hypnotisierter Mensch sich an Ereignisse von vor vielen Jahren erinnert, die er sich bei vollem Bewußtsein nicht ins Gedächtnis rufen kann.

Es gibt demnach so etwas wie funktionale Schichten des Gehirns von unterschiedlicher »Tiefe«, deren Penetration dem Bewußtsein (als angestrengte Aufmerksamkeit) einfach verschlossen ist. Auch unsere Sprache, in jeder Variante, erweist sich gerade deshalb als unzuverlässig, weil sie durch ihre Syntax, ihre Lexik, ihre Phraseologie und Idiomatik den Untiefen und verräterischen Fallen ausweicht, deren Anwesenheit der große Gödel in jedem der Arithmetik gleichwertigen System aufgespürt hat, denn wir führen Diskurse, die sich auf Argumente unterschiedlicher Überprüfbarkeit und Stärke stützen. Die Sprache ist denn auch sowohl unsere Stärke als auch unzuverlässige Schwäche: Deshalb ziehen sich die Naturwissenschaften auf Felder zurück, die einer Mathematisierung unterliegen, wo dann allerdings die Gödelsche Falle auf sie lauert ... Die Lage der Zentren im Gehirn, die für die verständige Rede zuständig sind, für die von der Wiege an gelernte Rede, für die Rede (Sprache) zweiter Ordnung (also der nach der Kindheit erlernten Sprache), für die geschriebene Sprache, das Lesen usw., all diese sprachlich-funktionalen Keime im Gehirn sind bei Neugeborenen biologisch zwar so gut wie identisch (unabhängig davon, ob es ein chinesisches oder ein polnisches Kind ist), stellen aber ein unerforschtes Rätsel dar. Es ist ja weder so, daß man Sprache nicht erbt, noch so, daß man sie erbt: Der Mensch erbt nur »die funktionale Bereitschaft«, die ihn befähigt, sich schnell an die sprachliche Umwelt anzupassen, in der er geboren wird. (Das könnten die Computer ganz entschieden gebrauchen: Ihre kontextfreie Unbeweglichkeit muß irgendwann und grundsätzlich in anthropologischer Richtung verändert werden ...)

5. Ein eigener Beweis für die Menge der Subsysteme, aus denen das Gehirn besteht, können sowohl bestimmte Erscheinungen des Wachzustands als auch des Traums sein. Das Bewußtsein des Schläfers kann die Erscheinungen des Traums als die merkwürdigste aller Überraschungen wahrnehmen, auf die er in keiner Weise gefaßt ist, ganz so, als kämen sie tatsächlich von irgendwo außerhalb seines Geistes. »Es träumt einem« auf oft ganz unvorhergesehene und überraschende Weise, vor allem beim Alptraum. Das bedeutet, daß die Handlungen, die sich im eingeengten Bewußtseinsfeld des Schläfers abspielen, aus solchen Unteraggregaten des Gehirns eingeführt werden (von solchen Subsystemen des Gehirns gebündelt werden), von deren (erzählerischen) Inhalten dem Schläfer nichts bekannt ist.

Das ist wieder ein Beweis für die These von den Ursachen, die bewirken, daß die Teilbarkeit der Aufmerksamkeit unseres Bewußtseins verschwindend gering ist. Es ist denn auch sehr schwer, mehr als ein paar (angeblich höchstens sechs) Probleme im Bewußtseinsfeld zu haben. Wenn wir uns die schwächste der zahlreichen Potenzen des Gehirns vornehmen, das

Information Retrieval, so besteht das Unglück, das selbst gründlich vorbereiteten Personen (besonders während einer Prüfung) zustößt, darin, daß begleitende Affekte (die Nervosität des Gefragten zum Beispiel) die Fähigkeit bremsen, aus den »Vorratskammern« des Gehirns schnell das hervorzuholen, was der Prüfer verlangt (ich spreche hier nicht von denen, die einfach unvorbereitet in die Prüfung kommen).

Genauso können Ausdrucksformen der Angst, Panik und, allgemein genommen, Emotionen die intellektuellen Fähigkeiten lähmen. Das größte Problem für den Menschen sind jedoch die unerkannt in ihm steckenden Ausmaße des individuellen Quotienten der Intelligenz und der kreativen Fähigkeiten (die ganz sicher zu einem großen Teil genotypisch sind, also erblich, vorprogrammiert und damit vorgegeben). Die Varianz innerhalb einer Spezies ist beim Menschen am größten: Je tiefer eine Tierart auf der Leiter des evolutionären Fortschritts steht, desto weniger »geistige« Unterschiede gibt es. Alle Fliegen haben die gleichen durch ihren Instinkt vorgegebene Fähigkeiten der Informationsverarbeitung (Fliegen lernen nie, daß man nicht durch eine Fensterscheibe fliegen kann), und auch ein »genialer Schimpanse« (und es gibt solche, die fähig sind, die Grundbegriffe einer graphischen Sprache zu erlernen) unterscheidet sich viel weniger von einem dummen Schimpansen, als sich Newton von einem Idioten unterschied. Hier stoßen wir zugleich auf ein anderes Rätsel: Wir wissen nämlich nicht, warum die Evolution des menschlichen Gehirns, verstanden als Zuwachs seiner geistigen Potentiale, der vor über einer Million Jahren begonnen und eine in der natürlichen Evolution außergewöhnliche Beschleunigung erfahren hat, vor rund einhunderttausend bis zweihunderttausend Jahren vor unserer Zeitrechnung stehengeblieben ist! Damit haben alle Rassen praktisch die gleichen Gehirne und Unterschiede gibt es höchstens bei der Verteilung der Gene in den Genomen, und zwar in denen, die im Verbund über die potentiell erreichbare Intelligenz entscheiden (u.a. geht es hier um den uralten Streit *nature or nurture*, das heißt darum, ob vor allem die Vererbung oder eher die Umwelt das geistige Niveau bestimmen. Das Pendel zeigt in diesem Streit heute auf beide Faktoren, mit einem gewissen Vorsprung der Vererbung, doch sind die nur statistisch nachweisbaren Unterschiede zwischen den Rassen klein. Wären sie größer, gäbe es wieder jede Menge Gründe für Sklaverei, Chauvinismus, Nationalismus, Rassismus usw.)

Warum das in seinem »evolutionären Wuchs beschleunigte« Gehirn »stehengeblieben« ist, wissen wir nicht. Schwerlich kann man als Grund die relative Enge des weiblichen Gebärkanals annehmen, obschon der Kopf den größten Umfang bei einem Neugeborenen hat. Hier verbirgt sich demnach ein noch nicht entschlüsseltes Rätsel des Gehirns, das wahrscheinlich eher biologischer als informationstechnischer Natur ist.

6. Ich habe nicht die Absicht, mich auf das Gebiet der Psychopathologie mit ihren erblichen und erworbenen Psychosen zu begeben oder auf das der Phobien und Psychopathien. Es mag an dieser Stelle genügen, wenn ich sage, daß die funktionale Stabilität der menschlichen Gehirne ziemlich labil ist und sich für das weitere Wachstum vielleicht als Bremse erwiesen hat. Die Gaußsche Glocke, die die Normalverteilung der Intelligenzquotienten zeigt (am meisten mittlere Werte – 120 IQ –, am wenigsten »noch nicht anormales« physiologisches Minimum, und auf der abfallenden rechten Glockenkurve am wenigsten Quotienten über 130-150 IQ), berücksichtigt überhaupt nicht den Einfluß, den Charakter, volitionale Momente (»Antrieb«, »Triebe«), das affektive Leben, die Hauptausrichtung der Begabung (wenn es sie gibt) usw. auf den im Test »herausdestillierten« IQ haben.

Das emotionale Leben haben wir von den ältesten Wirbeltieren geerbt (bestimmt über eine halbe Milliarde Jahre hat die Entwicklung dieser Lebensform gedauert), es ist also unvergleichlich viel älter als das geistige Leben. Computer können da nicht mithalten, zugleich aber wissen wir nicht, ob das »für sie« eher ein Nachteil oder eher ein Vorteil ist. Genau so ist es mit der immer noch ziemlich rätselhaften Intuition.

7. Man muß jedoch die Grenze, mit der die Norm von der Pathologie abgegrenzt wird, an der Stelle verletzen, wo sich die Variante der sogenannten genialen Idioten befindet. Es handelt sich um hochgradig geistig Behinderte, um unglaublich fixe *Rechenkünstler*, die mit elektronischen Taschenrechnern konkurrieren können, unglaubliche »Gedächtniskünstler«, die einen langen Text nach einmaligem Durchschauen im Kopf haben (obgleich sie mit dem Megabitspeicher eines Computers nicht konkurrieren können), oder um polyglotte Einfallspinsel, die mit einer unglaublichen Leichtigkeit eine Menge Fremdsprachen erlernen, nur daß sie in keiner etwas Kluges sagen können, usw. Ich vermute, daß es bei all diesen »Sonderlingen« zu einer Atrophie der normalen Subsysteme des Gehirns und zugleich einer »Loslösung« einer bestimmten Gruppe solcher Subsysteme (zuständig für die Sprache, das Rechnen, das visuelle Gedächtnis) vom Wirken der anderen (normalen) kommt, was, wie bereits gesagt, den Grad der Zweifel in abträglicher Weise verstärken kann.

8. Es gibt Psychologen, die im Funktionieren des menschlichen Gehirns eine Art »Gratwanderung« sehen, bei der wir uns auf einem ziemlich schmalen Pfad durchschnittlicher Normalität bewegen, während zu beiden Seiten Abgründe gähnen: auf der einen Seite ein Übermaß an Unbeweglichkeit, auf der anderen eine übermäßige Unordnung der Absichten und Gedanken; dem Menschen droht demnach entweder eine Erstarrung in Stereotypen oder das Chaos einer fast schon richtungslosen Anarchie.

Natürlich ist dieses Schema grob und schon dadurch vereinfacht. Aber es lohnt, all diese Merkmale zu berücksichtigen, wenn man das *tertium comparationis* sucht, denn dann wird leichter verständlich, wie wenig sinnvoll der Wunsch ist, das Gehirn in einer Maschine »zu wiederholen«. Was biologisch ist, ist Sache der Evolutionsbiologie, was aber rechnerisch ist, ist Sache der Rechenleistungen der Computer. Außerdem muß daran erinnert werden, daß das Gehirn nach einer Lobotomie (mit Durchtrennung der Stirnlappen, welche die »Lebensstrategien« determinieren) dem äußeren Anschein nach fast normal funktionieren kann. Prüfen Sie dagegen einmal, wie ein Computer funktioniert, dem man ein gut Teil seiner Hardwareverbindungen gekappt hat ...

Dieser fundamentale Unterschied rührt auch daher, daß unser Gehirn Schichten einer uralten Vergangenheit enthält, daß in ihm »etwas« von einer Amphibie von vor Millionen Jahren ist, von einem Kriechtier und den Hominiden. Verstand aber entsteht dann, wenn dies aus Gründen der Anpassung so notwendig wird, daß die andere Alternative bereits der Untergang der Art wäre. Und Arten, die untergegangen sind, gab es auf der Erde Millionen . . .

Der »Wettlauf« der Gehirne mit den Computern findet vorläufig als Zuwachs der »toten« Speicherkapazität sowie als Beschleunigung beim Rechnen statt: Dies erzeugt die wachsende Rechenleistungen. Ob innovative Nachschubkräfte kommen, die von den biologischen Gehirnen ausgeliehen wurden (und sich die Computerevolution der natürlichen annähert), oder aber umgekehrt sich die Schere noch weiter öffnet als heute und sich die »Nachschubkräfte« überhaupt nicht als »biologisch gegeben«, als nicht menschlich erweisen, dies vorherzusagen ist vorläufig schwierig.

9. Von den Menschen und nicht von den Computern wird es abhängen, wann die Invasion solcher Hilfskräfte in das Terrain von Entscheidungsstrategien der Wirtschaft oder vielleicht sogar der Politik beginnt. Derartige Tendenzen verstärken sich bestimmt in einer Welt, die immer mehr unter Überbevölkerung leidet und aus den Fugen gerät, in der wir hilflos dem Wahnsinn des Völkermords und den Verkündern völkermordender Programme als *panaceum* für das Chaos zusehen. Als ich *Summa technologiae* schrieb, beging ich den größten Fehler, indem ich als Helden meines Buches einen rationalen Menschen, den Konstrukteur, nahm und nicht einen Aggressor, den der Chauvinismus blind gemacht hat und der sich daran ergötzt, jede technische Innovation in der geistigen Verarmung einer allumfassenden Depravierung untergehen zu lassen. Ich habe nicht vorausgesehen, was ich nicht voraussehen wollte. Ob ich allerdings das Recht für eine solche Parteilichkeit hatte, das ist hier die Frage . . .

Häresien

1. In meinem Buch *Summa technologiae* nahm ich ein Kapitel auf, das den Titel »Wahnsinn mit Methode« trägt. Darin schrieb ich:

Stellen wir uns einen wahnsinnigen Schneider vor, der alle möglichen Kleider näht. Von Menschen, Pflanzen und Vögeln ist ihm nichts bekannt. Die Welt interessiert ihn nicht, er fragt nicht nach ihr. Er näht Kleider. Für wen, weiß er nicht. Er denkt darüber nicht nach. Manche Kleider sind kugelförmig, ohne jede Öffnung; anderen näht er Röhren an, die er als »Ärmel« oder »Hosenbeine« bezeichnet, und zwar in wechselnder Anzahl. Die Kleider bestehen aus unterschiedlich vielen Teilen. Den Schneider interessiert nur eines: er möchte konsequent sein. Er macht symmetrische und asymmetrische Kleider, große und kleine, dehnbare und solche, die sich nie mehr verändern. Wenn er sich anschickt, ein neues Kleid herzustellen, macht er bestimmte Annahmen. Es sind nicht immer dieselben. Hat er sie aber einmal gemacht, dann folgt er ihnen genau, und es ist sein Wunsch, daß sich aus ihnen kein Widerspruch ergibt. Wenn er Hosenbeine annäht, schneidet er sie anschließend nicht wieder ab; was genäht ist, trennt er nicht wieder auf; er legt Wert darauf, daß es Kleider werden und nicht Bündel von blindlings zusammengeflickten Lumpen. Die fertigen Kleider trägt er in ein riesiges Lager. Wenn wir dort Zutritt hätten, würden wir feststellen, daß einige der Kleider die richtige Paßform haben für einen Kraken, andere für Bäume, für Schmetterlinge oder für Menschen. Wir würden Kleider für den Zentaur und für das Einhorn sowie für Wesen entdecken, wie sie bisher noch niemand ersonnen hat. Für die überwältigende Mehrheit der Kleider bestünde überhaupt keine Verwendung. Jeder wird zugeben, daß die Sisyphusarbeit jenes Schneiders heller Wahnsinn ist.

Genau wie er geht die Mathematik vor. Sie baut Strukturen, ohne daß man wüßte, wessen Strukturen das sind, vollkommene (das heißt vollkommen exakte) Modelle, ohne daß der Mathematiker weiß, *von was* es Modelle sind. Ihn interessiert das nicht. Er tut das, was er tut, weil sich herausgestellt hat, daß eine solche Tätigkeit möglich ist. Gewiß benützt der Mathematiker – insbesondere bei der Formulierung seiner Prämissen – Wörter, die wir aus der Umgangssprache kennen. Er spricht zum Beispiel von Kugeln, von geraden Linien oder von Punkten. Doch er versteht unter diesen Termini nicht die uns bekannten Dinge. Der Mantel seiner Kugel besitzt keine Dicke, sein Punkt keine Ausdehnung. Der Raum seiner Konstruktionen ist nicht unser Raum, denn er kann beliebig viele Dimensionen besitzen. Der Mathematiker kennt nicht nur eine Unendlichkeit und eine Überendlichkeit, sondern gleichfalls eine negative Wahrscheinlichkeit. Wenn etwas mit Sicherheit geschehen kann, beträgt die Wahrscheinlichkeit eins. Wenn etwas überhaupt nicht geschehen kann, beträgt sie null. Es zeigt sich, daß etwas weniger als nicht-geschehen kann. (...)

(Für die Mathematik gibt es eine praktische Anwendung.) Einer bestimmten Auffassung zufolge ist diese Brauchbarkeit sehr leicht zu erklären. Danach soll die Natur selbst ihrem Wesen nach »mathematisch« sein. Dieser Auffassung waren Jeans und Eddington, und ich glaube, daß auch Einstein diese Auffassung nicht ganz fremd war. Das kann man seiner Äußerung entnehmen: *»Raffiniert ist der Herrgott, aber boshaft ist Er nicht.«* Wir können – so verstehe ich diesen Satz – die Kompliziertheit der Natur auflösen, indem wir sie mit einem Netz von (mathematischen) Gesetzmäßigkeiten erfassen. (...)

Seit dem 16. Jahrhundert durchstöbern die Physiker die von der Mathematik geschaffenen Vorräte an »leeren Strukturen«. Die Matrizenrechnung war eine »leere Struktur«, bis Heisenberg ein »Stückchen Welt« fand, zu dem diese leere Konstruktion paßte. Solche Beispiele finden sich in der Physik massenhaft.

Die theoretische Physik und die angewandte Mathematik gehen gemeinsam nach der folgenden Prozedur vor: Eine empirische These wird durch eine mathematische These substituiert (das heißt, daß gewissen mathematischen Symbolen physikalische Bedeutungen wie etwa »Masse«, »Energie« usw. zugeordnet werden), der so gewonnene Ausdruck wird nach mathematischen Regeln umgeformt (das ist der rein deduktive, formale Teil des Vorgehens), und das Endresultat wird durch erneute Einsetzung von materiellen Bedeutungen in eine empirische These umgewandelt. Die neue These kann eine Prognose des künftigen Zustands einer Erscheinung sein, sie kann aber auch gewisse allgemeine Beziehungen (daß zum Beispiel die Energie das Produkt aus Masse und Quadrat der Lichtgeschwindigkeit ist), mit anderen Worten: physikalische Gesetze zum Ausdruck bringen. (...)

Die Mathematik sagt (das heißt, sie bemüht sich darum) über die Welt mehr, als sie darf. Das bereitet der Wissenschaft gegenwärtig große Schwierigkeiten. Sicher wird man sie einmal überwinden. Vielleicht wird die Matrizenrechnung in der Quantenmechanik einmal durch einen anderen Kalkül ersetzt, der eine genauere Vorhersage ermöglicht. Als veraltet wird man dann allerdings nur die heutige Quantenmechanik betrachten. Die Matrizenrechnung altert nicht. Denn während empirische Systeme ihre Aktualität verlieren, verlieren mathematische Systeme sie nie. Ihre Leerheit gibt ihnen Unsterblichkeit.*

2. Ende des Zitats. Ich muß mich für diese Weitschweifigkeit entschuldigen, aber sie ist unumgänglich. Schon damals, als ich jenes Kapitel schrieb, dachte ich, daß nicht die Natur selbst mathematisch ist, ihr Schöpfer also, wie Jeans und Eddington das wollten, ein Mathematiker *war*. Ich vermutete, daß die Mathematik nicht in der Natur steckt und wir sie nicht deshalb in ihr finden. Ich dachte, daß sie eher im Auge des Wissenschaftlers steckt, aber so deutlich wagte ich das nicht zu sagen, denn dieser Gedanke stand völlig im Widerspruch zu dem, was bei Wissenschaftlern, die besser sind als ich, die verbreitete Überzeugung war. Schon für das, was ich hier zitiert habe, wurde ich im übrigen zurechtgewiesen, weil sie darin die Andeutung einer Häresie spürten. Jetzt aber, nach so vielen Jahren, macht die Konzeption, welche die Natur »entmathe-

* Nach: *Summa technologiae.* Frankfurt a. M.: Insel 1978, S. 288f u. 291ff.

matisiert« und die Denkprozesse des Menschen »mathematisiert«, von sich reden, und man kann sie laut verkünden. Während, wie die neuzeitlichen Ketzer in der Wissenschaft schreiben, die Mathematizität der Natur, die unseren formalen Prozeduren unterliegt, so etwas wie ein »tiefes Geheimnis« darstellt, erweist sich die erstaunliche Übereinstimmung zwischen dem, »wie das Weltall geartet ist« und dem, »inwieweit die Mathematik ein exaktes Abbild des Kosmos sein kann«, als unser menschlicher Fehler. Als erster stellte Bruno Augenstein (vom Rand Institute in Kalifornien) »jenes Problem auf den Kopf«. Die Physiker, verkündete er, können in der realen Welt die Entsprechung für jedes mathematische Konzept finden. Netze, würde ich antworten, machen noch keine Fische. Von der Größe der Netzmaschen hängt es ab, welche Fische wir fangen – also befindet sich das Netz, wie die Mathematik, auf unserer Seite und nicht »auf seiten der Natur«.

Sagen wir, daß es so ist. Ist das eigentlich so wichtig? Und ob! Es wäre eine sensationelle Entdeckung, wenn der Mensch alle Erscheinungen erfassen könnte, die als Naturgesetze gelten. Augenstein weist nicht nur darauf hin, daß die Gleichungen von Bernhard Riemann aus dem 19. Jahrhundert das Skelett für die Theorie von Einstein schufen (als Alternative zur »ebenen Geometrie Euklids«). Merkwürdiger ist vielleicht, daß 1924 zwei polnische Mathematiker, Stefan Banach und Alfred Tarski, in der Zeitschrift »Fundamenta Mathematica« das sogenannte Banach-Tarski-Theorem verkündeten, das unter der Bezeichnung »Dekomposition« einen Sonderzweig der Mengenlehre bildet. Sie bewiesen mathematisch, daß es möglich ist, ein Objekt A von beliebiger endlicher Größe und beliebiger Form so in n Teile zu zerlegen, daß diese ohne Veränderung zu einem Objekt B, das wieder von beliebiger Gestalt und endlicher Größe ist, gefügt werden können. Scheinbar banal, aber fast zu allgemein. Doch wenn man das Theorem auf Kugeln anwendet, stellt sich heraus, daß man eine Kugel so in fünf Teile zerlegen kann, daß zwei davon wieder eine neue Kugel bilden, und die restlichen drei Teile eine andere Kugel. Das erinnert Fachleute gleich an die moderne Physik der Elementarteilchen!

3. Wieder war es Augenstein, der gezeigt hat, daß die Gesetzmäßigkeiten, die für solche Mengen und Teilmengen gelten (denn das ist alles ein echter Ableger der Mengenlehre), formal identisch sind mit den Gesetzen, die das Verhalten von Quarks und Gluonen in dem Modell der Quantenchromodynamik beschreiben, das von den Physikern in den siebziger Jahren entwickelt wurde ...

Was ist hier los? Haben Banach und Tarski, ohne selbst zu wissen, was sie tun (so wie mein »verrückter Schneider«), ungewollt und ein halbes Jahrhundert im voraus die Gesetze der Quantenchromodynamik entdeckt, als es noch keine Spur von ihr gab? Das wäre schon ein ziemlich unglaubliches Rätsel, dessen Lösung sich für den menschlichen Geist, leider, als eine Enttäuschung ersten Ranges erweisen kann ...

Auf der einen Seite ist es so: »Die magische Art und Weise«, auf die ein Proton, das gegen ein metallisches Ziel geschossen wird, einen Schwarm neuer Protonen schafft, die aus diesem Metall herausfliegen und mit dem »Original« identisch sind, entspricht exakt dem durch das Banach-Tarski-Theorem beschriebenen Zerlegen einer Kugel und dem Zusammenfügen der Teile zu einem Paar neuer Kugeln. Hier aber tauchen Zweifel auf. Inwieweit sind unsere Modelle überhaupt »real« – all diese Quarks, Gluonen? Sind das nur Modelle unserer Vorstellung vom Mikrokosmos, mathematische Geschöpfe, oder ist es »die reine Wahrheit dieser Welt«?

Andrew Pickering in England behauptet, daß Physiker immer Modelle entwickeln können, die zeigen, wie die Welt funktioniert, wenn sie nur einen beliebigen, aber in sich schlüssigen Satz experimenteller Daten zur Verfügung haben, doch sind diese Modelle immer ein Abbild der Kultur (des Standes der Wissenschaft) ihrer Zeit.

»Es ist kein Problem«, sagt er in einer seiner Arbeiten, »daß ein Gelehrter Bilder oder Beschreibungen der Welt schafft, die als verständlich gelten, denn der kulturelle Bestand seiner Epoche unterstützt ihn darin; weil er aber darin trainiert ist, mathematische Abstraktionen zu produzieren, sind diese Abstraktionen für ihn das Material für seine Bilder der Welt, und das ist nichts anderes und nicht merkwürdiger als die

Vorliebe ethnischer Gruppen für ihre jeweilige Muttersprache.«

Es entsteht hier also ein klarer Widerspruch zu dem seit langem postulierten Objektivismus der Erkenntnis: Dieser Häresie zufolge erkennen wir die Welt durch ein Glas, das uns der historische Augenblick auf die Nase und vor die Augen setzt. In der Physik ist das zum Beispiel das angehäufte Arsenal mathematischer Strukturen, während die Welt »an sich« dem unmittelbaren Zugriff unseres Scharfsinns als hypothesenbildende Intuition und in Gestalt empirischer Erfahrung weiterhin entzogen bleibt.

4. In Andeutungen habe ich davon gesprochen, daß die Mathematik für uns außer dieser »Existenzspalte«, der sich alle unsere Sinne angepaßt haben, nichts weiter ist als ein Blindenstock. So wie der Blinde, wenn er mit dem Stock vor sich herklopft und in seinem Geist aus dem Echo eine fast geisterhafte, verschwommene Gestalt seiner Umgebung schafft, so versuchen auch wir als Physiker nur durch den Vorhang der Mathematik das zu erkennen, was »dort«, in der Welt, »letztendlich wirklich« ist. Damit bahnt sich in obiger Häresie die nächste Erschütterung der Epistemologie in der Philosophie an, doch ich, da ich bereits für meinen »verrückten Schneider« eins auf die Finger bekommen hatte, wagte es nicht, mich noch weiter »aus dem Fenster zu lehnen«.

Kurz gesagt, wir befinden uns ungefähr in der Situation der Leser von Märchen, die sich zwar auf die Welt beziehen und die Anregungen für ihre Inhalte aus der Welt schöpfen, aber nicht unmittelbare Abbilder der Welt sind, da sie außerhalb der sinnlichen Erfahrungen des menschlichen Sensoriums nicht wahr sein können. Wir glauben bereits, daß wir wissen, was im Innern eines Atoms vor sich geht, doch wir bringen es nur zu Analogien, die eine Resultante unseres kulturellen Trainings (das heißt historischen Moments) und unserer Überzeugung sind, daß wir wie ein Sonar das Echo von real und unzweideutig existierenden Erscheinungen oder »Dingen« empfangen. Das sollte uns mittelbar auch erklären, warum unsere Logik schon angesichts des klassischen Verhaltens der

Interferenz der Elektronen, die dem »gesunden Menschenverstand« hohnsprechen, Schiffbruch erleidet, weil das Elektron, das einmal ein Teilchen ist und dann wieder eine Welle, unser »entweder so oder so«, unser Entweder-Oder, ungültig macht.

5. So schlimm, wie es nach obiger, mit Zitaten ziemlich dicht gespickter Darlegung scheinen könnte, ist es nach meiner Meinung aber nicht. Man könnte nämlich glauben, daß die oben behandelte Frage, die zur Epistemologie (also zur Erkenntnistheorie) gehört und in gewisser Weise den »Idealismus« fördert, bei denen, die sich mit Datenverarbeitung beschäftigen, die also »in Information machen«, überhaupt nicht auf Interesse stößt, doch dem ist gar nicht so. Seit mehr oder weniger einem halben Jahrhundert wird nämlich im Zusammenhang mit der Frage, ob es »anderen als irdischen Verstand« gibt, nicht so sehr darüber gestritten, ob dieser andere Verstand überhaupt existiert, sondern darüber, ob wir imstande wären, ein von ihm gesendetes Signal, eine Nachricht, wie eine Chiffre zu knacken und als Information ins »Menschliche« zu übertragen und damit zu verstehen. Als 1971 in Biurakan ein amerikanisch-sowjetisches Symposium zur Frage der Kommunikation mit außerirdischen Zivilisationen (CETI) stattfand, nahmen die Russen in den Band mit den Diskussionsprotokollen auch mein Referat auf. Ich schlug darin vor, eine »autofuturologische« Zelle in der CETI-Organisation einzurichten, die zur Aufgabe hätte, die Frage zu erörtern, wie sich die ganze Problematik der CETI verändert, wenn im Zeitraum von 20, 30, 40 usw. Jahren keine, nicht einmal Spuren von Signalen oder Nachrichten aus dem Kosmos aufgespürt und folglich empfangen werden? Heute, wo seit der Konferenz in Biurakan fast ein Vierteljahrhundert vergangen ist, meinen immer mehr, daß es »nirgendwo jemanden gibt«, so daß es nicht lohnt, für viel Geld (mit Radioteleskopen zum Beispiel) zu lauschen. Weniger pessimistisch (wenn man so will) eingestellte Wissenschaftler wiederum verkünden, daß es irgendwo schon jemanden geben wird und daß es sogar sein könnte, daß er intelligent ist, mehr noch, daß er vielleicht mehr Schmalz im

Kopf hat als die Menschen (was mir überhaupt nicht fiktiv erscheint, vor allem, wenn ich mir die Auseinandersetzungen auf der ganzen Welt zum Ende des 20. Jahrhunderts anschaue); dennoch ist es unbedingt so, daß die Ausbreitung der Bündel zivilisatorischer Trajektorien in Zeit und Raum abrupt sein muß: Schlicht gesagt, die »Wissenschaft« kann sich in jeder Zivilisation anders als bei uns entwickeln, sie kann so verschieden von der irdischen Wissenschaft sein und damit derart ungeeignet für jede Art von signalübermittelnder Artikulation, daß wir, selbst wenn ein Signalregen auf unsere Köpfe niederginge, außerstande wären, diesen vom chaotischen Lärm des Weltalls zu unterscheiden.

Solche Standpunkte sind derzeit Mode. Ich habe auf meinem Schreibtisch zum Beispiel das klafterdicke Elaborat eines E. Regis jun. von der Cambridge University liegen, das er vor gut ein paar Jahren verfaßt hat und in dem er von jener Diskohärenz, der wechselseitigen Unübertragbarkeit der Wissenschaften spricht, und dem flüchtigen Leser mag es gar vorkommen, als unterstütze der erste Teil meines Essays »Häresie« die Version von der »unübertragbaren Unterschiedlichkeit der Wissenschaften fremder Zivilisationen«.

6. Ich halte das für ein komplettes Mißverständnis. Vielleicht stellen wir uns die in den mathematischen Netzen und Schlingen gefangenen Gluonen, Quarks oder wie immer gearteten Gravitone »nicht richtig« vor – einverstanden. Gleichwohl handelt es sich bei der Kettenreaktion von schweren Nukleiden wie Uran, Pluton oder Tor und noch weniger bei denen des Typs der Bethe-Reaktionen, die in Sternen und Wasserstoffbomben (das heißt thermonuklearen Bomben) ablaufen, um keine Täuschung.

Nur ein ganz gewöhnlicher Irrer, und nicht mein »verrückter Schneider«, könnte es wagen zu behaupten, daß Tschernobyl, daß die Atomenergie, daß Computer, daß die natürliche Evolution nebulöse Einbildungen sind! Mit einem Wort, die Wissenschaft erkennt man und die Wissenschaft beweist sich in ihren Anwendungen, das heißt in der Realität, und nicht nur, wie zum Beispiel die Philosophie mit ihren vielen Verzweigungen, auf dem Papier, auf das sie sich aus kahlwerdenden Köpfen ergießt. Da aber wenigstens dieser Unterschied zwischen dem Gedanken und der Realität besteht, täuscht sich der Gelehrte Mr. Regis gewaltig, der dieser erfolgreich (wenn auch manchmal mit grauenhaften Resultaten) angewandten Wissenschaft keine Aufmerksamkeit schenkt.

Vielleicht gibt es keine Quarks, vielleicht sind Gluonen ein mathematisch-physikalisches Hirngespinst, vielleicht wird die Physik des 21. oder 22. Jahrhunderts schon anders als die heutige sein, vielleicht geraten Namen wie »Chromodynamik« in Vergessenheit, wir wissen ja, daß Namen dieser Art reine Konvention sind, wo doch Quarks »in Wirklichkeit« keinerlei »Farbe« haben können. Gleichwohl beweist sich die Wissenschaft in dem Guten wie in dem Bösen, das wir ohne Rücksicht auf die Interpretation der Art, wie ihre Wirksamkeit ermittelt wird, erkennen, so wie auch die Medizin sich in ihrer therapeutischen Wirksamkeit beweist, und hier handelt es sich nun wirklich nicht mehr um irgendwelche, einem historischen Moment unterworfene Illusionen und Trugbilder. Einen kleinen, einen winzigen Teil, eine gewisse Approximation daran, »wie die Welt ist«, erfahren wir allemal.

Was dagegen die epistemologische Entthronung betrifft, die den mathematischen Ansatz der Physik bedroht, also der Verzicht auf die Gewißheit, daß in der Physik jedes letzte Wort der Theorie bedeutet, daß wir endlich bei der Wahrheit angekommen sind, so kann daran nicht nur, sondern muß daran gezweifelt werden. Die Gelehrten können sich einen solchen Relativismus nicht leisten und ihren Entdeckungen und den mit Nobelpreisen ausgezeichneten Theorien einen vorübergehenden Charakter geben. Sie sind da wie jeder Schöpfer, der glaubt (wenn auch zu Unrecht), weil er es glauben will, daß sein Werk ewig ist oder doch wenigstens mit der Menschheit bis zum Ende der Welt überdauert.

So schön ist es aber nie: Fürwahr, wie ein Philosoph der Antike gesagt hat, es hat schon seine Richtigkeit, daß das, was die Sterblichen schaffen, selbst sterblich ist. Der menschliche Verstand – diesen Schluß ziehe ich aus dem Destillat der Wissenschaftsgeschichte – ist der erste auf dem Planeten, aber ob er auch im Kosmos der erste sein kann, daran zweifle ich sehr. Das würde nicht so sehr über uns als über das Universum ein sehr schlechtes Zeugnis abgeben! Gerade heute, in einer Zeit unbestreitbarer Dekadenz der Massenkultur, in einer Zeit, wo immer höherwertige, immer exzellentere Technologien des Informationstransports den Globus umrunden oder die als stationäre Transponder über der Erdoberfläche hängenden Satelliten der Vervielfältigung und Ausstrahlung von immer niedrigeren, brutaleren, immer blutigeren Bildern des Mordens dienen, heute, sage ich noch einmal, wäre es besser, wenn uns keine höhere fremde Zivilisation zuschauen könnte.

Wir haben keinen Grund, stolz zu sein: Wir sind als Kannibalen entstanden, und etwas von einem fehlgeleiteten (da wir uns ja nicht der Menschenfresserei hingeben) Kannibalen ist in uns geblieben. Aber das ist schon eine ganz andere, viele düsterere Sache, die nun überhaupt keine Häresie ist, sondern eine Aufgabe, die uns Joseph Conrad hinterlassen hat, wenn er sagt, daß der Schreibende »der sichtbaren Welt Gerechtigkeit widerfahren lassen soll«. Das heißt der menschlichen Welt. Der Rest aber ist in die Mathematik gehülltes Schweigen der Wissenschaft und für Uneingeweihte unzugänglich.

Postscriptum. Ein historisches Phänomen, das ich hier nicht vertiefen konnte, ist die fortschreitende und im Laufe des Jahrhunderts immer offensichtlicher zutage tretende Niederlage derjenigen theoretischen Begriffe aus der Mathematik, die sich durch maximale (auch ästhetische) Einfachheit auszeichnen und durch die Eleganz des kategorischen »so und so ist es« nicht nur die Physiker des 19. Jahrhunderts zufriedengestellt haben, sondern sie auch in der (falschen) Meinung bestärkten, daß den Physikern des 20. Jahrhunderts die Arbeit ausgehen wird, da bereits die ganze Welt in den homogenen Netzen des mathematischen Determinismus »gefangen« sei ... Die Fortentwicklung des Wissens wurde damit gleichbedeutend mit dem Einsturz der Gewißheit des vorangegangenen Jahrhunderts – nicht nur und nicht einfach durch die Entdeckung der Indeterminismen: »Alles« erwies sich als viel komplexer, viel stärker dem »Zufall« unterworfen, viel mehr durch eine Vielzahl von Ursachen determiniert, als man es in den frühen Jahren der Wissenschaften gedacht hatte.

Wie von mir 1963 erwartet, kamen die Computer der Wissenschaft tüchtig zu Hilfe und ermöglichten es, außer der Berechnung von Algorithmen, auch Prozesse zu simulieren, die einer »frontalen« mathematischen Lösung nicht zugänglich waren (wie zum Beispiel das Dreikörperproblem; woraus wiederum neue astrophysikalische Konzepte hervorgingen, die das Modell des Sonnensystems als perfekte, seit Millionen Jahren gleichmäßig funktionierende »planetare Uhr« zerstörten: Eine solch einfache Ordnung gibt es in der Astronomie nicht).

Die Chaos- und Katastrophentheorie, oder eher: die Chaos- und Katastrophentheorien, die durch die Arbeit der Computer gestützt wurden, brachten verstandes- und vorstellungsmäßig leichter faßbare, eindeutig gezeichnete Bilder der Makro- und Mikrowelt zum Einsturz. Ich kann hier nicht in die Tiefen des sich verdichtenden formalen Dschungels vordringen, in dem aberwitzige fraktale Landschaften und verwandte Gebilde entstehen, die in der Welt ihre »Zielobjekte« suchen. Ich kann nur anmerken, daß man nicht von einem Extrem – der Einfachheit – ins andere Extrem – der unergründbaren Komplexität – verfallen sollte!

Das bedeutet, daß wir zwar Computer verwenden müssen, wir jedoch nicht kritiklos die Ergebnisse ihrer Arbeit akzeptieren sollten, denn diese werden leicht zu Produzenten eines Chaos, das nur aus determinierten Komponenten besteht (daher der Gedanke, daß es ein »wirklich chaotisches Chaos überhaupt nicht gibt«), dagegen werden die Mandelbrot-Fraktale zum Beispiel von anfangs einfachen Gleichungen produziert, doch darf man ihrem Zauber nicht unwiderruflich erliegen. Sie entstehen aufgrund von Ausgangsbedingungen, die durch das Programm vorgegeben sind, und daß sich das Programm überraschender und stürmischer entwickelt, als der Programmierer gedacht hat, muß nicht bedeuten, daß diese Fraktale und dieses Chaos »überall in der Natur« sind, daß sie die Welt bereits im denkbar engmaschigsten aller Netze der Formalismen »gefangen« haben.

Besser bezahlt macht sich vielleicht der Standpunkt des Skeptikers: Die Mathematik (und ihr verwandte Simulationen) kann ja tatsächlich wie ein allzu eigenwillig geknüpftes Netz nicht nur Walfische oder Plötze aus dem Weltmeer fischen, sondern auch Unsinn – und uns so in die Irre führen. Darüber haben schon Gelehrte wie J. Weizenbaum geschrieben, die sich in *computer science* gut auskennen.

Dies als Warnung vor einer Faszination durch einen »Computerismus« – wofür es höchste Zeit ist ...

Die Informationszucht

1. Die Idee, die in der Überschrift zu diesem Kapitel steckt, kam mir Ende der fünfziger Jahre, und zum ersten Mal wurde sie von mir in dem Buch *Summa technologiae* (1964) so benannt und vorgestellt. Sie war und blieb für lange Zeit ein »Bewohner« meiner Phantasie, weshalb ich auch eher in meiner *Science-fiction* wagte, darüber zu schreiben. Ein Fragment meiner Überlegungen, die ich bereits 1971 in *Sterntagebücher* veröffentlichte, lautet:

»Die alpdruckhaften Visionen, die gewisse Futurologen bisweilen von einer Zukunftswelt entwerfen, die durch Abgase vergiftet, vollgeraucht und in der energetischen oder thermischen Barriere steckengeblieben ist, sind unsinnig: In der nachindustriellen Entwicklungsphase bildet sich eine biotische Ingenieurkunst heraus, die alle Probleme dieser Art liquidiert. Die Beherrschung der Lebenserscheinungen gestattet es, künstliche Keimlinge zu produzieren, die man überall pflanzen kann: Man beträufelt sie mit einer Handvoll Wasser, und im Nu wächst das erforderliche Objekt daraus hervor. Um die Frage, woher ein solcher Keimling die Kenntnisse und die Energie für eine *Radio-* oder *Schrankgenese* nimmt, braucht man sich ebensowenig zu kümmern, wie wir uns nicht dafür interessieren, woher Unkrautsamenkorn die Kraft und das Wissen nimmt, aufzugehen.«*

Ende des Zitats. Das war eine Zeit, in der meine »Informationszucht« noch immer im Land der reinen Phantasie angesiedelt war, so daß ich sie auch nur als Groteske verkleidet zeigen konnte. In der gesamten Datenverarbeitung, also in allen Zweigen der Computerentwicklung und in allen Generationen herrschte uneingeschränkt die eiserne Regel des *top-down*, also des »von oben nach unten«: Auf den Silikonplättchen ritzte man immer kleinere Schaltkreise, und damit hing die Rechenleistung hauptsächlich vom Grad der Mikrominiaturisierung ab.

* Nach: *Sterntagebücher.* Frankfurt a. M.: Suhrkamp 1996, S. 216.

So ist es bis heute. Mir dagegen schwebte gleich zu Anfang vor vielen Jahren das umgekehrte Konzept vor: *bottom-up*, also »von unten nach oben«. Und zwar deshalb, weil die Technologie des Lebens genau nach diesem Prinzip verfährt. Es gibt doch nichts Kleineres und »kompakter« Gespeichertes als die Information, die passiv in den Genen schlummert und auf eine nukleotide, aus Teilchen fast atomarer Größenordnung bestehende »Konstruktion« reduziert ist, die »Sensoren« enthält, welche bereitstehen, diese Information expansiv in Bauprozeduren zu verwandeln, sei es in irgendeinem Keim, einem Samen, einem Ei.

2. Allgemein läßt sich sagen, daß unsere Technologien im Prinzip für den Makrobereich etwas taugen. In meinem auf deutsch geschriebenen Buch *Vergangenheit der Zukunft* (Insel Verlag 1992), stellte ich Prognosen von mir vor, die schon zu unserer Zeit beginnen, Realität zu werden:

»Bereits 1959 hat P. Feynman«, schrieb ich, »eine Reihe von Maschinen vorgeschlagen, die eine progressiv immer kleinere ›Nachkommenschaft‹ herstellen sollten. Die Mikrogrenze müßte aus molekularen ›Maschinen‹ bestehen.« Tatsächlich kam ich darauf, ohne etwas von Feynmans Idee zu wissen, einfach weil ich mich mit theoretischer Biologie beschäftigte. Das Prinzip der Bioevolution besteht nun aber nicht darin, »immer kleinere Maschinen« (Feynman) zu bauen, sondern umgekehrt, immer Größeres aus Kleinerem zu bauen, denn das Leben wird aus einzelnen Atomketten mittels Selbstorganisation zu Autoreplikatoren, die sodann im Verlauf der Embryogenese zu reifen Organismen heranwachsen. Ihr Anfang aber war immer eine einzellige Erbsubstanz! Meine »Informationszucht« sollte sich nicht zwischen Mikro- und Makro-»Maschinen« abspielen, sondern zwischen Informationsträgern unterschiedlicher Ordnung und Größe (aber zugleich immer auf einem den Atomen vergleichbaren Niveau). Die Evolution in ihrer Gesamtheit kann als gewaltiger Lehrprozeß betrachtet werden; die Selbstorganisation ist aber keine »Selbstbelehrung«, sondern ein *selektives* Sammeln und Zusammenfügen von Informationsfragmenten.

»Während aber der Bauplan«, ich zitiere mich noch immer, »des Organismus aus Genen – also entwicklungsfähigen ›Anweisungsträgern‹ (aus dem ›Kürzel‹ des potentiellen Organismus) zur vollen Gattungsgestalt reift – sollten in meiner ›automatisierten Theorienbildung‹ die Umwelt-Invarianten (als ihre markantesten Züge) sich (mikrominiaturisierend) zur ›Theorie‹ auskristallisieren.« Den Baum der Evolution sah ich demnach als eine Verästelung von »selbstbezogenen«, »egoistischen« Zweigen, denn in ihr kann nur das überdauern und weiterwachsen, was sich an die Umwelt anpaßt. In meiner »Informationszucht« sollte es dagegen »umgekehrt« zugehen, denn die Umwelt sollte ihre Invarianten informational in immer enger gepacktes Wissen konzentrieren. Im theoretischen Modell ist der Gedanke gar nicht so verrückt, wie es scheinen könnte. Der Informationsgehalt einer menschlichen Fortpflanzungszelle entspricht dem Inhalt einer ganzen Enzyklopädie!

Da jedoch ein reifer Organismus noch mehr Informationen enthält, stellt sich die Frage, woher er diese zusätzliche Information nimmt. Er nimmt sie im Wachstumsverlauf »aus sich selbst« (aus einer wechselseitigen Interaktion der Körperorgane) und aus der Umwelt, was an das »Münchhausen-Prinzip« erinnert (der zog sich am eignen Schopf aus dem Sumpf). Das ist möglich, weil der Embryo lernfähig ist: Er absorbiert und benutzt *nicht beliebige* Informationen, sondern sucht »sich die ihm zum weiteren Wachstum« notwendigen aus. Wenn *das* möglich ist, darf man sich die Umkehrung solcher Prozesse vorstellen: Moleküle, die sich mit kognitiv relevanter Information ihrer Umwelt »ernähren« beziehungsweise »belehren«, um (ohne Universitätsprofessoren) *Theorien* zu entwerfen . . .

Ähnliche – obwohl bescheidenere – Ideen wurden in den letzten Jahren in der Fachliteratur als sogenannte »nanotechnology« besprochen. Diese hat aber nichts mit der Episteme gemeinsam. Es ging darum, daß Nanocomputer (»Nands«) Mikromaschinen steuerten, die zu Heilungszwecken in den menschlichen Körper eindringen sollten. Das war eher so wie die »intelligenten Moleküle« [Gripser], die ich als »Rettungsviren« in dem Roman *Lokaltermin* (1982) beschrieb. A.K. Dewdney schrieb 1988 im *Scientific American* (Jan. 1988): »Natürlich ist das jetzt alles ein Traum – noch. Wir befinden uns gegenwärtig an der Schwelle zum Eintritt in die Nanowelt.«*

3. Mich selbst überfielen einige Zeit nach Erscheinen der ersten Ausgabe von *Summa technologiae* Zweifel, ob meine »Informationszucht« nicht ein Wahngebilde sei, das für alle Zeit und Ewigkeit unrealisierbar bleiben wird. Die Idee rief nie irgendein Echo hervor, weder wurde ich kritisiert noch ausgelacht oder gelobt: Es war, als hätte ich das Manuskript in einen Brunnen geworfen, anstatt es zu publizieren.

Das Phänomen, daß Ideen, die verfrüht und allzu fern vom bestehenden Wissen sind, das seine industrielle Anwendung bereits gefunden hat – wie hier die ja wirklich riesige Computerindustrie mit ihrer unumstößlichen Regel »vom Größeren zum Kleineren«, also *top-down* –, dieses Phänomen ist allen Epochen und allen gar zu tolldreisten, einsam geborenen Ideen eigen. Sicher aus diesem Grund unterzog ich die »Informationszucht« in der darauffolgenden Ausgabe der *Summa technologiae* selbst einer strengen Kritik – allein schon deshalb, weil niemand im In- oder Ausland sie wahrgenommen zu haben schien.

Man muß sagen, daß wir immer noch sowohl von einer »Nanotechnologie« als auch von einer Umkehrung des Prinzips top-down in bottom-up weit entfernt sind, doch immerhin haben sich – zumindest in Anfängen – Gelehrte mit dieser Umkehrung befaßt. Davon zeugt der ausführliche Artikel in »New Scientist« vom 19. Februar 1994 mit dem Titel *Molecules that build themselves*. In einer Art Untertitel heißt es: »Die Natur stützt sich auf so komplizierte Moleküle wie das DNA, damit sie sich montieren können.« Die Chemiker nehmen heute in der Biologie Unterricht, der uns zu einer neuen Generation von Microchips führen kann.

* Vergleiche: *Die Vergangenheit der Zukunft.* Frankfurt a. M.: Insel 1992, S. 87-88.

Soviel als Ankündigung. In dem Artikel dann, den ich hier weder anführen noch zusammenfassen will, ist immerhin ein Prinzip gezeigt, das mit der Einführung zu meiner »Informationszucht« ganz offensichtlich verwandt ist. Ich gebe zu, daß ich nicht erwartet habe, daß die Anfänge meiner Idee von vor über dreißig Jahren so rasch verwirklicht würden. Der Verdienst gebührt hier in erster Linie der geradezu ungeheuerlichen Beschleunigung wissenschaftlicher Erkenntnisgewinnung, die nicht zuletzt deshalb stattfindet, weil, wie berechnet wurde, heute mehr Gelehrte leben und arbeiten, als es – alle zusammengenommen – in der Vergangenheit je gegeben hat.

4. Was haben die Chemiker nun entdeckt, das eine »pseudobiologische Datenverarbeitung« ankündigen und diese damit zugleich auf die in der Natur wohl tiefste Ebene führen könnte? Denn unterhalb der Atome und ihrer Verbindungen liegt ja bereits das Herrschaftsgebiet der Quanten, in dem sich, wie wir gegenwärtig glauben, keine Grundlage für eine noch weitergehende Mikrominiaturisierung finden läßt, denn es herrscht dort das Prinzip der Heisenbergschen Unschärferelation, die geheimnisvollen Quarks, die sich – ohne den Einsatz kosmogoner Energie – nicht von den Nukleonen isolieren lassen: Wellen sind Teilchen und Teilchen Wellen . . . Aber wieder würde ich mir meine Hand nicht dafür abhacken lassen, daß es im kommenden Jahrhundert der Datenverarbeitung nicht gelingt, auch dort hinzugelangen.

5. Die ersten Elemente, die ersten Ziegelsteine des molekularen Baus »von unten nach oben«, die man entdeckt hat, sind – wie das zu Anfang gemeinhin ist – ziemlich einfach. Fast wie Lego-Steine – aber nicht ganz. Bisher kennt man zwei Molekülklassen: sogenannte »Katenane« und »Rotaxane«. *Catena* ist lateinisch die Kette, und auf englisch ist *concatenation* die Verkettung von Gliedern. Genau so sehen auch die Verbindungen der ersten Gruppe aus: wie ineinander verwobene Ringe. »Rotaxane« dagegen rotieren um die Verbindungsachse (natürlich keine mechanische, sondern eine physikalisch-chemische) zweier Molekulargruppen: so als würde jemand einen

Armreif über eine Hantel ziehen. Man muß sich hier generell klarmachen, daß der unglaublich präzise biologische Bau in flüssigem Zustand stattfindet. Das ist schon nicht mehr die als *solid state electronics* bekannte Phase. Die flüssige Phase, die Phase der Lösungen, der Kolloide, schafft völlig neue Bedingungen, die nicht nur der Mechanik von Festkörpern und der Elektrodynamik im Makrobereich, sondern auch der Silikontechnik fremd sind: Grob vereinfacht gesprochen sind *chips* wie Täfelchen und wir wie Kinder – mit dem Griffel gravieren wir Schaltkreise und »Gatter« in das Silikon. Hier, in der flüssigen Phase, wird das alles zur Vergangenheit, wie Segelboote und Ballone im Zeitalter der Düsenjäger.

In den USA wurden bereits dreidimensionale Strukturen synthetisiert, die an die Vesikel in biologischen Zellen erinnern. Und in Harvard schaffen sie molekulare Oberflächenbeschichtungen, die organischen 2D-Kristallen entsprechen. Doch erst der weitere Ausbau der Rotaxane erlaubt es zu verstehen, warum die »Erbmatrize«, welche die Nukleotidspirale ist, die Form einer Wendeltreppe hat. Wie fanatische Enthusiasten der physikalischen Chemie behaupten, sind Katenane und Rotaxane gewissermaßen die Vorboten molekularer Relais. Bereits ohne Schwierigkeiten lassen sich molekulare »Apparate« herstellen, die imstande sind, die binäre Logik auszudrücken, das Fundament der ganzen digitalen Revolution zum Ende unseres Jahrhunderts.

Wichtig ist hier das Verb »ausdrücken«. Tatsächlich enthält diese Logik selbst, isoliert, noch überhaupt keinen Inhalt, doch kann man aus diesen Elementen größere Systeme bauen – genauer gesagt: Man wird es können. Auch was die Verbindungsgeschwindigkeiten angeht, gibt es keinen Grund zum Kummer: Rotaxane rotieren ca. 300 000 Mal in der Sekunde und wiegen ca. 3 000 Dalton. Als molekulare Speichersysteme sind sie auch entsprechend winzig: 5 Nanometer bei maximaler Dehnung . . .

6. Es zeichnen sich also auf der einen Seite Chancen für den Bau von Biocomputern ab, die nach dem molekularen Prinzip des *bottom-up* arbeiten, auf der anderen Seite taucht aber auch der vielleicht noch vielversprechendere molekulare Bau auf, der endlich diese ebenso riesige wie geheimnisvolle Kluft zwichen allen möglichen Geschöpfen aus toter und aus belebter Materie schließt. Genaugenommen gibt es ja bis heute keinen glatten Übergang zwischen ihnen, weshalb die Philosophen in der gar nicht fernen Vergangenheit noch die Existenz einer *vis vitalis* postulierten, einer Entelechie geheimnisvoller übermaterieller Existenzen, die weder auf die Physik noch auf die Chemie reduzierbar sind, jene »embryogenetischen Strahlen« bei Gurwitsch, jene »Organisationsfelder des Wachstums«, die halb unerkennbar etwas sein sollten, das den lebenden Organismen und Geweben eine mit nichts vergleichbare Aktivität einhauchen kann.

Diese Kluft wird natürlich schrittweise und langsam überwunden, ihr Weggefährte für die Extrapolation aber wird die »Zukunftsphilosophie« sein. Der deutsche Philosoph B. Gräfrath aus Essen hat mir geholfen, diesen Begriff zu prägen. Er hält an der dortigen Universität Vorlesungen zu den Grundzügen einer »Lemologie«, wobei er sich auf meine diskursiven Arbeiten wie zum Beispiel *Also sprach Golem* stützt, denn er wies überzeugend nach, daß ich im Grunde keine »Futurologie« betreibe, wie sie vor ungefähr zwanzig Jahren in Mode kam, da ich ja keine konkreten »Entdeckungen« vorherzusehen versuche, und wenn das, was ich schrieb, wie eine »Prognose« aussieht, dann nur in dem Sinn, in welchem Bacon vor 400 Jahren seine Überzeugung zum Ausdruck brachte, daß selbstfahrende Maschinen in die Tiefe der Meere tauchen, auf dem Festland fahren und die Lüfte beherrschen werden.

Diese »Zukunftsphilosophie« wäre so etwas wie eine Erörterung der Erkenntnis, ontologische Perspektiven und ethisch-moralische Beurteilung solcher Arbeiten des Menschen, die es nicht gibt, zu denen aber zum Ende des 20. Jahrhunderts die unbezwingbare sogenannte »faustische« Komponente der menschlichen Natur führt. Und zwar schaffen wir das, was versucht, die Natur nachzuahmen, wenngleich es häufig anders als die Natur funktioniert (ein Auto ist ja klein Plagiat eines Vierfüßlers und ein Flugzeug kein Adler), und was, den Phänomenen der Natur entwachsen, diese wie aus einer Kanone abgefeuert überholen wird. Damit wird dann noch drastischer als heute die Zweischneidigkeit des menschlichen »Fortschritts« zutage treten, dessen Vorderseite das Gute ist und dessen Kehrseite das uns und zugleich sich selbst bedrohende Böse ist. (Auf eigenartige Weise erinnert das an die Worte der Schrift über den »Verzehr der Früchte vom Baum der Erkenntnis«, an die Worte der Schlange *eritis sicut Deus scientes bonum et malum . . .*).

Bisher schwebten die Projektionen meiner Phantasie, gewissermaßen in der Leere von Hirngespinsten eingesperrt, in die jeweiligen Kapitel meiner Bücher (wie *Summa*). Jetzt beginnen die ersten Stufen der Treppe aus dem Nebel der Information aufzutauchen, die zu jenen vermessenen und verfrüht erdachten Chancen führt, in denen sich vielleicht sogar mehr an Bedrohung unserer Art als Triumph verbirgt: Da wir aber bereits wissen, daß der »Fortschritt« autokatalytisch ist, daß die Technologie auch als Biotechnik eine »unabhängige Variable« der Zivilisationsgeschichte ist, sind alle Versuche nichtig, sie anzuhalten, auszubremsen.

Unsere Zeit des Übergangs nach dem Fall des sowjetischen Imperiums ist zweifellos ein Chaos, in dem so manche Gefahr lauert. Es ist möglich, daß diese Zeit eine Verlangsamung der Erkenntnisforschung verursacht. Wir wissen ja, daß die Wissenschaft in der ehemaligen UdSSR fast ausgelöscht wurde, weniger bekannt dagegen sind die entsetzten Stimmen, die aus Wissenschaftskreisen der USA zu hören sind. Nachdem nämlich der größte Gegenspieler verschwunden ist, fordern Kongreß und die Anhänger »konservativer« Standpunkte eine substantielle Kürzung des Bundeshaushalts und der Staatshaushalte, die zu Zeiten des Kalten Krieges und des Wettrüstens auch die Grundlagenforschung maximal finanzierten. Es wäre dies eine Erscheinung von größter Bedrohlichkeit. Weder Japan noch irgendeiner der »Tigerstaaten«, also der Länder, in denen weiterhin kühl gerechnet wird, werden sich zu ähnlichen Einschnitten bei Forschung und Entwicklung entschließen, so daß es zu einer Verschiebung der wichtigsten »Wissenschaftsträger« auf andere Kontinente kommen kann.

Die Wissenschaft geht daran nicht zugrunde, denn so oder so wird sie sich weiterentwickeln, und aus ihrer Geschichte haben wir gelernt, daß einer Phase, in der neue Technologien, neue Energiequellen, neue Werkzeuge und Programme auftauchen, die geeignet sind, auf breiter Front eingesetzt zu werden, immer eine Vorbereitungsphase vorausgehen muß, Grundlagenforschung also, bei der nicht vorhersehbar und nicht einplanbar ist, ob sie im Ergebnis günstig oder fatal für die Menschheit ist. Arbeitslosigkeit als Folge der allgemeinen Automatisierung wird vielleicht zur Geißel des 21. Jahrhunderts, darüber nachdenken müssen wir schon jetzt. (Norbert Wiener schrieb darüber vor einem halben Jahrhundert in *Human Use of Human Beings*.)

Pseudobiologische Moleküle (weil sie sich bei Beschädigungen selbst reparieren können) und Moleküle, die sich vermehren können (replizieren), werden mehr sein als eine einfache Nachahmung einzelner organischer Funktionen, als ein Plagiat von Erscheinungen des Lebens. Sie sind Vorboten von Veränderungen, vielleicht von Werteveränderungen, die für das menschliche Sein viel bedeutender sind als die Spaltung von Nukleonen. Wenn wir über die »Zukunftsphilosophie« nachdenken, ist im übrigen jedes Pathos überflüssig.

Höchstens könnte ich beklagen, daß meine Vorhersagen, zum Teil kostümiert und als Science-fiction vorgeführt, nicht in Polen als wahr (in der Zukunft) verstanden, bewertet und anerkannt wurden. Aber was das Sprichwort *Nemo propheta in patria sua* besagt, stammt nicht von gestern und wiederholt im Grunde genommen nur ein ganz altes Stereotyp, gegen das kein Kraut gewachsen ist. Also mußte ich hier tatsächlich meine deutschen Texte zitieren!

Die Wissenschaft in Polen befindet sich in einem fatalen Zustand, und nichts deutet darauf hin, daß es eine Therapie gibt, die das heilen könnte. Aber das ist bereits ein Thema für künftige Erörterungen: Die politische Aura fördert vorläufig unsere Rückständigkeit und die wirklich gefährlichen Ausbrüche sarmatisierender Eigensucht . . .

7. Um nicht mit einer pessimistischen Bemerkung zu enden, erlaube ich mir die letzten Sätze anzuführen, mit denen ich vor Jahren die *Summa technologiae* schloß:

»Aus zwanzig Aminosäure-Buchstaben schuf die Natur eine Sprache ›im Reinzustand‹, eine Sprache, die – durch geringfügige Umstellungen der Nukleotidsilben – Phagen, Viren, Bakterien, Tyrannosaurier, Termiten, Kolibris, Wälder und Völker zum Ausdruck bringt – sofern sie nur genügend Zeit zur Verfügung hat. Diese so völlig atheoretische Sprache antizipiert nicht nur die Verhältnisse auf dem Grunde der Ozeane und auf den Höhen der Berge, sondern auch den Quantencharakter des Lichts, die Thermodynamik, die Elektrochemie, die Echolokation, die Hydrostatik und Gott weiß was noch alles, was wir bisher nicht wissen! Sie tut das lediglich ›praktisch‹, denn alles bewirkend, versteht sie nichts – doch wieviel wirksamer ist ihre Vernunftlosigkeit als unsere Klugheit! Sie tut dies fehlerhaft, sie ist ein verschwenderischer Verwalter von synthetischen Sätzen über die Eigenschaft der Welt, denn sie kennt deren statistische Natur und handelt gerade ihr entsprechend: einzelnen Sätzen mißt sie keine Bedeutung bei – für sie zählt die gesamte milliardenjährige Aussage. Wahrlich, es lohnt sich, eine Sprache zu lernen, die Philosophen hervorbringt, während die unsere nur Philosophien erzeugt.«*

1980 schrieb ich auf Einladung der Polnischen Akademie der Wissenschaften eine Prognose der biotechnischen Entwicklung bis zum Jahr 2060, die im Fluß der Geschichte unterging – sie wurde vom Ausbruch unserer Solidarność verscheucht und deshalb nie veröffentlicht. Ich schrieb darin von der Übernahme der »Sprache der Natur – der Sprache der Gene – von der Bioevolution« und darüber, wie ich die Losung »die Natur einholen und überholen« verstehe.

Aber das ist schon etwas für eine andere Abhandlung und eine andere Gelegenheit ...

* Nach: *Summa technologiae.* Frankfurt a. M.: Insel 1978, S. 601.

Maschinen-, Tier- und Menschenviren

1. »Virus« bedeutet wörtlich »Gift«. Der Vorläufer der Virusplage, von der die Computer bedroht sind, war das von A. K. Dewndey 1984 programmierte Spiel »Core Wars«. Dessen fatale Nachkommenschaft bemerkten – als Möglichkeit – erst Dewndeys Leser. Ich weiß noch, wie ich zum erstenmal in der Zeitschrift »New Yorker« über *Computer Crime* las: Zu der Zeit redete noch niemand von Computerviren. Viren kann man grob in drei Klassen einteilen:

I. Programme, die andere Programme »infizieren« und sie so modifizieren, daß die »infizierten« eine Kopie des Virus enthalten. Genaugenommen ist ein Virus jedoch kein Programm, da es als Software allein überhaupt nichts kann. Eher ist es ein »Anhängsel« oder »Parasit« eines Programms. So ein Virus kann man als eine Art Sequenz sehen, die an ein Programm angehängt wird.

II. »Würmer«. Das sind echte Programme, die sich selbständig von einem Computer auf einen anderen übertragen können, sich also »vermehren« und einen »Lebenszyklus« haben, der zum Beispiel einem tierischen oder menschlichen Bandwurm ähnelt.

III. »Trojanische Pferde«. Auch das sind selbständige Programme, die sich allerdings nicht vermehren müssen. Sie geben vor, wie echte Programme zu funktionieren, bei denen aber, während sie tun, was der Anwender von ihnen erwartet, »im Hinterstübchen« heimlich ganz andere Prozesse ablaufen. Sie streben danach, Codewörter zu entdecken, zu speichern und weiterzugeben bis hin zur Vernichtung von Daten oder ganzer Festplatten. Sie sind so etwas wie »Trojanische Pferde«, immer verbunden mit einem vorgeblichen Programm.

Allgemein gesehen ist das Problem der Computerviren eine der unzähligen Spielarten des »destruktiven Erfindergeists«, der eigennützig ist (und darin der Biologie sozusagen vorgegeben, denn alle Organismen, komplexe wie einfache, sind »selbstbezogen« und machen nur das, was ihrem Überleben auf fremde oder eigene Kosten dient) oder uneigennützig.

Gras ist gemeinhin nicht destruktiv, das Tabakmosaik-Virus ist ein Zerstörer, der ähnlich natürlich ist wie das gefährliche Immunschwächevirus, das AIDS verursacht. Wie dieses und andere für uns tödliche Viren im Verlauf der »Informationsevolution« entstanden sind, möchte ich weiter unten noch ansprechen. Schon jetzt aber sei gesagt, daß wir ihnen in ihrer Genese keinerlei »grausame Intention« zuschreiben können. Wo es keinen Menschen gibt, gibt es auch keine Intention, verstanden als eine Absicht, von der man auch lassen kann: Eine Intention ohne deren eindeutige Akzeptanz gibt es in der Natur nicht. Instinkthandlungen (einer Spinne, eines Skorpions) sind nicht intentional, denn die Instinkte bewirken, daß die Organismen sich so und nicht anders verhalten müssen. Ich schreibe deshalb darüber, weil man die Viren von Maschinen (und Computer sind informationsverarbeitende Maschinen, so wie Motoren energieverarbeitende Maschinen sind) grob in solche einteilen kann, die jemandem zu etwas dienen, einem erlauben, sich in das attackierte Informationssystem einzuschleichen, Daten zu stehlen, mit denen man zum eigenen Vorteil verfahren kann, sobald man in ihrem Besitz ist, und in solche (Michelangelo), die zu nichts nutzen und nichts machen, außer daß sie an einem bestimmten Tag oder zu einer bestimmten Stunde die in den Maschinen kodierte Information vernichten. Viren, die ausschließlich dazu da sind, Daten zu vernichten, sind natürlich das Ergebnis einer Erfindungsgabe des Menschen, die jede Abwehr überwindet (oder es zumindest versucht) und, anstatt etwas zu schaffen, nur Destruktion im Sinne hat. Es ist alles andere als schön, daß dieser abstrakt gezeugte Ableger unseres Erfindungsgeists seine (weniger raffinierte, dafür um so brutalere) Wurzeln schlicht in der Attraktivität hat, die das Böse auf uns ausübt. Darüber spricht man nicht oder vergißt es. Der Traum eines Hackers mag sogar der atomare Weltkrieg sein, ausgelöst durch seine Fähigkeit, in das bestgeschützte System irgendwelcher Generalstäbe einzudringen.

2. Viren lebender Organismen entstehen immer im Verlauf der natürlichen Evolution, ähnlich im übrigen wie alle lebenden Systeme, sowohl parasitäre wie auch solche, die nicht ganz so offensichtlich »auf fremde Kosten« leben. Sie haben keinen eigenen Stoffwechsel. Sie zwingen die Wirtszellen dazu, die für das Virus notwendigen Molekularverbindungen zu produzieren, verursachen das Absterben oder die Schädigung ganzer Gewebekomplexe, breiten sich im Organismus aus und übertragen sich auf verschiedenen Wegen auf ähnliche Organismen. (Daher kommt die Viruskrankheit, die Epidemie, und im Fall von AIDS die gegenwärtige Pandemie). Viren gelten als das Glied zwischen unbelebter und belebter Materie, da sie sich – dank der »Vergewaltigung« des Wirts – vermehren können, man sie aber andererseits isoliert kristallisieren kann (nicht alle so einfach wie das Tabakmosaik-Virus). (Es gibt auch Virusbakterien, sogenannte Phagen zum Beispiel.)

3. Ich komme nun zu der Frage, an der mir lag. Es gibt zwei wesentliche Ähnlichkeiten zwischen Viren von Organismen und von Computern. Die Zweiteiligkeit des Virus und die sogenannte »Latenzzeit«. Ein Virus besteht aus einem Proteinmantel und dem im Innern befindlichen »Erbmaterial«. Seine molekularen »Sensoren« außen stellen fest, ob der Kontakt mit dem zu infizierenden Objekt gelungen ist. Der Strang aus Nukleinsäuren wird bei einer erfolgreichen »Verankerung« in die Wirtszelle geschlossen, anschließend verliert das Virus seine Identität als kleines selbständiges System. Es dringt nämlich in die Zellprozesse ein, meist in die des Kerns (DNA) des Wirtes, um sie für sich zu nutzen. Die Latenz ist die Zeit, in der die Infektion verborgen bleibt. Das Virus muß zuerst die Stufe der aktiven inneren Invasion in Bewegung setzen, wo es grob gesprochen darum geht, die Schalter des molekularen Apparats der attackierten Zelle so und in solcher Zahl umzulegen, bis diese unterliegt und zum Produzenten der Elemente wird, aus dem das eingedrungene Virus gebaut ist: Das endet schließlich mit dem Zerfall und Tod der Wirtszelle, und der »Wurf« der nachfolgenden Viren greift weiteres Körpergewebe an. Die Etappen der Evolution von Computerviren können entweder durch eine Spezialisierung oder – umgekehrt – eine Art Universalisierung gekennzeichnet sein, das heißt entweder bekämpfen sie immer erfolgreicher die Abwehr (denn es gibt ja spezielle Antivirenprogramme), oder sie können für ein breiteres Spektrum verschiedener Programme »ansteckend« sein. Grundsätzlich jedoch geht es immer um alle heute auf dem Markt vertretenen Computer, die das einfache System der Turing-Maschine imitieren, das heißt ihre Arbeit schrittweise erledigen. Von dem lateinischen Wort *iteratio*, Wiederholung, Ausführung des nächsten Schritts, kommt der Begriff der iterativen Arbeit. An die parallel verarbeitenden Computer kommen die Viren heute nicht erfolgreich ran, und zwar aus dem trivialen Grund, daß diese Computer weitgehend noch Wunschdenken und nicht Realität sind. Das Gehirn (jedes, nicht nur das menschliche) arbeitet nach der von John von Neumann aufgestellten Regel: Ein sicheres (gegen Störungen gefeites) System, gebaut aus unsicheren (störanfälligen) Elementen. Im parallelen Computer müßte ein üppig verzweigtes Netz von Verbindungen zwischen den einzelnen Gattern örtlich begrenzte Störungen ausschalten können, denn wenn ein Weg blockiert ist, wandert das Signal einfach auf einem anderen weiter. Doch noch ist eine derart erfolgreiche Antivirus-Störungsverhinderung auf breiter Front nicht verwirklicht.

Ich bitte diese Digression zu verzeihen und komme auf die Rätsel der parasitären Viren in lebenden Organismen zurück, insbesondere auf den AIDS-Virus.

4. Die Ähnlichkeit, die sich dem Beobachter des »Rüstungswettlaufs« zwischen Viren und Organismen aufdrängt, beruht zum Teil auf einer Täuschung, die durch unsere natürliche Neigung hervorgerufen wird, dem Verhalten von allem, was lebt, menschliche Züge zuzuschreiben. Es geht auch darum, daß die Spezialiserung von Viren- und Antivirenprogrammen in der Informatik bedeutet, daß die Programme durch Verbesserungen immer leistungsfähiger werden. (Wir haben eine »Schutzimpfung«, die im System installiert ist und die jede Abweichung von der gewünschten Funktion ersetzen soll, wir haben *desinfectantia*, die das erkannte Virus entfernen oder zerstören, wir haben eine »Quarantäne«, also eine Zeit des Abwartens, um herauszufinden, ob das Virus nicht etwa in

Aktion tritt – allerdings kann das Virus einen langfristigen Datumsmelder eingebaut haben. Deshalb ist die »Quarantäne« kein sicherer Schutz.)

5. Wie sieht das nun aus, wenn man die Problematik auf belebte Organismen überträgt? Hier müssen mindestens zwei Bereiche unterschieden werden.

I. In den fünfziger Jahren wurden in Australien im Kampf gegen die sich ständig vermehrenden Kaninchen, die die Schafsweiden zerstörten, Myxoviren eingesetzt, was bei den Kaninchen tödliche Erkrankungen hervorrief. Im Endeffekt starben 90% der Kaninchen, doch der Erfolg war von kurzer Dauer, denn schon in den sechziger Jahren war die Population der Kaninchen wieder völlig hergestellt. Die Kaninchen nämlich, die überlebt hatten, waren nun gegen die Myxomatose unempfindlich. Höchstwahrscheinlich hätte auch die vom HIV ausgelöste Pandemie der Menschheit einen ähnlichen Verlauf. Doch wir können schwerlich der gespenstischen Vorstellung zustimmen, daß 90% der Erdbevölkerung sterben und danach 10% nicht mehr an AIDS sterben werden . . .

Im Prinzip sieht es aber so aus: Junge, das heißt die in der Evolution früh auftretenden Parasiten sind hochgradig giftig. Ihre Giftigkeit (Virulenz) ist für die befallenen Opfer tödlich, doch zugleich bedrohen sich die Viren selbst, denn wenn alle Opfer stürben, kämen mit ihnen auch die Parasiten gänzlich um. Deshalb stellt sich in der Evolution im Laufe der Zeit ein dynamisches Gleichgewicht zwischen den Parasiten und den Wirten ein, und die »alten« Parasiten »lassen« ihre Wirte im eigenen »Interesse« leben. Natürlich ist so ein Ergebnis beim »Spiel ums Überleben« nicht die Folge einer planvollen Überlegung, zu der weder Bakterien oder Viren noch Schafe oder Affen fähig sind: Das Gleichgewicht stellt sich deshalb ein, weil der überlebt, der sich maßvoll verhält, auch wenn ihm »der Grips fehlt«, eine Überlebensstrategie »zu ersinnen«. Am weitesten kommen in einem Fluß Kieselsteine, die eine annähernd kugelige Gestalt haben, nicht deshalb, weil sie am flinksten sind, sondern deshalb, weil die Bewegung der Kiesel davon abhängt, welchen Widerstand ihnen das Flußbett entgegensetzt. Dem Naiven mag es so vorkommen, als hätte tatsächlich ein »Jemand« diese Taktik erdacht. Mit dem HIV-Virus ist es so: Es ist eines der vielen Vertreter der Klasse der *retro virinae* (ohne eigenes DNA), und für diese Klasse interessierten sich die Virologen bei der Suche nach Krebsgenen (Onkogene) und dem HIV-Virus nicht, weil sie »wichtigere Themen« zu erforschen hatten. Heute rächt sich an der Wissenschaft der lawinenartige Anstieg an »Themen«, über den ich in *Summa technologiae* als drohende »Megabitbombe« geschrieben habe.

II. Wo gehobelt wird, fliegen Späne. Alle Viren sind Absplitterungen von Pflanzen und Tiergenomen, Absplitterungen, »Späne«, die durch die natürliche Auslese und Selektion eine relative Souveränität erlangt haben, die es ihnen erlaubt zu überleben, weil sie entweder als »harmlose Schwarzfahrer« von Tier- oder Pflanzenarten überleben oder weil sie auf die eine oder andere Art zu Verursachern von Krankheiten werden. Ähnlich war es denn auch mit dem heute so bedrohlichen HIV-Virus. Der gemeinsame Vorfahr des HIV-Virus entstand wahrscheinlich am Ende der Kreidezeit, also vor ungefähr 70 Millionen Jahren, als die Aufteilung der Säuger in die heute lebenden Ordnungen noch nicht stattgefunden hatte. Die Linie, die direkt zum HIV führt, spaltete sich ab, als die Vorfahren der Breitnasenaffen auf den südamerikanischen Kontinent wanderten (zum Ende des Eozäns). Die Viren koexistierten mit den Affen so lange, daß sie unter diesen heute bereits keine Krankheiten mehr verursachen. Auf diese Art führt die über viele Millionen Jahre dauernde Koevolution zu einem »friedlichen Zusammenleben« von Urparasit und Urwirt. Doch erst irgendwann in unserem oder im vorigen Jahrhundert kam es zu einer Ansteckung eines Menschen in Afrika mit Viren von Affen – wahrscheinlich bei der Jagd auf Affen. Das verursachte komplizierte Transfers des Typs »Affe – Mensch – Affe«, bis es zu rein lokalen Erkrankungen kam. Da aber in Afrika auch ohne HIV die frühe Sterblichkeit hoch war, wurden die Viren zuerst nicht bemerkt. Erst Mitte des 20. Jahrhunderts kam es zu einem plötzlichen und massenhaften Anstieg der Migration auf der Erdkugel: Die Viren gelangten nach Haiti und in die

USA und auf den Rest des Planeten. Was die Medizin dann am meisten überraschte, war ihre Latenzzeit, die, wie wir heute wissen, sogar mehr als zehn Jahre betragen kann. Warum? Den Viren irgendeine diabolische Strategie zuzuschreiben, mit der verhindert wird, daß sie früh erkannt werden, und die zu einer fast 97- bis 99prozentigen Sterblichkeit führt, hieße, einer Täuschung zu erliegen. Wir schreiben den Viren einfach Fähigkeiten zu (solche gar, die für die Spieltheorie und ihre Taktiken gelten), während des Rätels Lösung banal und einfach ist. Geradezu trivial. Als Retrovirus verfügt HIV nur über RNA, und nach dieser Matrix bildet es typische DNA-Nukleotide, die ihm erst die weitere Vermehrung ermöglichen. Und das ist der springende Punkt, denn die Präzision des Retro, das heißt der »Translation« von RNA zu DNA, ist schlecht und mit einer hohen Fehlerrate behaftet. Auf 1700 Nukleotide kommt ein Fehler, und das ist wirklich viel. Dadurch entstehen in den Stämmen leicht sehr virulente Varianten, die den Tod des Trägers verursachen und aufgrund der Latenz die Ansteckung neuer Opfer erleichtern.

Was verursacht nun wieder die hohe Virulenz? Auch hier wirkt einfach die große Unzuverlässigkeit, mit der das Verhalten des Virus durch die Gene reguliert wird . . . Dieser Virus hat drei Gene – *tat*, *rev* und *nef*; die ersten beiden regulieren seine Expression, das heißt, sie steuern einfach die jeweils nächsten Schritte seiner Entwicklung (in der infizierten Zelle). Nef dagegen ist die Bremse dieser zwei Gene: der *negative expression factor*. Er verursacht eine »Repression der Expression«, also das, was wir als »Verharren in langer Verborgenheit« bezeichnen. Das Nef-Gen befindet sich am Ende des RNA-Strangs. Solange jene »Bremse« normal funktioniert, gibt es wenig Virionen, im Blut des Infizierten lassen sich keine Antikörper nachweisen, die Infektion nennt man »stumm« oder »versteckt«. »Normale« Virenstränge, die eine Nef-Bremse besitzen, verursachen keine Immunschwäche, führen nicht zu AIDS. Da die Replikationspräzision des Virus wie gesagt jedoch viel zu »primitiv« ist, entstehen nach einer gewissen Zeit unwillkürlich Fehler, die zu einer Beschädigung (Mutation) der »Bremse« führen. Die »ungebremsten« Viren beginnen sich abrupt zu vermehren, es kommt zu einer positiven Serokonversion (das heißt, die Viren lassen sich im Blut leicht nachweisen), und das Opfer »schlittert« geradewegs ins AIDS, in die Agonie. Die Zeitspanne einer verborgenen Infektion läßt sich fast so berechnen wie die Zeit, die es braucht, bis in Monte Carlo »Rot« gewinnt oder ein bestimmter Zustand eintritt (ein Schlemm im Bridge, drei Sechsen beim Würfeln mit drei Würfeln usw.). Die Zeit der »stummen« Infektion beträgt für HIV1 4-14 Jahre, für HIV2 bis zu 24 Jahre ...

Mit anderen Worten, statt mit einer »gekonnten Verschleierungstechnik« haben wir es mit dem Effekt einer regulativen Schwäche zu tun, die durch den komplizierten Weg (und manchmal Umweg) verursacht wird, den der Vorfahr des HIV-Virus in seiner natürlichen Evolution zurückgelegt hat. Er ist nicht »zu raffiniert«, sondern eher umgekehrt »gar zu einfach«: Nachdem er seine Bremse »verloren« hat, vermehrt er sich auf Teufel komm raus und stirbt mit den Opfern, doch es bleiben Stränge zurück, die »keinen Defekt« haben. Rein theoretisch müßte man einfach warten, bis sich ein solches dynamisches Gleichgewicht zwischen Mensch und Virus einstellt, wie das in Australien mit den Myxoviren bei den Kaninchen der Fall war. Das würde allerdings eine Entvölkerung des Planeten bedeuten, die um vieles schlimmer wäre, als wie sie von allen Epidemien des Mittelalters mit dem »Schwarzen Tod« an der Spitze verursacht worden war. Was muß demnach getan werden, um diesen Todesmarsch zu stoppen? Das ist eine noch immer ungelöste Aufgabe, eine Frage, die einer eigenen Erörterung bedarf. Mir ging es hier allein um eine Demonstration (nicht ohne Vereinfachungen) der Unterschiede (bei faktischen Ähnlichkeiten) zwischen dem Verhalten von Computerviren des Menschen (bösartigen, wie wir hinzufügen können) und Viren der Natur ...

Übernehmen wir die Technologie des Lebens?

1. Ich erinnere an das Ende von *Summa technologiae*, siehe Seite 106 dieses Bandes.

2. Kühn bekräftigte ich in dem genannten Buch – und später auch in anderen – die Aufforderung, die Erlaubnis, der Mensch möge diese Biotechnologie übernehmen, die ihn selbst geschaffen hat. Ich zeigte die Überlegenheit der »schöpferischen Sprache der Natur« über alle Technologievarianten, die wir selbst erfunden und in der Geschichte der Zivilisation nacheinander in Gang gebracht und eingesetzt haben. (Mit immer deutlicher fatalen Folgen, denn unsere Technologien haben Nebenwirkungen von Querschlägern und nagen den Ast der Biosphäre an, auf dem wir leben.) Es gibt reichlich Unterschiede zwischen der Biotechnologie und unserer Technologie (in allen Spielarten). Der wichtigste ist, verkürzt gesagt, der, daß wir in der Regel nach der Methode Top-down handeln, die Biotechnologie aber nach der Methode Bottom-up. Wir benützen nämlich – am besten sieht man das bei der Produktion der Hardware und Software von Computern – so etwas wie »Urgestein«, weil aber die Kompression der logischen Einheiten auf dem Chip möglich ist, was wiederum die operative Geschwindigkeit erhöht (und damit die gesamte Rechenleistung), miniaturisieren und mikrominiaturisieren wir die Chips immer besser. Immer aber handeln wir »von oben« (makroskopisch) nach »unten« (mikroskopisch), wenn wir immer kleinere Schaltungen und integrierte Schaltkreise zeichnen. Noch immer sind wir nicht so weit, daß wir mit einer wie immer gearteten »Pinzette« (einer chemischen vielleicht) einzelne Moleküle fassen könnten, um aus ihnen Chips oder kleinste Schaltungen zu konstruieren. Die natürliche Evolution dagegen handelt »genau umgekehrt«, denn sie konstruiert bottom-up. Zuerst »lernte« sie, das heißt trainierte sie, die primitiven Anfänge des genetischen Codes in den drei Milliarden Jahre nach der Erstarrung der damals letzten protoplanetaren Oberfläche der Erde. Und erst nachdem sie den Erbcode durch die Trillionen »Versuche und Irrtümer« mit einer größeren Universalität ausgestattet hatte, entwickelte sie daraus einfache Zellverbände, dann etwas größere, die zu einem replikativen Leben im Wasser fähig waren, dann auf dem Land und am Schluß in der Luft.

3. Auch wenn Sie das schon hundert Mal gehört haben, erlauben Sie mir, noch einmal zurückzugehen, um besser Anlauf nehmen zu können. Also, es geht darum, daß der zweite derartige Unterschied zwischen Biotechnik und unserer Technik darin besteht, daß wir Werkzeuge benutzen (die entweder von Menschen gesteuert sein können oder – heute – von Automaten, also zum Beispiel von Computern); wir haben es also immer mit irgendeinem Bearbeitungsgerät und bearbeitetem Material zu tun (in jeder Produktion mit Ausnahme einfacher und uralter Anleihen aus der Biologie: so zum Beispiel in der Produktion, bei der die Fermentierung des Käses, Weins oder Biers zum Einsatz kommt, oder einfach bei langdauernden Zuchtfolgen, was uns aus irgendwelchen Schakalvorfahren eine riesige Auswahl verschiedener Hunde gebracht hat). In der biologischen Evolution dagegen fängt das Leben immer mit einer Zelle an, und aus ihr wachsen über unterschiedliche Befruchtungswege reife Organismen heran. Und erst hier möchte ich meine Überlegung zu dem eingangs zitierten Thema beginnen. Ist eine Übernahme der Technologie des Lebens möglich? Das als erstes. Zweitens: Kann man, wenn man die Technologie einmal übernommen hat, von da aus weitergehen, das heißt, von einer »cisbiologischen« Phase (»cis« – »hier«) übergehen zu einer »transbiologischen« Phase, das heißt bereits dorthin, wo – als Plagiat, Abbild, taktische, an biologischen Prozeduren erlernte Inspiration – nur die Methode bleibt, diese aber auf Gebilde, Objekte, Systeme angewandt wird, die heute noch nicht mal einen Namen haben und die wir gewissermaßen durch »ein Leben außerhalb des Lebens« in Gang setzen? Das wären dann bereits die »Technobionten«, von denen ich schon gesprochen habe.

4. In beiden Fällen ist es nicht leicht, eine Antwort zu geben. Doch sind seit der Zeit, als ich dieses Postulat formulierte, dreißig Jahre vergangen, und das in ihrem Verlauf angehäufte Wissen stimmt optimistisch. Als ich *Summa technologiae* schrieb, habe ich nämlich nicht erwartet, noch zu erleben, daß auch nur ein Bruchteil der darin vorgetragenen Ankündigungen und Hoffnungen zerstört wird. Jetzt hat sich aber gezeigt, daß das, was für uns das Muster abgeben soll, schon in der ersten Phase bei weitem komplizierter ist, als man in der Wissenschaft seinerzeit angenommen hat. Je größere Fortschritte die Molekularbiologie macht, und insbesondere die Genetik (mit den in ihr beginnenden ersten Anfängen einer Gentechnik), desto besser sehen wir, wie unglaublich, merkwürdig und fast möchte man sagen: unmenschlich (das heißt unvereinbar mit der Art, wie der Mensch als Ingenieur und Konstrukteur denkt) der Erbcode gebaut ist und funktioniert. Zum Teil kommt das daher, daß er »sich selbst konstruieren« mußte, denn es gab ja keinen Bauingenieur über den Ozeanen der Urerde, der die Pläne gezeichnet hätte. Im Ergebnis entstand das, was nicht nur und nicht einfach »höllisch kompliziert« ist, sondern das, was zum Teil wenigstens »mit überflüssigen Komplikationen befrachtet« ist. Überflüssig zumindest in dem Sinne, daß der Code die uralten, eigenen Anfänge »mit sich schleppt«, gewissermaßen die Überbleibsel dessen, was von den »Versuchen und Irrtümern« als Abfälle geblieben ist und was man sich (in schrecklicher, naiver Simplifikation) zum Beispiel als modernen, aerodynamischen Triebwagen eines Zuges vorstellen kann, der eine Geschwindigkeit von 400 km/h erreicht, aber mit einem vollkommen überflüssigen Schornstein ausgestattet ist, der aus der Zeit der Dampfloks stammt. Oder als eine Rakete, die sich selbst ins Ziel steuert, mit einer völlig überflüssigen Visiereinrichtung auf dem Rükken, die auch an die Zeit erinnert, als der Mensch »persönlich« zielen mußte. Ein solcher Ballast, den der Code mit sich herumschleppt, ist zuerst einmal eine Art »nukleotider Müll«. Dann ist es auch so etwas, was kleine Klekse in einem schlampig redigierten, dabei aber trotzdem gut lesbaren Buch wären oder Zeichen wie ^, /, +, * usw., die im Text verteilt stünden.

Das läßt sich lesen, indem man über die unnötigen »Anhängsel« hinwegliest, und genau so verhalten sich die »Leseeinrichtungen« von RNA, von Ribosomen usw. Dieser Ballast wird seit weiß ich wie lange mitgeschleppt, so daß in den verschiedenen Verästelungen des Evolutionsbaums, das heißt in den verschiedenen Tierarten, solche »Abfälle« oder »Schwarzfahrer« in unterschiedlichen Mengen »kleben«. Dies (aber nicht nur dies) gab mir Anlaß anzunehmen, daß der Code ein solches Milliarden Jahre altes Vehikel zur Übermittlung in der Bioevolution ist, um die es der Evolution geht, weil die nachfolgenden Organismen nach dieser Auffassung »nur« weitere Übermittler, Figuren, »Briefträger« des von Generation zu Generation ewig (wenn auch verändert) weitergegebenen nukleotiden Codes sind. Aber das nur nebenbei. Zwei Jahre nach mir arbeitete der englische Biologe Dawkins (unabhängig von mir) diesen Gedanken aus (*The Selfish Gene* heißt das Buch, in dem er sich mit jenem Problem – »was wichtig ist in der Bioevolution« – befaßt hat).

5. Der Code ist so etwas wie ein »Lehrbuch des Bauens«, das sich selbst liest und dem gelesenen Plan entsprechend Schritt für Schritt selbst baut. Es entstanden verschiedene verzwickte »Abweichungen« dieser sich selbst schöpfenden Lektüre, zum Beispiel als Metamorphosen von Insekten in den Zyklen »Ei-Larve-Puppe-ausgewachsenes Insekt« und ähnliches. Diese »labyrinthisch-slalomartigen« Abläufe, die durch den Code der Insekten ausgelöst werden, folgen im Ergebnis aus der Notwendigkeit der Arten, viele Manöver auszuführen, um zu überleben. Und wenn sich ein Zyklus von Manövern als erfolgreich erwies, wurde er für viele Millionen Jahre festgeschrieben (vgl. zum Beispiel Ameisen, Bienen, Wespen, Käfer – es gibt ungefähr eine Million Insektenarten). Das »Lehrbuch«, genannt Genom, ist mit Nukleotiden geschrieben, mit nur vier Buchstaben, die das gesamte Alphabet der biologischen Technik ausmachen. Das sind die Basen der Nukleinsäuren, aber hier in dieser Skizze will ich nicht einmal versuchen, auf ihre Chemie einzugehen, so wie man auch nicht auf die Chemie der Tinte eingehen muß, die in einem Computerdrucker verwendet wird. Wichtig ist nur, daß das Genom, das aus diesen vier »Buchstaben« gebaut ist, so zusammengesetzt ist, daß wir darin zwei Codes finden: den Code, der aus strukturellen Genen besteht, die durch »Translation« die Entstehung von bestimmen Proteinen bewirken, sowie den typographischen Code, der dafür sorgt, daß die strukturellen Gene voneinander wie durch »Haltezeichen« (wie im Druck) getrennt werden.

6. Auf die Frage, weshalb ich hier über den genetischen Code schreibe, lautet die Antwort: Weil wir in der Informatik Apparaturen haben, die der Datenverarbeitung dienen, das heißt Apparaturen, die Input-Information zu Output-Information verändern und verarbeiten. Die Wandler selbst können dagegen ganz andere Objekte sein – Kathodenlampen, Halbleiter oder molekulare Aggregate. Immer aber speisen wir Information ein und erhalten Information (das heißt, sie kommt durch einen *input* und geht durch einen *output*). Die Information aber ist in der Biologie auf solchen Trägern enthalten, die diese Information in etwas umwandeln, das ein Organismus ist, wie zum Beispiel Palmen, Elephanten oder Tante Frania. Die Selbstschöpfung, in der bereits die künftige Eigenreproduktion (die Palme »repliziert« sich durch die Kokosnuß, der Elephant durch Elephantenbulle und Elephantenkuh, die Tante durch den Onkel in den Kindern) enthalten ist, erfordert – wegen der Bedingung, selbst zu entstehen und Milliarden Jahre zu überdauern – einen Bau, der so kompliziert ist, daß wir ihn kaum verstehen können, und Systeme, die die Genome in Eiweißderivate und Enzyme übersetzen, bis daraus – dank der kürzlich entdeckten Morphogenome – ganze Organismen entstehen. Irgendwie hat das zwar Ähnlichkeiten mit der Sprache, mehr aber mit der Partitur einer Symphonie, in der eine Menge von Instrumenten zusammenspielen. Fehler sind möglich, wie das Falschspielen in einer Symphonie, und als Ausrutscher sind das Abweichungen der embryonalen Entwicklungen, was meist zur Entstehung von diversen *monstrositates* führt. Mit ihnen beschäftigt sich die Teratologie, mit der ich mich hier nicht beschäftigen werde.

7. Würde man die Nukleotid-Buchstaben so ausschreiben, daß auf eine Seite 1 000 kämen, bräuchte man für ein ganzes Genom eintausend Bände, von denen jeder eintausend Seiten zählte. (Dieses Beispiel entspricht in etwa der Umschrift des Genoms einer Maus.) Wie man sieht, ist ein Genom so etwas wie eine physikalisch-chemisch selbstschöpferisch tätige Enzyklopädie, die in flüssiger Phase funktioniert, weil solche Bedingungen in den Zellen herrschen. Für eine Ingenieurkunst, die eine solche Technologie übernehmen wollte, ist das eine ziemlich radikale Innovation.

Den wohl ersten Schritt auf dem Weg zur Verwirklichung meines zu Anfang aufgestellten Postulats, also die Übernahme der Biotechnologie des Lebens durch uns, unternahm Douglas Hofstadter in seinem Buch *Metamagical Themes*, wo er u.a. die interessante Frage erörtert, ob der Erbcode, und der ist einmalig, das heißt, er ist für alles Leben auf der Erde immer aus denselben Buchstaben nach derselben chemischen »Syntax« und »Grammatik« gebaut, der einzig mögliche Code ist oder ob er eher arbiträr ist. Das heißt, ob ein anderer Code aus anderen »Buchstaben« ähnlich funktionieren könnte, was wiederum bedeuten würde, daß er einfach deshalb entstanden ist, weil so einer, wie er auch uns geschaffen hat, auf der Erde am »wahrscheinlichsten« war, während woanders an seine Stelle »etwas« syntaktisch und chemisch anderes treten könnte. Und wenn er sich als arbiträr, als gewissermaßen »zufällig« herausstellen sollte, dann, füge ich von mir aus hinzu, könnte ein Genomingenieur auch damit beginnen, die Methoden des Codes von anderen »Buchstaben« zu übernehmen. Ich muß hier ergänzen, daß Hofstadter weder an die Idee einer cisbiologischen Bauweise (im oben beschriebenen Sinne) nach der Methode des Codes dachte noch *a fortiori* einer transbiologischen. Anders gesagt, seine Position des Forschers war akademischer, theoretischer: Er wollte wissen, ob sich der Code, der hier das Leben hervorgebracht hat, durch einen anderen Code ersetzen ließe, zum Beispiel durch einen, der dann nicht aus Nukleotiden als Basen von Nukleinsäuren besteht, oder vielleicht doch der gleichen Basen, aber von anderen Nukleinsäuren, von denen es jede Menge gibt, die von der

Evolution jedoch »irgendwie« nicht benutzt wurden. Meine Position dagegen ist eine gewagtere Transgression des Codes: Ich möchte wissen, ob man diesen Code als Lehrbuch und Lehrer verwenden kann, um einen anderen biologischen Code zu konstruieren (wie, ist vorläufig nicht bekannt), der in der Lage wäre, anderes Leben als das unsere zu produzieren, und mehr noch, ob man letztlich zu so einer »biotischen Technozivilisation« gelangen könnte, wie ich sie in der Form von Science-fiction in spaßigem Ton als ein System beschrieb, in dem wir »technische Saatkörner« säen, sie mit etwas Wasser begießen und daraus ein »Tonbandgerät wächst«. Man muß hier zwar gleich klarstellen, daß weder Autos noch Tonbandgeräte, die mit unseren heutigen vergleichbar wären, jemals aus einer Technosaat sprießen werden, gleichzeitig sollte man aber auch bedenken, daß sogar eine Maus, ganz zu schweigen vom ach so klugen Menschen, eine »Apparatur« ist, die ein paar Millionen Male komplizierter ist als jedes Auto oder meinetwegen jeder Computer, und sei es ein Cray, denn der Informationsgehalt sowohl des Genotyps als auch des Phänotyps der Maus ist viel komplizierter und reicher als alles, was von menschlicher Technik hervorgebracht wurde. Leider: Selbst die gewöhnlichste Fliege ist in vieler Hinsicht leistungsfähiger als ein Supercomputer, obgleich sie weder Schach spielen noch etwas Neues für ihr Genom erlernen kann. Bevor wir uns auf das Hauptthema konzentrieren, sollten wir hier am Rande bemerken, wie es möglich war, daß die gesamte zeitgenössische Medizin, die ganze pharmazeutische Chemie, das ganze Gebiet der Synthese von Antibiotika in letzter Zeit von so vielen Bakterienstämmen besiegt wurden, die durch die massenhafte Anwendung der neuesten Medikamente vollständig resistent geworden sind. Und schon kehren in der schwarzen Pracht der Bedrohung die Krankheiten wieder, von denen wir gedacht hatten, daß wir mit ihnen (dank der Antibiotika) fertig wären: Diphterie, Tuberkulose, ganz zu schweigen von den Viren wie denen des schrecklichen AIDS. Die Antwort lautet vielleicht und gar zu generell: Die Bakterien, die seit mehreren Milliarden Jahren auf der Erde vertreten sind, haben durch ihr Training in »planetar« sehr schweren Zeiten eine solche Universalität der Mutation erreicht, daß sie mit jedem neuen bakterioziden Präparat fertig werden. Den Preis, den sie dafür bezahlen, ist das massenhafte Aussterben der Unangepaßten: Wo 98% der Bakterien zugrunde gehen, bleiben auf dem »Schlachtfeld« 2% widerstandsfähige zurück, und diese vermehren sich augenblicklich von neuem. Ob sich dagegen nicht mit einer Stereochemie der Synthesen ankommen läßt, ist eine gesonderte und schwierige Frage, so daß ich sie für heute ohne klare Erwiderung stehen lassen muß.

8. Eine gründliche Zusammenfassung der ganzen Ausführung von Hofstadter kann ich hier nicht geben, dazu ist sie viel zu ausführlich, viel zu »technisch«. Und mehr noch: Obgleich der Autor zum gewünschten QED (*Quod erat demonstrandum*, daß man den Code wohl ändern könnte, der vorliegende also tatsächlich arbiträr ist) gelangt, muß man jedoch auch hinzufügen, was ihm die Zuschriften von Fachleuten aus den USA und Europa zutrugen, nämlich daß der DNA-Code natürlich nicht »völlig arbiträr« ist, also so zufällig wie, sagen wir mal, der Hauptgewinn im Toto-Lotto. Ganz zu Anfang nämlich entstanden in jedem Fall »chemische Erstlinge – Codeentwürfe«, und durch die natürliche Auslese »gewann« der fähigste, und damit eben unserer. Dagegen erweist sich das, was in der Lotterie gewinnt, im Verlauf des Spiels, wenn man es als eine Rivalität betrachtet, in keiner Weise als überlegen.

9. Was also wäre zu sagen? Dieses, daß der DNA-Code aus Genen besteht, jedes Gen wiederum ein »Stückchen DNA« (des desoxynukleotiden Strangs) ist, das etwas »sehr Konkretes« codiert. Das kann ein echtes Eiweiß sein, das kann ein Eiweißkatalysator sein oder ein Wachstumsregulator, ein »Organentwurf« usw. Grundsätzlich ist der DNA-Code eine Matrix, die von Generation zu Generation weitergegeben wird, eine Matrix, die etwa so erstarrt ist, wie ein gedrucktes Buch (oder besser vielleicht: wie der Drucksatz in der Drukkerei). Damit aus der Matrix aber das entstehen kann, was ein Organismus wird, sind »Botensysteme« (mRNA – diese geheimnisvolle Abkürzung möge hier genügen) notwendig, Systeme lokaler »Druckereien« (so etwas wie die »New York Herald Tribune«, die ihren Ursprung zwar in ihrer einen Redaktion hat – dem »Genom«, die aber gleichzeitig in Paris, Den Haag und sonstwo auf der Welt gedruckt wird), sowie Systeme, die am Ende aus diesen »Translationen« entstehen. Um alles noch komplizierter zu machen, enthält das heranwachsende Embryo mehr Informationen als die befruchtete Zelle (Eizelle), denn die Embryogenese ist so schlau eingerichtet, daß das, was als Teile des Organismus im Verlauf der embryonalen Entwicklung entsteht, wechselseitig aufeinander einwirkt, »sich anpaßt«, von seiner Umgebung, von Hormonen und Genrepressoren gesteuert wird, lokale Portionen zusätzlicher Information erhält. So als träfe man unterwegs auf immer neue Wegweiser. Und da gibt es diese komische Sache, daß in der Zelle Moleküle herumschwimmen, welche die Aminosäuren instruieren. Kennen diese Molekül-Unterweiser den DNA-Code? Nein, sie leiten nur zu den Ribosomen. Aha! Und wer instruiert die Ribosome? Die Synthetasen. Und kennen die Synthetasen den DNA-Code? Nein, sie paaren nur bestimmte Moleküle mit Aminosäuren. Es scheint, als »kenne« in der Zelle niemand den DNA-Code: keine der Translationsstationen für sich allein genommen. Aber das liegt daran, daß erst alles richtig zusammengefügt »den DNA-Code kennt«, das heißt »weiß, was aus dem Genom folgt«. Nicht anders ist das ja mit einer Partitur: Kein Teil der Partitur »kennt die Symphonie«. Der Unterschied besteht darin, daß die Genom-Symphonie »sich selbst spielt« – ohne Dirigent und Orchester, denn sie ist Partitur (Code) und Ausführende (»Übersetzer und Synthetasen in der Zelle«).

10. Im Schweiße unseres Angesichts gelangen wir schließlich nicht ins Ziel, aber zu diesem Stadium, unweigerlich einem Übergangsstadium, das heute noch erreicht werden kann. Also: Das einzelne Gen setzt sich gemeinhin aus vielen, vielen Tausend Nukleotidpaaren zusammen. Bisher ließen sich in der weltweiten Aktion des *Human Genome Project* erst Teile des menschlichen Genoms mit einer nicht allzu großen Auflösung entschlüsseln. Die Arbeiten dauern lange, denn sie sind mühselig, und bisher ging das von Hand, doch schon werden Computer herangezogen ... Anfangs wird es eine ungefähr zehnfache Beschleunigung geben. Natürlich ist die Entschlüsselung des Buchs, das von der Natur geschrieben wurde, der trotz allem leichtere Teil der Aufgabe, die ich gestellt habe und hartnäckig weiter stelle (»die Natur einholen und überholen«). Eine unvergleichbar viel schwerere Aufgabe liegt vor uns, und zwar »das Schreiben neuer Code-Bücher« mit der Methode, die von der Natur übernommenen ist, weil bei ihr abgeguckt und von ihr erlernt. Ich füge nur ein sehr wesentliches und auf den ersten Blick merkwürdiges Detail hinzu: Die gesamte Erbinformation des Affen, des Elephanten, der Kuh, der Giraffe, des Wals, des Menschen befindet sich in jeder einzelnen Zelle ihrer Körper. Damit die gesamte Übertragung nicht auf einmal ausgelöst wird (was eine Katastrophe für das Leben wäre), werden alle Gene des Codes mit Ausnahme dessen, das lokal benötigt wird, mit Hilfe verschiedenartiger Depressoren auf Null abgebremst. (Und wenn ein Teil der Bremsen nicht »greift«, kommt es zu Neoplasie, Hyperplasie oder zu anderen Normabweichungen). Aber warum ist es so, als würde jemand ein Haus oder eine Kirche aus so ungewöhnlichen Ziegeln bauen, daß in jedem einzelnen Bauziegel der Entwurf des ganzen künftigen Baus enthalten ist? Ich denke, daß das einfach eine Folge des tatsächlichen Evolutionsverlaufs ist und es schwierig gewesen wäre – oder sich nicht »gelohnt« hätte –, den »unnötigen Ballast des Gesamtentwurfs« abzuwerfen. Das Ausbremsen der nicht benötigten architektonischen Pläne und Entwürfe erwies sich in der Milliarden Jahre langen Praxis der Lebensgeschichte einfach als leichter. So denke ich, Beweise dafür habe ich nicht.

Und auf die Frage, ob ein künftiger Baumeister von Keimlingen in seinen Konstruktionen sich auch so einen Überfluß leisten wird, kann ich die Antwort nicht geben, weil ich sie nicht weiß.

Die Computerisierung des Gehirns

1. Mein erstes nichtbelletristisches Buch, *Dialoge*, schrieb ich in den Jahren 1954 und 1955, ohne damals – es war noch immer die Zeit des Stalinismus – die Möglichkeit einer Veröffentlichung zu sehen. Dies gelang in der Zeit des »Tauwetters«, im Jahre 1957. Damals erschien diese Position dann, herausgegeben vom Literarischen Verlag in Krakau, in einer Auflage von 3000 Exemplaren auf dem Buchmarkt und war so abwegig anders, als alles, was damals auf der Welt sonst noch im Druck erschien – es gab ja zu jener Zeit nicht einmal die Spur einer Futurologie, und das Wort »Computer« war in den Sprachen noch nicht heimisch geworden –, daß Kazimierz Mikulski, der die Aufgabe hatte, den Buchumschlag zu entwerfen, eine Leiter und zwei Pantoffeln malte. Das Buch, ein Jugendwerk, behandelte außer der Gesetzmäßigkeit und Fehlerhaftigkeit des Funktionierens des »realen Sozialismus« als einem totalitären System, was durch eine »Übertragung in die Terminologie der Kybernetik« chiffriert war, viele – wie es in der Einleitung heißt – »sonderbare Themen«.

Es werden dort u.a. Erörterungen »über die atomare Auferstehung«, über die Unmöglichkeitstheorie, über die philosophischen Vorteile des Kanibalismus, über die kybernetische Psychoanalyse, über die Persönlichkeit von elektrischen Netzen, über das Konstruieren von Genies, über Regierungsmaschinen sowie über »das ewige Leben im Käfig« dargeboten. Es wäre mir nicht im Traum eingefallen, daß auch nur eines dieser so phantastisch klingenden Themen aus dem Bereich überzogener, ja unglaublicher Einfälle je auf die Agenda von gelehrten Seminaren in Europa oder darüber hinaus kommen könnte. Das aber ist zum Teil bereits eingetreten, und deshalb habe ich gewagt, die bisher nicht aufgeschnittenen Seiten der *Dialoge* dort zu öffnen, wo – in der Sprache von vor vierzig Jahren – von den ersten Schritten die Rede ist, die zur Computerisierung des Gehirns führen. Ich füge sogleich hinzu, daß der Impuls, der mich veranlaßt hat, diesen Artikel zu schreiben, eine Einladung der »Akademie zum dritten Jahrtausend«

mit Sitz in München zu einer Wissenschaftstagung unter dem Titel *Mind Revolution: Schnittstelle Gehirn–Computer* war. Im weiteren Verlauf des Schreibens wird erklärt, daß es um den »Anschluß« von »Chips« an die Hirnperipherie (die Sinne) geht wie auch an das Gehirn selbst, in diesem Fall also darum, ein *Interface* zwischen dem Gehirn (oder Teilen davon) und etwas in der Art eines Subelements in Gestalt eines Computerchips zu schaffen. Unter den auch von außerhalb Deutschlands geladenen Wissenschaftlern, darunter sowohl Neurologen wie Kybernetiker, war auch ich. Da ich an diesen Sitzungen nicht teilnehmen wollte, eröffnete mir eine Frau Doktor, die aus Deutschland zu mir gereist kam, daß der Grund meiner Einladung zu dieser Veranstaltung eben die *Dialoge* seien, die mein Frankfurter Verleger in der Ausgabe meiner »Werke« einige Jahre zuvor ebenfalls veröffentlicht hatte.

Nachdem ich das erste Exemplar der polnischen Ausgabe nun vom Staub befreit habe, nehme ich mir die Freiheit, aus den alten, kühnen Konzeptionen einige Abschnitte zu zitieren, denn allein die Tatsache, daß sie im Kreis von Fachleuten ernsthaft diskutiert werden, ist so, als wäre dieses vor langer Zeit geschriebene Buch zu neuem Leben erwacht und ein wenig vor dem Vergessen bewahrt geworden.

2. Auf Seite 162 der genannten Erstausgabe schrieb ich im Zusammenhang mit dem Entwurf einer Gehirnprothese aus kybernetischem Material das Folgende:

»Das erste Experiment – ist die Verbindung (zum Beispiel mit Hilfe der Chirurgie) der peripheren Nerven zweier Individuen. An niederen Lebewesen kann man sie bereits heute durchführen. Auf diese Weise eröffnet sich die Chance, daß ein Mensch das fühlt, was die Sinnesorgane eines anderen Menschen empfinden. Es wäre also möglich, daß ein Mensch mit den Augen eines anderen sähe, nämlich durch eine Verbindung des peripheren Teils seiner Sehnerven mit dem afferenten Teil der Nerven des anderen.

Das zweite, weitaus schwerer zu realisierende Experiment ist ein Eingriff mit dem Ziel, die Nervenbahnen zweier Gehirne miteinander zu verknüpfen, und zwar vermittels bestimmter Leiter, sei es ›biologischer‹ Natur (Brücken lebender Nervenfasern), sei es anderer Einrichtungen (Apparaturen), welche, verknüpft mit der Nervenbahn des einen Gerhirns, die auf dieser Bahn einströmenden Reize empfangen und sie an die analoge Nervenbahn des anderen Gehirns übermitteln.«*

An dieser Stelle äußert der fiktive Gesprächspartner (denn die *Dialoge* sind Gespräche eines gewissen »Philonous« mit einem »Hylas«) grundsätzliche Bedenken, was die Chancen einer solchen Operation angeht. Er ist überzeugt, daß die Verbindung der Neuronenbahnen zweier Hirne in einer vollkommenen Verwirrung, in einem Chaos und sonst nichts enden würde. Philonous gibt ihm daraufhin recht. Er sagt:

»Eine ›konkrete‹ Bedeutung haben bestimmte Reize nur innerhalb eines gegebenen Netzes, und zudem nur für ihre ›Adressaten‹, das heißt die anderen Teile dieses Netzes, an die sie gerichtet sind. Die einfache Weiterleitung einer Serie von Reizen von einem Gehirn ins andere wird sicherlich nichts anderes als eine Art Chaos, eine ›psychische Kakophonie‹ ergeben. Das ist eine der größten Schwierigkeiten auf dem Wege zur funktionalen Verbindung von Gehirnen. Das Gehirn vermag jedoch einen weitaus schwereren Eingriff zu verkraften als den der Zuleitung einer ihm funktional fremden Gruppe von Reizen. Man kann an ihm sehr schwere und brutale Eingriffe durchführen, bis hin zur Ektomie ganzer Rindenlappen, ja sogar einschließlich einer Hirnhemisphäre, und dennoch ziehen solche Operationen keinen irreversiblen Zerfall der psychischen Funktionen nach sich, denn ihre Fähigkeit zur Restitution, sogar in einem nur noch teilweise erhaltenen Netz, ist ungeheuer groß. Mit den Experimenten des von mir erwähnten Typs wird man wohl noch lange Zeit sehr vorsichtig und zurückhaltend sein – man wird sie an Tieren durchführen.«**

Ich sehe nicht viel Sinn darin, weiter ganze Seiten über Sachen zu zitieren, denen ich in den *Dialogen* viel Platz ein-

* Zitiert nach: *Dialoge.* Frankfurt a. M.: Suhrkamp 1980, S. 158f.
** Ebd., S. 159.

geräumt habe. Im Grunde gibt es auch heute nur die rein spekulative (so wie auf der erwähnten Konferenz) Chance, »zwei Gehirne zu einer unbekannten resultierenden Einheit« zu verbinden. Ich bin heute sogar noch weiter als damals davon entfernt, eine solche »Unifizierung« zu propagieren. Dennoch muß ich, im Vorgriff auf weitere Fragmente des Textes, die ich hier zitieren möchte, hinzufügen, daß auf besagtem Gebiet, das sich heute Neurobionik und experimentelle Neurologie nennt, schon viel erreicht worden ist.

Erstens ist es bereits zu konkreten, wenn auch im Ergebnis unsicheren Erfolgen in den peripheren Zonen unserer Sinne gekommen. Es lassen sich schon jetzt Elektroden in die »Schnecke« (*Cochlea*) von tauben Menschen implantieren, deren Innen- und Mittelohr (zumindest teilweise) durch Krankheit beschädigt oder gar völlig zerstört wurde. Voraussetzung ist lediglich, daß der Hörnerv (8. Kopfnerv, *N. acusticus*) noch funktioniert. Die ersten Implantate wurden vor einigen Jahren nach einer kurzen Phase, während der sie erfolgreich funktionierten, vom Organismus abgestoßen. Heute steht es damit sehr viel besser, doch habe ich nicht die Absicht, hier auf die Details einer solchen Operation einzugehen.

Ein zweites, sehr viel ehrgeizigeres Vorhaben ist es, Blinde sehend zu machen, also etwas zu tun, was vor noch gar nicht so langer Zeit als Wunder gelten mußte. Es gibt ein paar Techniken, die erprobt sind, u.a. je nachdem, auf welchem Abschnitt der Informationsbahn (Netzhaut – Sehhügel [Thalamus] – Großhirnrinde am okzipitalen Sulcus calcarinus) es zu einer Durchtrennung der Verbindung gekommen ist. Durch eine direkte, okzipitale Reizung der Hirnrinde, auch durch den Schädel, kann man den Effekt erzielen, daß sich im bewußt wahrgenommenen Gesichtsfeld Lichtpünktchen zeigen (Phosphene), und diese Lichtpunkte lassen sich sogar gruppieren (der entsprechende Teil der Hirnrinde reagiert auf jeden Impuls mit der Wahrnehmung von »Licht«), wodurch bei dem, der eins auf den Kopf oder ins Gesicht gekriegt hat, der Eindruck entsteht, daß er »Sternchen sieht« – das wird in fast allen Sprachen in unterschiedlicher Form wiedergegeben (bei den Franzosen sagt man, warum auch immer, daß der Betroffene »sechsunddreißig« brennende Kerzen gesehen hat). Diese Phosphenlichtchen ließen sich bei einer Reizung der Rinde durch eine entsprechende Konfiguration der Elektrodennadeln in der Gestalt eines Buchstabens anordnen.

Natürlich ist es von so etwas noch sehr weit bis zu der Möglichkeit, daß ein Blinder etwas Gedrucktes lesen kann. Daher die Versuche, bei intaktem Sehnerv im Hirninnern und durch Kreuzung *(Chiasma opticum)* die Netzhaut auf dem Augenhintergrund irgendwie zu unterstützen oder gar zu ersetzen. Das kommt wegen der biomolekularen Kompliziertheit ihres Baus allerdings mehr als langsam voran. Ich gehe hier nicht weiter auf die Physioanatomie des Sehens ein, ich wollte nur anmerken, daß zumindest bei einigen wichtigen Sinnen das, was vor vierzig Jahren in den *Dialogen* gewissermaßen als erste bescheidene Schritte angedeutet wurde, bereits seine Verwirklichung und Bestätigung in den Errungenschaften der prothetischen Medizin findet. Dagegen kann selbst heute noch keine Rede davon sein, statt einzelner Nerven zum Beispiel das ganze im Rückenmarkskanal verborgene Rückenmark wieder zusammenzufügen, wenn es (was leider vorkommt) durchtrennt wurde.

Es gibt nur Versuche, und dazu wenig erfolgreiche, denn die Menge des Nervengewebes (dazu noch unterschiedlicher Art) ist riesig groß. Bekanntlich führt eine Unterbrechung des Marks zur vollständigen Lähmung und verdammt einen zu einem Leben im Rollstuhl, da es unterhalb der Stelle, an der die taktile, motorische und propriozeptorische Verbindung unterbrochen wurde, zu einem totalen Ausfall, also zur Paralyse, kommt. Deshalb haben wir vorläufig keine Möglichkeit, durchtrenntes Mark zusammenzufügen oder zu »kleben«. Gleichwohl hielt mein Gedanke seinerzeit auch auf dieser Stufe nicht inne.

3. Es muß festgehalten werden, daß das Gehirn sowohl ein geschlossenes als auch ein kompaktes System ist, aber nicht so, wie ein beliebiger Typ eines heute vorhandenen Computers. Aus Gründen, die für jeden offensichtlich sind, der sich auch nur flüchtig mit der »Methodik« vertraut gemacht hat, nach der die natürliche, Darwinsche Evolution funktioniert, sind alle Lebewesen, als Pflanzen in geringem Maße, aber als Tiere vollständig, von Geburt an bis zu ihrem Tod »ausschließlich auf sich gestellt«, das heißt allein auf die lebensregenerativen Kräfte des eigenen Organismus angewiesen. Zwar fällt bestimmten Eidechsen der Schwanz ab, wenn man sie daran festhält, was ihnen erlaubt zu fliehen, und ein Nachwachsen (also die Regeneration) des Schwanzes ist möglich, doch weder das Bein des Pferdes, des Affen oder des Menschen kann nachwachsen. Ob sich eine Regeneration dieser Größenordnung jemals in Gang setzen läßt, wissen wir nicht mit Sicherheit, denn jede Zelle eines jeden Organismus enthält die volle Information über den gesamten Bau, auch was den funktionalen Bereich des jeweiligen Organismus angeht, und nur Gene, die örtlich weder Organe (Augen, Nieren, Beine) noch beliebiges andere Gewebe bilden, sind permanent blockiert – und wir können die Blockade nicht lösen. (Ich kann hier nicht auf die Situation eingehen, in der es doch zu einer nicht ortsspezifischen Aufhebung der Blockade kommt, denn dabei verliert jede Zelle sowohl ihre ortsspezifische Funktion, wird »unsterblich« und zu einem vom Gesamtsystem unabhängigen Tumor. Wenn die erlangte »Unsterblichkeit« »vollkommen« ist, bildet sich ein bösartiger Tumor, also Krebs, dessen Zellen mit dem Blut und der Lymphe überall hingelangen, sich vermehren und – das ist der Effekt ihrer uneingeschränkten »Unsterblichkeit« – schließlich den Organismus töten.) Deshalb ist jede Regeneration, die vom Erbplasma nicht vorgesehen ist (so wie bei der Eidechse), im Hinblick auf die neoplasmatische »Lösung« der funktionalen Bremse ein sehr gefährliches Experiment.

4. Hier muß man sich wiederum klarmachen, daß bei Computern von einer Restituierung der Funktionen, von einer »Regeneration« überhaupt keine Rede sein kann, wenn wir mit einer Säge oder einem Hammer ein ordentliches Stück eines Computers abtrennen oder wegschlagen, und sei es der beste, den es heute gibt. Auch die »Wunden der Computer« werden nicht »ausheilen«. Und hier sehen wir im Grunde die

Überlegenheit des biologischen Baus gegenüber der Computerbautechnik. Aber es ist an der Zeit, zu der Phantasie vergangener Jahre zurückzukehren, nachdem gelehrte Gremien das Thema bereits ernsthaft diskutieren wollen. Ich füge noch hinzu, daß bestimmte Reizungen (des am besten durch Trepanation freigelegten Schädels) der Hirnrinde vollkommen kohärente perzeptionelle Wirkungen liefern: Das gereizte Hirn reagiert zum Beispiel durch die Evokation konkreter Erinnerung, so daß der Operierte »fühlt«, er sei zum Beispiel im Theater, daß er eine Bühne »sieht« und daß er die dort geführten Gespräche »hört«. Eine andere Sache ist, daß wir nicht in der Lage sind, *zielgerichtet* an bestimmte vom Gedächtnis im Gehirn fixierte Ereignisse heranzukommen. Für das Langzeitgedächtnis hat man sich gelehrte Namen ausgedacht, aber bezüglich der Lokalität solcher Gedächtnisspuren streiten sich die Gelehrten noch.

Deshalb, um es ganz verkürzt zu sagen, auch aus rein sachlichen Gründen: wegen unserer Ignoranz in Fragen der Funktionsweise des Gehirns, des Bewußtseins, des Schlaf- und Traumbedürfnisses usw. hielte ich jeglichen »Chipanschluß« an die Hirnsubstanz heute für vollkommen verfrüht. Ganz zu schweigen von den grundsätzlichen Vorbehalten moralischer Natur, denn solche Experimente am Menschen hätten, wie ich meine, strafrechtliche Folgen. Ein Tier dagegen, auch ein Schimpanse zum Beispiel, ist nicht geeignet, uns über seine Erlebnisse nach der Implantierung von Chips etwas zu vermitteln. Natürlich erhalten Tiere bereits periphere Implantate, aber die sind für die Erforschung ihres Verhaltens und ihrer Lebensfunktionen in der Freiheit da. Das ist ein ganz eigener Bereich, den ich hier nicht behandle.

5. Abschließend komme ich nochmals auf die *Dialoge* und mittels Zitaten auf meine größte Kühnheit zurück, das heißt auf das, was ich die »Transplantation von psychischen Prozessen des Menschen auf eine Hirnprothese« genannt habe. Beim Computerspeicher ist das ein völlig banaler, ja trivialer Vorgang, da man hier den ganzen Inhalt einer Festplatte oder einer Diskette beliebig überspielen oder in beliebiger Zahl vervielfältigen kann; außerdem kann ein kleiner Computer die Arbeitsweise eines größeren Computers imitieren, wenn auch entsprechend verlangsamt (wie bekannt kann die Turing-Maschine auf einem Papierstreifen als *data processor* jeden berechenbaren Algorithmus, jede rekursive Funktion verarbeiten). Von solchen »kompletten Informationsübertragungen« von Gehirn zu Gehirn kann keine Rede sein. (Natürlich denke ich hier nicht an die vom Menschen gebrauchten Methoden, wenn sie miteinander reden, schreiben, drucken, fotografieren und Fotografien zeigen oder sich berühren usw., wo wir nichts anderes machen, als uns entsprechende Informationen linguistisch, visuell oder sogar als Geruch und, wenn es jemand unbedingt will, erotisch zu vermitteln.)

6. Was ist aber nun mit der »Gehirntransplantation«? Philonous sagt, daß dieser Prozeß im Prinzip darauf basiere, »daß an ein lebendiges Gehirn, das heißt an ein Neuronennetz, ein Netz anderen Typs – ein elektrisches (oder ein elektrochemisches) – angeschlossen wird. Natürlich müssen die Menschen zunächst lernen, solch komplizierte Netze in der Größenordnung von 10 Milliarden funktionalen Elementen, das heißt der Größenordnung des Gehirns, zu kontruieren, und zwar dank einer allgemeinen Theorie des Netzes mit innerer Rückkopplung, die dazu unerläßlich sein wird. Die Transplantation selbst muß sich aus einer beträchtlichen Anzahl aufeinanderfolgender Etappen zusammensetzen.«*

Schon vor vierzig Jahren schrieb ich mit aller Vorsicht: »Genauer werde ich die Resultate eines solchen Eingriffs nicht schildern, denn man kann ihn sich nur schwer vorstellen. Wenn es um ein Problem von solcher Tragweite geht, kann übermäßige Vorsicht kein Fehler sein. Es geht darum, daß die ›Persönlichkeit‹ des Netzes nicht verletzt wird. Daher wird das richtige Vorgehen so aussehen, daß man in schrittweiser Folge immer neue Sektionen der Prothese an das Neuronennetz anschließt, damit das elektronische Netz nicht gleichsam durch das lebendige Gehirn funktional resorbiert, funktional

* A.a.O., S. 164.

assimiliert wird. Mit der Zeit werden wir es dahin bringen, und eben das ist unser Ziel, daß das angeschlossene Netz einen erheblichen Teil der meisten psychischen Prozesse übernimmt. Wenn das passiert ist, werden wir zur nächsten Phase des Eingriffs schreiten, das heißt zur ebenso langsamen wie stufenweisen Reduktion des Neuronennetzes. Wir werden es nicht liquidieren, sondern es lediglich isolieren, ähnlich wie dies zum Beispiel bei der Lobotomie geschieht, indem die Gewebe durchtrennt werden, welche die Stirnlappen mit dem Rest des Gehirns verbinden. (...) Unsere funktionale Einheit, wie sie sich im kombinierten neuroelektrischen Netz darstellt, wird ohne größere Störungen arbeiten, wobei die elektrische Seite mehr und mehr die allmählich schwindenden Funktionen der neuralen Seite übernehmen wird. Am Ende dieses Prozesses, wenn das Neuronennetz verdrängt worden ist und die ganze Last der psychischen Prozesse auf dem Netz der Prothese ruht, werden wir die Persönlichkeit eines Menschen gänzlich ins Innere einer Prothese verlagert haben. Das Netz der Prothese wird alle psychischen Prozesse enthalten – also auch die vollständige Ladung des Gedächtnisses, die spezifischen Präferenzsysteme, die Verkehrsregeln der Reize usw. (...) Das wird die ›elektrische Transplantation‹ eines lebendigen Bewußtseins auf eine tote Prothese sein. Dieses Transplantat kann beliebig lange existieren. (...) So also sehen die Perspektiven des ›ewigen Lebens‹ bei einer ›Hirnprothese‹ aus.«*

Ende der Zitate. Erst danach folgt eine lange Dikussion voll ethischer, neurochirurgischer usw. Einwände. Hier muß ich Interessierte auf meine *Dialoge* verweisen sowie auf *Frieden auf Erden*. In diesem zweiten Buch erkennt bestimmt niemand, daß die reichlich angeführte wissenschaftliche Literatur (aus dem Gebiet der Callosotomie, das heißt der Durchtrennung des Balkens mit seinen 200 Millionen Fasern, die unsere beiden Hirnhemisphären miteinander verbinden) eine authentische Bibliographie darstellt (ich nutzte sie am Institute for Advanced Study). Und zwar kam es viele Jahre später zur Entdeckung der Effekte einer solchen Durchtrennung des

* A.a.O., S. 164ff.

Hirns in zwei Teile, bei der unter einem Schädel zwei »Persönlichkeiten« hervortreten (die Hemisphäre, in der das Sprachzentrum fehlt, bleibt stumm, doch läßt sich ihre Anwesenheit nachweisen). Das aber heißt, daß die ersten Schritte auf dem Weg zu einem neuen *Interface* des Gehirns mit einem »kompatiblen« Quasi-Neuronennetz getan wurden.

Von neuronalen Netzen sprach man 1954 abstrakt und fast wie über die »Gemeinschaft der Heiligen«, heute aber gibt es Bücher mit solchen Titeln (vgl. zum Beispiel das in Polen herausgegebene Buch *Sieci neuronowe* [Neuronale Netze] von Ryszard Tadeusiewicz, Warszawa 1993). Dort findet sich auch eine Fachbibliographie mit Titeln aus der ganzen Welt. Kurz gesagt, was ich mir naiv erdacht hatte, ist so weit aus dem Nichts hervorgetaucht, daß Wissenschaftler darüber Symposien und Konferenzen veranstalten, und das hat mich veranlaßt, diese Skizze zu schreiben.

Die Technologiefalle

1. Ich schlage folgende Definition der Technologiefalle vor: Es ist das sozial-existentielle Resultat einer breiten Anwendung derartiger technogener Operationen, das in der Entstehungsphase unbemerkt, gesellschaftlich schlecht oder überhaupt nicht vorhersehbar, in der Phase zunehmender Anwendung dann unumkehrbar ist, wobei sich die erhofften Vorteile seiner Verbreitung in eine ein- oder mehrdimensionale Katastrophe verkehren, die immer offensichtlicher wird und von eben jenen mächtigen Entscheidungsträgern immer schwieriger zu stoppen ist, denen wir seine proliferativen Ausmaße und seine überwältigende Schädlichkeit »verdanken«.

2. Als modellhafter Prototyp einer »Technologiefalle« können hier nur beispielhaft als »Unterrichtshilfen« angeführt werden:

A) Die Freisetzung nuklearer Energie: Sie gelang während des Zweiten Weltkriegs zwar als Massenvernichtungswaffe (aufgrund der irrigen Annahme, daß die amerikanische Seite sich in einem von den Nazis erzwungenen Wettlauf der nuklearen Aufrüstung befinde), doch entstanden nach dem Krieg, als das Vernichtungspotential unter Beweis gestellt war, zahlreiche »friedliche« Anlagen zur industriellen Nutzung dieser Energie als Ausgangspunkt für ihren geradezu ewigen, sicheren und für die Umwelt unschädlichen Einsatz.

Tatsächlich wird die Atomenergie global weiter fortentwikkelt (obgleich mit einer gewissen Verlangsamung) und verbreitet, infolgedessen wachsen die Bedrohungen für die Biosphäre, anstatt kleiner zu werden (wie man es sich nach dem Kollaps der Sowjets und dem Entstehen der »neuen, friedlichen« Weltordnung, die daraus erwachsen sollte, erhofft hatte). Die Gefahr zum Ende des 20. Jahrhunderts tritt in zweifacher Gestalt auf: Einmal dadurch, daß man den Schlagabtausch über den Ozeanen (mit Hilfe von *Intercontinental Ballistic Missiles* der nächsten, verbesserten Generationen, verborgen in gepanzerten Silos) zumindest teilweise durch einen

Schlagabtausch realisierbarer (wenngleich noch nicht realisierter) Transfers mittels *International Luggage Missiles*, abgekürzt ILM, also Nuklearbomben, die wie »Reisegepäck« daherkommen, »ersetzt«, von denen einsatzbereite Exemplare, die sich durch alle Kontrollen schmuggeln lassen, bereits in den Fernsehsendern der ganzen Welt zu sehen waren.

»Die Plünderung« des Nukleararsenals – hauptsächlich des Plutoniums – als Hinterlassenschaft des Sowjetreichs, der Schmuggel mit den Resten dieses Arsenals, die Bemühungen kleinerer Staaten, eine eigene Plutoniumproduktion aufzubauen usw. nehmen zu und vergrößern auf eine praktisch schwer zu berechnende Weise die Wahrscheinlichkeit einer »dispersen« Eskalation – im Gegensatz zur »zentralisierten Eskalation« aus der Zeit des Kalten Krieges der beiden Großmächte, die hier hauptsächlich von Bedeutung waren, denn sie konkurrierten auf diesem Gebiet strategisch um den Vorsprung bei der Overkill-Strategie.

Wie man daraus sehen kann, waren die Redakteure des »Bulletin of Atomic Scientist« etwas voreilig, als sie nach dem Kollaps der UdSSR die Zeiger der Uhr für die nukleare Apokalypse auf den Titelblättern ihrer Zeitschrift ein gutes Stück von der Zwölf zurückstellten. Die Wahrscheinlichkeit, die unwiderruflich ansteigt, nähert sich damit, unabhängig vom Ausgangswert, der Eins. Kurz gesagt, die ersten Schläge, vielleicht als Attentate inspiriert entweder von bestimmten Staaten oder als Anschläge von irgendwelchen terroristischen Gruppen, werden in der Zukunft kommen. Natürlich können ihnen Drohungen, Erpressungen und Zwang in unterschiedlicher Form mit politischen oder rein materiellen Zielen vorausgehen. In jedem Falle läßt sich das Grundschema des Begriffs der »Technologiefalle« im oben skizzierten Ablauf gut erkennen: Nach einer Etappe der frühen theoretischen Erkenntnis, nach einer Phase kurzdauernder kriegerischer Siegeseuphorie (nach der Niederlage Japans im Zweiten Weltkrieg), nach einer Etappe des Nuklearwettlaufs der zwei Supermächte kommt eine Etappe der »Dispersion der Bedrohung«, bei der aus einem beliebigen, lokalen Konflikt die Lunte für den Dritten Weltkrieg werden kann. Sich aus dieser Gefahr durch

I) eine radikale Abkehr der einzelnen Staaten von der Kernenergie,

II) »radikale« Abschlüsse von Antiproliferations- und Antinuklearabkommen,

III) »eine radikale Kontrolle« durch die entsprechenden Dienste der UNO (Atomenergie)

zurückzuziehen, geht nicht. Unzählige Beispiele dafür finden sich bei der Lektüre der Tageszeitungen. »Der Klub der atomaren Staaten« wird kontinuierlich größer. Ich gehe hier nicht auf den Kern der Sache ein (auf die Bedrohung der Biosphäre, der Menschheit, der Erbmasse von Tieren und Pflanzen mit dem Menschen an der Spitze usw.), denn es geht mir nur darum, an einem konkreten Beipiel die möglichen Dimensionen – in Form des Zerstörungspotentials –, die möglichen Folgen und die mittlerweile bereits unbestreitbare Unumkehrbarkeit des eingangs erwähnten Begriffs der »Technologiefalle« zu illustrieren. Da es mir nur um ein Beispiel geht, habe ich nicht die Absicht, auf die Problematik selbst (wie und ob man die friedliche Nutzung von Kernenergie minimalisieren kann usw.) einzugehen.

B) Auf eine viel eindeutigere, weil »antimilitärische« und »nicht-polemologische« (das heißt die zwischen Menschen und Menschen entstehenden Konflikte nicht betreffende) Art zeigt der Frontverlauf im Gefecht zwischen den Mikroorganismen und dem Menschen die »Technologiefalle« auf einem ganz anderen Gebiet, dem aktuellen Stand der Medizin an der Schwelle zum dritten Jahrtausend. Nach der ersten, scheinbar siegreichen Etappe der Anwendung von Antibiotika gegen Krankheitserreger gewannen fatalerweise diese Parasiten die Oberhand, weil ihre Stämme (zu viele, als daß ich sie hier aufzählen könnte) dank ihrer metabolischen Mutationsmechanismen gegen mehr als hundert der heute in der Pharmakopöe verzeichneten Antibiotika resistent geworden sind. Gleichzeitig wuchs die Virulenz (Ansteckungskraft) der Erreger, weil mit dem Einsatz der ganzen Palette von Antibiotika die »Latte höher gelegt« wurde. Außerdem schob sich die Gruppe der selbständig nicht lebensfähigen Erreger, nämlich der Viren, und ganz besonders der Retroviren *(Human Im-*

munodeficiency Acquired Virus), teilweise auch »langsame Viren« genannt (wegen ihrer außergewöhnlich langen Latenz, der Zeit, während der sie in dem bereits infizierten Organismus »schlafen«, auf englisch *slow viruses, dormant viruses* usw.), gewissermaßen an die Spitze der Front von Submikroorganismen, von denen Gesundheit und Leben des Menschen bedroht werden. Man muß allerdings anmerken, daß Viren schlecht geeignet sind, unmittelbar und modellhaft den Begriff der »Technologiefalle« zu demonstrieren, da die Antibiotika sie praktisch nicht vom »Schlachtfeld« vertrieben haben. Folglich habe ich hier lediglich zwei insoweit ähnliche Modelle der »Technologiefalle« vorgeschlagen, als sie nach ihrer Begeisterungsstürme weckenden Entdeckung und nach ihrem massenhaften Einsatz nun anstelle ihrer Bewunderung weckenden Lichtseite ihre düstere und uns alle bedrohende Kehrseite zeigen. Ein besonders bedeutsames, wichtiges und schwerwiegendes Merkmal jeder technologischen Falle ist, daß sie den Charakter eines unumkehrbaren Prozesses besitzt. Man kann von den Folgen, die der Einsatz von Antibiotika hat, nicht einfach »zurücktreten«, indem man, was in der Praxis unmöglich ist, die Krankheitserreger in Richtung auf eine »verringerte präantibiotische Virulenz« treibt, noch läßt sich die einmal freigesetzte Nuklearenergie einfach in eine Flasche »sperren«, also ins Nirgendwo.

3. Das, was war, was geschehen ist, bildet die jeweiligen Kapitel der Technologieentwicklung (oder auch der biotechnologischen Entwicklung). Für uns ist dagegen das zweifellos strittige Problem von besonderem Interesse, ob man bereits »offenstehende« oder auch sich vor uns erst »öffnende« oder schließlich gar »in der Zukunft lauernde« Technologiefallen erkennen kann, was dann helfen könnte, sie entweder zu vermeiden, sie in ihrer Wirkung einzuschränken oder wenigstens ihre Gefahren ins allgemeine Bewußtsein zu bringen, bevor wir von ihnen beherrscht werden. Natürlich kann von einer »Generaltheorie zur Vorhersage aller möglicher Technologiefallen« vernünftigerweise keine Rede sein. Um es zuerst einmal ziemlich allgemein zu sagen: Ein Definitionselement einer solchen »Falle« ist eben ihre Eigenschaft, daß die ihr innewohnende und in ihr verborgene Bedrohung, ähnlich wie ganz primitive Fallen für Mäuse oder anderes Ungeziefer, sich denen, die davor stehen, nicht zeigen. Anders und prägnanter gesagt: Diese Fallen sehen, bevor sie zu wirken beginnen, vielversprechend oder zumindest »unschuldig« aus. Nebenbei gesagt wäre es eine gewisse Übertreibung und würde den Bogen zu weit spannen, wenn wir zum Beispiel die Motorisierung (durch Autos) als eine Falle, wie es die Kerntechnologie eine geworden ist, erachten würden: Aus der Motorisierung kann man sich im Grunde – wenn auch nur schwer – zurückziehen (unter erheblichen Kosten und mit ganz anderen Techniken).

4. Eine Falle läßt sich beispielhaft an dem fiktiven, in Wirklichkeit nicht existierenden Modell demonstrieren, wie es die »Ethikosphäre« eines ist, das heißt die Wirkung der »Ausweitung« der nichtelastischen Barriere der Naturgesetze (wie zum Beispiel der Schwerkraft) auf den Bereich des Verhaltens vernunftbegabter Wesen durch eine »zwangsweise und nicht auf Überredung beruhende« Ethifizierung ihrer gesamten Lebenswelt. Niemand ist dort imstande, wie in dem von mir verfaßten *Lokaltermin*, irgend jemandem etwas Böses anzutun, doch diese günstige, nur instrumental durch »Viren des Guten« verwirklichte Seite hat die fatale Kehrseite einer »unsichtbaren Einkerkerung« von allem und jedem in »Viren-Kokons«. Für eine genauere Beschreibung beider Seiten muß ich auf das Buch verweisen. Wegen des unaufhörlich und unumkehrbar anwachsenden Gefühls der »Vergewaltigung«, der dadurch hervorgerufenen Frustration und der sich folgenlos steigernden Aggressionstendenz (die sich in keinerlei außermentalen Akten entladen kann) drohte bei einer Rückkehr zur »Natur« (also zur Präethifizierungsära) allenthalben eine wahnwitzige, vielleicht gar massenmörderische Gewaltätigkeit. Allerdings muß schnell hinzugefügt werden: Auch ohne eine »Aufladung der Gehirnbatterien mit Aggressivität« durch irgendwelche »Viren, die einen dazu verleiten, dem Nächsten nichts anzutun, was einem selbst nicht angenehm ist«, beobachten wir gegenwärtig vor allem in der Spitzengruppe der Wohlhabenden – jener »permissiven«, sich säkularisierenden und von der Freiheit berauschten Menschen – einen Anstieg der Kriminalität, eine Kommerzialisierung des Sex, der Drogen, einen Verfall der Familie, den Einsatz jeglicher technischer Neuheiten zugunsten einer Erleichterung des Lebens, die an Oberflächlichkeit grenzt; ebenso ist es im politischen Leben (wir sind nahe daran, die Vergnügen von praktiziertem Massenmord, Inzest, Massenvergewaltigung, »Torturtouristik« und ähnlich degenerierten Phänomenen, die völlig zu Unrecht in der Welt der Verleumdungen als Ausdruck dafür gesehen werden, daß der »Mensch zum Tier« wird, zu preisen und nicht nur zu negieren). »Mensch« klingt bereits wie eine Beschimpfung, darin ist zum Endes des Jahrhunderts nichts »Stolzes«. Aber kommen wir wieder zur Sache.

5. In der mit viel Reklame und Enthusiasmus angekündigten und in Ansätzen bereits bestehenden Informationsautobahn (made in USA, also *Information Highway*) sehe ich ein weiteres Gebiet, das vom Informationszeitalter in Besitz genommen wird und das im 21. Jahrhundert zu einem Terrain wird, auf dem sich eine falsch oder überhaupt nicht prognostizierte Kriminalität ausbreitet. Es wird damit zu einem weiteren mit »Technologiefallen« verminten Gelände, und ob es möglich ist, den Gefahren dort durch irgendwelche Manöver auszuweichen, eine Kehrtwendung zu vollziehen, die vor dem informatisch amplifizierten Verbrechen bewahrt, vor der Untat, der Erpressung, »dem Diebstahl wertvoller Nachrichten«, der allgegenwärtigen, bösartigen Aufdringlichkeit, den uns unbekannten Gestalten der Pornomanie, des Wechsels der Biosphäre in eine Soziosphäre mit Pornosphäre usw. All dies läßt sich nicht vorhersagen, denn die Chancen des Bösen sind stark abhängig von den Parametern, nach denen jener Ring aus Satelliten und Computern, die unseren Globus in ihre unsichtbare Umklammerung nehmen, letztlich funktioniert. Die Frage, wie groß und mit welchen neuen Aktionsmöglichkeiten ausgestattet die Meute der Neoviren auf dieser »Autobahn«

sein wird, läßt sich noch nicht bestimmen. Krampfhaft an der Vorstellung von der – im Grunde noch im Säuglingsalter verharrenden – Phase des *computer crime* festzuhalten, die für Gruppen von mehr oder weniger kriminell vorgehenden Hakkern gilt, zeugt letztlich vor allem von der Trägheit unseres Denkens. Eine lineare Extrapolation führt zu der im Grunde naiven Vision von »Superhackern«, die ganze Räuberbanden von »Superviren« ins Netz schicken, um dadurch in Generalstäbe, Staatsschätze, Banken und der Teufel weiß in was noch für Zentren einzubrechen, während uns die selbsternannten »Futurologen« mit Visionen einer sich ferngesteuert den Kranken (oder wenigstens den Einsamen) widmenden Medizin berauschen wollen, oder am Ende gar einer sich auf alle Lebensbereiche ausbreitenden Phantomatik (mit ihren diversen Varianten der virtuellen Allgegenwart, das heißt der Touristik, der elektronischen Onanie, wo als Mittler die Phantome verstorbener, aber einstmals berühmter Frauen auftreten, die nicht einmal so gut aussehen müssen wie eine gewisse Marilyn Monroe, denn anders, aber ebenso anziehend kann die Kohabitation mit der britischen Königin sein, vor allem, wenn sie zusätzlich noch informatisch verjüngt ist, oder wenigsten mit der Frau des Nachbarn – eventuell, um ihm »eins auszuwischen« – von solchen Eventualitäten schrieb ich vor dreißig Jahren sowohl ernsthaft, das heißt diskursiv, als auch in Grotesken). Doch das ist, ich wiederhole es noch einmal, trotz allem eine Extrapolation entlang der Linie des geringsten Widerstands und der schwächsten Vorstellungskraft. Wenn entsprechend ausgestattete Computer auf niedrigen Umlaufbahnen, um eine bessere oder einfach visuelle Auflösung zu erreichen, jedes Fahrzeug wie ein Blutkörperchen im Blutstrom beobachten (und also auch verfolgen) können, jeden Menschen, jede Transaktion, jeden Einbruch, und damit auch jede Form der Privatheit und des immer wertvolleren Alleinseins zerstören, taucht im Zusammenleben eine neue Qualität auf, deren psycho- und soziologische Folgen nicht leicht vorhersehbar sind. Doch unabhängig von den jeweiligen Kontroll- und Schutzgruppen (Antivirusfilter zum Beispiel), Gruppen, die Druck ausüben, Gruppen, die – natürlich – auf der Erde ansässig sind, aber bereits über das Netz oder diesen hoch über der Erde gelegenen »Autobahnring« agieren, können in jenem Ring selbst, der sich wie eine gigantische Regenwurm-Raupe aus tausend Nervenknoten um unseren Globus legt, nicht nur ungewollte Störungen auftreten, nicht nur Unfälle, die zu einem Chaos führen (es gibt keine unfallfreie Technologie außerhalb der Natur, und selbst die Explosionen der Supernovas sind nur aus unserer subjektiven Sicht »Sternenunfälle«). Möglich ist aber auch als völlig unvorhersehbarer Querschläger, als Effekt eine echte »Drift«, deren Entsprechung, um vor Augen zu führen, was ich meine, die enormen Folgen der Zunahme von Masse wäre, die solche Katastrophen bei jeglichem Transport auslösen würden, wie sie sich der Mensch, den die Anthropogenese dazu geschaffenen hat, auf zwei Beinen zu gehen, noch vor hundert Jahren überhaupt nicht hätte vorstellen können.

Die Masse eines gewöhnlichen Autos kann schon bei geringer Geschwindigkeit in einer Massenkarambolage bei gewöhnlichem Nebel auf der Autobahn katastrophale Folgen haben; die Masse eines Schiffs führt bereits zu Resultaten, die unser Vorstellungsvermögen beängstigend übersteigen. Die Entstehung von »Informationsmasse« dagegen kann diese in eine »Drift« bringen, das heißt, sie verläßt überraschend ihre Spur vorprogrammierter, rein passiver Aufgaben, die ausschließlich vom Willen der irdischen und menschlichen Befehlsgeber abhängen. Schon jetzt bringen diese Befehlsgeber ja in den USA zum Beispiel, in der dortigen Presse, immer deutlicher ihre Irritation darüber zum Ausdruck, daß sie beim Versuch, privat oder geschäftlich mit anderen Menschen eine Fernmeldeverbindung aufzunehmen, in aller Regel auf eine tote Automatik computerprogrammierter Höflichkeit stoßen, die sie vom elektronischen Pontius zum cyberspaceschen Pilatus schickt, und schon das Problem, unter rein irdischen Bedingungen zu einem authentischen Menschen vorzudringen, treibt so manchen in einen Nervenzusammenbruch, der sich sowohl in den Ursachen als auch den Erscheinungsformen grundsätzlich von dem eines gewöhnlichen Telefonbesitzers im nichtautomatisierten Polen unterscheidet.

Was wird sein, wenn erst einmal Millionen von Menschen, verbunden durch ihre Supermikrolaptops, Zugang zum Terrabit-Netz haben? Wenn Computer mit Computern plaudern, wird wahr, was ich als unschuldige Phantastik in »Geschichte der bitischen Literatur« meines Buchs *Imaginäre Größe* skizziert habe. So trägt also das angeblich heraufziehende Informationszeitalter in seinen lichtleitend organisierten Innereien, in den Computerleibern, uns völlig unbekannte Plagen, denen es lohnt, in vorsorgender Erwartung deshalb Aufmerksamkeit zu schenken, weil in aller Regel (geradezu eisern und unvermeidlich) die Erwartungen der visionären Fortschrittsgläubigen, der Blanchards, Edisons, Ciołkowskis, zwar Wirklichkeit werden, aber mit unbegreiflicher Boshaftigkeit immer genau umgekehrt – auf den Kopf gestellt.

Ich weiß nicht recht, weshalb die, welche als erste nach Dädalus und Ikarus an einen Flug im Luftraum dachten, daran glaubten, daß ein solcher Flug mit einer Verbesserung der Menschheit zusammenginge, warum solche Ciołkowskis ganz ähnlich daran glaubten, daß es zu einer friedlichen Vereinigung der Menschheit kommt, wenn der Mensch über die irdische Anziehungskraft siegt (und die Fesseln der Gravitation sprengt), warum letztlich auch die, welche dabei sind, uns den ringförmigen Informationsumlauf mit Lichtgeschwindigkeit zu verpassen, ebenfalls erwarten, daß nach der Verwirklichung dieses (ziemlich teuren) Projekts alles perfekt sein wird. Anders gesagt, ich kann mir denken, daß es vielleicht der Wahrheit näher kommt, wenn man annimmt, daß sich solche technischen Weltverbesserer der so süßen wie falschen Hoffnung hingeben, es existiere ein instrumentaler Faktor, der die menschliche Natur verbessert und sich als Segen eines unaussprechlich schönen Zustands erweist. Die Realität spricht diesen Wunschträumen jedes Mal und kategorisch Hohn, indem sie aus der Fliegerei ein Instrument der Massenvernichtung macht, aus der Astronautik interkontinentale, selbststeuernde Geschosse, die alles morden und zerstören, aus dem von der Informationsverarbeitung in Besitz genommenen Terrain wiederum ein Feld für Massendiebstahl, Einbruch, Mißbrauch und ein Surrogat für Rauschmittel – grenzenlos und straflos.

Naturam expellas furca, tamen usque recurret: So muß auch jene im Durchsatz verbesserte Superverbindung des 21. Jahrhunderts gesehen werden, und man sollte dabei an eine neuerliche, ihren unsichtbaren Schlund weit öffnende, vielleicht noch besser als die vorhergehenden funktionierende Technologiefalle denken.

PS. Natürlich ist die biotechnologische Falle, angekündigt als »genetische Ingenieurkunst«, ein Produkt der »molekularen Biotechniken«, die sich aus der natürlichen Evolution herleiten, also aus der »Technogenese des Lebens«, in der Kolosalität ihrer Konsequenzen, in ihrer für alles, was lebt, also auch für uns, bedrohlichen Resultante dann noch unvorhersehbarer, noch unberechenbarer und unergründlicher, doch diese »biotechnische« Falle bedarf einer eigenen Erörterung, die noch unbestimmter und nebulöser ausfallen wird als die von uns ausgelegten informatischen Schlingen irgendeiner Selbstorganisation, deren Pflastersteine vielleicht auch zum Auslegen der irdischen Hölle taugen.

Sprachen und Codes

1. Wenn man über Sprache spricht, muß man sich der Sprache bedienen, die damit zur Metasprache wird (»Metasprache« in bezug auf die Sprache der »elementaren Ebene« heißt soviel wie »Metamathematik« in bezug auf die Mathematik: Sie befindet sich um eine Stufe höher in der Hierarchie, da aber die Sache kompliziert ist, werde ich später darauf eingehen). Doch eine andere Methode des Vorgehens kennen wir nicht und können wir nicht haben. Aus diesem Grund und zugleich auch weil unser gesamtes geistiges Leben sein Fundament in der sprachlichen Fähigkeit des Menschen hat, die sich weder eindeutig formalisieren noch definitorisch »knacken« läßt, handelt es sich bei den folgenden Bemerkungen notwendigerweise um Simplifizierungen. Ich füge noch hinzu, daß die Grundlage für meinen Ansatz zur Behandlung der in der Überschrift genannten Phänomene die Arbeiten des russischen Mathematikers und Probabilisten W. Nalimow sind und hier vor allem sein Buch *Ein probabilistisches Modell der Sprache* (Warschau 1974). Zugleich trage ich allein die Verantwortung für Unzulänglichkeiten in meinen Reflexionen, um so mehr, als ich nicht allen Aspekten der Konzeption Nalimows zustimme.

2. Jede Sprache ist *auch* ein Code, aber nicht jeder Code ist eine Sprache. So gesehen führt der Unterschied zu folgendem Phänomen: Der Code ist die niedrigste Stufe der Signalisierung von Information, also eine, bei der einer bestimmten Zeichenmenge (einem Alphabet) ein anderes Alphabet eindeutig zugeordnet ist (das Morsealphabet ist zum Beispiel ein Code, der der Schrift unseres Alphabets zugeordnet ist). Der »merkwürdigste« Code ist der biologische, also der Code, mit dem die im jeweiligen Zeitabschnitt unveränderliche Gesamtheit der genetischen Information von einer Artengeneration zur nächsten weitergegeben wird. Zum genetischen Code werde ich später ein paar Worte sagen: Zuerst jedoch muß die Skala oder besser das Spektrum aller Sprachen vorgestellt werden, die wir unterscheiden können.

3. Ein Ende auf dieser Skala bilden die »harten« Sprachen, während am anderen Ende sich die »weichen« Sprachen befinden. »Hart« ist eine grundsätzlich kontextfreie Sprache, also eine, die wie typische Programmiersprachen von endlichen Automaten aus einem Set von Befehlen (der *Software*) besteht, durch deren Ausführung Daten verarbeitet werden – und zwar mit Hilfe der *Hardware*, dem Computer. Es ist zwar eine Digression, doch lohnt es sich, hier anzumerken, daß es anders als beim Computer im Gehirn nicht leicht ist, die Hardware von der Software zu unterscheiden. Höchstens kann man sagen, daß das Gehirn eines Neugeborenen zwar erblich vorprogrammiert ist, allerdings sehr »schwach«, überaus allgemein, so daß seine jeweiligen Subsysteme sich durch eine Spezialisierung der Neuronen in den Wirkungen unterscheiden, also in den Reaktionen auf Reize von außen: Das Neugeborene »sieht«, weil seine Sehrinde im Hinterhauptlappen (»Sulcus calcarinus« des Hirns) schon so programmiert ist; es hört, weil die Schläfenzentren seines Hirns schon aufs Hören eingestellt sind (doch heißt das beileibe nicht, daß das Neugeborene wie ein erwachsener Mensch sehen und hören könnte). Die Programmierung des Gehirns erfolgt im Verlauf des Heranwachsens und des Lebens, ist eine Wissensaufnahme, also ein »Dazuprogrammieren« der Neuronen-Hardware. Doch ich wiederhole noch einmal, das Gehirn des Neugeborenen ist kein »unbeschriebenes Blatt«, so wie auch das Gehirn des größten aller Weisen nicht »endgültig programmiert« ist. Der Unterschied, der hier zwischen belebten Gehirnen und Maschinen der Art eines endlichen Automaten besteht, stellt vielleicht das größte Hindernis dar, das von allen überwunden werden muß, die versuchen, künstliche Intelligenz zu schaffen.

4. Vermutlich das größte Mißverständnis der Gegenwart, das sowohl die englische linguistische Philosophie als auch die von ihr deutlich verschiedene Phänomenologie einschließlich der späten Auswüchse dieser Philosophie (Heidegger, Derrida, le Man, Lyotard u. a.) hervorbrachte, war ein vor dem verstehenden Blick dieser Denker verborgener Grund: Ich meine den berühmten Beweis Gödels, den ich hier lediglich im Metaphorischen und völlig verkürzt anführen will. Ein hinreichend reiches System, einschließlich seines Alphabets und seiner Grammatik (also mit seinen endlichen Mengen an Zeichen und Transformationsregeln), ist unvollständig. Das bedeutet, daß sich für jedes derartige System (dazu gehört die Mathematik, und in seiner berühmten ersten Arbeit berief sich Gödel auf Russells *Principia mathematica*, um zu zeigen, daß auch sie dem zwingenden Prinzip der Unvollständigkeit unterliegen) wahre Sätze (Behauptungen) finden lassen, deren Wahrheit sich innerhalb jenes Systems und nach dessen Regeln (hergeleitet aus Transformationsregeln) nicht beweisen läßt.

Die den Codes am anderen Ende der Skala gegenüberstehenden Sprachen, die »weichen«, sind durch einen starken semantischen Polymorphismus gekennzeichnet (Semantik ist die Wissenschaft von der Bedeutung, während die Semiotik die Wissenschaft von den Zeichen ist). Das bedeutet eine vielfache Interpretierbarkeit, eine sprachliche Bedeutungsvielfalt und -unterschiedlichkeit der einzelnen Wörter (die aus den Elementen des Alphabets zusammengesetzt sind) und der Idiome. Es geht darum, daß »weiche« Sprachen den von Gödel entdeckten Abgrund umgehen können. Es ist nämlich so, daß wir, um die Richtigkeit einer Behauptung zu beweisen, die in einem bestimmten Zeichensystem (nennen wir es die Nullebene) enthalten ist – eine Behauptung, die sich entsprechend Gödels Beweis *nicht* innerhalb dieses Systems verifizieren läßt –, die nächste Ebene des Systems erklimmen müssen, und erst da sind wir in der Lage, die Aufgabe zu lösen. Solche Ebenenwechsel, durch die die logisch-semantische Hierarchien der Sprachen festgelegt werden, kann man vereinfacht auf folgende Weise zeigen: Wenn ich sage, »ich sehe einen Stuhl«, sage ich zwar in einem allgemeinen Sinne, daß ich ein Möbelstück sehe, aber ich kann nicht sagen: »Ich sehe einen Stuhl und ich sehe ein Möbelstück.« Das würde albern klingen. Doch die Sprache erlaubt uns tausende solcher »Ebenenwechsel«, ohne daß wir uns ihrer bewußt wären (nur die Logiker werden durch Paradoxe wie zum Beispiel die Selbstreflexivität in Verlegenheit gebracht).

Die »weichsten« Sprachen sind entweder voll von inneren Widersprüchen (wie die Sprache des Zen), oder es sind Werke der abstrakten Malerei, da man in ihnen zwar Zeichenelemente erkennen kann, doch das Entdecken und »Lesen« erfolgt subjektiv und nicht, wie im Falle der Sprache, intersubjektiv.

5. Die »normale« ethnische Sprache, deren wir uns bedienen, kommt mit der Gödelschen Schwierigkeit gut zurecht, ohne sich um das Hin- und Herschaukeln zwischen den logisch-semantischen Ebenen zu scheren. Das liegt an dem Platz, den sie auf unserer Skala einnimmt. Es handelt sich um den Mittelstreifen: Dort genau hat die Sprache ihren Platz, da sie hinreichend hart im Code ist, so daß eine Verständigung möglich ist, und zugleich hinreichend »weich«, so daß man ihre Texte mitsamt den verschiedenen Abweichungen verstehen kann. Das bewahrt vor dem Fall in den »Gödelschen Abgrund«. Ich habe »Abgrund« gesagt, weil eine allen Reichtums an Vieldeutigkeit und Interpretierbarkeit entledigte Sprache, in der der Sinn kontextunabhängig ist, also in einer »monomorphischen« Sprache (in der jedes Wort genau eine Sache bezeichnet), in ihrem Wörterumfang unglaublich aufgebläht wäre: Sie wäre eine wahrhaft babylonische Enzyklopädie – doch eine solche Sprache ließe sich nicht verwenden. Denn jeder Versuch, unvollständige Zeichensysteme definitiv »abzuschließen«, führt zu einem *regressus ad infinitum*. Gerade weil unsere Sprache gewissermaßen »verwaschen« empfangen wird und Texte um so stärker von einer durch den Empfänger differenzierten »Aureole« umgeben sind, je länger sie sind, tappt sie nicht in die Gödelsche Falle. Sie entzieht sich ihr durch ihre Elastizität und Geschmeidigkeit, kurz gesagt, weil sie metaphorisch ist und *ad hoc* Metaphern bilden kann. Wie macht das die Sprache? Wenn ich sage: »Der Mann sieht die Frau durch das Androsteron-Hormon«, versteht mich jeder, der weiß, daß dies das männliche Hormon ist, das bei den Männchen die sexuelle Orientierung bestimmt, obwohl es wörtlich genommen blanker Unsinn ist, denn ein Hormon hat weder Gestell noch Brillengläser. Metaphern unterschiedlicher Bedeutungsamplituden finden wir überall: Auch in der

Sprache der theoretischen Physik, der Kosmologie, der Evolutionsbiologie und nicht zuletzt in der Mathematik. Der Trend in den Naturwissenschaften, etwas mathematisch auszudrücken, ist die Folge der ständigen Bemühung, das Übermaß der sprachlichen Metaphorik zu reduzieren. Wenn es davon zuviel gibt, wird die Sprache schnell zur Poesie und damit als Kommunikationsinstrument schließlich so ungeeignet wie die Bilder abstrakter Maler. Da man solche Bilder sehr unterschiedlich »lesen« kann und jeder Betrachter sie auf seine Weise verstehen kann (ohne im übrigen zu wissen, daß auf sein ästhetisches Empfinden immer auch der Versuch, in dem Bild ein bestimmtes »Kommunikat« zu entdecken, einwirkt), besteht selbst unter Kennern keine Einigkeit, wenn es um die Bedeutung des Bilds geht, während die Bilder der Naturalisten im Grunde genommen keine »weichen« Zeichensysteme sind. Sie sind eher so etwas wie ganzheitliche Symbole (doch kann ich auf diese ziemlich strittige Frage hier nicht weiter eingehen). Wer eine normale ethnische Sprache gebraucht, bekommt, solange er lernt, sich dieser Sprache zu bedienen, gewissermaßen »umsonst« eine Strategie zur Vermeidung des Gödelschen Abgrunds. Die Vielfältigkeit, Menge und Qualität der Metaphern sind in der Regel in der Umgangssprache kleiner als in der Literatur; am meisten Metaphern, die eine »fast beliebige Dehnbarkeit« bedeuten, eine subjektive Ausweitung und ganz unterschiedlich und vielfältig verstanden werden können, finden wir in der Lyrik. Wenn ein Gedicht zum Beispiel (wie bei Leśmian in *Herr Glänzerich*) mit »Dem Garten träumte« beginnt, dann haben wir es bereits mit einer mehrfach interpretierbaren Metapher zu tun; wer aber der Antiwörtlichkeit eines so elementaren Prädikats nicht zustimmt, der eignet sich nicht als Leser der (Leśmianschen) Dichtung. Auf der Nullebene der Sprache hätte er allerdings recht, denn »Gärten träumen nicht«, weil sie nicht träumen können. Die »Farbigkeit« beredter Ausdrucksweise ist in hohem Maße von der Fähigkeit abhängig, *ad hoc* originelle Metaphern zu produzieren, die vom Rezipienten verstanden werden, und zwar solche, die »frisch« sind. (Heute so gerühmte Autoren wie Buczkowski und Parnicki »würzten« ihre Texte mit einem derartigen Übermaß an Metaphorik, daß sich die dadurch entstandenen Texte einem einheitlichen Verständnis aufs heftigste widersetzen: Der durchschnittliche Leser hat es nicht gern, wenn ihn der Autor mit seinem Text in die Irre und auf Abwege führt, die in den Augen des kundigen Liebhabers von Metaphern doch gerade die Juwelen der Prosa sind.)

6. Bereits in den fünfziger Jahren versuchte Noam Chomsky die Grundlagen der Sprache mathematisch-formal zu beschreiben und suchte die sogenannte generative Grammatik, die alle Sprachen der Menschen (und davon gibt es ungeführ 4 000 auf der Erde; einige sind so gut wie tot) besitzen. Er unterschied dabei Tiefen- und Oberflächenstruktur der Sprache, und obschon seine Grammatiken Textsysteme generieren können und die Hoffnung weckten, daß der Sprung zu algorithmischen Sprachen der Maschinenübersetzung Wirklichkeit werden könnte, blieben die Arbeiten im Sande stecken: Maschinenübersetzungen sind weiterhin höchst unvollkommen. Wenn man sich die Sache aber genauer anschaut, läßt sich zeigen, daß wörtlich eindeutige Übersetzungen aus einer (ethnischen) Sprache in eine andere Sprache bei der Annahme eines vollständigen Sinnerhalts nicht möglich sind. Eher müßte man sagen, daß der Übersetzer den Text einer Sprache mit Hilfe einer zweiten interpretiert. In der Mathematik, deren Metaphorik, besonders in der reinen Mathematik, stark eingeschränkt ist, erreichen zwei Mathematiker, die dieselbe Aufgabe unabhängig voneinander lösen, leicht und oft dieselbe Beweisführung, während es praktisch unmöglich ist, daß zwei Texte des *Hamlet* unabhängig voneinander so übersetzt werden, daß sie sich bis aufs Jota gleichen würden. Bildlich (metaphorisch) gesprochen heißt das, das Original bildet den zentralen Punkt einer Wurfscheibe, während die einzelnen Übersetzungen die Treffer sind, die sich nur asymptotisch jenem Zentrum nähern können: Hundertprozentig deckungsgleich mit ihm können sie nicht sein. Ich darf hier ein ganz zeitgenössisches Beispiel der vollkommenen Unübersetzbarkeit eines Texts aus dem Polnischen ins Französische anführen. In einem Werk von Sławomir Mrożek heißt es: »Die Schnecke ist ein Tierchen, das sich seinen Lebensunterhalt dadurch verdient, daß es seine Fühler ausstreckt, im Gegenzug erhält es eine bestimmte Menge Käse, aus dem es Piroggen macht.« Dieser Satz läßt sich wörtlich ins Französische übersetzen, doch wird er überhaupt nicht den für den Polen typischen humoristischen Aspekt haben, weil die Franzosen den entsprechenden Kindervers nicht kennen (»Schnecke, Schnecke, streck deine Fühler raus, ich geb dir Käse für Piroggen«). Der Vers ist gewissermaßen die »Tiefenstruktur« des semantischen Bezugs in dem Scherz von Mrożek. Diesen tieferen semantischen Gehalt (die Spannung, die das Lachen hervorruft, entsteht zwischen den Ebenen) kann auch ein genialer Übersetzer nicht in eine fremde Sprache übertragen. Lyrik läßt sich grob gesprochen in übersetzbare und unübersetzbare teilen. Auch wenn es manchmal vorkommt, daß die Übersetzung wertvoller ist als das Original, so passiert es doch über die Maßen selten. Wenn wir denn unsere Spekulationen und Erörterungen auf die große Menge konkreter translatorischer Dilemmata und Beispiele ausdehnen, verstehen wir am Ende, warum Computerübersetzungen von sprachlichen Texten immer noch eine solche Beschränktheit und Fehlerhaftigkeit aufweisen. In der Wissenschaft ist sie geringer als in der Belletristik, Übersetzungen von Lyrik dagegen sind für Maschinen eine noch viel härtere Nuß.

7. Die Verteilung der Bedeutung einzelner Wörter, Idiome, Wendungen und Phrasen einer konkreten Sprache ist bei verschiedenen Menschen desselben Sprachkreises sehr unterschiedlich repräsentiert. (Wenn man diesen Satz unter dem Aspekt einer strengen Jagd auf Metaphern betrachtet, entdeckt man, daß »Kreis« viele verschiedene Bedeutungen haben kann, ähnlich wie »Verteilung«). Allgemein läßt sich sagen, daß Synonyme im Grunde nicht dasselbe Denotat bezeichnen, weil sie innerhalb der Grenzen ihrer Bedeutungen durch die Kontexte, in denen sie vorkommen, bestimmt werden. Aber das war nur eine Bemerkung »so nebenher«. Mit der Hauptsache des »probabilistischen Sprachmodells« im Werk von Nalimow habe ich mich hier nicht befaßt, denn wenn es unserer Aufmerksamkeit auch wert wäre, so bedarf diese Frage doch einer längeren Abhandlung, für die zuförderst die sogenannte (statistische) Bayes-Formel eingeführt werden müßte. Meine Bemerkungen sollten sich darauf beschränken, zu zeigen, daß die Metaphorik einer ethnischen Sprache sowohl zum Nutzen eingesetzt als auch zum Schaden der Kommunikation mißbraucht werden kann. Die Lyrik ist ein Gebiet, das sich teilweise mit der Philosophie eines bestimmten Typs überschneidet, zum Beispiel mit der Philosophie der existentiellen Verzweiflung, mit Eigenschaften einer Sprache, die als die »Muttersprache« des Philosophen bezeichnet werden kann (Heidegger, aber auch Hegel müssen hier genannt werden). Es kommt zugleich zu einem gewissen sophistischen Dünkel von Autoren wie Heidegger, der seine Philosophie für eine (fast) direkte Fortsetzung der altgriechischen hielt. Seine Sprache ist metaphorisch überladen und voller Neologismen, die von deutschsprachigen Personen noch am ehesten verstanden werden können; dagegen hatten zum Beispiel die Franzosen mit der Übersetzung Heideggers ihre Probleme, und auch Derrida überdehnte einige lexikographische Sehnen und Gelenke im Französischen. Damit wiederum hatten die polnischen Übersetzer ihre liebe Not.

Da ich mich in meinen Bemerkungen bisher jeglicher Werturteile, insbesondere abwertender Urteile, enthalten habe, füge ich hinzu, daß meiner Meinung nach bei der heute immer stärker werdenen Globalisierungstendenz jeder Text es um so mehr wert ist, »exportiert« zu werden, das heißt außerhalb des jeweiligen Verbreitungsgebiets der Sprache verstanden und akzeptiert zu werden, je wirkungsvoller er übersetzt werden kann. Sowohl bei der neuen Lyrik wie der extrem phänomenologischen Philosophie sieht es mit Übersetzungen schlecht aus. Doch ob nun Original eines kohärenten und zugleich semantisch tiefen Textes oder ob dessen gelungene Übersetzung, so stellen sie ähnliche Anforderungen an den Leser: Es kommt vor, daß er über wahrhaft enzyklopädisches Wissen verfügen muß und ebenso über eine höchst ausgeprägte emotionale Aufnahmefähigkeit, um den jeweiligen Text in seiner ganzen »Tiefe« zu lesen und »optimal« zu verstehen. Am leichtesten läßt sich jene metaphorische »Tiefe« (leider) verfälschend durch einfache Vernebelung imitieren, durch eine hypostatische Phraseologie, von der es – besonders bei den treuen Nachahmern und Schülern Derridas – nur so wimmelt. Dasselbe gilt sowohl für den Wahnsinn der zeitgenössischen Plastik wie der zeitgenössischen Lyrik, deren schwere Aufgeblasenheit häufig nur dazu dient, bei den (nur mehr wenigen) Rezipienten Anstoß zu erregen. Man muß sich zugleich klarmachen, daß sowohl musikalische Werke wie selbst Tänze, die aus einer bestimmten Abfolge von Figuren bestehen, als besonders »weiche« Sprachen angesehen werden können. Das gilt sogar für die Mode, ihre Änderungen (dabei handelt es sich um semiotische Änderungen) und das Fehlen derselben, was ja ebenfalls zu einer Mode werden kann. Zum Beispiel sind Veränderungen, die darin bestehen, daß die Kleidung wie beim Striptease abgelegt wird, so etwas wie die Allusion einer Einleitung – wie bei einer Ouvertüre in der Musik. Schließlich läßt sich anfügen, daß eine übermäßig »harte« Sprache, die jeder metaphorischen Geschmeidigkeit beraubt ist, eine Abweichung von der linguistischen Norm darstellt, während eine übermäßige »Weichheit« sogar zur Schizophrenie führen kann: Denn hier kommt es zur Anwendung von solchen »Metaphern«, die außer dem Schizophrenen niemand mehr versteht.

8. Was folgt aus obigen, geradezu übertrieben lapidaren Beobachtungen? Es folgt daraus die Universalität von Sprache für alle geistigen Tätigkeiten der Menschen. Ohne Sprache gäbe es weder ein Selbstbewußtsein noch jede Menge für uns typischer Handlungen und Tätigkeiten, einschließlich der Kunst. Am wenigsten ist die nur von den Muskeln ausgeführte Aktivität von linguistischen Einflüssen abhängig, gewissermaßen unser »tierisches Erbe«, denn den Tieren ist die Sprache fremd: Sie können sich nur einer einfachen Signalisierung bedienen (wie Bienen oder Vögel). Zum Ende des Jahrhunderts verschaffte sich ein Atavismus Gehör, der paradoxerweise durch die visuellen Medien (insbesondere das Fernsehen) verstärkt wurde. Im Fernsehen nehmen auf der ganzen Welt diejenigen Tätigkeiten des Menschen den Löwenanteil im Programm ein, die nicht so sehr dem Gehirn als vielmehr dem Kleinhirn *(Cerebellum)* unterliegen. Ob es sich dabei um Sport in all seinen Varianten handelt – Pferderennen oder Athletikwettkämpfe, Boxen, Tennis, Fußball, Tanzturniere oder Bodybuilding Shows, Gymnastik oder akrobatische Vorführungen – um Taschenspielertricks oder Karate, sie alle bilden ein Set, das ganz stark der Regulierung, Synchronisierung und Kontrolle durch das Kleinhirn unterliegt, und zwar aufgrund der ungeheuren Bewegungsfreiheit, über die der menschliche Körper verfügt. Nur auf diesem funktionalen Gebiet kommen uns die Tiere gleich, denn alle höheren Lebenwesen (wie die Säuger) haben ein Kleinhirn. In der Koordinierung der Dynamik und Kinematik des Körpers stehen eine Robbe oder ein Affe dem Menschen in nichts nach. Man könnte folglich die Feststellung wagen, daß die ausgeprägte »Sprachlosigkeit« der Schaustellungen in den Medien eine Art Abkehr von den höchsten Funktionen des zentralen Nervensystems ist, von der »neuen Großhirnrinde«, des *Neocortex*. Ob es sich hier um die Resultante einer bereits jetzt schon verstärkten demographischen Explosion und der Kreuzung einer wachsenden Permissivität mit Technologien »maximal erleichterter Erfüllungen von Verlangen« handelt, wage ich nicht zu behaupten. In jedem Falle gibt dieser Trend, bei dem wir ungewollt den Maschinen sogar die zivilisatorisch wachsende Mühe des Denkens überlassen, zu denken ...

Dies abschließend und gewissermaßen als Mahnung gesprochen: eine halb metaphorische Folgerung aus den vorangehenden fragmentarischen Anmerkungen.

Brainchips

Unsaubere Schnittstelle Mensch/Maschine

Einleitung

1. In zwei nichtbelletristischen Büchern – es handelt sich um die in den frühen fünfziger Jahren verfaßten *Dialoge* und die Anfang der sechziger Jahre entstandene *Summa technologiae* – habe ich in einer kühnen, für die damalige Zeit sehr weit in eine mögliche Zukunft vorauseilenden Weise brutale Eingriffe in die normalen Funktionen des menschlichen Gehirns beschrieben. In den *Dialogen* sah ich die Grenzen solcher Eingriffe in der vorstellbaren Möglichkeit, integrale Funktionen des Gehirns (schrittweise) in eine »Prothese« zu verlegen, die als ein elektronisches Netz sui generis gedacht war. Es ging darum, die gesamte funktional-morphologische Struktur des Gehirns irgendwie in ein Artefakt zu »verpflanzen«. Dadurch, schrieb ich, würde es möglich sein, die bewußte, personale und folglich menschliche Existenz selbst noch posthum fortzusetzen (in den *Dialogen* bezeichnete ich diese Möglichkeit als »ewiges Leben im Kasten«). Mit den technischen Fragen habe ich mich damals nicht befaßt, und die ethischen und rechtlichen Aspekte dieses Vorhabens habe ich ganz und gar übergangen.

Dies gilt mehr oder weniger auch für die *Summa technologiae*, wo ich mich in dem Kapitel über die »Cerebromatik« neben anderen Dingen mit der Relativierung des Persönlichkeitsbegriffs auseinandersetze. Die eventuell vollzogene »Verpflanzung« des Bewußtseins einer Person X in eine elektrische (oder chemoelektrische oder biochemoelektrische) Prothese und die anschließende »Ersetzung« des Opfers durch sein (vielleicht sogar vollkommenes) »Simulat« könnte man – das darf ich hier ohne frivole Absicht anmerken – durchaus als Mord (beziehungsweise als Totschlag) bezeichnen. Wenn wir schon bei solchen Überlegungen sind und sie in juristischfiktionaler Hinsicht weiterspinnen, könnte man sagen, daß ein

Angeklagter, dem man diese Tat zur Last legen würde, sich mit dem Beweis verteidigen könnte, daß die »prothetisierte Person« (das heißt ihr »normal funktionierender« Verstand) identisch wäre mit der Person, die nach dieser Operation (möglicherweise) ihr Leben verloren hätte oder zumindest infolge dieser Operation erhebliche Ausfallerscheinungen (der Hirnfunktion) zeigen würde. Nun habe ich im ersten Kapitel der *Dialoge* auch zu beweisen versucht, daß die »Wiederholung« eines Menschen durch ein vollkommen perfektes Kopieren (seiner molekularen Zusammensetzung aus Atomen) zu Widersprüchen führt, die den Versuch einer »Wiederauferstehung« vergeblich erscheinen lassen (der Simulierte und aus Atomen Wiederbelebte [recreatio ex atomis modo nonalgorithmico] wäre ja nicht das Original, sondern eine Kopie), der Kopierte würde also im Falle seines Todes »nichts davon haben«, daß die Kopie ihn vollkommen ersetzt; da es bisher niemandem gelungen ist, die Logik dieser meiner Argumentation zu erschüttern, könnte mein Beweis umgekehrt der Anklage des Operateurs zugrunde gelegt werden. Wenn von zwei eineiigen Zwillingen, die obendrein durch ihre Erziehung nahezu identisch sind, einer getötet wird, kann man ja auch nicht behaupten, daß der andere, der noch lebt, diesen vollkommen ersetze, so daß beim Mörder des ersten Zwillings von einem Verbrechen gar nicht die Rede sein, der Mörder daher gar nicht für seine abscheuliche Tat belangt werden könne.

2. Vor vierzig Jahren, als ich die genannten Bücher schrieb, steckten die Kybernetik und die Informationstheorie noch in den Kinderschuhen, und bei derart weit in die Zukunft reichenden Extrapolationen dachte man im Grunde weder an Strafprozesse noch an ethische Vorbehalte; für den Leser handelte es sich einfach um eine Phantasie, die man ebensowenig wie einen Traum sinnvoll darauf hin untersuchen kann, ob sie mit der geltenden moralischen Ordnung und den gesetzlichen Vorschriften übereinstimmt. Weder für seine Träume noch für meine (hier kurz angedeuteten) Hypothesen kann folglich jemand strafrechtlich zur Verantwortung gezogen werden.

Nach fast einem halben Jahrhundert hat sich die Situation jedoch ganz beträchtlich geändert, denn die in der Biologie führenden Biotechniken befinden sich in der »Phase der ersten Erkundung für den Angriff« auch auf den menschlichen Organismus. Die kühnen und eitlen Träume beginnen, einen vom Menschen bisher nicht betretenen Brückenkopf für Handlungen zu bilden, die nicht mehr bloß abstrakt vorstellbar, sondern real möglich geworden sind. Die in meinen alten Texten entfaltete Situation muß daher in einem anderen Licht betrachtet und eventuell einer neuen Bewertung unterzogen werden. Deshalb möchte ich hier ein wenig auf sie eingehen.

Vorbemerkungen

1. Zwar wurde ich, als die beiden genannten Titel erschienen, ignoriert, doch stand ich insofern nicht allein, als ich den Erkenntnisoptimismus teilte, der in die Kybernetik investiert wurde, als die *computer science* noch in den Windeln steckte und die heute so fundamentale Unterscheidung zwischen Hardware und Software sich gerade erst abzeichnete. Die Hoffnungen, daß man rasch den »Königsweg« zur Künstlichen Intelligenz finden werde, erfüllten sich nicht. Nicht nur, daß die Evolution der Gehirne lebender Organismen sich eindeutig von der Evolution von »Elektronengehirnen« unterscheidet – beide schlagen auch ganz verschiedene Wege ein. Vielleicht werden sie sich aber irgendwann wieder treffen. Es geht mir darum, daß wir die letzten Relikte der Natur in einer immer mehr »verkünstelten« Umwelt sind und die von uns geschaffenen technischen Instrumente sich gegen uns kehren, nicht nur als Waffen, sondern auch als Hilfsmittel: So gibt es schon Zweige der Mathematik, die ohne Computerunterstützung gar nicht hätten entstehen können. Doch die Zusammenarbeit der in die Zivilisation eingeführten Computer und ihrer Netze einschließlich der geplanten »Datenautobahn« (über die ich mich an anderer Stelle mit erheblicher Skepsis geäußert habe) sowie das exponentielle Wachstum des »Cyberspace«, über den ich unter den Rubriken »Phantomologie« und

»Phantomatik« in der *Summa technologiae* geschrieben habe – das alles stellt noch *nicht* die Vorstufe zum Vordringen lebloser Informationsprozessoren in unser Gehirn dar.

2. Was das Eindringen technischer Erzeugnisse in das Gehirn angeht, so sehe ich zwei unterschiedliche Wege, die sich irgendwann wie zwei konvergente Strömungen treffen mögen, doch wird sich vorläufig wohl nur der realisieren lassen, den ich als ersten erwähne:

(1) Der Weg der chemischen beziehungsweise biochemischen Einwirkung. Die betreffenden Substanzen sprechen zunächst einen sehr breiten Adressenbereich an, das heißt, sie aktivieren sowohl jene Hirnzentren (und/oder verändern deren Aktivität), die wir steuern wollen, als auch jene, die durch Nebenwirkungen betroffen sind. Man beginnt gerade erst, den Adressenbereich einzuengen oder zu fokussieren, doch muß ich diesen (mittlerweile ausgedehnten) Forschungszweig übergehen, denn mein Thema sind Chips für das Gehirn, nicht aber zielgerichtet eingesetzte Amine und Hormone (einige sind angeblich in der Lage, die Persönlichkeit und den Charakter des Menschen zu verändern, und erinnern somit an Elemente der psychemischen *Psyvilisation* aus meinem *Futurologischen Kongreß*). Für den chemischen Weg spricht, daß seine Effekte umkehrbar sein sollten: Die Zeit, in der sich die aktive Wirkung molekularer Verbindungen erhält, ist nicht sehr lang, da sie im Organismus durch den Stoffwechsel abgebaut werden. (In seltenen Fällen können sie jedoch Psychosen hervorrufen, zum Beispiel das LSD.)

(2) Was uns zu beschäftigen hat, ist der Weg der Verbindung zwischen Gehirn und nichtchemischem Artefakt, also einem informationsverarbeitenden Prozessor, der an die Neuronenschaltungen des Gehirns angeschlossen wird. (Möglich sind auch Biochips, über die man bereits schreibt, obwohl es sie noch gar nicht gibt.) Während chemische Verbindungen eher analog wirken, sollen Chips eher numerisch (digital) arbeiten. Dabei muß man aber, worauf schon John von Neumann hinwies, auf eine rein kombinatorische, logische, rekursive, algorithmisch untadelige Methode der Informationsverarbeitung

verzichten, die ihre abstrakte Verallgemeinerung in der allgemeinen Theorie der endlichen Automaten findet, während sie ihr »Urtierchen«, ihre »Keimzelle« in der einfachsten Turing-Maschine hat. Der damals schon zum Beispiel von McKay vorgeschlagene Weg der Neuronennetze (den ich ebenfalls in den *Dialogen* behandelt habe) scheint dagegen zu ernsteren Hoffnungen zu berechtigen, denn er verheddert sich nicht in der praktisch schwer handhabbaren logischen Tiefe (von iterativen Operationen, auch wenn man sie beliebig bis zu den Grenzen beschleunigt, die von den Gesetzen der Quantenphysik und von der Lichtgeschwindigkeit gezogen werden). Leider ist dieser Weg mathematisch sehr »unbequem« und damit für eventuelle Programmierer (und die Konstrukteure der Hardware) »holprig«.

(3) Es scheint sich als ein Glück im (oben beschriebenen) Unglück zu erweisen, daß wir einstweilen noch nicht über »Hirnchips« verfügen. Damit befinden wir uns ungefähr in der Situation von Leonardo da Vinci, der uns in seinem Werk Zeichnungen von »Helikoptern« hinterlassen hat, die sich mit Schrauben senkrecht in die Atmosphäre »hineinschrauben« – der Weg von diesem Konzept bis zu einem realen Hubschrauber stellte sich dann doch als sehr lang heraus. Gewiß ist den Konstrukteuren und Monteuren etwas von Leonardos Idee geblieben, doch selbst dieses Etwas können wir, was die »Brainchips« angeht, heute nicht sicher sein. Ich kann, um diese Vorbemerkungen abzuschließen, nur Folgendes sagen: Auf meinem Schreibtisch liegt das 1993 erschienene, allgemeinverständlich geschriebene Werk *How the Computer Works* von Ron White, dem ich entnehme, daß wir sehr gut wissen, wie ein Computer funktioniert, weil wir ihn selbst konstruiert haben, so daß wir ihn bei entsprechender Ausbildung zusammensetzen und auseinandernehmen können, und wenn wir einen anderen Computer oder einen kompatiblen »Zwischenträger« haben, können wir die Information von Hardware und Software ganz oder teilweise ungeschmälert (gegebenenfalls sogar einschließlich der Viren des ersten Computers) auf ein zweites Exemplar übertragen. Insofern sind Computer »unsterblich«, »kopierbar«, besitzen sie keine

»personale« Einmaligkeit; wenn man will, könnte man also sagen, daß sie bloß »alles wissen« (das heißt, daß sie brauchbare Information geladen haben), aber von dem, was sie geladen haben, »nichts verstehen« , auch wenn es Programme gibt – angefangen mit Joseph Weizenbaums ELIZA –, die gar nicht so schlecht einen menschlichen Gesprächspartner vortäuschen. Wir wissen also, daß der Turing-Test von einem Computer mit entsprechender Rechenkapazität im Prinzip »geknackt« und der menschliche Gesprächspartner getäuscht werden kann (wenn er glaubt, er habe es mit einem Menschen zu tun), was allerdings von zwei Bedingungen abhängt: der Leistungsfähigkeit des Computers (des Programms) und der Intelligenz des menschlichen Gesprächspartners. Und so, wie im Wettlauf der Schachprogramme am Ende die »rohe Kraft«, die »nichts kapiert«, selbst einen Kasparow besiegen wird, so wird auch der Turing-Test geknackt werden. Woraus aber im Guten wie im Bösen für die Intervention von Chips in das Gehirn leider (zum Glück?) nichts folgt.

Der Weg ins Gehirn

1. Über den funktionalen Aufbau unseres Gehirns wissen wir mittlerweile einerseits sehr viel, andererseits sehr wenig. Wer einen Computer auseinandergenommen hat und dann einen funktional gleichartigen (oder ähnlichen) Computer zu bauen vermag, besitzt schon erhebliches Wissen. Hingegen kann keine Rede davon sein, daß ein noch so tüchtiges Team von Neuroexperten Konstrukteure anzuleiten vermöchte, ein Modell des Gehirns zu schaffen, etwa in der Weise, daß ein Unterteam aus Leiterelementen den Hirnstamm konstruiert, ein anderes den Hypothalamus, das nächste den Thalamus, wieder ein anderes das limbische System, bis schließlich zwei parallele Teams zwei horizontal (über ein Pseudocorpus callosum, einen großen Balken) kommunikationsfähige übergeordnete Aggregate zusammenbaut, entsprechend den beiden Großhirnhemisphären mit ihrer mehrschichtigen grauen Substanz (der alten und neuen Rinde, dem Paläo- und Neokortex) und der Riesenmasse kurzer und langer interneuronaler Verknüpfungen. Freilich entstünde, selbst wenn sich ein solches, heute undurchführbares Projekt realisieren ließe, sofort die Notwendigkeit, ein Modell des Körpers an diese Konstruktion anzuschließen, denn ohne ständigen Zu- und Abfluß von Impulsen – vom Sensorium des Körpers zum Gehirn und vom Gehirn zum Körper – würden wir ein verstümmeltes Gebilde erhalten. Aber das ist heue ohnehin Utopie, und insofern wissen wir im Grunde wenig über das Gehirn. Daran ändert auch die Tatsache nichts, daß wir dank vielfältiger Eingriffe zumindest seine grundlegenden Funktionen kennen, die auf verschiedenen »Ebenen« angesiedelt sind. Das ist, nebenbei gesagt, ein Resultat der Puzzlearbeit der Evolution, die imstande ist, innerhalb einer phylogenetischen Reihe die halbwegs erhaltenen Strukturen früherer Epochen zu übernehmen und halbwegs entstehende Strukturen an diese anzupassen: Für die invasive Informationstechnik der »Cerebromatiker« ist dieses Wissen noch immer unzureichend. Die Verteilung auf unterschiedliche »Ebenen« ist – nicht nur in meinen Augen – ein Resultat der typischen millionenjährigen Arbeitsweise der Evolution, die das, was sie tut, vornehmlich in kleinen Schritten tut, und wenn sie einmal, wie beim exponentiellen, vom Bewußtsein gekrönten Schub der Anthropogenese, in Schwung kommt, dann entsteht im Althirn (Paläopallium), genauer gesagt, in seinen einzelnen Schichten, ein System antagonistischer Regulatoren, ein konfliktreiches System, dessen vertracktes Gleichgewicht wegen des Antagonismus zwischen den einzelnen Zentren derart labil ist, daß es keine Art gibt, die im gleichen Maße wie der Mensch von Dysfunktionen des Nervensystems bedroht ist. Schon aus diesem Grund würde man sich gleichgewichtsfördernde Interventionen wünschen, deren Auswirkungen aber, von ethischen Einwänden einmal abgesehen, ungeheuer riskant sind. Wir haben allzu viele einander widersprechende Hypothesen darüber, wie das Gehirn funktioniert, was Bewußtsein ist, wozu der Schlaf dient oder warum die natürliche Auslese sich nur so geringfügig auf die Intelligenz auswirkt (ein großer polnischer Künstler hat einmal gesagt, daß der geistige Abstand zwischen dem Bauern und der Kuh geringer sei als der zwischen dem Bauern und ihm selbst – eine boshafte Übertreibung, doch die Streuung der Intelligenz bleibt, wie alle anderen Fragen, mit denen Psychiater, Psychologen und Neurologen sich herumplagen, ein Problem: in dieser Fächeraufspaltung spiegelt sich auch unsere Unwissenheit im Hinblick auf das Gehirn wider).

2. Es ist mir bewußt, daß ich nichts anderes ausspreche als das, was für jeden Fachmann, angefangen vom Landarzt, elementare Tatsachen sind. Man sollte sich aber doch vor Augen halten, was ein genialer Buschmann auszurichten vermag, wenn er darangeht, ein defektes Auto zu reparieren oder ein durchaus funktionstüchtiges Auto zu »perfektionieren«. Es geht darum, ein paar einfache Fragen zu beantworten, und zwar:

(1) *Wozu* sollen wir das Gehirn anschneiden (es sollen ja »Schnittstellen« entstehen, und dazu noch »unsaubere«)?

(2) *Wie* und *wo* sollen wir diese Invasion in das lebende Gehirn vornehmen? (Ich frage nicht, *wer* die Operateure dazu ermächtigt, und ich klage niemanden an; die Lobotomie beziehungsweise Lobektomie wird ja seit Jahr und Tag durchgeführt, und bei Epileptikern – mit Jackson-Syndrom, aber nicht nur bei diesen – führt man die nicht minder brutale Kallosotomie [Splitbrain-Operation, Durchtrennung des großen Balkens, des Corpus callosum zwischen den beiden Hemisphären] bis heute durch.)

(3) *Was* können wir erwarten (was dürfen wir uns erhoffen) von einem eventuellen Anschluß von »Chips«, über deren Konstruktion wir nichts wissen, an das Gehirn?

(4) Kann so etwas wie eine Reparatur zustande kommen, also ein »maschineller« Ersatz für Funktionen (Syndrome), die beschädigt wurden (durch Tumoren, Verletzungen, Verluste, erblich bedingte Mängel wie das Wilson – oder das Down-Syndrom, den Kretinismus usw.)?

(5) Ist es möglich, Leitungen im Bereich des Rückenmarks (etwa post quadriplegiam, unterhalb der Vierhügelplatte) zu rekonstruieren?

(6) Wäre es – auch wenn das nicht hierher gehört – vielleicht möglich, die *regenerative* Potenz nachzubilden? (Falls ja, dann

wird dies meines Erachtens entweder durch Gentechniken oder – bei einem bereits geborenen oder gar ausgereiften Organismus – durch biochemische Intervention erfolgen.)

(7) Kann hier auf der »maschinellen« Seite die Nanotechnologie eine Rolle spielen? (In der Hirnchirurgie spielt sie bereits in Gestalt von »Robotern« eine Rolle.)

(8) Letzten Endes: Was wollen wir überhaupt im Hinblick auf das Thema des Buches? (Damit wir uns nicht in den von Dr. Mengele ausgefahrenen Gleisen wiederfinden.)

3. Wenn bei einem so labyrinthischen Thema eine Abschweifung statthaft ist: Gödels Beweis (über die Unvollständigkeit formal reicher Systeme) ist in meinen Augen eine kosmische Konstante, vergleichbar der Ladung des Elektrons. Deshalb stützen sich alle »reichen« Übertragungen von – sprachlicher – Information auf eine »uneindeutige semantische Logik« (mit anderen Worten: Keine Sprache läßt sich kontextfrei so streng formalisieren, wie es bei jeder Programmiersprache für Computer möglich ist). Die Anfänge der Sprache waren, wie ich vermute, als eine semantische Syntax und als mehrschichtige Designationsbereiche entstanden. »Attraktoren« für die Entwicklung des Gehirns, nachdem die Evolution das zerebrale Niveau der großen Anthropoiden erreicht hatte (der Beweis dafür könnte dank der n-ten Computergeneration zustande kommen, die imstande sein wird, den Verlauf der Evolution der Gattung zu simulieren, in dem es zu ontogenetisch gebildeten neuronalen Funktionsträgern der Sprache kommt).

Der springende Punkt ist der, daß die ethnische Sprache lediglich ein »oberflächlicher« Übermittler der (in den Sinnesorganen) mehrdeutigen Information ist, da unter ihrer »Oberfläche« Prozesse der »inneren« (stumm gedachten), noch »bewußtgemachten« Sprache ablaufen, während sich »darunter« Prozesse abspielen, die zwar auch der Sprache dienen, aber bereits außerbewußt sind, zum Beispiel Komplexe der verbalen Bereitschaft, Motivationskomplexe, teleologische Komplexe, die mittels der Sprache auf Sinngehalte oder Bedeutungen abzielen, die als übergeordnet betrachtet werden, usw. Die Sprache, die wir benutzen, ist, kurz gesagt, nur die

Spitze des Eisbergs der ihr dienenden Prozesse, und da sie sukzessiv entstand, dank Mutationen, die weiteren Fortschritten den Weg ebneten, diese während der postnatalen Wachstums- und Reifungsphase ermöglichten, kam es auf diesem Wege zum Aufblitzen des Bewußtseins. (Dieses kann nicht »rein sprachlich« sein – es ist immer reicher als die Sprache, aber um sie herum entwickelte es sich, zumindest beim Menschen.) Mit dem Aufbau des Gehirns verhält es sich derart, daß Fortschritte der inner- und außersprachlichen Leistungsfähigkeit entscheidend abhängig waren (a) von der typischen (graduellen) Taktik der Evolution und (b) von der logischen Tiefe der Umgestaltungen des Embryos zum Endprodukt (dem Körper mitsamt Gehirn), wobei diese Taktik noch das ganze Potential des genetischen Bauplans des Organismus zu nutzen vermag. Dieser Weg der Anthropogenese war nicht optimal einfach, sondern eher »slalomartig«, und deshalb ist das Gehirn der Sitz von unzureichend koordinierten Antrieben und Hemmungen; nur uns Ignoranten erscheint das Gehirn als eine vorzügliche Anlage! Den Stillstand (in der letzten Phase des Holozäns geht die Hirnmasse sogar zurück) sehe ich darin begründet, daß die aufeinanderfolgenden Transformationen – von der einen Eizelle zu den zehn Billionen Zellen des Organismus – in der unaufhaltsam anwachsenden Fehlermenge steckengeblieben sind. Die Anzahl der den embryonalen Aufbau steuernden sukzessiven Transformationen kann nicht beliebig hoch sein, denn nach dem Ausspruch von Neumanns (»ein sicheres System aus unsicheren Elementen«) ist sie lediglich eine idealisierende Approximation des realen Zustands. Das System ist nicht vollkommen sicher, die Anzahl der Schritte kann nicht beliebig groß sein, auch deshalb nicht, weil unser Gehirn dadurch entstanden ist, daß neuere Neurogebilde Schichten von Neurogebilden uralter Gattungen überwuchert haben. Schon deshalb stellt es weder ein konstruktives Optimum dar, noch zeugt es von konstrukturaler Sparsamkeit; es ist ebenso redundant wie bedrohlich.

Das Gehirn ist so angepaßt, daß wir in den ökologischen Nischen von vor Jahrmillionen überleben können, und deshalb ist es sinnlos, sich darüber zu ärgern, daß die von solchen

Gehirnen errichtete Zivilisation deren Träger inzwischen bedroht. Erstaunlich ist vielmehr, daß es die Konkurrenz mit den eigenen technischen Schöpfungen und Phantasmen (Mythen, Religionen, Vorurteile usw.) so lange ausgehalten hat, und erstaunlich ist, daß wir gerade in der Zeit zur Welt gekommen sind, in der dieser Marathon seinem ungewissen Ende entgegengeht. In der anthropogenetischen Evolution wird auch eine statistische Komponente deutlich. Teile des Organismus sind nur schwer austauschbar (siehe die Schwierigkeiten bei der Organtransplantation), und an die Schwierigkeiten bei einer eventuellen Transplantation von Teilen des Gehirns ist (abgesehen vom Parkinsonismus) vorläufig gar nicht zu denken. In den menschlichen Technologien herrscht dagegen eine nahezu vollkommene Austauschbarkeit der Teile technischer Aggregate. Die Evolution operiert einfach mit einer verschwenderischen Strategie, die durch die unvermeidliche Langsamkeit der adaptiven Veränderungen gebremst wird, was zwangsläufig zu einer der Schwierigkeiten bei der Einführung von »Brainchips« führen muß. Denn was zu dem einen Gehirn »passen« würde, kann bei allen anderen versagen (für Medizin und Pharmakologie ist es nichts Neues, daß identische Medikamente und Behandlungsprozeduren individuell verschieden anschlagen).

Das Gehirn ist also bei verschiedenen Menschen aus nichtidentischen Komponenten aufgebaut (das Funktionsschema eines Mercedes ist identisch mit dem Schema eines Fiat, aber »das ist nicht dasselbe«, und aus solchen teils kooperierenden, teils miteinander kollidierenden Komponenten ergeben sich die unterschiedlichsten Effekte, von pathologischen bis hin zu »genialisierenden« [sogenannte Genies weisen übrigens oft »nebensächliche« pathologische Symptome auf, zum Beispiel Dyslexie]).

Veränderungen in der Funktionsweise des Gehirns kann der Mensch selbst wahrnehmen, es kann aber auch passieren, daß er sie nicht bemerkt (und das nicht nur in psychiatrischen Fällen oder bei Senilität). Instrumentelle Eingriffe ins Gehirn können geschehen, ohne daß der Operierte und der Operierende bewußt davon Kenntnis nehmen. Es gibt vielfältige und zahlreiche Gebiete der geistigen Diskoordination, was abgesehen von Erbschäden und Verletzungen etwa auf Genuß- und Rauschmitteln beruhen kann.

Verluste an Hirnmasse können dank der Plastizität des Gehirns teilweise durch Restitution und/oder Rehabilitation überwunden werden. Es gibt jedoch nichtlokalisierte Defekte, deren Wirkungen schwer zu diagnostizieren sind. (Die inzwischen aufgegebene Entfernung der Stirnlappen galt einmal als eine Art »Therapie«.) Es kommt auch vor, daß der Ausfall bestimmter Hirnkomplexe die Effizienz anderer »befreit«, steigert (siehe die Debilen, die im Rechnen genial sind, oder die mit einem phänomenalen eidetischen Gedächtnis einhergehenden pathologischen Erscheinungen oder Symptome einer Bewußtseinsspaltung, die einst als »Beweise« für spiritistische und dämonische Phänomene galten). Im Gehirn laufen gleichzeitig viele Prozesse ab, und wenn man sich zu sehr auf eine Aufgabe konzentriert, kann das die Lösung ebenso erschweren wie ein Mangel an Konzentration. Das alles deutet darauf hin, daß es eine universale Technologie für »Brainchips« eher nicht geben wird. Die entscheidende Forderung, die Hippokrates uns gelehrt hat, sollte weiterhin lauten: *primum non nocere*, vor allem nicht zu schaden.

Brainchips II

1. Der Wirkungsbereich soll das Gehirn sein. Es gilt also, zunächst diesen Bereich zu untersuchen, nicht unter dem Aspekt seiner eigenen (autonomen, von der Evolution gegebenen) Funktionen, sondern aus der Perspektive des Eindringens organfremder Elemente in das Gehirn. Vorab müssen einige Dinge präzisiert werden. Solange es keine Biochips gibt, die sich funktional mit Gruppen lebender Neuronen messen können, die also beschädigte oder zerstörte Neuronen (einschließlich ihrer Verknüpfungen) ersetzen können, wird man gewisse Areale des Gehirns nicht antasten dürfen. Zum Beispiel die Sehrinde am Sulcus calcarinus. Schon hier stoßen wir freilich auf eine Schwierigkeit, der wir in fast jeder Hirnregion begegnen. Ist die Sehrinde zerstört, so ist der Mensch in einem bestimmten Sinne vollkommen blind, das heißt, er sieht nichts, aber in einem anderen Sinne sieht er dennoch »irgendwie«, denn er kann Hindernisse meiden oder einen ihm zugeworfenen Ball auffangen. Das liegt am mehrschichtigen Aufbau des Gehirns: Reize, die nicht bis zu den höchsten Projektionszentren gelangen, erreichen dennoch tiefere, die zwar am bewußten Sehen mitwirken, selbst aber kein »sehendes Bewußtsein« entwickeln. Aus dieser Schwierigkeit geraten wir gleich in die nächste, denn das normale Sehen ist auf der höchsten kortikalen Stufe nicht bloß eine Funktion des Sulcus calcarinus: auch die stereognostische Region beider Hemisphären muß beteiligt sein, weil man sonst nur ein Chaos bunter Flecken und ununterscheidbarer Formen »sieht«. Das heißt, daß es keine technogene Prothese (Chip) gibt, die beide Regionen insgesamt ersetzen kann. Denn bei dem allerperfektesten Versuch könnte eine paradoxe Situation entstehen: Nach dem Anschluß an die neuronalen Leiter, die Axone, und nach der experimentell hergestellten Nachbildung der gesamten Afferenz können die künstlichen Neuronen zwar die elektrischen Entladungen der authentischen Neuronen imitieren, aber die Versuchsperson wird dennoch nichts sehen. (Das ist jedenfalls meine Auffassung.)

2. Es gibt im Gehirn noch mehr solcher Regionen. In unserer Zeit eilen die instrumentellen Fortschritte in der Regel der Gesetzgebung voraus. Es entsteht ein *vacuum iuris*, zugleich gilt aber *nullum crimen sine lege*. Die Gesetzgebung muß gleichwohl mit dem Fortschritt zurechtkommen, und so geschah es zum Beispiel auch im Weltraumrecht. Was das Gehirn angeht, wird die Regel *noli tangere* unzweifelhaft für jene Regionen gelten, durch deren Verletzung (nicht unbedingt in der Form, daß sie an Chips angeschlossen werden) erhebliche Persönlichkeitsveränderungen entstehen. Über die Paradoxien, die in diesem Bereich leider graduell entstehen, habe ich unter anderem in der *Summa technologiae* geschrieben, wo ich zeigte, wie Persönlichkeitsveränderungen in Mord übergehen können, wenn eine Persönlichkeit »verschwindet« und (sogar innerhalb desselben Gehirns und ohne Verletzung der Hirnschale) durch eine andere, neugeschaffene ersetzt wird.

3. In Zeiten, in denen der Völkermord zu einem sowohl massenhaften als auch banalen Phänomen geworden ist, in denen »Telekratien« uns sowohl an ihn als auch an die Hilflosigkeit aller Rettungsversuche gewöhnen, ist es natürlich nicht zwingend, daß die obigen Prinzipien, Regeln und Gesetze beachtet werden. In einem totalitären Staat könnte die »Zurichtung« der Bürger zu einem standardisierten Persönlichkeitstyp sogar von der Regierung erlaubt und angeordnet werden. Ich möchte jedoch diese »makabre Soziologie« nicht fortsetzen, sondern mit dem Gesagten lediglich darauf hinweisen, was für ein vermintes Gelände wir selbst mit den redlichsten Intentionen betreten, wenn wir instrumentell in das Gehirn eindringen. Allerdings gibt es einen unseren Aktivitätsdrang dämpfenden Nebeneingang, und er wird aller Wahrscheinlichkeit nach genutzt werden. Man wird Brainchips immerhin nutzen können, um ihre Effekte und ihre Leistungsfähigkeit an höheren Säugern zu untersuchen, zunächst an Affen. Hier ist an Rhesusaffen und Schimpansen zu denken. (Ich gehe darüber hinweg, daß Forscher von Gegnern dieser Vivisektionsmethode ermordet werden.) Ob ein »teilweise cyborgisierter« Schimpanse sieht, wird man an seinem Verhalten ablesen können, doch darüber, was er erlebt, was er empfindet, wird man nicht viel von ihm erfahren. Um den Erfolg von Versuchen mit Biochips zu sichern und zu verhindern, daß die Biotransplantate abgestoßen werden, kann man als Versuchstiere transgene Exemplare verwenden. Wahrscheinlich wird man schon bald transgene Schweine aufziehen, die sich dank der ihnen eingepflanzten menschlichen Gene nicht nur zum Verwursten eignen, sondern auch als Lieferanten von Herzen für die Menschen. Es gibt demnach für Hirnoperationen an transgenen Organismen schon einen ersten experimentellen Präzedenzfall.

4. Ich erwähne nicht all die Hirnregionen, die der Gesetzgeber in leidlich zivilisierten Ländern mit einem Eingriffsverbot belegen wird, doch sind es viele, vermutlich sogar mehr, als ich aufzählen könnte. Post factum, nach dem Eintritt von irreparablen Schäden, wird das Recht sich mit ihren Konsequenzen herumschlagen müssen; dieser Zweig der Prognostik gehört indes nicht zu meinen Aufgaben. Da von den Gesetzgebern angesichts massenhafter Tötungen und »Operationen am Gehirn« durch Kugeln, Granaten und eine Fülle sonstiger Kampfmittel im Krieg und beim »nichtkriegerischen Völkermord« praktisch keiner etwas unternimmt, um diese Dinge vor Gericht zu bringen, kann man freilich nicht wissen, ob die Menschheit nicht über eine computerokratische Tyrannei am Ende die Wege beschreiten wird, die ich mit einem Betretungsverbot versehen habe. Selbstverständlich können die Intentionen derer, die technogene Interventionen in das Gehirn betreiben, auch gediegener Redlichkeit entspringen.

5. Das oben Gesagte sollte nur von einer anderen Seite als bisher zum Thema hinleiten. Das folgende Schema soll die Gesamtheit der Aufgaben in etwa veranschaulichen.

Afferente Bahnen führen zum Gehirn hin, efferente Bahnen gehen von ihm aus. Es sind dies zum einen die Sinnesbahnen (zerebrale Nerven wie der Sehnerv, der Hörnerv usw.) und zum anderen die über das Rückenmark in den ganzen Körper ausstrahlenden Bahnen, doch gibt es keine von Natur aus offenen »Seiteneingänge«, die direkt zum Gehirn führen. Wenn man ein außernatürliches Interface direkt im Gehirn schaffen will, muß man offenbar die Hirnschale trepanieren. Vielleicht wird man derart brutale chirurgische Eingriffe vermeiden können, wenn es dank der Nanotechnologie möglich sein wird, auf radikal miniaturisierte Sonden zurückzugreifen, die trotz entsprechender Biegsamkeit und Elastizität vielleicht dünner als ein Haar sein werden und die man vom Hinterhaupt her in das Foramen occipitale magnum einführt, jene große Öffnung des Schädels, durch die das Rückmark in ihn eintritt. Kurz, von Natur aus haben wir zweierlei zum Gehirn führende Wege: den über die Sinne, der das Gehirn informational mit der Umwelt verbindet, und den über das Mark, der es sowohl informational als auch motorisch (effektorisch) mit der Welt verbindet. Einen dritten, künstlichen Weg muß die informational orientierte Technologie in Gestalt von »Brainchips« bahnen.

6. Über die Prothetisierung der Sinnesperipherie werde ich nichts sagen, da das nicht zum Thema gehört, obwohl es Sinne gibt (zum Beispiel das Sehen), die anatomisch als Teile des Gehirns (Netzhaut) betrachtet werden können. Immerhin gibt es schon Gehörimplantate, die ein zerstörtes Mittelohr, ja sogar das Innenohr ersetzen können, doch das schon Bestehende soll uns hier nicht beschäftigen. Hingegen ist es höchste Zeit, sich mit dem außerzerebralen Aspekt von informationalen Prothesen zu befassen, und da lautet die erste Frage, die man stellen muß: Was wird uns besser helfen – numerische (digitale) oder analoge Chips? Was wird leistungsfähiger sein – die typischen Prozessoren der bestehenden Generation von Computern, die bereits millionenfach in die Zivilisation eingeführt sind, oder Prozessoren mit der Architektur von Neuronennetzen? Neuronennetze, wie sie schon in den fünfziger Jahren von Forschern (wie McCulloch und vielen anderen) erdacht wurden, sind aufgegeben worden, weil die Prototypen (beispielsweise Rosenblatts Perceptron) als potentielle Keimzelle vollkommenerer Netze enttäuschten, doch stellt sich jetzt heraus, was ich mir, nebenbei gesagt, schon vor vierzig Jahren gedacht und worüber ich damals geschrieben habe: Ihr prospektives Potential wird sich noch durch wahrhaft unvergleichliche Leistungsfähigkeit erweisen. Die natürliche Evolution hat nicht nur wegen der für sie typischen »Beschränktheit« der Randbedingungen des Handelns diesen Weg der Netze gewählt.

7. Man sagt, die intellektuelle Tätigkeit des Gehirns spiele sich vornehmlich in der Rinde ab. Ich bin mir dessen nicht sicher, aber nehmen wir an, es sei so. Die Rinde enthält mindestens 1010 Nervenzellen und 1012 Gliazellen. Über den Zweck der Gliazellen ist, von Hypothesen abgesehen, bisher nichts Sicheres bekannt. Wahrscheinlich erfüllen sie nicht nur Stützfunktionen in der Art des Bindegewebes. Schwerlich wird man sich mit der Eventualität anfreunden, daß sie dazu da sind, die Entstehung von Tumoren im Gehirn zu ermöglichen, weil Gliazellen sich vermehren können, eine Voraussetzung für die Bildung von Tumoren, während Nervenzellen sich während der Lebensspanne des Individuums nicht vermehren (teilen). Das menschliche Gehirn enthält durchschnittlich nicht mehr als 1,4mal so viele Zellen wie ein Schimpansengehirn: nur die Zahl der weißen Fasern (also das Netz der Verknüpfungen) ist beim Menschen sehr viel höher, und das ist der Hauptgrund dafür, daß unser Gehirn erheblich größer ist als das eines Affen. Die Arbeitsgeschwindigkeit des Gehirns kann man mit 10 Operationen mal 1015 Synapsen annehmen, weil jedes Neuron Hunderte und Aberhunderte von Verbindungen mit anderen haben kann. 1993 führte der schnellste Computer 1010 Operationen in der Sekunde aus. Netzkonstruktionen haben somit trotz allem eine glänzende Zukunft vor sich, denn sie sind parallel. Es fällt schwer, die inzwischen erprobten Anwendungen von Neuronennetzen alle aufzuzählen. Das Spektrum reicht von Börsenprognosen und medizinischen Forschungen bis zu Anwendungen in der Biologie, und sie scheinen mit der Arbeitsweise des Gehirns am ehesten kompatibel zu sein.

8. Hier muß jedoch leider erneut eine Warnung ausgesprochen werden. Für das »ingenieurmäßige Denken« der Menschen ist das Gehirn des Menschen nämlich »anti-ingenieurmäßig« aufgebaut. Bei den Häusern, die wir bauen, enthält nicht jeder einzelne Ziegelstein den Plan des ganzen Gebäudes, doch gerade so ist jeder vielzellige Organismus aufgebaut. Bei Konstruktionen, die Drücken und Resonanzerscheinungen ausgesetzt sind, wird zwar die Tragfähigkeit und Festigkeit gesichert – im ganzen Bereich des Ingenieursbaus ist Redundanz unverzichtbar –, aber nicht so wie beim Gehirn. Verblüffend ist, was über die Lateralisierung der Tätigkeit der beiden Hemisphären herausgefunden wurde. Außer acht lasse ich Hypothesen, denen zufolge die linke Hemisphäre »eher seriell«, die rechte dagegen »eher parallel« arbeiten soll, denn das sind Ideen, die durch ihre nichtssagende Unbestimmtheit in die Irre führen. Ich meine die Tatsache, daß die Durchtrennung des großen Balkens (aus welchen Krankheitsgründen auch immer), also von rund zweihundert Millionen weißen neuronalen Verbindungsfasern, im Normalverhalten des Operierten verblüffend geringe Folgen hinterläßt. Entstandene Ausfallerscheinungen sind nur durch spezielle Untersuchungen feststellbar! Das scheint Neurochirurgen, die durch Operationen dieses Umfangs Heilwirkungen erzielen wollen, in ihrem Tun zu bestärken, aber andererseits muß es jenen, die Brainchips planen, sehr zu denken geben. Es kann nämlich passieren, daß ein Gehirn, an das eine digitale oder analoge Prothese angeschlossen wurde, nach einiger Zeit beginnt, die typische, normale Überwachung und die typische Steuerung der Verhaltensprozesse zu übernehmen, aber wer kann dann ausschließen, daß es auch ohne eingepflanzte Computerprothese zurechtgekommen wäre? Diese Prothese hat vielleicht genausoviel oder auch weniger ausrichten können als jener Eisenstab, der in einem im vorigen Jahrhundert in der Literatur bekannten Fall in die Augenhöhle eines Mannes eindrang, den Schädelknochen durchstieß und die sub- sowie die supraorbitalen Windungen zerstörte, und doch erwies sich dieser Mensch, obwohl er eine so schreckliche Verletzung erlitten hatte, mit einer freilich etwas veränderten Gemütsverfassung als im Grunde ziemlich normal. Wenn das Gehirn einen in es hineingestoßenen Eisenstab »aushalten« kann, was können wir uns dann von mikroskopischen Artefakten erwarten, die angeblich an die Neuronennetze des Gehirns angeschlossen sind? In den Projektionszonen des Gesichtssinnes und gewiß auch des Gehörs, des Geruchssinnes usw. darf man, wie schon gesagt, nichts unternehmen. Wo also könnte man um Gottes willen Chips einführen, um irgend etwas zu gewinnen, ohne jedoch etwas zu verlieren und ohne Scheineffekte zu erhalten? Dem EEG läßt sich schließlich nicht viel entnehmen. Gewiß kann man aus dem Elektroenzephalogramm eines Epileptikers allerhand ablesen, doch bei der Diagnose eines Schizophrenen oder eines Paranoikers hilft es uns nicht weiter. Was noch schlimmer ist: Das normale EEG von »physiologisch schwerfälligen« Menschen, also solchen mit einem IQ von 80 bis 90, unterscheidet sich prinzipiell nicht vom EEG des allerbesten Mathematikers. Die berufliche und schöpferische Leistungsfähigkeit eines Menschen läßt sich weder aus dem EEG noch aus dem PET noch aus dem Kernspintomogramm ablesen. Unterschiede gibt es natürlich, doch für uns sind sie nach wie vor unerkennbar! Die Hoffnung, der Chip für das Gehirn werde mehr sein als ein Placebo, kann sich angesichts dessen als eine Fata Morgana entpuppen.

9. Hier komme ich nun dazu, meine Haltung zu rechtfertigen. Als Bacon der Ältere [Roger Bacon, der »doctor mirabilis« des 13. Jahrhunderts – Anm. d. Ü.] schrieb, daß es eines Tages, vielleicht in vierhundert Jahren, Maschinen geben werde, die sich auf dem Meeresboden, zu Lande und durch die Lüfte bewegen, da sagte er nichts darüber, wie sie technisch konstruiert sein würden, und er tat recht daran, es bei Allgemeinheiten bewenden zu lassen – für uns hat sich seine Vorhersage erfüllt. *Si parva comparare magnis licet*, so habe ich, als ich in den fünfziger und sechziger Jahren über die Paradoxien einer Verdopplung des Menschen, über die Relativierung des Persönlichkeitsbegriffes und dergleichen schrieb, die technischen und medizinischen Aspekte gleichfalls außer acht gelassen, denn was mich faszinierte, waren eher die Konsequenzen ontologischer Natur – nicht Prognosen rein technischer Art, sondern so etwas wie eine angewandte Philosophie der Zukunft. Ich sehe daher keinen erkennbaren Widerspruch zwischen meinen früheren Äußerungen und der gegenwärtigen Situation, denn über einen Flug zum Mond konnte man auch schon im Zeitalter des Ballons sprechen, obwohl man mit dem Ballon niemals zum Mond gelangen wird – und doch haben wir es geschafft.

Eine weitere Alternative sehe ich also darin, auf einem dritten Weg in das Gehirn einzudringen. Es ist nämlich durchaus möglich, teilweise und sogar umfassend ein Gehirn zu formen, ohne daß man mit irgendeinem Paragraphen des geltenden Rechts kollidiert, wenngleich dies in einzelnen Fällen mit einem kolossalen Risiko verbunden ist:

(1) Es geschieht, ohne jedes Risiko, durch Kopulation und

Zeugung eines Kindes. Der bei jeder Empfängnis betätigte Genmixer ergibt im Endeffekt einen Fötus und anschließend ein Neugeborenes, das relativ stark determiniert ist durch die Resultate des »Spiels der sich zu einer Einheit zusammenfügenden Gene«. Diese »Würfe« ergeben als nahezu unvorhersehbare Resultate Menschen, bei denen sich herausstellt, daß die Gene eines Verwandten einer Seitenlinie, eines Urgroßvaters, einer Großmutter usw. unvermutet einen Beethoven oder einen Einstein auf die Welt »werfen« .Wir haben es mit einem Monte-Carlo-Spiel zu tun, einem Gen-Roulette, und während es heute ein leichtes ist, schädliche oder gar letale Gene zu identifizieren, findet man keine »Gene der Genialität«, weil die entsprechende prospektive Potenz vermutlich über das ganze Genom verteilt ist, zumindest aber über eine Unzahl der insgesamt hundert Milliarden Nukleotide, die in der Embryogenese und anschließend unter dem Einfluß der Umwelt wirksam werden (denn von einem im Paläolithikum geborenen Einstein hätte die Menschheit nicht viel gehabt). Heute wird jedoch im Rahmen des Human Genome Project nach und nach eine Karte unseres Genoms erstellt, so daß wir vor der gefährlichen Schwelle stehen, Gene zu selektieren, wodurch wir – ich fasse die nachfolgenden Schritte hier ganz bündig zusammen – die Chance erhalten, ein Gehirn zu projektieren, ohne daß es nötig wäre, irgendwelche Chips operativ einzuführen. Persönlich optiere ich für diesen Weg, der trotz allem weniger gefährlich ist als »Einbrüche in das Gehirn«, denn als unerläßliche Voraussetzung invasiver Schritte erscheint mir der Bau eines Modells des Gehirns.

(2) So unmöglich es heute ist, aus prinzipiell toten Elementen, also aus Pseudoneuronen, pseudologischen Zellen, ein System zu bauen, das ein Modell des Gehirns ergibt, so unmöglich ist es heute auch, den Geburtendruck der Bevölkerungsmassen durch inhalierbare chemische Verbindungen zurückzudrängen. Beides wird nach meiner Ansicht in Zukunft möglich werden, und diese gewaltigen Erfolge werden uns, wie es in der Geschichte immer wieder der Fall war, unerhörte Vorteile bringen, andererseits aber auch ebensoviele ungemein schwierige und sogar bedrohliche Probleme, von

denen wir heute noch nichts wissen. Darüber muß ich ein paar Worte verlieren, denn das »Testen« der Effektivität von Brainchips an einem Modell des Gehirns ist nicht so unproblematisch wie das Testen einer Rettungsvorrichtung am Auto – dazu muß man nur ein Fahrzeug mit großer Beschleunigung an einem festen Hindernis zerschellen lassen. Warum beides nicht dasselbe ist und warum die Sache bei dem angenommenen technogenen Charakter des »Pseudogehirns« nicht einen außerethischen und außerrechtlichen Beigeschmack hat, läßt sich anhand einer kurzen Überlegung zeigen.

(3) Die Technologie der Brainchips wird unweigerlich Anhänger und Gegner haben. Die Mittel, deren sich die letzteren bedienen werden, um diese Technologie im Keim zu ersticken, werden nicht so sehr von der »kämpferischen« beziehungsweise »persuasiven« Leistungsfähigkeit (von Angriff und Verteidigung) abhängen, sondern vielmehr von den Schäden und Erfolgen, die im Zuge von Experimenten auftreten. Die (auf eine erhoffte Homologie) gestützte Übertragung von Effekten, die an Tieren gewonnen wurden, auf den Menschen ist mit einem erheblichen Risiko behaftet, und wenn erste Schäden auftreten, kann das die Einführung von Programmen zum Stillstand bringen. Da aber die nichtbiologischen Modelle des Gehirns, deren Konstruktion vermutlich in den nächsten Jahrzehnten möglich werden wird, sich durch erhebliche (oder gar sehr erhebliche) Vereinfachungen des Aufbaus realer Gehirne herausbilden werden, tut sich für nicht bloß verbale Auseinandersetzungen und Geplänkel ein weites Feld auf. Die Umstände, auf die man sich zugunsten von Brainchips berufen könnte, etwa jene, die mit den ersten Transplantationen von Herzen beim Menschen einhergingen und diese ermöglichten, waren außergewöhnlich, denn es geschah fast immer in *articulo mortis*, daß einem Menschen ein anderes Herz eingepflanzt wurde, die Prognose war *quoad vitam* praktisch hoffnungslos – einzig die Transplantation versprach Rettung, und man wußte im übrigen, wie alle Versuche, das biologische Herz durch ein mechanisches Artefakt zu ersetzen, geendet waren. Das sind die Tatsachen, auf die sich die Gegner eines Eingriffs berufen werden; sie werden in diesem Sinne Lobbys

in Regierungen und Parlamenten gründen, und deren Wirkung darf man nicht unterschätzen. Wenn man die entsprechenden Versuche fortführt, schwebt ständig das Damoklesschwert des strafrechtlichen Verbots über ihnen – eine nicht gerade erfolgverheißende Bedingung. Bloß auf dem Papier mögliche Brainchips, mögliche Interfaces, mögliche Approximationen der Kompatibilität von künstlichen Prozessoren und bestimmten Teilkomplexen des Gehirns zu entwerfen, hielte ich für wenig seriös, solange es nicht gelungen ist, zumindest einen Teil der Öffentlichkeit, der Politiker und der Gesetzgeber für diesen in der Geschichte des Homo sapiens beispiellosen Durchbruch zu gewinnen. Hier geht es ja nicht um Phantasie oder Phantastik. Dem könnte entgegengehalten werden, daß bei medizinisch gebotenen Operationen am offenen Gehirn ja schon Experimente (zum Beispiel Reizungen) gemacht wurden; geht man jedoch über diese relativ bescheidenen Versuche in Richtung Brainchips hinaus, so geht man von Operationen, deren Ziel die Rettung des Patienten ist, zu Operationen über, für die es keine stichhaltige Rechtfertigung gibt. Sollte man versuchen, prothesenartige Brainchips bei Geschädigten anzuwenden, deren ausgefallene Funktionen nicht durch klinisch angewandte Rehabilitationsmaßnahmen wiederhergestellt werden können (hier ist an neurologische Untersuchungen wie die von Alexander R. Lurija zu denken), so kann der Erfolg nicht von vornherein garantiert, ja nicht einmal als wahrscheinlich bezeichnet werden. Nicht ihre technische Funktionstüchtigkeit, sondern die Situation im Umfeld solcher Eingriffe entscheidet über ihre praktische Einführung und den Umfang ihrer Funktionen.

Brainchips III

1. Die Sache mit den Brainchips ist nach meiner Ansicht nur ein und zudem ein untergeordneter Zweig von Aktivitäten, die das Schema auf Seite 177 zusammenfaßt. Die nach diesem Schema möglichen Einwirkungen auf das menschliche Gehirn bestehen entweder in seiner »Täuschung« , seiner partiellen

Steuerung oder seiner realen Umgestaltung. Brainchips können nach dieser Klassifikation unterschiedlichen Anwendungsbereichen zugeordnet werden, je nach dem Ort ihres Einsatzes und ihren Funktionsmerkmalen. Das Gehirn selbst läßt sich in seiner Struktur umgestalten durch Operationen (1) am Genom post conceptionem, (2) am Embryo während der Embryogenese (intrauterin), (3) am Gehirn des Neugeborenen und/oder reifenden Organismus. Einwirkungen im Sinne der peripheren Phantomatik sind grundsätzlich umkehrbar. (Der »Phantomisator« braucht nur von den Sinnen gelöst zu werden.) Einwirkungen im Sinne der zentralen Phantomatik (instrumentelle oder chemische Einwirkung auf das Gehirn) können unumkehrbare Folgen haben.

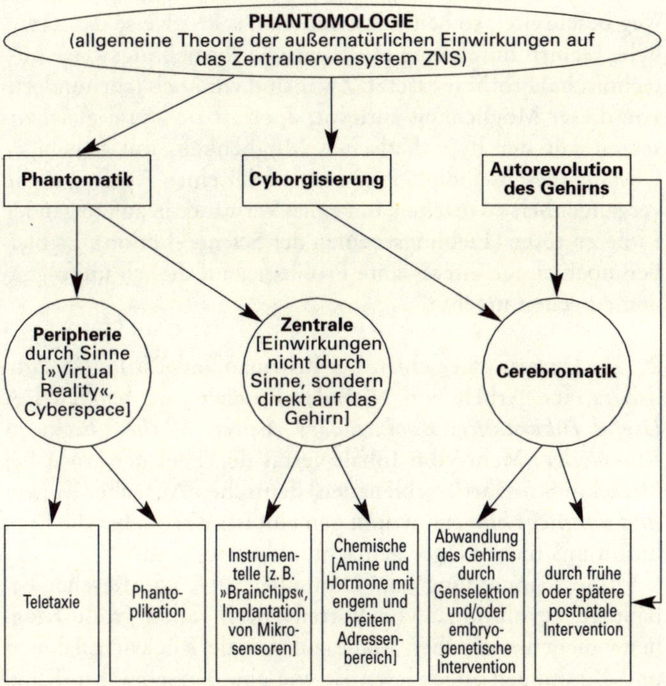

Cyborgisierende Einwirkungen (Cerebromatik) sind prinzipiell unumkehrbar, denn sie können ebensowenig wie die natürliche Evolution rückgängig gemacht werden. Veränderungen erfährt in wachsendem Umfang nicht nur das Gehirn, sondern auch das Genom, das ebenfalls dessen Ausformung steuert. Je früher in der Ontogenese die Intervention erfolgt, desto größer ist die Möglichkeit einer grundlegenden Reorganisation des Gehirns. Ein Kind kann nach Zerstörung der linken Hemisphäre einen hohen Grad der Rehabilitation erreichen: Die Sprache wird dann von der verbliebenen rechten Hemisphäre gesteuert. Daß beim Erwachsenen selbst unter Einsatz von Brainchips eine analoge Kompensation erreicht wird, ist sehr unwahrscheinlich. Aus theoretischer Sicht ist kein »funktionelles Verbot« erkennbar, das der Implantation von mehr als einem Chip entgegenstünde. Wenn man diesen Weg beschreitet, so heißt das, daß man schrittweise das natürliche Gehirn durch eine elektronische (beziehungsweise biotechnische) Prothese ersetzt. Zwar sind wir noch Jahrhunderte von dieser Möglichkeit entfernt, doch ist sie kaum gleichzusetzen mit der hypothetischen Möglichkeit, mit beliebiger Überlichtgeschwindigkeit zu reisen oder einen Ausflug in die Vergangenheit zu machen, um einen Verwandten aufsteigender Linie zu töten (Lieblingsthemen der Science-fiction). Es bleiben noch einige interessante Probleme, auf die ich im folgenden eingehen möchte.

2. Im Jahre 1990 erschien bei Rowman and Littlefield Publishers eine Arbeit von Nicholas Rescher mit dem Titel A *Useful Inheritance*: *Evolutionary Aspects of the Theory of Knowledge*. Mehr vom Inhalt verrät der Titel der [1994 bei Hirzel in Stuttgart erschienenen] deutschen Ausgabe: *Warum sind wir nicht klüger?*, womit gemeint ist: Warum hat die Evolution uns nicht klüger gemacht, als wir es sind?

»Eine Beimischung von Dummheit ist«, wie Rescher behauptet, »evolutionär von Vorteil«, weil »allzu große Klugheit« nicht im gleichen Maße auf soziale Rücksichtnahmen und Bindungen angewiesen ist wie eine »beschränkte Klugheit«. Das ist aus meiner Sicht richtig und unrichtig zugleich, denn schon der Begriff »Klugheit« oder, wie es im Originaltext heißt, unseres »kognitiven Potentials« ist sehr verschwommen und kann ganz unterschiedlich gedeutet werden. (Intelligenz ist nicht dasselbe wie Verstand, Schläue nicht gleich Vernunft, Klugheit mehr als Tüchtigkeit im Überleben und in der aktiven Einwirkung auf die Umwelt.) Für die Entstehung der artikulierten Sprache mit ihrer Semantik, Syntax und Idiomatik war die soziale Bindung notwendig. Doch zugleich fördert eine breite Streuung der Intelligenzquotienten bei »positiver sozialer Resonanz« den Fortschritt der zivilisatorischen Leistungen (bis hin zur kollektiven Selbstgefährdung, gemäß der französischen Sentenz *les extremes se touchent*). Eine eigentümliche Deutung für das Stehenbleiben der Evolution des menschlichen Gehirns auf der (im Holozän erreichten) Stufe des Homo sapiens sapiens liefert möglicherweise der Umstand, daß sich eine in Korrelation mit dem Zuwachs des Gehirnvolumens statistisch wachsende Gefahr des Zerfalls ergibt (ein »Übermaß an Komplikationen« kann zu bestimmten Abweichungen von der durchschnittlichen Norm führen, die teils positiv – bis hin zu Genialität und Erfindungsgabe – und teils negativ – im Sinne der Psychiatrie und Psychopathologie – sind). Ein selektives Optimum wird also dann erreicht, wenn der Intelligenzquotient (IQ) insgesamt maßvoll hoch ist, die Individuen auf dem rechten absteigenden Ast der Gaußschen Glockenkurve des IQ jedenfalls gleichermaßen auf das Kollektiv angewiesen sind. (Es scheint, als seien die Individuen auf dem linken, zur Subnormalität absteigenden Ast der Kurve die Kosten der statistischen Genomverteilung, und nach den sich kollektiv herausbildenden über- und außerbiologischen Normen können sie einen Ballast darstellen, der evolutionär »tragbar« ist; entweder wird also der »Tarpejische Felsen« benutzt oder entsprechend den örtlichen Sittenvorstellungen auch nicht.) [Eine Poisson-Verteilung kommt nicht vor.] Diese ganze Angelegenheit, die ich hier natürlich nicht ausführlicher referieren und diskutieren kann, gehört insofern zur Sache, als man sich die Frage stellen sollte, ob auf dem instrumentellen Weg der operativen Implantation von Brainchips in das Gehirn eine Erhöhung des IQ, vielleicht sogar individuelle »Klugheit« zu erwarten ist. (Unter Intelligenz versteht man generell ein Bündel von Transferleistungen solcher Befähigungen, die ohne moralisch-ethische Aufsicht erworben oder erlernt wurden, während »Klugheit« die Intelligenz mit einem Altruismus verknüpft, der sich nicht nur auf die eigene Gattung bezieht, sondern alles Lebendige über den Menschen hinaus fördert.)

3. Ich neige dazu, die gestellte Frage negativ zu beantworten, mit einer gewissen Einschränkung. Im Rahmen der außerordentlichen Vielfalt individueller (menschlicher) geistiger Differenzierungen trifft man nämlich auf eine Fraktion von Individuen, die sowohl bestimmte überdurchschnittliche Fähigkeiten als auch angstneurotische Hemmungen aufweisen oder/und typische Syndrome einer gewissen »Anzahl von gleichzeitig vorhandenen, aber nicht simultan anwendbaren Fähigkeiten« zeigen (was in den USA durch den Multiple Aptitude Test festgestellt worden sein soll; ich bin mir freilich nicht sicher, ob er das geeignete Verfahren darstellt, um solche Menschen richtig auszusieben).

Hemmend kann sich hier auch eine neurologisch in den Stirnlappen angesiedelte Antriebsschwäche auswirken. Das ist natürlich eine Vereinfachung, denn »Antrieb« besitzen auch betriebsame Dummköpfe. (Man trifft sie im allgemeinen dort, wo Klugheit sich nicht einstellen will, beispielsweise in der Politik.) Allerdings kann ich mir kaum vorstellen, daß es einfach sein wird, das Gehirn eines begabten neurotischen »Antriebsarmen« oder das eines allzu Schüchternen oder depressiv Gehemmten selbst mit Hilfe einer ganzen Reihe von Brainchips zu prothetisieren, um diese hemmenden Faktoren auszuschalten; die These, wonach die Antriebe ausschließlich in den Frontallappen lokalisiert sind, ist nämlich nicht nur höchst zweifelhaft, sondern vollkommen falsch: Die Antriebe haben, ähnlich wie die Triebe, den Charakter von Parametern, die aus der Aktivität nicht nur von kortikalen Zentren resultieren. (Banal und obendrein boshaft wäre es natürlich, dem Autor der genannten Arbeit selber mangelnde Klugheit zuzuschreiben.)

4. Die phylogenetische Herausbildung des Menschen, mit anderen Worten: die Anthropogenese, überrascht durch eine ungewöhnlich lange »Inkubationszeit« der Vernünftigkeit. Die anthropogenetische Kurve ähnelt in ihrem ganzen Verlauf der logistischen Kurve von Verhulst-Pearl: Auf eine sehr lange Anfangsphase folgt ein gewaltiger exponentieller Zuwachs in der Zeit, der im Holozän mit einer » Sättigung« endet, die als eine bei allen Spezies der Erde nahezu gleichartige Stabilisierung der mittleren zerebralen Leistungsfähigkeit inzwischen empirisch bestätigt wurde (geringfügige Abweichungen der Intelligenzverteilung sind insbesondere bei Gruppen möglich, die außergewöhnlich lange in Isolation gelebt haben, aber von einer nennenswerten Minderung der durchschnittlichen IQs kann keine Rede sein).

5. Der Anfang der Menschenähnlichen (Hominoiden) wird unterschiedlich datiert, zum Beispiel von einem Protopongiden an, der der gemeinsame Vorfahr der Menschenaffen (Pongiden) und des Menschen war (von dem es zwei Unterarten gab, den Homo sapiens neanderthalensis und den Homo sapiens sapiens); als diesen gemeinsamen Vorfahren betrachtet man zum Beispiel Proconsul (es gibt auch andere Hypothesen, doch hat sich die Vorstellung von der monophyletischen Abstammung wohl inzwischen durchgesetzt – aber die reale Wahrheit siegt, wie man sagt, dann, wenn ihre Gegner aussterben). Es fällt auf, daß Homo erectus und besonders Homo habilis sich in einer typisch evolutionären Weise entwickelten, also in einem Zeitraum, der für eine mäßig schnelle Evolution typisch ist, eine Etappe nach der anderen durchliefen, während der mit uns bereits biologisch identische Mensch anschließend ungewöhnlich lange auf einer protokulturellen Stufe, dem Aurignacien beziehungsweise dem Acheuléen, verharrte; ein »Sprung« zum biologisch ganz und gar modernen Menschen vollzog sich dann erst vor vierzigtausend Jahren. Beweise für diesen »Sprung« sollen die frühesten entdeckten Artefakte sein, die als Anfänge der darstellenden und dekorativen Kunst gelten. Dem läßt sich aber entgegenhalten, daß nicht alle Urmenschengruppen sich, soweit sie in Höhlen lebten, dem Malen von Jagd- und anderen Szenen auf den felsigen Höhlenwänden widmeten; es hat wohl auch protokulturelle Schöpfungen gegeben, die nicht in Stein gehauen oder in dauerhafte knöcherne Elemente geritzt waren.

Hier zeigt sich überhaupt eine für uns typische Neigung zum Monokausalismus, der, reduktionistisch vorgehend, »alles« auf einen Schlag erklären soll. Das Gegenteil des Monokausalismus ist die Streuung der Ursachen in empirisch festgestellte beziehungsweise außerhalb der Empirie erschlossene »Ursachenbündel«. In der Religionsgeschichte geht die Entwicklung zum Beispiel vom Animismus, der ein »geerdeter« Polytheismus ist, zum Monotheismus, der dann wiederum, wie einige behaupten, zum Beispiel im Katholizismus eine quasi-polytheistische Tendenz zeigt, aber in hierarchischen Strukturen mit Engeln, Erzengeln, Teufeln, Heiligen usw. In der Wissenschaftsgeschichte entstanden als Gemische aus Empirie und hypothesenbildender Erfindung diverse »Phlogistons, biogenetische Felder, vis vitalis, mythogenetische Strahlungen« (Gurwitsch) und dergleichen, die im großen und ganzen durch multifaktorielle Phänomene abgelöst wurden. Die in der Physik heute modische Suche nach der Grand Unified Theory (GUT), der Großen Vereinheitlichten Theorie »von Allem«, kann man im Grunde kaum als völlig rational betrachten.

Jedenfalls scheint der Mensch, rein biologisch betrachtet, schon vor einigen hunderttausend Jahren ein Gehirn besessen zu haben, das »bereit« war, eine Sprache zu erlernen, und vermutlich ist denn auch der über viertausend Zweige aufweisende »Baum der Linguogenese« ungefähr in jener Zeit entstanden. Warum jedoch die kulturbedingte Geräteherstellung nicht zusammen mit der biologischen Entwicklung einen Sprung gemacht hat, wissen wir nicht. Dahinter verbergen sich vermutlich die Ursachen, derentwegen die fortschreitende Neuralisierung zum Stillstand kam. Es ist nämlich nicht möglich, daß die Artenbildung und damit die genotypischen Radiationen dem typischen Tempo der Evolution erheblich vorauseilen. Die Entstehung einer neuen Artenvariante – neu in dem Sinne, daß sie mit der vorhergehenden nicht mehr fortpflanzungsfähig ist, erfordert selbst bei höchstem evolutionärem Veränderungstempo einen Zeitraum von mehr als sechzig-, achtzig-, ja vermutlich hunderttausend Jahren, besonders wenn es um Veränderungen in einem Ausmaß geht, wie sie zwischen den extremen Vertretern der Herrentiere (Primates), also auch den Hominiden und dem Homo sapiens sapiens entstanden sind. Der Anschein, daß meine Überlegungen von dem Hauptthema dieses Buches abweichen, rührt daher, daß die Frage nach den Chancen, Prozessoren an das Gehirn anzuschließen, ungefähr der Frage gleicht, welches das beste Pflaster für eine Fleischwunde ist. Sie läßt sich, da es ganz unterschiedliche Verletzungen gibt, nicht lapidar damit beantworten, daß ein Pflästerchen das Allheilmittel sei. Das Gehirn des Menschen ist ein in sich geschlossenes und zugleich hierarchisch geschichtetes System, in dem evolutionäre Entscheidungen zusammenfließen, die Hunderte von Jahrmillionen zurückreichen (vielleicht muß man sogar noch weiter zurückgehen, bis zu den Therapoda); dieses System hat man sowohl mit schwachem elektrischem Strom lokal gereizt als auch tiefgreifend verstümmelt, etwa bei Tumoroperationen oder bei dem wohl schwersten Eingriff, der Kallosotomie von Epileptikern, und es hat – sieht man einmal von Läsionen stark fokussierter Zentren ab (Brocasche Region, Wernickesche Region, die Rinde im Bereich des Sulcus calcarinus) – eine ungemein große Plastizität bewiesen, die *nota bene* eines der prägnanten Merkmale selbst relativ primitiver Neuronennetze (wie des Perceptrons) ist! Gleichwohl muß man aus den Gründen, auf die ich ausführlich eingegangen bin, in seinem Vorgehen die nachfolgende chronologische Reihenfolge beachten: Nach Experimenten an höheren Säugern (Menschenaffen, besonders transgenen) wird man versuchen, an bestimmten Stellen Impulsfolgen in das Gehirn einzuführen, die man zuvor bei anderen zerebralen Zuständen an ebendiesen Stellen abgenommen und zumindest in elektrischer Form aufgezeichnet hat; dann wird man Neuronennetze entwickeln, die schon einen gewissen Vergleich mit bestimmten Funktionen des Gehirns ermöglichen, und schließlich wird man erstmals versuchsweise Prozessoren anschließen, wobei man das Gehirn auf irgendeine Weise (durch Rückkopplungen?) vor irreversiblen Schädigungen bewahren wird. Solche Schädigungen können übrigens ganz unterschiedlicher Natur sein; sie können beispielsweise eine »falsche Erinnerung an nicht stattgefundene Ereignisse« erzeugen, ja sie können sogar zu (auch ohne Eingriffe auftretenden) Syndromen der Persönlichkeitsspaltung beitragen (ihnen verdankten die Spiritisten eine Reihe von »rätselhaften« Phänomenen, etwa das sogenannte »Zungenreden«, das Wilson-Syndrom oder die Tatsache, daß ein und dieselbe Person – das »Medium« – ein Gespräch führt und gleichzeitig einen Text schreibt, der damit nichts zu tun hat). Das sind keine unwesentlichen Verletzungen, und bei der Arbeit mit Brainchips muß man daher um so mehr Zurückhaltung üben, als die Frage, welche digitalen Prozessoren oder Bündel von Prozessoren für einen Brainchip geeignet sind, mit »keiner von den vorhandenen« zu beantworten ist. Nicht anders lautet die Antwort auf die Frage, ob mehrschichtige, autoassoziative, lernfähige Neuronennetze sich für Brainchips eignen. Derzeit ist keines geeignet. Zu nennenswerten Versuchen ist es noch ein weiter Weg. Dieser Weg steht jedoch offen.

Zum Schluß einige Bemerkungen, die für Fachleute eher trivial sein werden.

(1) Das Gedächtnis ist holographisch über das Gehirn »verteilt«, und Versuche, es genauer zu lokalisieren, sind, sieht man einmal vom Riechhirn ab, gescheitert, ebenso wie die seinerzeit ungemein modischen Hoffnungen, durch das Verzehren bestimmter Substanzen »das Gehirn mit Wissen zu beschikken« (»Iß einen Professor, und du wirst Professor«).

(2) Die prospektive Potenz des Gehirns im Hinblick auf die Intelligenz ist in einem begrenzten, aber recht weiten Bereich erblich determiniert; von der Geburt an wird sie erweitert durch Kontakte mit anderen Menschen, deren Fehlen die bloß potentiellen Funktionen (zum Beispiel die sprachliche) verkümmern läßt. So wie man durch züchterische Auslese aus einer gegebenen Art abgeleitete Homozygoten erhalten kann, so kann man auch aus den Gehirnen einer gegebenen Gruppe von Individuen mit sehr ähnlich gebautem Gehirn optimal

geformte und intelligente Gehirne ableiten; ich denke jedoch, daß es eine Grenzfraktion gibt, der man durch keinerlei Brainchips weiterhelfen kann.

(3) Für einzelne Spielarten des Gedächtnisses, auch und vielleicht gerade für das assoziative Gedächtnis, kann sich erweisen, daß Brainchips als »Speichersysteme« oder als stimulierende Systeme geeignet sind. Ob sie imstande wären, als Selektoren und Verstärker des »information retrieval« die »verblaßten Spuren« der Erinnerung durchlässig zu machen, kann ich nicht sagen.

(4) In der Neurologie können Brainchips eine wichtige Rolle spielen, während ihre Bedeutung in der Psychiatrie eher gering sein wird; auch wird man wohl kaum Menschen aus der Gruppe mit normalen Intelligenzquotienten finden, die sich bereitwillig Prozessoren implantieren lassen.

(5) Was nun die Prozessoren selbst als Brainchips angeht, so werden sie, denke ich, in vielfältigen Spielarten entstehen, die sich in zwei grundverschiedene Mengen einteilen lassen: solche, die von dem Gehirn, dem sie »dienen«, und solche, die von einer äußeren Quelle gespeist werden. Möglich ist auch die Entstehung von Interfaces als Leitungs- und Verarbeitungselemente, welche die mehr oder weniger nichtlokal aus dem Gehirn entnommene prozessuale Information an besondere maschinelle Komplexe (auch Computer) weitergeben. Von dort führt der Weg unter Umgehung des Körpers als eines Komplexes von Effektoren direkt zu Apparaturen, die Maschinen, andere Computer, andere Gehirne, schließlich andere Körper und »Pseudokörper« steuern: Dank dieser revolutionären Evolution werden wir uns am Ende dort befinden, wo Dummheit und Laster herrschen können – in der Sciencefiction.

Addendum

Ein Randproblem könnte die Anwendung von Sensoren und/oder Prozessoren beziehungsweise Neurolesegeräten sein, um mit ihrer Hilfe Funktionen nur des Gehirns selbst oder auch des gesamten Organismus (aber auf dem Weg über das Gehirn) zu überwachen. Die Überwachung der Grundfunktionen des Organismus kann gesetzlich so beschränkt werden, daß der über den Monitor gewonnene Einblick die persönliche Intimsphäre des Überwachten nicht verletzt. Das heißt, nicht von der Rinde, sondern aus dem Hirnstamm, dem Mittelhirn, dem limbischen System, dem Thalamus und dem Hypothalamus werden Sensoren entweder durch Nadeln oder mittels der (einstweilen noch nicht existierenden) Methode des Anschlusses an Gliagewebe Informationen über die Ströme von Neuroimpulsen entnehmen, die dann übersetzt werden in die afferenten und efferenten Reize, mit denen das Gehirn den Organismus entweder direkt oder indirekt über das autonome System steuert; die Informationen können natürlich auch direkt aus dem Solarplexus, aus bestimmten Abschnitten des Marks usw. entnommen werden. Die Codes, mit denen das Gehirn arbeitet, stecken jedoch nicht nur in den elektrischen Trägern der Ionen, sondern wirken zugleich analog über hormonale Einflüsse. Wegen der beträchtlichen Anzahl von Parametern und Variablen, die von den Zuständen von Teilsystemen des Körpers (Organen) abhängen – man denke nur an die Überwachung des pH-Werts des Blutes –, wird man die Überwachung wahrscheinlich kontinuierlich durchführen (wie in der Klinik), wobei auch Sender eingesetzt werden, damit der Überwachte nicht durch Kabel an den Monitor gefesselt ist, der die Resultate bereits übersetzt in den Code darbietet, den die Expertenprogramme benötigen, um den Zustand des Organismus oder auch nur des Gehirns zu überwachen. (So ließe sich zum Beispiel ein heraufziehender epileptischer Anfall prognostizieren.) Das alles erwähne ich nur, weil bei einer breiteren Anwendung die derzeitige Strategie der Medizin, die man als Zufallsintervention bezeichnen kann, einer neuen Strategie der kontinuierlichen Fernintervention weichen würde. Das wäre dann nicht mehr ein Umbruch, der die Brainchips betrifft, sondern eine computergestützte medizinische Methode der ärztlichen Fernversorgung der Bevölkerung (beziehungsweise, was wahrscheinlicher ist, jenes Teils der Bevölkerung, der nicht hospitalisiert ist). Notfalls könnte man, wenn diagnostisch bedeutsame Signale eingehen, den Betreffenden hospitalisieren. Damit gehe ich freilich über das Thema hinaus. Was ich ebenfalls nicht anschneiden möchte, ist die Frage, wie sich unser Thema, die Brainchips, zu der Vision verhält, die von Aldous Huxley in *Brave New World* und von anderen Schriftstellern geschildert wurde.

Rechenleistung des Lebens

1. Eingangs muß ich sagen, daß mir die Kompetenz fehlt, den »Horizont der Evolution von Molekularcomputern« auch nur zu skizzieren, die heute wohl die fundamentale, wenn auch noch kaum verstandene Grundlage der *Lebens*prozesse bilden. Der Jammer mit meiner Inkompetenz wird allerdings in gewissem Maße dadurch verringert, daß vorläufig *niemand* in der Lage ist, so weit zu extrapolieren, das heißt nach diesen sich in weiter Ferne schemenhaft abzeichnenden Molekülen zu greifen, die aus den für den Erbcode typischen Nukleotiden gebaut sind, Moleküle, dies sei noch einmal der Deutlichkeit halber gesagt, die »auf natürlichem Weg entstandene Turing-Maschinen im Mikroformat« sind.

2. Die ersten Informationen darüber, daß meine vagen Intuitionen, daß der genetische Code der zukünftige universelle Projektant und zugleich der Rechenkünstler ist, der die Lebensprozesse steuert, einen Sinn machten, kann man in der amerikanischen Fachzeitschrift »Science« (Bd. 266 vom 11. November 1994) finden. Kopien der Artikel, in denen die in den Nukleotidketten potentiell enthaltene Rechenleistung gezeigt wird, eine Leistung, welche die Rechenleistung der allermodernsten, iterativ verarbeitenden Computer (die wir benutzen und bauen) um mindestens eine Zehnerpotenz übersteigt, wurden mir aus den USA zugeschickt. Sie kamen von einem freundlichen Leser, der – wie er mir schrieb – eine gewisse Verwandtschaft zwischen den in meinem Büchlein *Imaginäre Größe* enthaltenen Intuitionen, die genau diese Wirkungspotentiale des Erbcodes betrafen, und den ersten Arbeitsergebnissen bemerkt hatte, wonach bestimmte Codeabschnitte – oligonukleotide Sequenzen aus etwa 20 Polymeren – fähig sind, solche Aufgaben aus dem Bereich der Graphentheorie Hamiltons praktisch zu bewältigen, das heißt zu lösen, die für einen »normalen« Computer ungeheuer zeitaufwendig sind. Auf dieses Problem, das die Oligonukleotide in flüssiger Phase gelöst haben, werde ich hier aus zwei Gründen nicht genauer eingehen: Erstens, weil ich mich mit der Graphentheorie nur schlecht auskenne, und zweitens, weil die im nukleotiden Sturm gelöste Aufgabe praktisch gesehen nichts mit dem Verlauf von (biologischen) Evolutionsprozessen gemein hat: Die Lösung zeigt nur, daß in jener halbflüssigen Umgebung, wie es Protoplasmatröpfchen mit einem Erbcode, der sie steuert, sein können, Rechenleistungen stekken, von denen wir bisher keinen blassen Schimmer hatten.

3. Es lohnt aber, mit zwei Worten zu erklären, um welche Aufgaben es ging. Autor der Arbeit *Molecular Computation of Solutions to Combinatorial Problem* ist Leonard M. Adelman. Im Grunde geht es um das Problem, einen Weg zu finden, der nur ein einziges Mal durch jeden Gipfel eines bestimmten Graphs führt, und in der Praxis ist dieses seit langem bekannte Problem als Aufgabe des Handlungsreisenden untersucht worden, der nacheinander eine ganze Reihe von Orten aufsuchen muß, wobei es darum geht, daß er unterwegs keinen ausläßt und gleichzeitig der Weg so kurz wie möglich (so sparsam wie möglich) ist. Das Problem, das bei einer kleinen Anzahl von »Orten« auch für einen normalen Computer keine besonderen Probleme schafft, beginnt bei einer Zunahme der Zahl solcher Ort-Punkte (den Gipfeln der Graphen) exponentiell anzuwachsen. Wenn für die Lösung der Aufgabe mit zehn Punkten eine Mikrosekunde nötig ist, so muß man $3{,}9 \times 10^{11}$ Jahrhunderte auf die Lösung für einhundert Punkte warten. (Ich habe das nicht nachgerechnet, sondern verlasse mich ganz auf den Artikel *On the Path to Computation with DNA* von David K. Gifford in der schon erwähnten Nummer von »Science«). Dieses beängstigende Problem können die Oligonukleotidsequenzen nun in einer ganz und gar nicht »unmenschlichen« Zeit lösen, weil sie »auf breiter Front« handeln. Anders ausgedrückt, von diesen Molekülketten gibt es sehr viele (muß es sehr viele geben), und auch in der Natur mangelt es daran nicht: Die allereinfachsten Bakterien zum Beispiel agieren in Mengen von der Größenordung von Milliarden und Billionen. Das Problem wird also mit *brute force* bewältigt und gleichzeitig durch Parallelschaltung, denn die Aufgabe wird von allen Oligonukleotidketten angegangen, während die Lösung letztlich nur eine Sequenz sein kann. Dieses Problem, gegen das die Mathematik die Hamilton-Operatoren in den Kampf führt, ist jedoch *nicht* die Hauptachse meiner hier geäußerten Hoffnung, daß derartige Rechenmethoden dem Leben zugrunde liegen. Es geht nur darum, daß damit gewissermaßen der Schleier von dem scheinbar »chaotischen Spiel« der Nukleotiden gerissen wird, hinter dem eine enorme Rechenleistung steckt, und diese Entdeckung wirft ein zwar noch schwaches Licht, das aber zu denken gibt, auf die drei Milliarden Jahre, während deren das Leben auf der Erde ausschließlich ein Leben der allereinfachsten Organismen und später der Bakterien war.

4. In der ersten Hälfte unseres Jahrhunderts war es Mode, die »vollkommene Unwahrscheinlichkeit« zu berechnen, wonach im Verlauf chaotisch-schicksalshafter Prozesse Leben entstehen würde (Biogenese). Um die Jahrhundertmitte waren außerdem Dispute zwischen Evolutionisten-Darwinisten und Skeptiker-Kreationisten in Mode, in denen letzere von ersteren eine Erklärung für die Entstehung der Arten, der Organe, des Verhaltens der Tiere usw. verlangten. Natürlich zogen die Evolutionisten und auch erstklassige Biologen, wie es der immer für einen Streit gute J.B.S. Haldane einer war, meist den kürzeren. Das liegt einfach daran, daß der menschliche Geist (und selbst der Geist eines superklugen Darwinisten), nicht in der Lage ist, sich Prozesse vorzustellen und sie so in Worte zu fassen, daß sie sich durch Augenschein verifizieren ließen, die über einen Zeitraum von Tausenden von Millionen Jahren, oder meinetwegen auch »nur« Millionen von Jahren abgelaufen sind.

5. Da ich eine besondere Schwäche für Abschweifungen habe, erwähne ich hier, daß ich für eine geraume Zeit, nachdem ich vor acht Jahren Gelegenheit hatte, mit dem Nobelpreisträger Manfred Eigen zu sprechen, und ich mich auch mit seiner Theorie der »Hyperzyklen« bekannt machte, die das Fundament für die Entstehung des Lebens sein sollen, bei dem

Gedanken angenehm beruhigt war, daß die Biogenese endlich ihre wissenschaftliche Erklärung gefunden hatte. Erst später überkamen mich folgende Zweifel: Hyperzyklen, wie überhaupt das ganze schöne Schema der evolutionären Arbeit von Prozessen elementarer Evolution, die sich auf deren Replikation stützen (jener Evolution, die der aufrechte Darwinist *survival of the fittest* nennt), sind ein sehr schönes Werkzeug, doch ist es nicht »vom Himmel gefallen«. Anders gesagt: Die Frage nach dem Beginn des Lebens wurde durch die Hypothese der Hyperzyklen sozusagen in eine noch immer dunkle Vergangenheit verschoben, in der etwas diese hyperzyklischen Reaktionen, die sich dank einer ständigen Energiezufuhr im Kreise drehen, ins Leben gerufen hat ... und wieder wissen wir nicht weiter.

6. Auch die Arbeit Adelmans, von der ich oben schrieb, liefert keine unmittelbare Erklärung zur Biogenese. Dagegen zeichnet sich langsam ein Schluß ab, den ich hier in aller Kürze vorstellen will. Ein gewöhnlicher Personal-Computer schafft mindestens 10^6 Operationen in der Sekunde. Die schnellsten Computer schaffen 10^{12} Operationen in der Sekunde. Wenn wir die Verknüpfung (die Engländer sagen *concatenation*) zweier DNA-Moleküle als eine (elementare) Operation nehmen und wenn etwa die Hälfte der Oligonukleotiden davon 4×10^{14} rechnet, dann werden genau 10^{14} Operationen ausgeführt, denn jedes Nukleotid »handelt auf eigene Faust«. Genau darin besteht der frontale Angriff *brute force*, der sich leicht auf 10^{20} Operationen erhöhen läßt. Ich behaupte dabei gar nicht, daß die Apparatur des Erbcodes, die unvergleichlich viel komplizierter ist (und an deren Arbeit verschiedene zusätzliche Enzymhilfen beteiligt sind; mein altes Wörterbuch der Genetik bringt es gar auf 600 Seiten, und doch fehlt darin jedes Wort zu den potentiell im Code vorhandenen Rechenleistungen) genau so arbeitet. Ich führe hier nur die geradezu beängstigende Größenordnungen an, die entstehen, sobald Nukleotide auftauchen und auf die Lösung eines bestimmten Problems angesetzt werden.

7. Ganz klar, daß der Schlüssel zum nächsten Tor, das heißt der nächste und vielleicht entscheidende Schritt, die Frage sein wird, woher die Aufgaben kommen, die den Nukleotiden in der Natur gestellt werden. Hamilton-Operatoren und Graphen haben ja mit den Lebensprozessen unmittelbar nichts gemein. Es ist etwa so, als würden wir die in einem bestimmten Rechengerät – und zwar einem »Gerät«, das in nichts einem Computer unserer Produktion ähnelt – schlummernde Leistung zeigen. Der Biochemiker sagt: Die Hydrolyse eines Adenosintriphosphat-Moleküls liefert soviel Energie, daß ein Joule für 2 x 10^{19} Operationen ausreicht.

Das ist eine erstaunliche Ergiebigkeit, wenn man bedenkt, daß der zweite Hauptsatz der Thermodynamik ein theoretisches Maximum von 34 x 10^{19} Operationen pro Joule (bei 300° Kelvin) zuläßt. Unsere besten Computer können dagegen höchstens 10^{9} Operationen pro Joule ausführen. Wie man sieht, sind die Prozesse, aus denen sich die Nukleotid-»Apparaturen« speisen, unvergleichlich viel ergiebiger als unsere technischen Errungenschaften. Auf lange Sicht läßt sich demnach davon ausgehen, daß meine Versuche in *Summa technologiae*, davon zu überzeugen und zu versichern, daß wir die Macht der Natur *nicht* durch eine Nachahmung der Nervenzentren, *nicht* durch den Bau »künstlicher Gehirne« übernehmen, sondern durch die Beherrschung der in den Genomen verborgenen Kräfte, durchaus sinnvoll waren. Vielleicht ist es so, wie Adelman schreibt, daß ein DNA-Molekül »momentan« *(instantaneous)* der Deskription einer Turing-Maschine gleichkommt und daß die uns zur Verfügung stehenden Enzyme und Protocodes dazu dienen können, derartige »Maschinen« in Betrieb zu setzen. Die Forschungen, die in diese Richtung gehen, können zu einer Entwicklung von Enzymen führen, die in der Lage sind, die Arbeiten einer projektierenden Synthese auszuführen: Es wird die Ära der Manipulation mit Makromolekülen sein, von der ich 1980 in einer »Prognose der Entwicklung der Biologie bis zum Jahr 2060« für die Polnische Akademie der Wissenschaften schrieb. Letztlich, schreibt Adelman, »kann man sich vorstellen, daß ein funktional universeller Computer entsteht, der aus nichts mehr als einem Makromolekül gebaut ist, das mit einer Gruppe von (ribosomenähnlichen) Enzymen verbunden ist, die ›in geeigneter Weise‹ auf dieses Makromolekül einwirken«.

8. Ich gestehe, wenn ich solche Sachen in einer Zeitschrift lese, die nicht im entferntesten irgendwelche Ansprüche auf Science-fiction erhebt, und wenn ich zurückschaue auf das, was ich geschrieben habe und das gerne als utopische Märchengeschichten angesehen wurde, verspüre ich nicht so sehr Befriedigung, als vielmehr beunruhigte Verwunderung. Denn es ist eine Sache, zu sagen, daß irgendwann einmal in weiter Ferne etwas entsteht, daß irgendwelche Kräfte freigesetzt und von den Menschen beherrscht werden, und man sich zugleich im Glauben an die Verbesserungsfähigkeit der menschlichen Natur (im Verlauf des »zivilisatorischen Fortschritts«) wiegt, während es eine ganz andere Sache ist, Publikationen wie die hier erwähnten zu erleben und zu sehen, wie uns bereits hinter der Schwelle zum heraufziehenden 21. Jahrhundert riesige Kapitalfluten, massive Investitionen, Kämpfe um Märkte und wahnwitzige Schlachten um diese »Biocomputer« erwarten, über die ich so unbekümmert und von den Lesern kaum beachtet geschrieben habe, ohne dabei das geringste Echo auszulösen (außer Gelächter).

9. Um mir noch den letzten Stoß zuzufügen, bringt die Dezembernummer von »Scientific American« einen Artikel über die entstehende genetische Projekteurkunst, die eine neue Front im Kampf mit krankheitserregenden Mikroorganismen aufbauen sollen. Darüber will ich jetzt allerdings nicht schreiben. Mit meinen Gedanken kehre ich lieber in die fernste Vergangenheit zurück, in der einfachstes Leben, noch keine Zellen, sondern Bakterien, auf der Oberfläche unseres Planeten vegetierte und waberte. Werden wir jemals Prozesse dieses Ausmaßes und dieser Größenordnung in einer Simulation nachbilden können? Im Grunde erscheint mir das bis zu einem gewissen Grade möglich zu sein. Die Frage, auf die ich bisher nicht versucht habe, eine Antwort zu finden, und sei sie auch noch so ungewiß: Was stellt den Rechenleistungen, die im

Verlauf der Genese des Nukleotidcodes entstehen, die *Aufgaben*? – diese Frage ist auf den ersten Blick einfach und zugleich ungeheuer verzwickt. Natürlich muß es so gewesen sein, daß sich die Aufgabe, in dem elementaren Sinne, daß die »molekularen Computer« einfach nur dann überdauern konnten, wenn sie prozessual so orientiert waren, daß sie sich selbst fortsetzen konnten, »selbst hervorbrachte«. Und zwar deshalb, weil dort, wo dieser Moloch entstand, diese molekularen Armeen aus Trillionen von geordneten Nukleinsäuren, in der Temperatur der Urerde zugleich das Chaos der Brownschen Bewegungen herrschte: Dort dauerten die Attacken der atomaren Unordnung an, diktiert vom zweiten Hauptsatz der Thermodynamik, dort mußten sich Kämpfe mit dem Anwachsen der Entropie abspielen. Und was in diesen Kämpfen unterlag, hörte auf zu existieren. Und damit beginnen wir bereits zu verstehen, wie es möglich ist, daß nach vergleichsweise kurzzeitigen Triumphen der Medizin beim Bombardement der Bakterien mit Antibiotika diese resistent geworden sind. Die Aufgabe für diese Mikroorganismen ist immer noch die gleiche wie vor vier Milliarden Jahren: Sie müssen überleben! »Müssen« dabei in dem Sinne, wie man erwarten »muß«, daß die Erde von Meteoren getroffen wird oder sich das Klima verändert, weil sowohl die Biogenese eine probabilistisch bedingte Erscheinung war, wie Probabilismen die Häufigkeit kosmischer Katastrophen der Art von Meteoreinschlägen oder dem Eintritt in eine Eiszeit bestimmen. Es gab eine Zeit, als die Wahrscheinlichkeitstheorie als armer Verwandter der Mathematik galt, ja als Findelkind, das letzterer von den Erforschern des Glücksspiels in gemeiner Weise untergeschoben worden war. Heute aber genießt die Probabilistik großes Ansehen, und wir erfahren ein klein wenig, welche Rolle die ihr eigene Wirksamkeit bei der Entstehung des Lebens auf der Erde gespielt hat. Und sie hat diesem Leben in seinen allereinfachsten Formen des Bakteriendaseins die Fähigkeit gegeben, aus jeder medizinisch verursachten Bedrängnis unversehrt hervorzugehen ... Dies zwingt uns, immer neue Schlachten gegen Krankheiten zu schlagen.

10. Bei alledem, wo sich vor uns das ungewöhnliche und überraschende Panorama künftiger Aufgaben ausbreitet, die ich schon fast manisch mit dem Schlagwort »die Natur in ihren Fähigkeiten einholen und überholen« versehen habe, muß bedacht werden, daß schlichte Redlichkeit und Sachlichkeit auch weiterhin gelten müssen, und das heißt, daß die Befürchtungen, die ich in den Anmerkungen zu *Summa technologiae* geäußert habe, immer noch gültig sind. So habe ich dort zum Beispiel überlegt, ob und wie es dem Menschen gelingen könnte, einen Weg zu den geradezu unglaublichen, in der Geschichte noch nie zuvor verwendeten Abkürzungen bei der Verwirklichung des oben genannten Schlagworts zu finden.

Denn wenn es so war, daß vor drei Milliarden Jahren Leben entstand, das sich dann drei Milliarden Jahre lang in Permutationen und Rekombinationen wiederholte, ohne die eigene Gestalt zu verändern, wie konnte es dann – völlig überraschend – zum »Kambrischen Sprung« kommen, der das üppige Leben mehrte, es vielzellig vergrößerte, der Ozeane und dann das Land besiedelte? Wo fand er den »molekular zerstückelten Moloch des nukleotiden Codes«, auf welche Art schuf er sich weitere Aufgaben, die darin bestanden, daß sich das Leben komplizierte, daß es sich in Arten auffächerte, woher kam dann wieder der Trend zur Beschleunigung, durch den einmal entstandene Organismen sich fieberhaft an die Produktion neuer Arten machten? Wir wissen, daß von den Tier- und Pflanzenarten, die in der Vergangenheit entstanden, 99% ausgestorben sind, und nur die außergewöhnliche Leistung ... und wieder muß man einfach sagen: *Rechenleistung*, Rekombinierungs- und Rekombinationsleistung aus den Nukleotidbausteinen vermochte die weiteren Myriaden nachfolgender Arten, ganze Springbrunnen von Speziationen hervorzubringen. War auch das alles »einfach die Effektivität der größten Zufallslotterie unter der Sonne« – oder kann es sein, daß nichts außer dem Zufall, schlau verkompliziert in Gestalt von Markowschen- oder Halbmarkowschen-Ketten, als diese Kraft wirkte, die zum Ende des Holozäns die Halbaffen und die Vormenschen im südlichen Afrika an die Oberfläche warf ... wo jene Arten ins brutal dezimierende Netz der natürlichen Auslese gerieten und eine nach der anderen ausgelöscht wurden, bis nur noch zwei Äste übrigblieben: auf einem siedelten sich die Affen an, und auf dem anderen – wir: die Menschen, Homo sapiens. Leider der rücksichtsloseste Parasit der Biosphäre.

Das steht heute außer Zweifel: Entweder schaffen wir es, die Rechenleistungen des Molekularcomputers des Lebens zu beherrschen, und dieser hilft uns beim Überleben der Zivilisation ... oder wir ruinieren auch diese Chance, weil sich herausstellt, daß wir diese Prometheus geraubte Naturkraft gegen uns selbst richten ... in einem Kampf, den letztlich nur die Bakterien überleben können.

Die Evolution als paralleler Computer

1. Im vorigen Kapitel *(Die Rechenleistung des Lebens)* stellte ich in vereinfachender Verkürzung eine Methode vor, wie man Nukleotidketten (kurze Ketten, also Oligonukleotidstränge) zur Lösung von mathematischen Aufgaben einsetzt (in dem angeführten Beispiel ging es um die Graphentheorie und die Suche nach dem kürzesten Weg durch die Gipfel), für die ein gewöhnlicher Computer (bei einer großen Zahl von Gipfelpunkten) enorm viel Rechenzeit braucht. Diese überraschend (von Adelman) entdeckte Rechenleistung wird erreicht, indem zur Lösung der gestellten Aufgabe eine große Zahl von Oligonukleotidabschnitten »antritt«, die durch Polymerie vermehrt werden. Im Endeffekt entsteht eine riesige Anzahl von Einheiten, die sich der Aufgabe gleichzeitig annehmen, und zum Schluß bekommen wir eine, die die Lösung der Aufgabe enthält (deren Struktur also die Lösung der Aufgabe ist). Da nun die Aufgaben, die Adelman den Nukleotiden stellte, nicht unmittelbar zur Biologie gehören, sondern eher eine Nebenlinie der ziemlich komplizierten mathematischen Theorie rekursiver Funktionen sind (nicht ganz, aber ich will darauf nicht näher eingehen), nahm ich jenes Phänomen der Anwendung von *brute force* in einer wässrigen Lösung (also gewissermaßen in Gestalt eines »flüssigen, parallelen Computers«) als ein Modell, das sich nicht unmittelbar dafür eignet, auf die Prozesse der Biogenese übertragen oder angewendet zu werden. Nichtsdestotrotz kann man schon jetzt, wenn auch nicht ohne Risiko, eine annähernde Erklärung wagen, die wenigstens vage, aber insoweit vielversprechend, als sie die »Lösung des Geheimnisses der Evolution« in sich zu tragen scheint, zeigt, was nach dem viele Milliarden Jahre andauernden Stillstand des Lebens auf der Erde passierte, wie es passierte und warum, bevor es zur explosionsartigen kambrischen Radiation der Vielzeller kam. Denn tatsächlich werden heute die frühsten Anfänge des Lebens in einer Zeit vor dreieinhalb bis vier Milliarden Jahren angesiedelt, wonach dann jenes Leben, das auf Protobakterien beschränkt war, nach einer geologisch gesehen höllisch kurzen Zeit, nämlich vor kaum 800 Millionen Jahren, als kambrische Evolution »explodierte«, die zuerst von den Ozeanen und dann auch den Kontinenten Besitz ergriff und das Leben teilte: in Pflanzen und Tiere.

2. Es scheint, daß wir über den eigentlichen Anfang des Lebens weiterhin nichts wissen. Ein unverzichtbares »Minimum« waren in jedem Falle irgendwie entstandene Replikatoren, also solche organischen Molekülverbindungen in Lösungen, die die Fähigkeit zur Selbstvermehrung hatten. Replikation in der Biologie bedeutet, daß aus elterlichen Systemen lebende Systeme von Nachkommen entstehen. Diese Bedingung, die Replikation, also die Vermehrung, mußte zuerst erfüllt sein, und auf die Frage, wie es dazu kam, habe ich keine empirisch überprüfbare Antwort (und sei es durch Simulation). Wir müssen diese früheste Form des Lebens ungefragt als *gegeben* annehmen, während sich meine weiteren Ausführungen darauf beschränken, daß ich eine Erklärung dazu anbiete, warum das Leben in seiner kaum entstandenen Form »nichts anderes als sich selbst« schaffen konnte.

3. Hier erlaube ich mir eine Abschweifung, die uns der biologischen Problematik zwar nicht unmittelbar näherbringt, die aber insoweit doch zu denken gibt, weil sie zeigt, wie viele Erzeugnisse, die wir für eindeutige Erfindungen halten oder für allein von Menschen erdachte Anwendungen wissenschaftlicher Entdeckungen, Millionen Jahre vor dem Erscheinen des Menschen auf der Erde entstanden sind. Als zum Beispiel die ersten Generationen der Atomreaktoren entstanden, die auf der Grundlage der Uranspaltung arbeiten, bestand die Überzeugung, daß es auf unserem Planeten vor der ersten Kettenreaktion beim Zerfall von Kernen solche »natürlichen Reaktoren« nicht gegeben haben konnte. Erst später wurde in Afrika genau solch ein Reaktor gefunden, den die Natur geschaffen hatte und der ohne jeden Zweifel aktiv gewesen war und die Umwelt Hunderttausende von Jahren radioaktiv aufgeheizt hatte (heute ist er radioaktiv »tot«). Das Beispiel zeigt, wie vorsichtig wir sein müssen, wenn wir behaupten, daß wir irgend etwas, ob es »Atommeiler« oder »Computer« sind, selbst als erste auf der Welt erdacht und gebaut haben.

4. Im großen und ganzen, aber leider nur im großen und ganzen, weiß man, daß die ursprüngliche Erdatmosphäre keinen Sauerstoff enthielt, daß es in ihr viel Kohlendioxyd und Methan gab und daß das Leben höchstwahrscheinlich (das nimmt man heute an) in heißen Quellen entstanden ist, weil es über die Maßen unwahrscheinlich – eigentlich unmöglich – scheint, daß das gerade erst entstandene Leben als Molekülverbindung, die aus einer Art »Hyperzyklus« (das Modell stammt von Manfred Eigen) hervorgegangen ist, schon ganz von Anfang an in der Lage gewesen wäre, die Sonnenenergie für sich zu nutzen. Wie bekannt können das Pflanzen dank des Chlorophylls, und konnten das noch vor den Pflanzen die Blaualgen, doch dieser Prozeß, Quanten der Sonnenstrahlung herauszufiltern, ist so subtil konstruiert, daß es meiner Meinung nach wahrscheinlicher ist, auf dem Mars ein Auto zu finden, das sich »irgendwie aus den Eisenerzlagern selbst herauskristallisiert hat«. Das gleiche anders ausgedrückt: Es kann nicht sein, daß die Photosynthese zu Beginn der Biogenese erfunden wurde. Das Leben hat sich nach unserem bruchstückhaften Wissen, in dem es viele weiße Flecken gibt, doch »selbst konstruiert«, folglich konnte es während der anfänglichen Etappen keine solchen Raffinessen wie die Photosynthese der Pflanzen geben. Doch auch diese Bemerkung ist nur teilweise nebensächlich und dient mir insofern, als sie unmittelbar zeigt, daß die Entstehung des biogenetischen Präludiums nicht »auf einen Schlag« erfolgen konnte und dazu noch gleich in prozessualen Formen, die dem Leben gleichkommen, das uns umgibt und das in uns selbst seinen Ausdruck findet.

5. Die Sonne hatte zu Anfang – oder genauer: an der Schwelle zur Biogenese – eine Strahlenleistung, die ungefähr 10% bis 20% geringer war als heute. Also mußte die Erde »irgendwie« zusätzlich erwärmt worden sein, denn andernfalls wäre sie von mächtigen Eispanzern zerdrückt worden. Was diese Erde vor vier Milliarden Jahren außer der Sonne noch erwärmt hat, wissen wir nicht genau, denn auch hier tobt heute ein Streit, in dem Hypothesen und alternative Hypothesen aufeinanderprallen. Ich muß daher einfach davon ausgehen, daß die Oberfläche des bereits verkrusteten Planeten, der schon so abgekühlt war, daß darauf große Wasserreservoirs entstanden waren (die Ozeane), »irgendwie« eine Temperatur halten konnte, die den Prolog zur Biogenese ermöglichte. Das heißt, daß damals die ersten Replikatoren entstehen mußten. Ob diese ihre nachfolgenden Generationen dank eines damaligen Vorläufers des Nukleotidcodes repetierten oder auch nur dadurch, daß dieser so weit vereinfacht und urwüchsig war, daß Replikationen überhaupt stattfinden konnten – das ist weiterhin unklar. Ich halte es für wichtig, das Ausmaß unserer gelehrten Ignoranz zu unterstreichen, damit es nicht so aussieht, als wollte ich hier auf einen Schlag »alles« erklären. Eines wissen wir dank der Entdeckung der Rechenleistungen, die potentiell in den Nukleotiden schlummern, bereits: Darin, daß die Adelmanschen Oligonukleotiden wie parallele Computer arbeiten – oder vielleicht eher wie eine riesige Anzahl (eine Menge von vielleicht sogar trillionenfacher Leistung) einzelner molekularer »Nanocomputer«, von denen jeder »auf eigene Faust« arbeitet – und daß sie auf eine ähnliche Aufgabe angesetzt werden, verbirgt sich die Lösung des Rätsels ihres späten evolutionären Erfolgs.

6. Es muß unbedingt hinzugefügt werden, was der erste und wichtigste Unterschied zwischen diesen molekularen Autoreplikatoren und unseren Computern ist, denn hier geht es nicht um den Unterschied im Material oder auch im Programmalgorithmus: Es geht einzig darum, daß wir unseren Computern die Aufgaben stellen und sie so programmieren, daß wir das Ergebnis bekommen, das wir brauchen. Die »Urcomputer« dagegen, billionenfach vorhanden auf der Erdoberfläche oder zuerst vielleicht auch nur in den Tiefen heißer Thermen, Geysire oder vulkanisch aufgewärmter Gewässer, hatten *kein* Programm. So konnte ihnen auch niemand ein Programm vorgeben, und das einzige »Programm« war für sie einfach die offensichtliche Tatsache: Überleben konnten nur solche Urformen, die durch Teilung in der Lage waren, nachfolgende Generationen entstehen zu lassen, aber diese Nachkommen unterschieden sich kaum von ihren bakteriellen Protoplasten (man möge beachten, daß ich nicht weiß, ob jene Formen des »Urlebens« vernünftigerweise »Bakterien« genannt werden dürfen oder Protokaryonten oder wie auch immer, aber irgendeinen Namen muß ich für sie ja verwenden).

7. So standen also »am Anfang mikromolekulare, sich selbst vervielfältigende Computer-Replikatoren«. Die große Mehrheit von ihnen mußte unweigerlich zugrunde gehen, denn die Kunst der Replikation befand sich erst im Anfangsstadium. Zudem wissen wir nicht, ob dieses Urleben mono- oder polyphyletisch entstand, das heißt, ob es der Natur »gelang«, nur einen »Standardtyp« der Protobakterien hervorzubringen, oder ob es vielleicht mehrere Typen gab, die vielleicht miteinander ums Überleben konkurrieren mußten. Die Tatsache, daß heute alle biochemischen Verbindungen des Lebens ausschließlich linksdrehend sind, scheint zu suggerieren (aber nicht mit Bestimmtheit), daß anfangs »rechtsdrehendes« und »linksdrehendes« Leben entstanden ist und daß aus dieser Konkurrenz aus nicht ganz zufälligen Gründen (aber auf diesen Teil des Problems kann ich hier nicht näher eingehen) das linksdrehende Leben hervorging. Jedenfalls darf man »nach gesundem Menschenverstand« annehmen, daß die biogenetischen Replikatoren anfangs relativ schlecht funktionierten, das heißt, daß der Löwenanteil des nachfolgenden Produkts »nichts taugte«, also nicht überlebte.

8. Hier stoßen wir auf ein, wie ich finde, ziemlich geheimnisvolles Problem, das bewirkt, daß wir Leben »in der Retorte« selbst nicht erschaffen (synthetisieren) können. Das Problem sehe ich in jenen Milliarden von Jahren unaufhörlicher Replikation, einem unaufhörlichen Zusammenleben ausschließlich der allerelementarsten und einfachsten Formen und gleichzeitig solcher, die damals noch nicht einmal über das geringste kreative Potential verfügten, das über ein für die Vermehrung notwendiges »Existenzminimum« hinausgegangen wäre. Das ist, so scheint es, ziemlich fatal, weil es eine Bestätigung meiner Befürchtungen ist, die ich bereits in *Summa technologiae* dargelegt habe, daß nämlich die gigantische, einfach ungeheuerliche Latenzzeit des Lebens, die man sich überhaupt nicht vorstellen kann, vergehen mußte, bevor aus dem vorbakteriellen Urleben der ganze Linnésche Artenbaum hervorwachsen konnte. Von den in fossilen Überresten bereits nachgewiesenen paläontologischen Protocodes wissen wir, daß das Tempo aller nachfolgenden Kreationen immer neuer Typen, Gattungen und Arten immer schneller wurde, weil das »Vorbereitungsstadium« am meisten Zeit gebraucht hatte: die Milliarden Jahre dauernde Lehrzeit des Lebens auf der Erde. Doch als dann der »kreative Motor einmal angesprungen war«, wuchs das Tempo, in dem immer neue Arten entstanden, bis es vor kaum einer Million Jahre sein Maximum erreichte: als es den vernunftbegabten Menschen hervorbrachte.

9. Es bleiben jedoch noch viele Unbekannte. Schon jetzt erkennt man darin die wahnsinnig schwere Arbeit der *brute force*, die in Tausendmillionen von Jahren in ihrer blinden Art nichts von den eigenen Potentialen aktivieren konnte – außer der minimalen Aufgabe des Überlebens. Einfach zu überleben war damals eine so schwere und risikobelastete Sache, daß von allen Spielarten des Lebens, die je auf der Erde entstanden, fast alle wieder ausgestorben sind. Vom Aussterben der Reptilien, die 120 Millionen Jahre lang auf unserem Planeten herrschten, wissen wir besonders viel: zum einen, weil das oft Kolosse von riesigen Ausmaßen waren, sie also enorme Skelette hatten, und deren Überreste wurden bei Ausgrabungsarbeiten vor Jahren als erste entdeckt. Zum anderen, weil sie auf ziemlich spektakuläre Weise ausstarben, höchstwahrscheinlich in Folge einer kosmischen Einwirkung, doch es wird immer deutlicher, daß das Leben auf der Erde mehreren solcher Katastrophen ausgesetzt war, und zwar sowohl in Folge von geologisch-vulkanischen Einwirkungen als auch von klimatischen.

10. Wir sollten jedoch zu jener urzeitlichen Vergangenheit zurückkehren, während der das Milliarden Jahre lange »kreative Schweigen« andauerte. Was könnte es gewesen sein, das es beendet hat, unterbrochen und zur kambrischen Eruption geführt hat, jenem »plötzlichen« (das heißt »nur« Millionen Jahre dauernden) Ausbruch eines sich fortentwickelnden Lebens, also dem Start der »evolutionären Progression«? Wir sollten uns klarmachen, daß es in der Tat eine Sache gibt, die für uns heute so offensichtlich ist, daß wir sie eigentlich gar nicht wahrnehmen. Ich halte das ganze unter Biologen so typische Gerede von den »primitiven« Formen ganzer Systeme oder ihrer einzelnen Organe für die Folge eines merkwürdigen Irrtums. Wie kann man glauben, daß zum Beispiel Insekten, die seit dreihundert Millionen Jahren auf der Erde und unvergleichlich viel unempfindlicher gegenüber hohen Dosen von Radioaktivität sind als Säugetiere, »primitiver« seien als Primaten, den Menschen eingeschlossen, die es auf gerade mal zehn bis zwölf Millionen Jahre Erdendasein bringen? Und wenn wir uns die Mikroorganismen anschauen, die überall, um uns und in uns sind, sollte es da nicht zu denken geben, daß sie alle Epochen und alle Jahrmilliarden überdauert haben? Dabei sage ich nicht, daß sie in unveränderter Gestalt überdauert haben. Leider verfügen gerade die Mikroorganismen, und vor allem diejenigen, die bei uns am häufigsten Krankheiten hervorrufen, über eine solche biochemisch-molekulare »Rechenleistung«, daß wir selbst mit den besten synthetischen Medikamenten und Antibiotika nur Löcher in die uns attakkierenden Bakterienfronten reißen können ... die nach kurzer (sehr kurzer) Zeit gegen alle unsere Medikamente resistent werden, gegen die gesamte gegen sie gerichtete pharmakologische und medizinische Artillerie. Was aber bedeutet dieses Phänomen? Es bedeutet so viel, daß gerade die Bakterien, diese »primitiven Formen«, nicht als einzelne Exemplare, nicht als Gruppe, aber als Art, über eine derart kreative Potenz verfügen, die – wie man annehmen darf – in der Rechenleistung steckt und die potentiell bereitsteht, um bei einer Bedrohung aktiviert zu werden. Es entstehen solche Permutationen und solche Rekombinationen der genetischen Weitergabe, die sie resistent machen. Es ist aber nicht vorstellbar, daß sogenannt »höhere« Tiere und der Mensch eine solche Resistenz gegen irgendwelche Giftgase entwickeln könnten ... Man darf wohl sagen, daß es der Wissenschaft gut anstünde, Begriffe wie »Fortschritt« und »Primitivität« bei der Erklärung des Lebens mit großer Vorsicht zu gebrauchen ...

11. Als ich den ersten Vortrag meines fiktiven Supercomputers GOLEM schrieb, legte ich ihm folgende Erklärung in den metallenen Mund:

1. In der Evolution ist *»das Bauwerk nicht so vollkommen wie der Erbauer«*. Außer meiner Intuition gab es damals keine Begründung für meine These; wie Golem weiter sagt, stellen diese Worte »all eure Vorstellungen von der unübertrefflichen Meisterschaft der Schöpferin der Arten auf den Kopf! Der Glaube an einen Fortschritt, der, von Epoche zu Epoche aufsteigend, mit ständig wachsender Geschicklichkeit der Perfektion entgegenstrebt, an einen Fortschritt des Lebens, der sich im ganzen Baum der Evolution ausdrückt, ist älter als die Theorie der Evolution. (...) Ich habe erklärt: Das Bauwerk ist nicht so vollkommen wie der Erbauer. Eine reichlich aphoristische Ausdrucksweise. Geben wir ihr eine sachlichere Form: *Was die Perfektion der Lösungen bei den Organismen betrifft, ist in der Evolution ein negativer Gradient wirksam.* Das ist alles.«*

Weiter werde ich Golem nicht zitieren. Ich sage nur, daß meine Intuition heute, so viele Jahre später, fundierter scheint als damals, als ich sie in der Gestalt eines fiktiven Computerweisen äußerte. Es geht darum – so läßt sich das heute darstellen –, daß der Wettstreit zwischen Lamarckismus und Darwinismus über 150 Jahre dauerte, also der Streit, ob die Evolution eine Folge der Vererbung von Eigenschaften ist, die der Organismus erworben hat, oder ausschließlich eine Folge der Mutation der Gene, die durch die natürliche Auslese »behauen« werden (das heißt, die sie im Hinblick auf ihre Über-

* Zitiert aus: Stanisław Lem: Also sprach Golem. Frankfurt: Suhrkamp 1986, S. 51f.

lebensfähigkeit prüft). Jetzt bin nicht ich es und ist es nicht Golem, sondern sind es die Autoren der Arbeiten über die »Rechenleistung des Lebens«, die sagen, daß ein Zusammenwirken von schicksalhaften Prozessen (also genetischen Veränderungen, die durch Mutationen einzelner Gene ausgelöst werden) und einer bestimmten Ausrichtung des Flusses derartiger Veränderungen möglich ist. Weder ist es ein Erwerb von ererbten Eigenschaften noch eine vollkommen blinde Streuung völlig zufälliger Mutationen. Vorläufig kann man jenen »dritten« Weg nur so nennen: Die Schicksalhaftigkeit schließt die Ausrichtung des Flusses nachfolgender Systeme nicht aus. Genotypisch »gute« Lösungen zeigen eine gewisse Tendenz zur Fortsetzung auf der elementaren Ebene der Gene. Weder liegt eine »reine Schicksalhaftigkeit« noch eine »reine Gerichtetheit« vor. Die Orthoevolution (zum Beispiel des Pferds) ist weder das Ergebnis der Vererbung von erworbenen Eigenschaften noch von blinden Mutationen: Es gibt Strukturen der genotypischen Weitergabe, die in gewisser Weise bevorzugt werden, so wie ein Felsblock, der sich auf einer schiefen Ebene in Folge seiner Trägheit weiter und weiter bewegt. Mit ziemlichem Nachdruck kann man demnach sagen, daß allein die »Perfektion der Lösungen« einer bestimmten arterzeugenden Aufgabe den weiteren Approximationen einer »immer präziseren« Lösung die Richtung vorgibt. Für verschiedene Arten sieht das sehr unterschiedlich aus: anders für Rüsseltiere, anders für Primaten, weil »unterwegs« Formen entstehen, welche die endgültige Lösung »approximieren«; und wenn der evolutionäre Prozeß diese erreicht, bleibt er stehen: Deshalb hat der *Homo sapiens* praktisch aufgehört zu evolvieren. Aus Gründen der Loyalität sei angemerkt, daß das weder sicher ist noch eine sauber dokumentierte Hypothese. In jedem Falle aber steckt in allem, was ich bisher gesagt habe, die Chance, daß man auf den Prozeß der natürlichen Evolution von Pflanzen und Tieren als auf ein großes Ganzes schaut. »Die brutale Gewalt« des Lebens auf der elementaren Ebene der Replikatoren brauchte entsetzlich lange Äonen, bis es überhaupt möglich war, über die einfache Replikation hinauszugehen. Natürlich war der Prozeß, der ablief, ein »Umherirren« (und davon sprach mein Golem, als er die Evolution einen »irrenden Irrtum« nannte). Aus neuerer Sicht betrachtet, sehen wir aber, daß mit der »Elementarheit« der ersten Organismen (Mikroorganismen) im Laufe der zunehmenden Spezialisierung die ursprüngliche Universalität verlorengeht. Wie aus dem Säugling ein Scholastiker, ein Schornsteinfeger, Arzt, Arbeiter, Professor, Chauffeur, Mönch, Diktator oder Schneider werden kann, so könnte aus den Bakterien – falls durch eine Einwirkung aus dem Kosmos oder durch unseren Atomkrieg eine Katastrophe ausgelöst würde, die alle höheren Formen des Lebens auslöschte – in der nachfolgenden Evolution ein neuer Reichtum lebender, organischer Formen entstehen. Natürlich wäre er mit dem Set der Formen nicht identisch und diesem auch nicht ähnlich, der von der Evolution bisher im Linnéschen Baum zusammengestellt wurde! Doch diese Chance steckt potentiell in der Universalität des Lebens, eben in seiner biochemischen »nukleotiden Rechenleistung«. Und das zeugt von den Verlusten, die jede Richtung einer Artenspezialisierung für das Leben mit sich bringt, das ist der Grund, daß wir die regenerativen Fähigkeiten verloren haben (einer Eidechse wächst der Schwanz nach, dem Menschen wächst ein verlorenes Bein oder ein verlorener Arm nicht nach). Wer sich im übrigen näher für die Urform dieser ganzen gegen den »evolutionären Fortschritt« des Lebens gerichteten Streitschrift interessiert, wer die Kehrseite des »Fortschritts« sehen möchte – aber keine Jeremiade –, sollte das Buch *Also sprach Golem lesen*.

Zusammenfassend kann ich sagen, daß es lediglich ein sich uns gegenwärtig aufdrängendes Bild ist, wenn wir einen parallel verarbeitenden Computer als Modell für die natürliche Evolution nehmen. Es mag sein, daß so ein Computer für sich genommen »sehr merkwürdig« ist, denn er hat kein Programm außer dem, daß seine optimale Chance im Überleben liegt. Warum jedoch sind Replikationen (ohne die die Evolution nicht über ihren protobakteriellen Prolog hinausgekommen wäre) notwendig? Deshalb, weil »Mikroleben« dort entsteht, wo es den Attacken des molekularen Chaos ausgesetzt ist (zum Beispiel den Brownschen Bewegungen), folglich ein dauerhaftes Gebilde entstehen muß, das sich diesem alles vernichtenden Chaos widersetzt. Und das ist nur dann möglich, wenn es die Replikation gibt: Denn was sich nicht problemlos repliziert, um sich den Attacken des Chaos entgegenzustellen (dem Gradienten der Zunahme der Entropie), der kommt um, fällt aus dem »Spiel ums Überleben« heraus. Allerdings ist die Selbstentstehung der Replikatoren nur eine notwendige, aber keine hinreichende Bedingung der Evolution für die weitere Entwicklung des Lebens. Es läuft ein Spiel (so läßt sich der Prozeß auch modellhaft darstellen) gegen »die Bank« – gegen die Gesamtheit der leblosen Natur auf Erden. Sie »verschlingt« das Leben, das sich nicht richtig vermehrt. Es ist kein Nullsummenspiel, denn wenn die Natur »gewinnt«, das heißt, wenn sie Leben zerstört, »hat sie nichts davon« – gewinnen heißt überleben, verlieren heißt untergehen. Replizieren, um zu überleben – dieses Minimalprogramm entsteht irgendwo an den Fronten der »trillionenfachen Arbeit der Molekularcomputer in einer Lösung«. An diesen Fronten toben »Schlachten« ohne Unterstützung, unabhängig voneinander, deshalb sprechen wir von der Parallelität ihrer Abläufe. Woher aber stammen die »Überschüsse« kreativer Potenz, aus denen dann langsam Eukaryonten, Algen, Pflanzen und Tiere entstehen, bis sie in den jeweiligen Ästen des »buschig wuchernden« Baums der Evolution dauerhaft »fixiert« werden, wobei jeder Ast ein sich verfestigendes Paradigma (ein *Pattern*) eines bestimmten Typs ist und aus dem einmal entstandenen Paradigma das weitere Spiel alle nur möglichen den Organismus und die Art betreffenden transformatorischen und rekombinatorischen Konsequenzen »schöpft«? Dieses Potential muß ganz offensichtlich durch Zufall entstanden sein, etwa so, daß das, was die prospektive Potenz des evolutionären Fortschritts nicht »gewann«, wie die Bakterien weiter Bakterien blieben, und nur das, was einen »Einfall« für ein konstruktives Konzept für die höheren selbstorganisatorischen Schritte hatte, entwickelte sich zu »Trieben«, wie es wirbellose Tiere und Wirbeltiere usw. sind. Rückschritte kamen dabei auch vor, denn Bakterien überleben oder sterben;

Landsäuger dagegen kehren durch »Regression« zum Beispiel in den Ozean zurück, wie zum Beispiel der Seehund oder der Delphin. Generell führt die Spezialisierung aber nach »oben«, doch zugleich zerstört sie die Chance einer maximalen Variation des Paradigmas. Wenn das Leben »Fisch spielt«, dann kann es nicht gleichzeitig »Insekt spielen«, und wenn es Insekt spielt, dann kann es nicht »Säugetier spielen«. Das heißt, daß sich der »Computer des Lebens« die weiteren Programme selbst aussucht (in der artbildenden Radiation), und wenn er in bestimmten Verästelungen verliert (vor 65 Millionen Jahre verloren die Echsen), übernimmt ein anderer paradigmatischer Ast und setzt das »Spiel ums Überleben« fort. Gleichwohl entstehen die Programme – die Klassen, Typen, Arten – blindlings. Doch sie erlangen durch die Spezialisierung eine zunehmende Orientierung.

Das ist alles, was wir heute wissen.

Evolutionsmodell

1. Im vorigen Kapitel *(Die Evolution als paralleler Computer)* habe ich gezeigt, wie man versuchen kann, die Evolution des Lebens mit der Entstehung der allereinfachsten Replikatoren zu vergleichen, die man als »parallel verarbeitende Minimalcomputer« verstehen kann, die einzig dazu fähig sind, sich anfangs fehlerhaft, im Laufe der Zeit dank der natürlichen Auslese dann immer fehlerfreier selbst zu reproduzieren. Jetzt möchte ich darüber reden, ob ein solcher Ansatz überhaupt – vielleicht sogar sehr viel – Sinn macht.

2. Das Leben entstand vor etwa vier Milliarden Jahren, wobei die Entstehung des genetischen Codes, der einzigen universalen Matrix für alles, was sich lebend vermehren kann, gut eine (die erste) Milliarde Jahre dauerte. Tatsächlich aber ist es heute so, daß die besten wissenschaftlichen Hypothesen den Verlauf der frühen Phasen der Evolution erklären können (als gutes Beispiel sei hier erwähnt: Manfred Eigen, *Stufen zum Leben*, München: Piper 1987), wohingegen das nach meinem Dafürhalten dunkelste aller Rätsel ohne Erklärung bleibt. Eigen (wie die anderen Evolutionisten) kann ziemlich genau den prozessualen Verlauf der Evolution der allereinfachsten Organismen zeigen (und in aller durch die unzureichende Rechenleistung und Speicherkapazität der besten Computer bedingten Vereinfachung läßt sich dieser Verlauf heute auch simulieren), doch die Ausgangssituation ist für keinen das »Null-Leben«, sondern ein Zustand, in dem zumindest ein »Protocode« des DNA-Typs bereits arbeitet, wenn auch überaus fehlerhaft (das heißt, die Replikation ist schlecht, wodurch der Ertrag anfangs niedrig ist, aber er ist schon zur Replikation fähig). Dabei bleibt als größtes Rätsel, was während der ersten Milliarden Jahren der natürlichen Evolution passiert ist: als dieser Protocode auf Grund von Milliarden oder Billionen von Versuchen und Irrtümern gerade erst anfing zu entstehen, während wir zugleich wissen, daß wir, wäre das rein zufällig abgelaufen, eine ganze Ewigkeit auf das DNA und damit auf das Leben hätten warten müssen ...

3. Was ich sagen will, ist, daß das, was für den menschlichen Verstand wegen der Komplexität, die sich über einen Zeitraum von vielen Tausenden Jahrhunderten erstreckt, unvorstellbar ist, in der Tat unvorstellbar IST, und deshalb beide Seiten von vornherein verurteilt waren – die Evolutionisten zur Niederlage, ihre Gegner dazu, sich auf Kräfte oder Ursachen zu berufen, die ganz bestimmt nicht zu dem gehören, was die empirischen Wissenschaften ausmacht. Ich kann nicht voraussagen, ob irgendwelche Simulationen in irgendwelchen Supercomputern der Zukunft, welche die derzeit beste Computergeneration um das 10^3- oder 10^9-fache übertreffen, mit dem Problem fertig werden. Persönlich zweifle ich daran, weil die Evolution wie gesagt zu den stochastischen Prozessen gehört. Sie ist probabilistisch bedingt oder genauer: sie gehört zu den sogenannten Markowschen Prozessen oder eigentlich den halbmarkowschen. In der typischen Markowschen Kette bedingt jeder erreichte Zustand mit einer gewissen Wahrscheinlichkeit den nächsten Zustand: Doch die Kette dieser Schritte hat kein rückwärts gerichtetes Gedächtnis, während die halbmarkowsche Kette ein Gedächtnis hat, allerdings ein ziemlich »schwaches«, »verwaschenes«, das nicht sehr weit in die Vergangenheit reicht. Der Code selbst ist dabei so etwas wie ein Alphabet und hat in diesem Sinn bereits so etwas wie ein halbmarkowsches »Gedächtnis«, denn aus keiner Auswahl von Buchstaben, die einen Satz bilden, läßt sich aufgrund ihrer statistischen Verteilung (nicht aber aufgrund der Bedeutung des Satzes) ein Satz rekonstruieren, der dem aktuellen vorausgehen würde, und trotzdem wissen wir, daß der vorangehende Satz mit demselben Buchstabenalphabet geschrieben wurde und daß es sich nicht um eine Anhäufung von Häkchen, Strichen oder was auch immer handelte, und darin sehen wir jenes schwache Gedächtnis (wir können die Identität der Buchstaben so wie die Identität der Nukleotide in jeder Generation der Organismen entdecken, die der gegenwärtigen vorausging). Gleichwohl wissen wir darüber, wie das »Alphabet des Codes« entstanden ist und wie er verschiedene »Hilfsapparaturen« um sich »aufgebaut« hat, eigentlich weiterhin nichts. Verschwommene und widersprüchliche Annahmen sind kein

Wissen und können Wissen nicht ersetzen. Genausowenig wissen wir auch, ob der Code *a priori* eine so geringe Erfolgswahrscheinlichkeit hatte, wie in einer Situation, in der ein Spieler im Zahlenlotto nacheinander hundertmal den ersten Preis gewinnt, oder umgekehrt, ob irgendwelche uns unbekannten »Zwänge«, die sich aus den Naturgesetzen ableiten, den Prozeß zu einer Organisation des Codes »drängten«. Nach dem Zeitraum zu urteilen, in dem der Code sich herausgebildet hat, war die Wahrscheinlichkeit seiner Entstehung nicht sehr hoch, doch das, was wir nicht wissen, sollte nicht mit leichter Hand und allzu großer Naivität entschieden werden.

4. Bevor ich auf die Frage zurückkomme, wie geeignet das Modell eines parallel verarbeitenden Computers als Ausgangsbasis für die Evolution der einfachsten Organismen ist, wende ich mich einem anderen Thema zu, doch versichere ich, daß ich zu meiner eigentlichen Frage wieder zurückkehre. Seit Urzeiten hat der Mensch, wenn er sich Schritt für Schritt sein Wissen über alles bildete, was ihm nicht einfach und augenfällig wie das Feuerschlagen in der täglichen Erfahrung gegeben war, nach Modellen für die Erscheinungen gesucht, die er auch beherrschen, das heißt, deren Struktur und Bauweise er verstehen wollte. Und von diesen Modellen ausgehend, begann er gemeinhin, das erworbene Wissen zu präzisieren. Als er schon wußte, daß es Atome gibt, verglich er sie mit unteilbaren Kügelchen, dann, als er experimentell tiefer in das Atom eindrang, sah er sich gezwungen, das Ausgangsmodell komplizierter zu gestalten, und zog das Sonnensystem zum Vergleich heran, so daß auf der folgenden Stufe das Atom schon einem Sonnenkern glich, um den die Elektronen wie Planeten kreisten. Dann zeigte sich, daß der zentrale »Sonnenkörper« selbst aus elektrisch geladenen und neutralen Teilchen bestand, dann mußten als zusätzliches Modell Wellen her, bis daraus Ätherwellen wurden; dann zeigte sich, daß es keinen »Äther« gibt, und aus den Wellen wurden sozusagen eher mathematische Konstrukte: Ja, sie wurden gar zu Wahrscheinlichkeitswellen; dann versuchte Einstein den Determinismus noch zu retten und zu verteidigen, aber kam damit nicht durch, und die schon ganz und gar nicht mehr augenfällige Komplementarität der Kopenhagener Schule wurde geboren, und dann hörten die »Elementarteilchen« eigentlich auf, elementar zu sein – und gegenwärtig ist das Konzept, daß es in Abhängigkeit von den energetischen Bedingungen ringsum unendlich viel verschiedene Teilchen geben kann, keine Häresie mehr. Ich will nicht vereinfacht Physik lehren, sondern nur zeigen, wie wir ständig nach Modellen suchen, die anfangs »offensichtlich möglich« sind, die von unseren Sinnen verstanden werden können, dann aber uns die Wirklichkeit mit unerbittlichen Schritten zwingt, diese Modelle aufzugeben, und am Ende (das heißt vorläufig, denn die Physik hat hier das letzte Wort noch nicht gesprochen, das es meines Erachtens auch gar nicht gibt) haben wir das Experiment von Einstein-Podolski-Rosen, das sich nicht mehr in irgendwelchen augenfälligen Modellen ohne Mathematik nachvollziehbar demonstrieren läßt. Der Weg ist immer der gleiche: von der Einfachheit, die wir in der Natur suchen (Einstein drückte das Suchen in den Worten aus: *Gott ist raffiniert, aber boshaft ist er nicht* und auch in *Gott würfelt nicht*) bis hin zu Hawking, der erwiderte, daß Gott sehr wohl würfele, aber uns nicht gestatte, in den Würfelbecher zu schauen. Es besteht die Befürchtung, daß Hawking und nicht Einstein recht hat. Gleichwohl ist es im allgemeinen so, daß uns Modellwechsel von den einfachen zu den weniger einfachen dem »Kern der Sache« immer ein bißchen näherbringen. Und genaugenommen haben wir außer der Konzeption, den DNA-Code mit unserem Buchstabenalphabet zu vergleichen, nichts Rechtes gefunden oder erdacht, seitdem Watson und Crick die DNA-Spirale entdeckt haben.

5. Jetzt kann ich wieder auf die Sache kommen, an der mir eigentlich liegt. Natürlich behaupte ich nicht, daß die vor drei Milliarden Jahren entstandenen Präorganismen, die gerade ein wenig zur Autoreplikation fähig waren, einfach parallel verarbeitende Computer waren. Schon in diesem frühen Stadium waren die Unterschiede riesengroß. Unsere Computer sind digital (sie haben die analogen verdrängt), arbeiten iterativ oder parallel, wobei Programmierer mit letzteren große Probleme haben. Da hat man doch in den USA, in Denver, einen Superflughafen gebaut, mit unterirdischen Tunneln, in denen das Gepäck der Passagiere sortiert, adressiert und transportiert wurde, und ein Superprogramm sollte das alles zusammen fehlerfrei abwickeln. Dann klappte es nicht so recht, weil in dem Programm falsche Routen von irrenden Programmierern einprogrammiert waren, und man kämpfte mit dem Programm und war gezwungen, sich beim Sortieren des Gepäcks usw. (es ging dabei auch um die Ticketreservierung und jede Menge anderer Dienstleistungen) auf die uralte Methode der Handarbeit zu verlassen. Iterativ arbeitenden Programmen läßt sich nur schwer die Fähigkeit zur Autokorrektur einbauen. Die natürliche Evolution funktioniert dagegen anders. Erstens gibt es in ihr viele Kontrollinstanzen (gewöhnlich ist jede Kontrolle redundant vorhanden). Zum zweiten sind ihre Programme weder digital noch analog, sondern »gemischt«, und sie unterstützen sich gegenseitig. Man könnte sie deshalb »chemodigital« nennen, denn »chemo« bezeichnet ja die Analogität (hormonelle, serotonine, acetylcholine und so weiter bis ganz ans Ende der neusten Ausgabe von Abderhalden), und »digital« bezieht sich vor allem auf die elektrische (elektrochemische) Übermittlung von Signalen im Organismus. Genauso läßt sich im Organismus die Hardware nicht sauber von der Software trennen, dabei darf man um Gottes willen nicht glauben, die Evolution hätte sich hier auf einen Saustall gemischter Ordnungen eingelassen, doch man darf annehmen, daß es der Wahrheit entspricht, was ich vor Jahren in *Summa technologiae* in allseits taube Ohren flüsterte: Die Evolution ist als Ingenieur unvergleichlich viel leistungsfähiger als wir, und wir sollten von ihr lernen. Die Wissenschaften haben ja tatsächlich jetzt damit begonnen.

6. Aber auch diese allereinfachsten Organismen vor drei Milliarden Jahren, die sich aufgrund der beschränkten Tauglichkeit des Präcodes mit einer noch geringen Ergiebigkeit selbst vervielfältigten, waren nicht buchstäblich »parallel verarbeitende Computer«. Die Ähnlichkeit mag im besten Fall so gewesen sein wie zwischen dem Atom als Minisonnensystem mit Planeten und dem Atom der heutigen Physik mit Quarks, Baryonen und Leptonen. Jeder Präorganismus war gewissermaßen ein Nanocomputer, der dank des Energiedurchsatzes in seinem Lebensraum versuchte, sich selbst zu vervielfältigen, und damit so etwas wie ein kleiner Prototyp einer »Turing-Maschine«, die langsam arbeitete (keine Turing-Maschine kann anders, das heißt schneller iterieren), und erst ihre planetare Menge von vielleicht sogar Trillionen gab einigen ziemlich zufällig (»natürliche Auslese«, »Selektion«) die Chance, eine bessere Leistung zu erbringen, und diese fingen dann an, sich besser zu vermehren, und überlebten. Und dieses »Minimum an Überlebensfähigkeit« bildete das (vielleicht schlechte) Modell eines parallel verarbeitenden Computers: Es fanden sozusagen Überlebenswettrennen statt. Das ist der ganze und wichtigste Sinn meines Vergleichs der Lebensbasis der Urorganismen auf dem Planeten mit parallel verarbeitenden chemodigitalen Computern. In den einzelnen Nukleotidsträngen kam es zu verschiedenen Rekombinationen, doch wieder sollte man nicht oder sogar: darf man nicht denken, daß aus diesem ständigen Durchmischen der Elemente, welche die Replikatoren bildeten, bereits nach kurzer Zeit eine expansive kreative Potenz entstanden wäre. Das Mischen der »replikativen Präprogramme« dauerte über die folgenden zwei, zweieinhalb Milliarden Jahre bis zum Kambrium: Unser »parallel verarbeitender Computer«, der sich so merkwürdig von den von uns gebauten unterschied, daß niemand ein Programm für ihn basteln konnte, sondern er es sich selbst schuf, weil alles, was nicht auf diese Art gewann, unterging und von jenen Verlierern keine Spur übrigblieb. Und die blieb auch deshalb nicht, weil die Präorganismen, welche überlebten, sich von den Überresten ihrer unglücklichen Konkurrenten ernähren konnten, die als organisches Material überaus bekömmlich waren.

7. Es wäre höchst interessant und lohnend, der Frage nachzugehen, auf welche Weise und mit welcher Wahrscheinlichkeit sich diese bereits auf der elementaren Vegetationsstufe in

Fahrt gekommene »Autoreplikationswerkstatt« mit kreativem Potential füllte, mit dessen Hilfe es zur kambrischen Explosion des Lebens kam. So sagen die Kenner, ich dagegen, Dilettant, der ich bin, glaube, daß es keinen plötzlichen Sprung gegeben hat (einen Sprung, der eine halbe Milliarde Jahre dauert, kann man kaum als »plötzlich« bezeichnen), sondern daß es zuerst, das heißt über Millionen Jahre, nur lokale »Expansionen« in Richtung auf vielzellige Organismen gab, die ausstarben, weil sie in Sackgassen der Entwicklung endeten, bar jeder Fortsetzung, die zu einer weiteren prospektiven Potenz für weitere evolutionäre Schritte »nach oben« geführt hätte, bis im Holozän der Mensch erschien . . .

Wie das damals war, werden wir meiner Ansicht nach nie erfahren. Das wäre nämlich in etwa eine Aufgabe, wie ich sie hier durch ein Bild veranschaulichen will: Eine Million Menschen spielt Roulette. Ein halbes Promille gewinnt (der Rest verliert und endet in Armut). Aus dieser halben Promille bildet sich die nächste Gruppe von Spielern: Von ihnen gewinnen, sagen wir, 90 000. Von diesen gewinnen zum drittenmal 14, und zum vierten Mal gewinnt einer, und dieser eine heißt *Homo sapiens*. Von den Verlierern hört und sieht man nichts, man sieht nur den, der gewonnen hat, selbst wenn er es noch so sehr auf sein eigenes Leben abgesehen hat und versucht, Monte Carlo, wo er sein Vermögen gewonnen hat, in die Luft zu sprengen (und bei der Gelegenheit gleich sich selbst).

Ein solches Bild zu zeichnen, erlaubt die evolutionäre Paläobiologie heute . . . Und weil man einen rückwärts wirkenden Prozeß – wie den Markowschen – nicht rekonstruieren kann (er verfügt ja über keine Erinnerung an seine früheren Zustände), lassen sich selbst mit Computern, die die Rechenleistung eines Supercrays Trillionen Mal übersteigen würden, rückwirkend höchstens viele verschiedene Wege zeigen, die zum Sieger der Endrunde führen könnten, aber mit Sicherheit zu sagen, welchen Weg die Evolution gegangen ist, um auf die Zielgerade der Anthropogenese zu gelangen, läßt sich nie eindeutig feststellen. Das ist meine Meinung, die durch die Mathematik der modernen Wahrscheinlichkeitstheorie in ihren zahlreichen Varianten gestützt wird. Natürlich kann ich mich irren, aber das hieße, daß nicht nur ich einen Fehler gemacht habe, sondern daß man die gesamte weit verästelte Probabilistik einschließlich der Chaostheorie, den Fraktalen usw. durch etwas anderes ersetzen muß, von dem heute niemand die blasseste Ahnung hat.

8. Zum Schluß muß ich noch auf eine im Grunde überaus elementare Frage die Antwort geben: Warum habe ich diesen parallel verarbeitenden Computer als Basis des Protocodes und Urlebens ins Spiel gebracht? Natürlich nicht nur, und sogar überhaupt nicht deshalb, weil ich für eine Zeitschrift schreibe, die sich den »harten und weichen« Computerdingen widmet. Ich dachte mir einfach, daß ein Wechsel des Ausgangsmodells, ein Wechsel, der zumindest nicht verboten zu sein scheint, ein Wechsel, auf den mich Arbeiten von Gelehrten (wie zum Beispiel Adelman) brachten, die zeigen, wie groß die selbst in den oligonukleotiden Fäden verborgenen Rechenleistungen sind, es erlaubt – oder eher: es einmal erlauben wird –, das Rätsel der irdischen Biogenese von einer neuen, einer anderen Seite her zu betrachten.

Rätsel

1. Die Monatszeitschrift »Znak« hat mich gebeten, an einer Umfrage zur Künstlichen Intelligenz teilzunehmen und auf drei Fragen zu antworten:

1. Was werden »intelligente Maschinen« in Zukunft noch alles können?

2. Hat die technische Entwicklung, zum Beispiel eine Erweiterung der Einsatzbereiche, existentielle, ethische oder emotionale Konsequenzen? Wenn ja, welche?

3. Was hindert Maschinen daran, so zu denken und zu handeln wie Menschen?

Im ersten Moment dachte ich, daß die Antworten, die ich auf zwei, drei Seiten geben sollte, in etwa einer Erwiderung auf die an der Schwelle zum neuen Jahrhundert gestellte Frage entspricht: »Was kann man noch alles mit Atomen machen? Hat die technische Entwicklung der Arbeiten zu den Atomen existentielle, ethische oder emotionale Konsequenzen, und wenn ja, welche? Was hindert Atome daran, prospektive Potentenzen zu zeigen, die wir als Hindernisse ansehen?«

Ich glaube nicht, daß es völlig unsinnig ist, diese beiden Triaden nebeneinanderzustellen. Ganz zu schweigen davon, daß das Problem der KI eine Literatur hervorgebracht hat, für die nicht jede Universitätsbibliothek genügend Platz hat, und zugleich ist es ein Ding der Unmöglichkeit, daß ein Mensch, der die KI studiert, alle Arbeiten zu diesem Thema im Laufe seines Lebens liest. Da würde er schon eher die Große Enzyklopädia Britannica von vorne bis hinten durchlesen. Ich entschloß mich dennoch zu antworten, und zwar sehr bündig, also apodiktisch, denn nicht in jedem Falle ist das Sprichwort der Römer richtig: *Si tacuisses, philosophus mansisses*. Gerade in unseren lauten, lärmigen Zeiten mit der ganzen Informationsflut wird, wer aus Vernunft schweigt, nicht zum Philosophen, sondern wird ein Niemand. Ich antwortete also, daß Maschinen »alles« können werden, was die Naturgesetze nicht verbieten – die grundlegenden Gesetze, die das Gerüst unseres gegenwärtigen und künftigen Wissens bilden, daß jede Technologie, ob sie nun etwas mit KI zu tun hat oder nicht, existentielle, ethische und emotionale Konsequenzen nach sich zieht und daß, solange eine neue Technologie nicht fest verankert und für die gesamte Zivilisation zugänglich ist, keine sinnvolle Vorhersage ihrer Auswirkungen (etwa im Sinne eines *Technology Assessment* der Amerikaner) möglich ist. Und schließlich und drittens, daß Maschinen deshalb nicht wie Menschen denken und handeln, weil sie weder vom Bau noch von der Art, wie sie funktionieren, mit den Menschen (dem menschlichen Gehirn) homolog sind. Es ist ganz anders, weil die Evolution der Maschinen (Computer), von denen es gemeinhin heißt, daß sie zumindest einen Teil unserer geistigen Prozeduren mechanisiert haben, sich vom Trend entfernt, der die Anthropogenese der natürlichen Evolution dazu geführt hat, daß wir uns als Exemplare der Gattung *homo sapiens* sehr ähnlich sind.

2. Natürlich war mir, als ich auf diese Weise antwortete, klar, daß meine Antworten im Grunde Ausflüchte waren, da es sich um reichlich banale, um nicht zu sagen triviale Verkürzungen bestimmter Selbstverständlichkeiten handelte. Dann aber fand ich, daß es ein Ding der Unmöglichkeit ist, auf zwei bis drei Seiten kompetenter und sachlicher zu antworten, ähnlich wie bei dem erwähnten Thema der »Atome«. Bisher teilt sich das Lager der Denker und Fachleute, die sich mit dem Problem der KI beschäftigen, in zwei große, gegensätzliche Gruppen: Die einen meinen, daß KI »machbar« ist, die anderen dagegen, daß dies unmöglich ist. Dabei wird allgemein der berühmte Turing-Test anerkannt, der im Kern verlangt, daß der Mensch als Prüfer in einem Gespräch über ein beliebiges Thema mit einem ihm unbekannten Gesprächspartner definitiv feststellt, ob er den Informationsaustausch mit einem anderen Menschen oder mit einer Maschine führt.

3. Die (immer) stillschweigende Annahme beim Turing-Test lautet: Die Menschen sind nicht alle gleich intelligent, doch wenn man aus ganz offensichtlichen Gründen Debile und andere Vollidioten als Prüfer ausschließt, verfügt im Grunde jeder normale Mensch über genügend Wissen und genügend sprachliche Ausdrucksfähigkeit, um mit einem Maschinenprogramm des KI-Typs ein Gespräch zu führen, an dessen Ende die »Demaskierung« der Maschine steht, also die Feststellung, daß der Gesprächspartner »unmenschlich« ist. Hier sind aber schon jetzt Zweifel erlaubt. Dabei muß uns das Wettrennen in der Computerindustrie, das letztlich dazu geführt hat, daß wir bereits P6-Prozessoren haben, die den Pentiumprozessor übertreffen und zwei Milliarden elementarer Operationen pro Sekunde ausführen, nicht notwendigerweise dem Moment näherbringen, in dem ein Programm, das auf so einer Hardware läuft, durch seine Simulierung jeden Menschen besiegt. Das liegt aus mehreren Gründen noch ziemlich weit vor uns, und die Tatsache, daß selbst Kasparow von einer Maschine mattgesetzt wurde, entscheidet für unser Thema überhaupt nichts, denn *brute force* kann nicht erfolgreich auf die Nachahmung des sprachlichen Verhaltens eines normalen menschlichen Individuums angewandt werden. Maschinen haben uns ohne Zweifel schon jetzt auf vielen Gebieten überholt. Ein gutes diagnostisch-therapeutisches Programm, das über alle heute möglichen Ergebnisse auch der »Zusatzuntersuchungen« verfügt, ist besser als die meisten Ärzte, wenn es darum geht, eine Krankheit genau zu diagnostizieren und eine Therapie festzulegen. Das ist nicht einfach so dahergeredet: Die Amerikaner, die statistische Erhebungen mit zahlenmäßig großen Gruppen relevanter (also für die Gesamtheit der Kranken und Gesunden repräsentativer) Probanden lieben, haben bewiesen, daß Maschinen keine schlechteren medizinischen Gutachten erstellen als gute Ärzte. Die Tätigkeitsbereiche vergrößern sich unaufhaltsam, und allgemein darf man nur soviel sagen: Was immer sich von unserem Wissen als Algorithmus darstellen läßt, als verästelter Dendritenbaum von Entscheidungsalternativen, was immer frei ist von allzuviel Antinomien (logisch-semantischen Widersprüchen) – kann grundsätzlich in ein Programm für eine Maschine umgesetzt werden, die nicht nur zur Kategorie der endlichen Automaten gehört, sondern darüber hinaus über eine solche Rechenleistung verfügt, daß man auf das Ergebnis der (ärztlichen, geologischen, gerichtlichen, astrophysischen) Prozedur nicht 200 Jahre warten muß (wie es der Fall wäre, wenn man die einfachste Turing-Maschine nehmen würde). Mit einem Wort, selbst wenn wir die Rechenleistung in iterativen Systemen, die Schritt für Schritt arbeiten, wie sie heute den Weltmarkt für Computer dominieren, exponentiell vergrößern würde, könnten wir im besten Fall rudimentäre Abbilder eines »intelligenten Gesprächspartners« schaffen. Ihm gleichkommen, können wir auf diesem Wege nicht. (Vorausgesetzt, das sei wiederholt, daß er wirklich intelligent und vernunftbegabt ist, wobei das eine nicht dasselbe ist wie das andere). Es lohnt, am Rande anzumerken, daß sich die Programme auch solcher Maschinen dem Prototyp annähern lassen, der in vielen Zweikämpfen des Turing-Typs gegen durchschnittliche Gesprächspartner gewinnen würde, wenn das Programm einige der Eigenschaften jeder menschlichen Sprache berücksichtigen würde. Die Haupteigenschaft ist a) der semantische Polymorphismus, das heißt, daß sich die Bedeutung der Wörter auf Begriffe stützt, die jeweils ganze Paletten mit jeweils unterschiedlichem Sinn bilden, die kontextuell, konsituativ, konnotativ und denotativ, ja eventuell sogar designativ, festgelegt werden; b) der Probabilismus im Bereich der Logik der Aussage, der verhindert, daß man sich auf ein *tertium non datur* beruft, also darauf, daß es scheinbar immer nur ein »entweder ja oder nein« gibt. Der Probabilismus führt uns zu neuen, nicht nur zweiwertigen Logiken (vom Typ wahr-falsch), sondern auch zu *fuzzy sets* und erlaubt auch die Verwendung von Oxymora.

4. Jeder, der das Buch *Probabilistisches Modell der Sprache* des bekannten Mathematikers und Probabilisten Nalimow gelesen hat, wird vom Autor überzeugt, daß es für eine Maschine leichter ist, den Turing-Test zu gewinnen (im Gespräch mit einem Menschen), als eine vollwertige Übersetzung eines nicht banalen, nichtwissenschaftlichen Texts (zum Beispiel eines philosophischen, literarischen oder sogar eines Gedichts) von einer Sprache in eine andere zu liefern. Und zwar deshalb, weil bei guten Übersetzungen, im Licht der logischen Semantik betrachtet, nie von einer eindeutigen Wörtlichkeit die Rede sein kann. Nalimow behauptet, und ich stimme ihm hier zu, daß eine Übersetzung immer die Interpretation von Begriffsbedeutungen ist, die hinter den einzelnen Sätzen dessen stehen, was in der einen Sprache geäußert wurde und was die Entsprechung in der anderen Sprache sein soll. Eigentlich versteht sich das von selbst, denn wir wissen, daß sich jeder in ein- und derselben Sprache mit einem anderen, der diese Sprache gleichermaßen beherrscht, soweit ganz gut verständigen kann (natürlich muß es nicht gleich um Topologie oder Algebra gehen), während die fließende Beherrschung zweier Sprachen zwar eine notwendige Voraussetzung für eine gute Übersetzung ist, aber keine hinreichende, denn nicht jeder, der zwei Sprachen beherrscht, hat die Fähigkeit zum Übersetzer.

5. Aber auch das ist noch nicht alles: Das ist erst die Prolegomena zur KI. Zumindest nach meiner Auffassung, sind nämlich Persönlichkeit und Intelligenz zwei potentiell unterschiedliche Fähigkeiten. Möglich ist der unpersönliche Verstand, und einen solchen habe ich versucht in dem Buch *Also sprach Golem* zu zeigen. Die Sache ist doch so, daß die »Ichheit«, also etwa das, was sich hinter dem Pronomen »ich« verbirgt, ein Individuum ist (um es anschaulicher zu sagen: Es ist nicht so, daß in unserem Gehirn ein kleines Männchen wohnt, das die Zügel unserer volitiven Fähigkeiten hält, und daß dieses Männchen »Ich« hieße). Kleine Kinder sprechen von sich gewöhnlich in der dritten Person (der kleine Hans sagt nicht »Ich will eine Banane«, sondern eher »Hans will eine Banane«). Das Bewußtsein konstruiert die sich selbst als »Ich« bezeichnende Persönlichkeit nicht ohne Mühen, und bei zahlreichen Geisteskrankheiten – psychiatrischen und neurologischen Typs –, wenn das zentrale Nervensystem beschädigt ist, kommt es zu merkwürdigen Veränderungen jenes »Ich«. Es kann sich vervielfachen (bei der Persönlichkeitsspaltung, dem *multipersonality syndrom*), was man früher in spiritistischen Kreisen sehr geheimnisvoll interpretiert hat. Professor Max Dessoir beschrieb in den dreißiger Jahren Personen, die sich völlig normal mit jemandem unterhalten konnten, während sie gleichzeitig Texte niederschrieben, die mit dem Gespräch nichts, aber auch gar nichts zu tun hatten: Eine solche Person glaubte, daß ihre Hand von irgendeinem Medium, sagen wir einem Dschinn, geführt wird. Möglich ist auch das Gefühl, daß sich die »Ichheit« nicht im Körper (im Kopf) befindet, sondern irgendwo »daneben«. Möglich sind hyponoische oder hypobulische Zustände (über sie schrieb u.a. der Begründer der anthropologischen Typologie, Ernst Kretschmer). Aus alledem folgt: Wenn eine Maschine einer künftigen Generation über ein Programm verfügt, das Intelligenz simuliert, dann sollte es gegebenenfalls auch Deviationen obigen Typs gegenüber anfällig sein. Tatsächlich gibt es in den USA schon seit längerem das Programm »Parry«, das einen Paranoiker so gut nachahmt, daß lupenreine Psychiater ihn als einen »gewöhnlichen Kranken mit Paranoidalsyndrom« qualifizierten. Daraus wiederum folgt, daß die menschliche Anomalie leichter zu simulieren ist als die Normalität und, so fürchte ich, die menschliche Dummheit (die ja nun kein so seltenes Phänomen ist) leichter als große Intelligenz.

Das Geheimnis des chinesischen Zimmers

1. Mit seinem Buch *Minds, Brains and Programs*, enthalten im Band *The Behavioral and Brain Science*, Band III, Cambridge University Press, erschienen 1980, löste John Searle in Kreisen amerikanischer Erforscher der Künstlichen Intelligenz blankes Entsetzen aus, oder wenn es jemand gern milder hätte, heftige Kontroversen. Ich werde, wenn ich hier die Clous seines Texts – der denselben Titel trägt wie mein Essay – auf den Seziertisch lege, nicht die etwa 30 Entgegnungen und Streitschriften anführen, mit denen KI-Kreise in den USA versuchten, die Folgerungen »zunichte zu machen«, die sich laut Searle aus seinem Buch ableiten lassen. Ich will auch nicht unbedingt den Eindruck erwecken, ich sei klüger als alle, die dieses Thema an (fast) allen Universitäten erforschen, doch *amicus Plato, sed magis amica veritas*. Wenn jemand die Möglichkeit sieht, meinen Sektionsbefund zugunsten von Searle zu kippen, wäre ich sehr überrascht und zugleich recht zufrieden, denn es ist keine angenehme Sache, die Masse der Weisen zu überragen.

Searle wollte zeigen, daß es möglich ist, das Verstehen eines Textes perfekt vorzutäuschen, den der Mensch, der diesen Text von sich geben soll, tatsächlich nicht im mindesten versteht. Er tat dies in einem erdachten Versuch, den ich zweifach las, um ganz sicher zu gehen, daß ich die Sache auch wirklich verstanden hatte: einmal im Original von D.R. Hofstadter und D. Denett *The Mind's I*, und ein zweites Mal in der guten deutschen Übersetzung *Einsicht ins Ich* (Stuttgart: Klett-Cotta 1981).

2. Die Sache sieht folgendermaßen aus: Searle, der Englisch kann, aber kein Wort Chinesisch, ist in einem Zimmer eingeschlossen und erhält nacheinander drei Päckchen mit Zetteln, auf denen chinesische Schriftzeichen stehen. Für ihn unterscheiden sich die Zeichen in nichts von völlig willkürlichen Kritzeleien. Mit dem ersten Päckchen erhält er englisch geschriebene Anweisungen, wie er die Zeichen aus dem zweiten

Päckchen den Zeichen des ersten Päckchens zuordnen soll. Zum Schluß erhält er das dritte Päckchen mit chinesischen Symbolen und einer englischen Gebrauchsanweisung, die es ihm ermöglicht, die Zeichen des dritten Kärtchens den beiden ersten zuzuordnen. Searle weiß dabei nicht, daß der Zusteller das erste Päckchen »Schrift« (script) nennt, das zweite »Erzählung« und das dritte »Fragen« bezüglich der Erzählung. Er geht rein formal vor, das heißt, indem er die ersten Zeichen den zweiten und den dritten zuordnet, erhält er die fertige Aufzeichnung, die er aber *auch* nicht versteht. Gleichwohl ist für Personen, die die chinesische Sprache und Schrift beherrschen, eine Erzählung ins Zimmer gelangt, und sind aus dem Zimmer sinnvolle Antworten gekommen, die sich auf den Inhalt dieser Erzählung beziehen – alles korrekt und sinnvoll, obwohl der Mensch, der da mit den Zetteln und Zeichen hantiert, nichts versteht und kein Chinesisch kann. Daraus soll nun folgen, daß der Manipulator in dem Zimmer wie die *Hardware* eines Computers arbeitet, während die englischen Instruktionen das Programm, die *Software*, sind, und schon allein daraus ist ersichtlich, daß man sinnvoll auf chinesische Fragen antworten kann, die sich auf eine chinesische Erzählung beziehen, ohne Chinesisch zu verstehen, und das ergibt dann das Modell für die Arbeitsweise eines Computers.

Hofstadter, der in seinem Buch das »Experiment« Searles mit dem chinesischen Zimmer genau rekapituliert, führt seine Einwände an und faßt außerdem die wichtigsten Gegenargumente zusammen (gegen die Gleichsetzung der Anordnung »Zimmer plus Mensch plus Instruktionen« gleich Computerhardware, englische Instruktionen gleich Programm, also Software), die von den besten Arbeitsteams zur Erforschung der Chancen Künstlicher Intelligenz eingesandt wurden, u.a. von den Universitäten Berkeley (»systemhafte« Antwort: Der Mensch selbst versteht nichts, aber er plus die Instruktionen plus das Zimmer »verstehen Chinesisch«), Yale (die Antwort stellt das Geschehen im Stil eines »Roboters« dar), Massachusetts Institute of Technology mit Hilfe aus Berkeley (eine Replik gestützt auf die Simulation des Gehirns), Stanford (kombinierte Replik), Yale (der Versuch einer Reduktion *ad absurdum*: Woher weiß man, daß es andere gibt, die Chinesisch verstehen? – Aus ihrem Verhalten, denn niemand kann ihnen ins Gehirn schauen, also ist das »Zimmer« behavoristisch gleichbedeutend mit einem »Chinesen«), wieder Berkeley usw. Es wäre langweilig, hier noch mehr Repliken aufzuführen. Hofstadter versucht, Searles »Beweis«, der mit dem »gedanklichen Experiment« geführt wird, zu kippen, indem er hervorhebt, daß Searle zum einen wie ein geschickter Zauberkünstler die wirklichen Schwierigkeiten verschleiert, weil allein die Zusammenstellung Aberhunderter chinesischer Symbole Monate dauern würde (meiner Meinung nach ist das kein Gegenargument, sondern eine Ausflucht), zum anderen, indem er die »sinologische« Seite hervorhebt. Das macht mehr Sinn, weil nur wer keine Ahnung vom Chinesischen hat, unwillkürlich davon ausgeht, daß es eine Sprache ist, die aus einzelnen »Zeichen-Klötzchen« aufgebaut ist, die weder Deklination noch Konjugation oder Idiomatik besitzen. Da ich mit dem »chinesischen Zimmer« keinen Streit und keine Diskussion beginnen will, erlaube ich mir, das ganze gedankliche Experiment auf ein anderes, bei weitem einfacheres zu übertragen, mit dem das »Geheimnis« schnell demaskiert ist.

3. Nehmen wir ein sogenanntes Puzzle, das als zusammengefügte Einheit ein naturalistisches Bild oder eine Fotografie zeigt. Das kann ein Ritter von Rembrandt sein oder eine Fotografie des Eiffelturms, es ist ganz egal, was man dort sieht, Hauptsache die naturalistische Offensichtlichkeit des Bildes ist gegeben. Anschließend wird dieses Bild in solche Fitzelstückchen geschnitten, aus denen gemeinhin derartige Spiele *(Puzzle)* bestehen, dabei muß nur darauf geachtet werden, daß jedes Teil sich in der Form von jedem anderen soweit unterscheidet, daß sich daraus kein Gesamtbild zusammenfügen läßt, bei dem einzelne Teile einen falschen Platz einnehmen. Zum Schluß drehen wir das Bild um und schütteln die Schachtel, in der die Teilchen liegen, damit sie tüchtig durcheinandergemischt werden. Dann kommt unser Experimentator, sieht nur die Rückseiten der Kartonstückchen und muß daraus das Ganze so zusammenlegen, daß sich jedes Teilchen dort befindet, wo es hinpaßt. Das kostet viel Arbeit, ist aber möglich, da ja ein Wechsel des Platzes durch die den Teilchen individuell verpaßte Form ausgeschlossen ist. Wenn wir jetzt das Ganze mit dem Bild nach oben wenden, dann sehen wir natürlich das Bild Rembrandts, Leda mit dem Schwan oder auch den Eiffelturm, obwohl der Puzzlespieler nicht wußte, daß er nicht unsinnige Formen zu einem Gesamtbild gefügt, sondern ein ganz bestimmtes und eindeutiges Bild rekonstruiert hat. Das ist ja wohl sonnenklar und bedarf keiner weiteren Erklärungen. Statt eines Bildes kann sich dort ebensogut eine Aufschrift in Polnisch, Albanisch, Chinesisch oder in sonst einer der 5 000 Sprachen dieses Planeten befinden: Es kann dort stehen: »Morgenstund hat Gold im Mund« oder »Ich weiß nicht, was soll es bedeuten, daß ich so traurig bin« usw. Ganz gleich, was erscheint, wenn man die richtig zusammengelegten Teilchen von der Rückseite auf die Vorderseite wendet, so ist doch offensichtlich, daß wer immer das wie ein »Computerprogramm« zusammengesetzt hat, nicht wußte, also keinen Deut davon verstand, was sich auf der Rückseite zeigen würde, und er hatte nicht einmal eine Vorstellung davon, daß dort eine kohärente Ganzheit erscheinen würde. Ist das ein Argument gegen die Annahme, daß der Computer trotz allem ähnlich wie ein Mensch verstehen kann, was er tut, wenn er die jeweils nachfolgenden Schritte einer vorgegebenen Instruktion abarbeitet? Meiner Meinung nach hat das soviel mit dem »Kippen« der These von KI zu tun, wie daß man aus Cremetörtchen einen Text bilden kann, der die Aussicht auf einen Ausbruch des Ätnas negiert. Das eine hat mit dem anderen nicht im entferntesten etwas zu tun.

4. Der Angriff gegen das Searlesche Experiment mit dem chinesischen Zimmer läßt sich natürlich auch anders führen, das heißt, statt die Sache auf ein Puzzle zu übertragen, kann man zum Beispiel die Bedingung einführen, statt der chinesischen Sprache und Schrift das Griechische oder Hebräische zu nehmen, das Arabische oder Lateinische usw. Erst dann und je mehr diese Sprache der unseren wenigstens ein bißchen ähnelt (sagen wir Rumänisch, weil es ein lateinisches Alphabet hat, oder Kyrillisch, weil es ein Derivat des Griechischen ist), wird es um so offensichtlicher, daß die Fragen bezüglich der Erzählung die Antworten in starkem Maße determinieren, und selbst wenn Searle auf dem Chinesischen bestehen sollte, gibt es dagegen ein Mittel. Mit Hilfe eines Sinologen, der fließend Chinesisch spricht, füge ich dem Päckchen mit »Fragen« einige spezifische hinzu: Die Erzählung betrifft zum Beispiel das bekannte Märchen aus 1001 Nacht von Sesam und seinen Schätzen. Die Frage lautet: Wie ist es möglich, daß sich auf die Worte »Sesam, öffne dich« der Fels öffnet? Darauf gibt es unterschiedlich sinnvolle Antworten: a) Der Fels öffnet sich, weil die Erzählung ein Märchen ist, in dem Dinge passieren können, die in der normalen Realität nicht geschehen. b) Der Fels öffnet sich, weil es sich um eine Bühnendekoration handelt, die in Hollywood gebaut wurde, damit eine Episode aus »Erzählungen aus 1001 Nacht« gedreht werden kann. c) Der Fels ist aus Plastik und wird von einem versteckten Elektromotor bewegt, die Stimme aktiviert dabei spezielle akustische Melder.

Meiner Meinung nach ist die erste Antwort, die genealogisch gegeben wird, sich also auf das für die Gattung Märchen hervorstechende Paradigma beruft (erlaubt sind »Zauberei und Wunder«) und nicht-technisch ist, die sinnvollste, doch woher kann man wissen, ob sie sich unter den »chinesischen Antworten«, die gebildet werden können, in dem »Zimmer« befindet?

5. Möglich ist ja auch, daß sich unter den Fragen solche befinden, die das grundsätzliche Nichtverstehen aller Texte durch das »chinesische Zimmer« demaskieren, was ich insofern für zulässig halte, da es John Searle und seinen Respondenten (nach meinem Verständnis) sonderbar vorkam, daß die sogenannte *strong AI* (starke KI), also die Hypothese von der Möglichkeit, daß eine Maschine den Turingtest besteht, im Kontext des »Geheimnisses des chinesischen Zimmers« negativ beschieden wird: Die Maschine, die durch das Zimmer dargestellt wird, versteht nichts, und trotzdem antwortet sie auf die Fragen so, als verstünde sie sie.

Der Schlüssel dazu steckt im »Fragepäckchen«. Nehmen wir an, daß es sich bei dem auf chinesisch erzählten Märchen um Aladins Wunderlampe handelt. Die Fragen lauten: »War es eine elektrische Lampe, mit Batterien? War es eine Petroleumlampe und war Petroleum eingefüllt, das heißt, war sie dank Docht und Streichhölzern in der Lage, zu brennen und Licht zu geben?« Wenn es solche Fragen gibt, die wir *a priori* als irreführend ausschließen, dann kann von einer Analogie zum Turingtest keine Rede sein. Hier verwende ich zur Vereinfachung als authentisches und eingängiges Beispiel das *argumentum ad hominem*, wobei ich selbst dieser Mensch bin. Ich bin stark schwerhörig. Wenn ich nicht mein Hörgerät benutze, verstehe ich (weil ich es nicht höre) fast nichts. Wenn mich in der Bäckerei, in der ich mein Brot kaufe, ein fremder Mensch anspricht, der mich aus dem Fernsehen kennt, kann ich in der gegebenen Situation nicht erst meinen Mantel aufknöpfen und dann das Döschen mit den Gehörprothesen hervorholen, sondern ich versuche, von dem, was er zu mir sagt, wenigstens ein, zwei Wörter zu verstehen. Meist gelingt das, und wenn nicht, dann wiederholt er es oder sagt es etwas lauter und bringt mich auf die Spur dessen, was er sagen will. Im Gespräch mit Tauben kommt es natürlich häufig vor, daß man nicht verstanden wird, doch meint deshalb niemand, selbst bei absolutem Nichtverstehen, er spräche zu einer Schaufensterpuppe oder einem Roboter mit einem Computer im Kopf, der »nur rein formal handelt«. Rein formal handelt der, welcher das Puzzle legt, der, welcher die unverständlichen chinesischen Symbole zusammenfügt, doch wenn er sich irrt, dann wird der Chinese eher glauben, daß es sich um einen Fehler handelt, als um einen Mangel an Verstehen. Es ist ja gemeinhin so, daß der situative Kontext den Sinn für das Verstehen mitbestimmt, und ich denke nicht, daß der Fremde in der Bäckerei mich nach der Anzahl der Sterne im Andromedanebel fragt oder nach dem besten Rezept für Mandellebkuchen. Da Fragen aber durch den Text der Erzählung in eine bestimmte Richtung »gedrängt« werden, sind sie zugleich vorgegeben, das heißt sie sind probabilistisch prädeterminiert im Rahmen eines *fuzzy set*, der einen Richtungspfeil besitzt, der ihn bereits *a priori* auf ein »gewisses Maß an Verstehen« ausrichtet. Dagegen begreife ich überhaupt nicht, um was es bei dem ganzen Müll und Schrott geht, den all die Weisen der Universitäten Searle vor die Füße geschüttet haben. Soll sich Searle doch, anstatt gedankliche Experimente zu beschreiben, die angeblich den Mythos von den vernunftbegabten Computern zerstören, in ein Zimmer einsperren lassen, sollen sie ihm doch dieses Skript und die Erzählung hereinreichen, die sich überaus bescheiden auf die Verse beschränkt: »Ein Mops kam in die Küche und stahl dem Koch ein Ei, und damit ist die Geschichte vorbei« und sollen sie ihn dann (auf chinesisch und auf Zetteln) doch fragen, was das für ein Mops war, von wem die Küche eingerichtet wurde, ob der Hund das Ei gestohlen hat, weil er hungrig war oder damit sich der Vers reimt. Und soll Searle dann, soweit es geht, sachlich antworten. Solche allgemeinen Tests kann ich, mit Verlaub gesagt, massenhaft produzieren, und es folgt absolut nichts aus ihnen. Bekanntlich hat Wells in seinem Spätwerk die Zukunft künftiger Luftkriege beschrieben, in denen lenkbare Ballons die Luftschiffe des Feindes mit Spornen zerfetzen, wie das einst, wenn der Vergleich erlaubt ist, Kriegsfregatten mit feindlichen Schiffen getan haben. Kommt es jetzt im Krieg zu feindlichen Zusammenstößen der Luftstreitkräfte? Natürlich. Wurden *nach* Wells große Flugmaschinen gebaut, die leichter sind als Luft? Natürlich, das waren (vor allem deutsche) Zeppeline. Haben sich die Feinde die Hüllen mit Spornen zerfetzt? Keineswegs, aber auf die Frage »warum nicht?« läßt sich nicht vergleichbar lakonisch antworten. Die Leute, die sich mit KI beschäftigen, haben bisher zumindest erkannt, daß man für das Frage- und Antwortspiel ordentliche Situationsrahmen *(frames)* schaffen muß. Aber allein die Alltagserfahrung lehrt, daß man eine Köchin fragen kann, wie eine Mehlschwitze gemacht wird, man aber eher nicht erwarten darf, von ihr eine vernünftige Antwort auf die Frage zu bekommen, warum es in Ottomotoren neuerer Automodelle nicht zwei Ventile (Einlaß und Auslaß) gibt, sondern vier und mehr. Sie wird nichts sagen, weil sie keine Ahnung hat, was aber nichts mit dem »Verstehen« oder auch »Nichtverstehen« der Grammatik, Idiomatik oder Syntax einer Sprache zu tun hat. Um eine

Aussage zu verstehen, muß man ihren Sinn und den Bedeutungsumfang verstehen sowie *last but not least* ihre spezifische designative Orientierung.

Das chinesische Zimmer von Searle entscheidet ähnlich wie mein Puzzle über nichts, klärt nichts, determiniert nichts, »erledigt« nichts. Ich füge hinzu, weil es jedenfalls ein bißchen hierher gehört, daß in meiner Bibliothek an einem hervorgehobenen Platz das 1924 erschienene Buch eines deutschen Doktors (aber keines Mediziners) steht, der darin mathematisch, chemisch und physikalisch beweist, daß es völlig unmöglich ist, in den Weltraum zu fliegen oder einer Rakete soviel Schub zu verschaffen, daß sie die Anziehungskraft überwinden könnte, um in eine Erdumlaufbahn zu gelangen. Es ist ein sehr schöner Beweis, der »streng formal« geführt wird. Daran sollten Gegner der Künstlichen Intelligenz denken.

Der Hauptvorwurf gegen meine Übertragung des »Geheimnisses des chinesischen Zimmers« auf ein Puzzlespiel, wäre, daß sie eine übertriebene Vereinfachung des Problems darstellt. Ich werde es also ein bißchen komplizierter machen. Auf der Rückseite des Puzzles ist kein Bild, sondern sind die Verse, die Othello spricht, als er Desdemona erwürgt. Der Puzzlespieler weiß davon nichts. Er erhält zwei Päckchen mit unterschiedlichen Teilen als »Fragen« und als »Antworten auf die Fragen«. Er sieht sie alle nur als wild durcheinandergemischte Teile eines Kartons und soll daraus das Ganze zusammenfügen, was möglich ist, weil die Ausbuchtungen und Einkerbungen eindeutig zusammenpassen. Wenn man die zwei Puzzles dann umdreht, sieht man, daß die Fragen lauten: »Warum erwürgt Othello Desdemona?« und »Hatte er dazu irgendeine Veranlassung?«, während die Antworten entsprechend lauten: »Er erwürgt sie aus Eifersucht« und »Er wurde von Jago getäuscht«. Der ganze Text, die Fragen und die Antworten, sind englisch verfaßt, der Puzzlespieler dagegen ist ein Chinese, der kein Wort Englisch kann, durch sein rein formales Vorgehen aber (das Zusammenfügen der Teilchen) einen sinnvollen Text, sinnvolle Fragen und dazu passende Antworten erhält. Vorher hat Searle all jene ein wenig verwirrt, denen er sein Experiment beschrieb, weil alles ziemlich »chinesisch« klang. Jetzt sieht man, daß es in der Tat möglich ist, das Experiment in rein formalen Schritten auszuführen (die Teilchen werden auch nach ihrer Form und nicht nach ihrem Sinn zusammengefügt). Gleichzeitig sieht man jedoch, und zwar sehr deutlich, daß der Chinese in dem »englischen Zimmer« tatsächlich *nichts* versteht. Wer versteht nun die Texte in beiden Beispielen, in Searles und in meinem? Natürlich der, welcher das ganze Experiment – sowohl das erste wie das zweite – erdacht, arrangiert und programmiert hat. Ein »Verstehen« befindet sich in keinem der Zimmer, weder in dem »chinesischen« mit dem Engländer, noch in dem »englischen« mit dem Chinesen, während sich die Programme in beiden Fällen dadurch unterscheiden, daß im einen Fall chinesische Schriftzeichen anderen chinesischen Schriftzeichen *formal* zugeordnet werden, in meinem Beispiel dagegen die Formen ausgeschnittener Pappteilchen *formal* zusammengefügt werden. Der Unterschied ist ohne Bedeutung, nur das Vorgehen des Probanden ist von Bedeutung, der hier wie da nichts von dem Text versteht, und es ist nicht wichtig, ob er den Text sieht, ihn aber nicht versteht, weil er kein Chinesisch kann, oder aber ob er den Text nicht sieht (der Chinese), weil er ihn auch dann, wenn er ihn sähe, nicht verstehen würde, wo es ihm doch darum geht, Formen zusammenzufügen und nicht Symbole. Kurz und gut, das Experiment führt uns in die Irre, was zwar auch Hofstadter in seinem Buch meint, er die Erklärungen dann aber unnötig verkompliziert. Es geht nicht darum, daß es unvergleichlich viel schwieriger wäre, ein chinesisches Schriftzeichen einem anderen chinesischen Schriftzeichen zuzuordnen (Geschriebene Buchstaben können für den Ignoranten auch wie graphisch ganz unterschiedliche lateinische Buchstaben erscheinen – ist »b« formal identisch mit »B«?), sondern darum, daß die Arbeit immer asemantisch formal ist. Folglich kann von einem »Verstehen« in den Tests keine Rede sein und *a fortiori* auch nicht von einem »Bewußtsein«. Ob Künstliche Intelligenz möglich ist, wird die Zukunft zeigen. Mit der besprochenen *reductio ad absurdum* hat diese Zukunft nichts gemein.

Züchtung von Informationen?

1. Das Konzept, das die Überschrift umreißt, kam mir in den frühen sechziger Jahren in den Sinn, als ich begann, die *Summa technologiae* zu schreiben, und ich mich in dem Zusammenhang in die Literatur über die natürliche Evolution Darwinscher Prägung vertiefte. Daß die Evolution selbst eine besondere Art der »Informationszucht« ist, die in den Genen als Matrize und Entwurf des Linnéschen Entwicklungsbaums angelegt ist, häufig als Aussage, die die Evolution auf ihren »Kern« also ihre »Antriebskraft« zurückführt, ging mir nach einiger Zeit gewissermaßen in »umgekehrter« Bedeutung durch den Kopf. Während in der Evolution nur das überdauern kann, was (als Organismus einer bestimmten Art) überlebt (im »Daseinskampf«, der in keiner Weise ein blutiger Kampf sein muß), dachte ich, wenn es gelänge, an die Stelle der Regel: »es überlebt, was am besten an die Umgebung angepaßt ist«, die Regel zu setzen: »es überlebt, was am genauesten die Umgebung *ausdrückt*«, befänden wir uns an der Schwelle einer Automatisation der Erkenntnisprozesse (der Epistemie), wie bei den vier Milliarden Jahre dauernden Prozessen, die die ganze Biosphäre mit dem Menschen an der Spitze ins Leben gerufen haben. Dieses Konzept frappierte mich so, daß ich jene »Informationszucht« als eigenes Kapitel in die *Summa technologiae* einführte. Doch später, als das Buch neu aufgelegt wurde, überkamen mich allerlei Zweifel, was die Chance der Verwirklichung einer solchen »Aufzucht« angeht, und diese Zweifel brachte ich in der nächsten Ausgabe zum Ausdruck. Es läßt sich ja wirklich nicht alles, was sich als künftige Errungenschaft ausdenken läßt, und sei es in der weiten Ferne kommender Jahrhunderte und sogar Jahrtausende, verwirklichen. Natürlich hat sich die natürliche Evolution, verstanden als »Züchtung von Information zum Bau von lebenden Organismen«, durchgesetzt und zweifelsohne funktioniert sie auch. Sie hat einen Antriebsfaktor, der von Anbeginn an in ihr steckt und deren grenzenloser Bedingungslosigkeit nichts gleichkommt. Gleichwohl kann nur das überdauern und damit überleben, was nicht stirbt. Die Guillotine, die jede Unzulänglichkeit in der Organisation der Lebensäußerungen entfernt, ist der Tod. Die Hekatomben bezeugen die »Rücksichtslosigkeit« der Auswahl durch Selektion: Was keine Kraft zum Überleben hat, muß sterben. Welcher Faktor jedoch könnte eine vergleichbare Antriebsfähigkeit in der von mir erdachten »Informationszucht« auslösen, der wir – und sei es in einer noch so fernen Zukunft – Ergebnisse in Gestalt von Entdeckungen, Erfindungen oder empirischen Theorien verdanken würden? Das, was die Darwinsche Evolution auszubilden vermochte, entstand über Hunderte von Jahrtausenden unter dem rücksichtslosen Druck der Umweltbedingungen und der Konkurrenz zwischen den Arten. Was aber hätte diesen Druck beim Versuch, eine aktive Erkenntniskraft zu erlangen, ersetzen sollen?

Die Situation ist heute nicht mehr die gleiche wie vor über dreißig Jahren. Die schon damals verfügbaren Computer sind immer zahlreicher und größer geworden, gleichzeitig verlief ihre »Artenspezialisation« parallel zur Vermehrung der Programmiersprachen. In letzter Zeit sind aus den isolierten Computerstationen über zahlreiche Verbindungen ganze Netzwerke gewachsen, die in den kommenden Jahren unseren Planeten bestimmt noch viel enger umspannen werden. Doch ganz gleich, wie sehr der Informationstransport noch beschleunigt und vervielfacht wird, es kann keine Rede davon sein, daß in einer derartigen »Imitation eines Nervensystems«, das globale Ausdehnungen annimmt, so etwas wie Bewußtsein aufblitzen könnte. Dasselbe anders gesagt: Computer sind keine Neuronen und auch nicht deren Entsprechungen, Netzverbindungen sind keine Axone oder Dendriten. Alles zusammen verharrt in absoluter Passivität, in Schweigen und Abhängigkeit von den Menschen, die Programme in die einzelnen Computerstationen und über sie in die Tiefen des Netzes einspeisen und diese nach menschlichem Ratschluß und Wunsch steuern. Führt das zu einer Form von »Informationszucht«? Natürlich nicht, jeder Nutzer des Netzes wäre völlig überrascht und über die Maßen verwundert, wenn sich zeigen würde, daß das weltweite Netz ihm ohne die Einwirkung von aktiven, menschlichen Absendern »etwas mitzuteilen« hätte. Der Gedanke ist gut für *Science-fiction*, aber jeder, der auch nur ein wenig mit Informatik und der Dynamik von informationsverarbeitenden Netzen zu tun gehabt hat, weiß genau, daß das Netz ihn »nicht ansprechen wird«, »sich nicht auflehnen« oder sonstwie »unabhängig machen wird«: weder so, wie wir uns das vorstellen könnten, noch auf eine Art, die sich außerhalb unseres Vorstellungshorizonts befindet. Und darum noch einmal: Muß das Konzept der »Informationszucht« auf dem Müllplatz begraben werden, auf dem verschiedenerlei Phlogiston ruht?

2. Ich würde sagen, wir sollten uns mit dieser Beerdigung nicht beeilen. Natürlich zielt die Hauptentwicklungsrichtung der Informationstechnologie heute nicht auf irgendeine Form einer »Automation der Erkenntnis« etwa durch die Herstellung von »epistemischen Prozessoren«, die befähigt wären, etwas »aus eigener Initiative« oder unter dem Druck eines »Erkenntnisforschungsprogramms« zu konzipieren. Auf keinen Fall sollte man glauben, die Hilfe, die der Computer und die Computerisierung den einzelnen Wissenszweigen auf breiter Front gewähren, sei ein »informatischer Brückenkopf der Erkenntnis«, weil alles, was uns Computer bieten können, dank ihrer Rechenleistung und der digitalen oder analogen Methode, natürliche Prozesse zu simulieren (so läßt sich heute die Zukunft des Kosmos in einer Entfernung von, sagen wir mal, einer Milliarde Jahren von uns simulieren – vorausgesetzt, die Grundlagen der Kosmologie von heute sind stichhaltig), das Ergebnis von Prozessen ist, deren Daten wir Menschen in die Programme eingegeben haben. Damit hängt die Effektivität der Lösungen von der Qualität der Ausgangsdaten ab, von den Programmen und davon, wie gut diese arbeiten, von den Theorien, die auf all das angewendet werden und die *wir* und nicht etwa Computer geschaffen haben – ganz gleich, ob es sich um Simulationen eines bestimmten Zustands handelt oder um Ergebnisse eines solchen »imitologischen« (wie ich 1963 schrieb) und jetzt »simulativen« Arbeits-Spiels, bei dem zum Beispiel der Entwurf für ein neues Flugzeug entsteht, ein Gebäude, eine Rakete, ein Antriebssystem, eine Waffe, molekulare Verbindungen, Vererbungsgene oder ähnliches. Computer sind folglich unsere Werkzeuge, von Werkzeugen aber erwarten wir nicht, daß sie schöpferisch Früchte tragen – wo sollte es hier Platz für eine »Informationszucht« geben, deren Ernte bedeuten würde, daß wir Wissen über beliebige Erscheinungen der realen oder auch nur mathematisch konstruierten Welt erhalten würden, das wir nicht erwartet hätten: Das läßt sich nun auch besser ausdrücken. Nämlich so, daß Computer beliebiger Leistung Geschöpfe sind, die durch die Umwelt geschaffen wurden, konstruiert von Menschen, von Projektanten, von Neumanns, Turings, Shannons. Es war die Umwelt, die den Computer erschaffen hat, und es sind Menschen dieser Umwelt, die auch über ihre Architektur (Hardware) und Programmierung (Software) bestimmen, in gewisser Weise ist es also genau umgekehrt wie bei der natürlichen Evolution! Denn in ihr entstanden zuerst die Urformen des Lebens auf der kaum erstarrten Erde, in einer Atmosphäre, in der es noch keinen Sauerstoff gab, und als Folge der ungeheuren, gemeinsamen Anstrengungen dieser Urformen des Lebens veränderte sich die Umwelt der Erdoberfläche, ihr Wasser und ihre Atmosphäre, so, daß es vor ungefähr achthundert Millionen Jahren, im Kambrium, zu einer wahrhaften Eruption der Artenvermehrung kam. Demnach hat das Leben die Umwelt beeinflußt, sie zu einem System verschiedener Nischen gemacht, während es bei den Computern umgekehrt war: Weder »vermehrten sie sich selbst«, noch entsprang ihnen der Funke einer »eigenen Motivation« für ihr Vorgehen. Ich bemühe mich, diesen fundamentalen Unterschied so langsam und so deutlich zu zeigen, weil heute allzu gern die Neigung besteht, Gehirne mit Computern gleichzusetzen, Netzwerke (zum Beispiel das Internet) mit Neuronennetzen in Organismen. Auf diesem Weg kommt man nicht zur »Informationszucht«.

3. Ich glaube, bis wir auf dem richtigen Weg sind, vergeht noch viel Zeit und anders als mit kühner Vorstellungskraft zur prospektiven Potenz der künftigen Entwicklung läßt sich die kommende Evolution des »künstlichen Denkens« nicht zeigen. Ich glaube, daß die Prozessoren in folgender Abfolge erscheinen können: Zuerst wird es sein, wie es jetzt schon ist: Wir geben bestimmte Simulate in den vom Computer geschaffenen Raum ein (Raketen, Galaxien, Viren) und versuchen, mit Hilfe der Datenverarbeitung den von uns gewünschten Effekt zu erzielen (es ist klar, und ich werde das nicht weiter ausführen, daß es *eine* Sache ist, nach einer technologischen Optimierung beim Bau von Raketen zu suchen, und eine ganz andere, solche »Stellen« im Virus zu suchen, die wir therapeutisch angreifen könnten).

Wenn wir aber so verschiedene »Apparaturen« wie eine Rakete, einen Virus, ein Genom, ein Sternensystem als Simulate in den prozessualen Raum der Computer eingeben können, dann scheint die künftige Eingabe von immer komplexeren »Apparaturen« möglich . . . bis wir zuletzt die Keimlinge anderer Computer in die Computer »pflanzen« und die Evolution der Computer in diesen selbst (die Nachkommen in den Eltern) ablaufen wird. Zugegeben, es ist jetzt nicht leicht, sich eine solche »Evolution« konkret vorzustellen. Erstens steckt der *Cyberspace* trotz des Lärms um ihn auf der ganzen Welt nun wirklich noch in den Kinderschuhen. Zweitens braucht es gerade wegen der wirklichen Primitivität in dieser Phase für die Programmierung eines fiktiven Ausschnitts aus der realen Welt (es muß nicht gleich ein »simulierter Einstein« sein, meinetwegen nur eine Herde galoppierender Dinosaurier), der in Echtzeit ein paar Minuten dauert, viele Wochen mühevoller Programmierarbeit. Das ist so, als wollten wir uns beim Anblick des ersten Flugzeugs der Gebrüder Wright gleich einen Superjumbo vorstellen, der tausend Fluggäste von einem Kontinent zum anderen transportiert. Doch ganz unweigerlich wird es bei den Computern genauso zu einem Anwachsen und einer Beschleunigung des »Fortschritts« kommen, wie dies bei der Luftfahrt der Fall war. Die Intensität hängt allein von dem ab, was man erreichen will.

4. Das »Eintauchen« von projektierenden Computern in den *Cyberspace* setzt voraus, daß »um sie herum« eine ebenfalls simulierte »Umgebung«, oder, wenn man will, ein »Milieu«

entsteht. Andernfalls wäre nicht klar, woher, wie und wozu der simulierte »Computerkeimling« die »Motivation« (den »Anschub«) bekommen sollte, sich in einen »Nachkommen« zu verwandeln, dessen Leistungsfähigkeit noch glänzender wäre als die eigene! Ich glaube, hier könnte sich eine bei der natürlichen Evolution ausgeliehene Strategie als unabdingbar erweisen. Es geht dabei darum, daß die Evolution massenstatistisch arbeitet, einfach weil sie so arbeiten muß. Der Zwang dazu ergibt sich aus der »Brutalität« von Auswahl und Selektion (»wenn du dich nicht anpaßt, wenn du dich nicht perfektionierst, gehst du unter«).

Deshalb kommt es uns so vor, als herrsche in der ganzen belebten Natur vor allem bei der Vermehrung ein solch verschwenderisches Übermaß. Milliarden Eier, Milliarden Pollen, Milliarden Samen, Milliarden Wimpertierchen, Milliarden und Trillionen – weil fast alle eingehen, ohne den embryonalen Prozeß oder den Pflanzenwuchs aus dem Saatkorn zu beginnen, und doch wächst die Eiche letztendlich zum Giganten heran, weil sein Elter die Eicheln so großzügig ausschütten und aussäen mußte. Demnach muß diese Methode des großzügigen Überflusses, die wir schon von dort kennen, wo Computerschachprogramme mit Menschen, Meistern der Weltklasse, »gerungen« haben, auch im *Cyberspace* angewandt werden. Damit sie aber ihre Kämpfe beginnen kann, muß der zu Verfügung stehende Raum für die Simulation entsprechende kombinatorische, logische und mathematische Dimensionen erhalten (»Raumvolumen« für die *brute force*).

5. Ich schrieb schon einmal davon, daß ich mich in Gedanken ähnlich wie der Schimpanse in den Experimenten des Psychologen Wolfgang Köhler verhalte: Der Affe befindet sich in einem Raum, in dem eine Banane von der Decke hängt, rings um ihn liegen reichlich chaotisch verschiedene leere Kisten, und wenn der Affe nicht allzu dumm ist, findet er am Ende die Lösung: Er stellt die Kisten aufeinander, klettert auf die alleroberste und erreicht so die Banane.

Natürlich ist allein die Verlegung der Arbeit an informatischen Entwürfen vom realen Raum, in dem die Software programmiert wird und andere Spezialisten sich mit der Architektur von Prozessen beschäftigen, in die Tiefen eines Raums, der heute Cyberspace heißt, noch keine Ouvertüre zur »Informationszucht«. Es ist allerhöchstens die Verlegung eines bestimmten Teils der geistigen Arbeit von Menschen auf das Gebiet quasigeistiger Arbeit von Maschinen. (Wir sehen, daß diese ganze Richtung mit »künstlicher Intelligenz« nur sehr wenig, wenn überhaupt etwas zu tun hat.) Was weiter? Hier kann ich schon bemerken, daß ich, ähnlich wie Köhlers Schimpanse, damit begonnen habe, Hypothesen-Kisten aufeinander zu türmen, daß aber der Weg zur Zimmerdecke, an der die Metapher mir die »Informationszucht« aufgehängt hat, noch immer sehr weit ist. Information, verwendbar als ein empirisch oder wenigstens logisch hergerichtetes »Verstehen« bestimmter Phänomene, Prozesse, »Sachen«, muß sowohl entstehen (vermutlich im Gedränge von mehr oder weniger unausgegorenen, »totgeborenen«, monströs anmutenden »Entwürfen«) als auch so durchgesiebt werden, wie es in der natürlichen Evolution durch die Selektion der »maximalen Lebensfähigkeit« geschieht. Wie soll das mit dem Aussieben gehen? Das ist die Frage, die uns mit einem Schlag in den wohl schwierigsten Bereich der Wissenschaftslehre bringt, dorthin, wo sich Metawissenschaft und Metatheorien treffen, dort, wo man überlegt, wie Wissenschaftstheorien entstehen, sich entwickeln und sterben. Dank Popper wissen wir bereits, daß eine Theorie in der Konfrontation mit der sie widerlegenden Erfahrung zum Einsturz gebracht werden kann, doch kann man sie nicht verifizieren, daß sie uns unberührt, unbefleckt und »ewig« als die reine Wahrheit bleibt. Man wird also auch nach der »erkenntnisbezogenen Informationszucht«, so vermute ich, keine absolut sichere Unfehlbarkeit erwarten dürfen. Wahrscheinlich wird auch sie nur den Menschen unterstützen: noch eine innovative Helferin in der späten Entwicklungsepoche (ob es bereits eine Selbstentwicklung ist, weiß ich nicht) der Computer. Bereits ganz allgemein gesprochen ist es also so, daß es »Information« als »reines Destillat« nicht geben kann. Information entsteht immer, kristallisiert sich und wird als etwas der Wahrheit sehr Ähnliches ausgesiebt und auf Datenträger gebracht: Das sind bei Lebewesen die Gene, bei Computern die Disketten, das sind Buchseiten, Konfigurationen von synaptisch verbundenen Neuronennetzen (zum Beispiel im Gehirn). Gerade im Gehirn kann sich allerdings auch als »Meme« (nach Dawkins) grenzenloser Unsinn, Schwachsinn und Blödsinn einnisten. Aber das ist eine andere Geschichte.

6. Aus reiner Anständigkeit (oder aus Ehrlichkeit) muß ich bekennen, daß das Bild einer künftigen »Informationszucht«, natürlich bereinigt um Irrtümer und Dummheiten, mehr als unscharf bleibt: Genau besehen konnte und kann ich nicht sagen, was für eine Beziehung zwischen dieser »Zucht« und der realen Welt bestehen soll. Das heißt, soweit ich das bisher sehen kann, wird der erste Forscherimpuls nicht aus dem Innern des *Cyberspace* kommen, das die Programme und Computer (der nächsten »Würfe«) zeugt, sondern von denen, die sich um das Wohl dieser elektrisch geschlossenen »Welt« kümmern, die hochgradig kohärente, komplizierte, aber geordnete »Ganzheiten« imaginiert. Also muß auch hier wieder und immer noch an den Menschen als Forscher appelliert werden: Seine Neugier, seine Interessen schaffen die Motivation, die dem sich selbstorganisierenden »maschinellen Quasidenken« auch auf dieser Etappe noch fehlt. Um das etwas anders ausdrücken: Ich versuche, mit ganz kleinen Schritten in die Zukunft zu gehen. Auf jeden Fall sind diese Schritte heute kleiner als jene, die ich vor über dreißig Jahren gemacht habe. Damals veröffentlichte ich das Konzept der »Informationszucht«, das sich mir als eine Inversion *sui generis* der Darwinschen Evolutionsstrategie aufdrängte, ohne Zaudern, denn ich war mir fast sicher, daß ich nichts von dem, worüber ich in der *Summa* schrieb, je erleben würde. Daß aber an meinem Lebensabend die »Phantomatik« als »virtuelle Realität« begonnen hat, Wirklichkeit zu werden, daß meine Kühnheiten, welche Hoffnungen und Bedrohungen der genetischen Ingenieurkunst zeigten, ebenfalls in die Spalten der Tageszeitungen gelangt sind, hat mich nicht nur nicht mutiger werden lassen, sondern hat mich im Gegenteil erstaunt, verschüchtert und bei jedem Versuch einer Vorhersage vorsichtiger werden lassen. Denn der Nutzen, den die Menschen aus diesen Errungenschaften ziehen, die nicht länger Phantastereien und Gespenster sind, sondern in der heutigen Realität Fuß gefaßt haben, dieser Nutzen scheint mir mehr denn je ausgehöhlt zu sein vom Primitivismus des billigen Vergnügens und von dem durch Kommerzialisierung oder Machtstreben verursachten Bösen.

Künstliche Nichtintelligenz

1. Ich weiß selbst nicht, warum schon sehr früh in meinen Science-fiction-Romanen und in meinen futurologischen Texten Insekten zu einem immer wiederkehrenden Motiv wurden. Genauer gesagt, sind das nicht so sehr Insekten im Sinne biologisch lebender Geschöpfe, als vielmehr deren originalgetreue Kopien oder künstliche Abbilder, die für sehr unterschiedliche Ziele konstruiert und von mir mit sehr unterschiedlichen Gestalten versehen wurden. In dem Roman *Der Unbesiegbare* erscheinen sie als »schwarzer Regen« oder »schwarze Wolke« und obgleich sie einzeln genommen mikroskopisch klein sind, können sie im Verbund ungeheure Energien erzeugen, mit denen sie alle Kampfmittel eines irdischen Kreuzers besiegen können. Aber das ist nur ein Beispiel: Manchmal war es so, daß ein bestimmtes Konzept, das ich zu Anfang erdacht und in die Geschichte eines Science-fiction-Werks aufgenommen hatte, später von mir in diskursive Texte eingeführt wurde, die man »halbphantastisch« und »halbprognostisch« nennen könnte. So schrieb ich zum Beispiel 1982 unter dem Titel *Waffensysteme des 21. Jahrhunderts* einen Beitrag zur »Bibliothek des 21. Jahrhunderts«, in dem wir, als Prognose verkleidet, folgende Beschreibung finden, die ich hier wörtlich wiedergebe:

2. »Darum wurden die Waffen großen Formats, wie die Schützenpanzer, die Artillerie- und Raketeneinheiten, Zugmaschinen, Boden- und Unterseepanzer sowie andere modernste, d.h. Ende des 20. Jahrhunderts entstandene Elemente der schweren Bewaffnung immer teurer ...

Diese letzte Phase der militärischen Panzer-Gigantomie brach Mitte des Jahrhunderts zusammen und ging in die Phase der beschleunigten Mikrominiaturisierung unter dem Zeichen der künstlichen ›*Nicht-Intelligenz*‹ über. Das ist seltsam, aber erst um das Jahr 2040 herum herrschte in den Kreisen der Informatiker, Chiffrierer und anderer Experten Erstaunen darüber, wie ihre Vorgänger lange Zeit so verblendet sein konnten, daß sie *per fas et nefas* oder mit *brute force* versuchten, Künstliche Intelligenz zu schaffen. Schließlich war für die überwiegende Mehrzahl der Aufgaben, die Menschen auf 97,8% der Arbeitsplätze sowohl physischer wie geistiger Arbeit durchführen, Intelligenz überhaupt nicht notwendig.

Und was ist notwendig? Orientierungssinn, Routine, Geschicklichkeit, Gewandtheit und Erfindungsgabe. Alle diese Eigenschaften weisen die *Insekten* auf. Die Wespe von der Gattung der *Sphex* sucht sich ein Heupferdchen, spritzt ihm in den Nervenknoten ein Gift ein, das lähmt, aber nicht tötet, dann gräbt sie ein entsprechendes Loch in den Sand, legt ihr Opfer daneben, läßt sich in das Loch hinunter, um zu untersuchen, ob es entspricht, und insbesondere, ob es darin nicht Feuchtigkeit oder Ameisen gibt, zieht die Grille hinunter, legt ihr Ei hinein und fliegt davon, um diese Prozedur fortzusetzen, dank deren die aus dem Ei geschlüpfte Puppe der Wespe bis zur Verwandlung in eine Larve sich vom frischen Fleisch der Grille ernähren kann. Die Wespe beweist damit einen ausgezeichneten Orientierungssinn in der Wahl des Opfers und in bezug auf den narkotisierenden chirurgischen Eingriff, den sie am Opfer vollziehen muß, sie zeigt Routine bei der Organisierung der Unterkunft für die Grille, Gewandtheit bei der Überprüfung, ob diese Unterkunft den Entwicklungsbedingungen ihres Nachwuchses entspricht, und Erfindungsgabe, ohne die diese ganze Reihe von Tätigkeiten nicht durchführbar gewesen wäre. Die Wespe besitzt wahrscheinlich eine hinreichend große Anzahl von Nervenzellen, daß sie ebensogut zum Beispiel einen Lastwagen über eine lange Trasse vom Hafen zum Bestimmungsort lenken oder eine transkontinentale Rakete steuern könnte, nur wurden die Nervenknoten der Wespe von der natürlichen Evolution auf ganz andere Ziele programmiert. Bei der völlig unnötigen Beschäftigung, in vergeblichen Versuchen die Funktionen des menschlichen Gehirns in Computern zu simulieren, sind nacheinander Generationen von Informatikern sowie Professoren der Computerwissenschaften (professors of computer science) mit einer Hartnäckigkeit, die einer besseren Sache würdig gewesen wäre, an einem Mechanismus vorbeigegangen, der *millionenmal einfacher* als das Gehirn und gleichzeitig ungewöhnlich klein ist und mit außerordentlich hoher Zuverlässigkeit funktioniert. Nicht die *Künstliche Intelligenz*, sondern den *Künstlichen Instinkt* hätte man in erster Linie simulieren und programmieren sollen, denn die Instinkte sind so gut wie eine *Milliarde* Jahre früher entstanden als die Intelligenz, was ein klarer Beweis dafür ist, daß sie *leichter* machbar sind. Die Spezialisten des 21. Jahrhunderts begannen sich mit der Neurologie sowie der Neuroanatomie der völlig gehirnlosen Insekten zu befassen und erzielten nach nicht allzu langer Zeit glänzende Resultate. Ihre Vorgänger waren wahrhaftig verblendet, wenn sie nicht einmal beachteten, daß Insekten von der Gattung der Bienen, angeblich überaus primitive Geschöpfe, doch im Besitz einer eigenen und zwar erblichen Sprache sind, mittels deren die Arbeiterinnen im Bienenstock einander die Stellen mit neuentdeckter Nahrung signalisieren, wobei sie mit dieser signalisierend-gestikulierend-pantomimischen Sprache gleichzeitig anzeigen: die Richtung des Weges, die Entfernung und sogar die Rentabilität und Blütenart der gefundenen Nahrung. Natürlich handelte es sich nicht darum, an leblosen Elementen vom Typus der *Chips* oder *Crop* Wespen, Fliegen, Spinnen oder Bienen zu simulieren, sondern lediglich um ihre Neuroanatomie mit eingebauten Serien der erforderten Verhaltensweisen, die auf das gewählte und programmierte Ziel gerichtet sind. So kam es zu der wissenschaftlich-technischen Revolution ...

Als daher die Intellektronik bereits Mikrokalkulatoren produzierte, die so klein waren, daß sie erfolgreich mit der Größe der Darmschlingen von Mücken und Hornissen konkurrieren konnten, entwarf die Mehrzahl der Enthusiasten im Zeichen der *Artificial Intelligence* noch immer Programme, die den Computern ermöglichten, dümmliche Gespräche mit nicht allzu klugen Leuten zu führen, und die stärksten Rechenriesen und Gigantosaurier der Computergattungen schlugen bereits Schachmeister, nicht weil sie intelligenter waren als diese, sondern weil sie die Daten milliardenmal schneller pro Sekunde verarbeiteten als Einstein.«*

* Zitiert nach: Stanisław Lem: Waffensysteme des 21. Jahrhunderts. Frankfurt a.M.: Suhrkamp 1983, S. 41-47.

Obiges Zitat stammt aus einem Text, der als Prognose nicht ganz ernst gemeint war, denn er behandelt die ganze Problematik eines »künstlichen Instinkts« im Hinblick auf solche militärische Anwendungen im kommenden Jahrhundert, die die »lebenden Streitkräfte« ersetzen.

3. Doch nun habe ich einen Artikel über »lebende Maschinen« vor mir, die *Biomorphe* genannt werden. Der Artikel ist von Wissenschaftlern des Los Alamos Labors für die Aprilnummer 1995 der russischen Zeitschrift »Priroda« (Natur) geschrieben. Die Autoren, die in der Tat zahlreiche insektenähnliche und mit »Instinkt« ausgestattete Biomorph-Mikroroboter konstruieren, glauben, als erste den Einfall für diese Konzeption gehabt zu haben. Was soll man da machen? Das Zitat, mit dem dieses Kapitel beginnt, zeigt, daß ich eine Automatisierung der Instinkte und deren Inkorporierung in Pseudoinsekten schon vor Jahren erdacht habe. Natürlich verfügte ich weder über Computer noch über irgendwelche Pseudoneuronen, Labors oder Teams von Mitarbeitern: Anders als auf Papier konnte ich nichts schaffen.

Jedenfalls kann ich sagen, daß ich mich eigentlich nur darin getäuscht habe, daß ich den Bau von Mikrorobotern, die über »Instinkt« verfügen, erst etwa für die Mitte des 21. Jahrhunderts vorhergesagt habe; währenddessen wurden schon jetzt die ersten Schritte gemacht.

Biomorphe (die Abkürzung kommt von BIOlogical MORPHology) gibt es bereits in einer beträchtlichen Zahl von Varianten – man möchte fast sagen: von experimentellen »Spezies«. Die Konstruktion der Prototypen umfaßt drei Teile: den mechanischen Teil, der dem »peripatetischen« System der Gliedmaßen (des Insekts) entspricht, und das sind gemeinhin »Beine« mit einer geringen Bewegungsfreiheit (wie bei den Gliederfüßlern, wo sie bis auf ein paar Sonderfälle in der belebten Natur keine biegsamen Elemente aufweisen). Diese Beine verhalten sich, vereinfacht gesprochen, wie die Einzelradaufhängung eines Jeeps: Sie passen ihre Dynamik sowohl dem Terrain als auch der Lage der übrigen Beine selbständig an.

»Der Neuronenkern« entspricht den Nervenknoten der Insekten. Die »Beine« sind mit inneren und äußeren Fühlern versehen (die äußeren entsprechen dem Tastsinn, die inneren sind die Entsprechungen der Propriozeptoren, die durch Feststellung der Spannung und Lage der einzelnen Muskelgruppen das Steuerzentrum – beim Menschen wäre es das Gehirn – über die Lage des Körpers relativ zu den Gliedmaßen und der Gliedmaßen zum Körper informieren.)

Gesichts- und Hörsinn sind bei den allereinfachsten Biomorphen völlig überflüssig. Hier beschränken wir uns auf Kontakt- und Entfernungssensoren (bei vielen Insekten sind das die Antennen – die »Bartfäden«). Ein zusammenhängendes Bild während der Fortbewegung, einer Reliefkarte des Terrains entsprechend, entsteht durch Rückkopplung aller Bewegungen der Gliedmaßen (was die einzelnen Antriebe reguliert), und so entsteht ein maximal vereinfachtes Bild der »äußeren Welt«, das die Signale für die kleinen Bewegungsmotoren der Beine synchronisiert.

Aus der Theorie dynamischer Systeme ist bekannt, daß die Subsysteme einer Maschine mit nichtlinearer Eigenschaft nicht allzu stark miteinander verbunden werden dürfen, wenn das Gesamtsystem in seinem Verhalten die Merkmale einer Selbstorganisation haben soll. Die Maschinen von Los Alamos verhalten sich aus Sicht des Gesamtsystems wie schwach gekoppelte parallele Computer. Dadurch können bis zu 80% eines solchen Biomorphs beschädigt werden, und es wird immer noch versuchen, sich zu bewegen (was seine Entsprechung im Verhalten und Bau echter Insekten hat!).

4. Bisher wurde mit zwei Ansätzen experimentiert, wenn es darum geht, die äußere Welt in einer Maschine darzustellen. In der einen Variante gibt es überhaupt kein Bild dieser Welt: Die Maschine erzeugt kein Bild der Umgebung, sondern bewegt sich wie eine kybernetische »Schildkröte« von Hindernis zu Hindernis – wie es der Zufall will. Beim zweiten Ansatz wird das Bild programmiert, die Maschine besitzt eine ziemlich detaillierte »Karte«, doch kann es leicht passieren, daß sie in einer Sackgasse landet oder es zu einem Unfall kommt, wenn nämlich die programmierte Umgebung von der wirklichen abweicht. Dabei weist das Verhalten der Biomorphe viele Merkmale auf, die wir ohne weiteres einer »Geschicklichkeit« oder gar Verstandeskraft zuschreiben würden. Die Autoren dieser Arbeiten unterstreichen, daß die »Überlebensregeln« der Biomorphe nichts mit den sogenannten »Gesetzen der Robotik« gemein haben, wie sie von Isaac Asimov formuliert wurden (»Erstens, schütze den Menschen, zweitens, gehorche dem Menschen, drittens – sichere deine eigene Existenz«). Wie die Autoren schreiben: »Das ist gut für die Fantasy, aber nicht für Maschinen, die ›überleben‹ sollen.«

In Los Alamos wurde ein anderes Dreierprogramm formuliert: Eine Maschine sollte erstens »um ihr Dasein kämpfen« (eine Analogie zur Hauptregel der Darwinschen Evolution), zweitens sollte sie mehr Energie gewinnen als verbrauchen, und drittens muß die Maschine sich selbständig bewegen.

Kurz gesagt, es geht um die Vektoren Bewegung, Energiebeschaffung und Verteidigung. Die Länge jedes Vektors entspricht seinem Handlungspotential im jeweiligen Bereich.

Die amerikanische Arbeit ist ziemlich umfangreich. Ohne auf technische Einzelheiten und Fragen der Programmierung einzugehen, beschränke ich mich darauf, einige der bereits gebauten Biomorphe aufzuzählen: Das sind *turbot, beamant, walkmansolar* (wird aus Sonnenenergie gespeist), *triped, biped, spider, horse, rover* usw. Bisher sind insgesamt mehrere Dutzend entstanden.

Es gibt auch »in Gemeinschaft« lebende Biomorphe. Die Autoren berichten, daß Ende 1993 in ihrem »Jurassic Park für Roboter« 40 Roboter zwölf unterschiedlicher Arten lebten, die mit Sonnenenergie gespeist wurden. Man konnte beobachten, wie sich Gruppen bildeten, Kämpfe stattfanden, kollektive Kämpfe mit besonders »aggressiven« Individuen, wie bei der Energieaufnahme Dominanzhierarchien entstanden, doch gab es keine Anzeichen für ein gemeinsames Handeln (als Gruppe).

Gleichwohl wird Kooperation als ein Schritt angesehen, der notwendig, machbar und wünschenswert ist. Geplant sind »Mikromaschinen«, Mikromaschinenkolonien und schließlich »Nanomaschinen«, die im Inneren der Zellen lebender Organismen aktiv wären. Ungewöhnlich dabei ist, daß die Zahl der Neuronenelemente sehr klein sein kann: Manchmal reichen zwei. Es scheint sogar, daß eine Verringerung der Zahl der Neuronen im »Kern« die Zahl der Verhaltensmuster vergrößern kann und dem »Überleben« dienlich ist.

5. Die ganze kreative Problematik eines so offenen und so neuen Gebiets kann ich hier natürlich nur andeuten. Daß ich gerade diesen neuen Zweig von Arbeiten auf dem Gebiet der »unverständigen Intelligenz« (denn auch so läßt sich die neue Orientierung der Arbeiten zu selbständigen und selbsttätigen Maschinen trotzig nennen) schon vor langer Zeit vorhergesehen habe, zeigt nur, daß die Überzeugung allgemein blind macht, wonach es in der konstruktiven Informatik nichts Wichtigeres gibt, als den Wettlauf mit dem menschlichen Gehirn. Da jedoch Fahrräder nicht nach dem Vorbild eines Strauß, noch Flugzeuge nach dem Vorbild der Vögel gebaut sind (wie die Ornithopter, an denen man sich im 19. Jahrhundert vergeblich versucht hat), und sich auch kein Roß aus einem »Pedipulator« modellieren ließ, schien mir der Wunsch immer ein wenig zu groß geraten, mit elektronischem Material das menschliche Gehirn mit seinem emotionellen Leben, seinem Bewußtsein und Unbewußtem nachzuahmen, und war wohl auch ein wenig die Folge unserer allzu hohen Meinung vom menschlichen Gehirn: daß nämlich auf andere Art nichts verstandesbegabt sein kann oder gar größeren Verstand haben oder »ohne Verstand schlau« sein könnte, daß niemand auf irgendeinem Gebiet dem Menschen gleichkommt oder zumindest einige seiner Funktionen im Modell nachbaut. Natürlich glaube ich nicht, daß ein »künstlicher Instinkt« mit meiner »Informationszucht« verwandt sein könnte. Es sind gewissermaßen parallele Disziplinen. Das wichtigste Problem schien mir immer die vielleicht sogar notwendigerweise (aufgrund der bestehenden Ignoranz) allgemeine Vorhersage und Wahrnehmung solcher Bereiche der schöpferischen Innovationstätigkeit, die direkt vor unserer Nase liegen, die wir aber nicht wahrnehmen. Ich bin überzeugt, daß die Mikroroboter und ihre Nachfahren ein Gebiet faszinierender Errungenschaften und vielfältiger Spezialisierungen eröffnen. Natürlich auch, worüber ich schon geschrieben habe, im militärischen Bereich. Darauf lasse ich mich heute allerdings nicht gerne ein, weil die leider gar nicht mehr phantastischen Bedrohungen, die in den nächsten Jahren hier auf uns warten, schneller kommen, als wir uns das gegenwärtig vorstellen können.

6. Zum Schluß füge ich noch folgenden allgemeinen und warnenden Hinweis an. Wenn wir den Weg, oder genauer gesagt: zuerst einmal nur den Pfad neuer technologischer Lösungen einschlagen, stehen wir, ohne das vorher zu wissen, Bedrohungen gegenüber, von denen unsere Vorkämpfer nicht einmal träumten. Der aus den Nukleonen befreite Dschinn der Atomenergie läßt sich nicht mehr in seine »Flasche« sperren. Auch von den Mikro- oder Makrorobotern dürfen wir uns viele ungeahnte Dienste erwarten, aber auch viele heute noch unbekannte Plagen.

7. Die folgenden Bemerkungen sollen dazu dienen, meine »Insektenprognose«, die langsam Wirklichkeit wird, nüchterner und bescheidener zu sehen. Erstens, Insekten, wie alle belebte Natur, dienen nicht (auch wenn sie, wie zum Beispiel die Bienen, von uns genutzt werden können). Aber ganz allgemein haben Lebewesen kein anderes Daseinsziel als das Darwinsche: das Überleben der Besten. Genausowenig sind die Biomorphe zu etwas nütze: auch sie sind nur »Maschinen, die da sind, um zu bestehen«. Zweitens, Insekten vermehren sich und haben dadurch ihre artenreiche Spur in der Evolution gelegt. Natürlich muß man, um sich zu vermehren, über eine spezifisch ausgerichtete Komplexität des Baus verfügen, die gerade bei den Insekten eine außergewöhnliche Vielfalt aufweist und aus mehreren Lebensetappen besteht (vom Ei, der Raupe, der Larve, über verschiedene Stadien und Metamorphosen, bis zur ausgewachsenen Gestalt, die fortpflanzungsfähig ist). Von den Biomorphen läßt sich schwerlich etwas Analoges erwarten. Ihre einfachste Aufgabe könnte der Kampf, verbunden mit ihrer Selbstzerstörung, sein, und deshalb habe ich dieser den eingangs zitierten Text gewidmet. Doch die »Motivation«, im Sinne eines Filters zur selektiven Steuerung des Daseinsprogramms, können wir im Grunde in die Programme künftiger Biomorphe einbauen, und das würde, vereinfacht und in gewisser Weise metaphorisch gesprochen, bedeuten, daß man über das Modell der Insekten hinaus in eine Richtung geht, die wir uns heute noch nicht vorstellen können, ähnlich wie kein außerirdischer Verstand sich im Mesozoikum den heutigen Menschen, den *homo sapiens* »ausdenken« konnte. Es gab damals keine Vorgaben und keine Muster, die einem die Richtung für so eine Prognose hätten weisen können, und dasselbe gilt heute für die Biomorphen. Vielleicht wird es fliegende Formen geben, Formen, deren sich die entomologische Ingenieurkunst für Zwecke bedienen kann, die wir nicht kennen, weil es sie noch nicht gibt. Daß der Mensch keine »zwecklose Maschine« ist, obwohl er das Prinzip des Prometheus und des Fausts erdacht hat, kommt daher, daß wir das Reich der natürlichen Evolution verlassen haben und dank des Verstandes »auf eigene Faust« leben und überleben müssen.

Bleibt noch die an sich kleine Frage, wie ich gerade auf das Paradigma der Insekten als Vorbild für meine Entwürfe gekommen bin, und warum ich sie so häufig verwendet habe? Doch auf diese Frage habe ich keine Antwort. Ich bin wohl bei meinen Erwartungen bezüglich der Technologie von Biomorphen vorsichtiger als die amerikanischen Wissenschaftler: Während sie schon von »Verstandesfähigkeit« sprachen, die sich dem biomorphen Entwicklungsweg zuschreiben läßt, bleibe ich beim »Instinkt«, der allerdings in der Praxis den Anschein einer ganz beachtlichen Verstandesfähigkeit haben kann. Der Unterschied zwischen Intelligenz und Instinkt besteht darin, daß sich Intelligenz selbst programmieren und sich ihre Programme umschreiben kann: das kann der Instinkt nicht.

Künstlicher Intellekt als experimentelle Philosophie

1. Um der Klarheit willen muß festgestellt werden, daß es weder einen künstlichen Intellekt noch eine experimentelle Philosophie gibt – es gibt nur Ansätze, Anzeichen und erste Verbindungen beider. Daran ändert auch die Titelflut der Arbeiten und Bücher nichts, die sich Theorien und praktische Anwendung von etwas nennen, das wir als Hardware und Software bezeichnen und das wir als mehr oder weniger universale Vertreter (oder auch nur partikulare Modelle) des künstlichen Intellekts ansehen. Als es noch nicht einmal ein Embryo der Künstlichen Intelligenz gab, nannten Simon und Newell ihr Programm »GPS«: *General Problem Solver*. Die Vernunft heißt einen, solche »auf Zuwachs« angelegten Bezeichnungen zu vermeiden, kann es doch wohl kaum je etwas Herrlicheres und Universaleres als den »Allgemeine Problemlöser« geben. Es gab ihn nicht und gibt ihn noch immer nicht. Dasselbe läßt sich auch von der experimentellen Philosophie sagen, vor allem wenn man berücksichtigt, daß dieser Doppelbegriff nach einem Oxymoron riecht, denn die Philosophie »kennt keine Grenzen«, endet also nicht dort, wo die von Karl Popper errichtete Wand der experimentellen Falsifikation beginnt. Die Philosophie geht über die experimentelle Falsifizierbarkeit (empirisch, nicht mental) hinaus, und zwar in die verschiedensten Richtungen – sowohl als Ontologie, als Wissenschaft vom Sein, wie auch als Epistemologie (der Wissenschaft von den Quellen der Legitimität der Erkenntnis).

2. Bereits an dieser Stelle sollte ich nachdrücklich betonen, daß ich nicht nur den »menschlichen Verstand« nicht für eine kosmisch einmalige Fähigkeit halte, sondern daß ich auch nicht glaube, daß alle philosophischen Schulen der Erde zusammen die »potentielle Menge möglicher Philosophien« erschöpfen. Ich glaube, daß wir als vernunftbegabte Wesen eine Untermenge derartiger Wesen im Kosmos sind, und das gleiche gilt für unsere philosophischen Systeme. Mit obiger Einschränkung läßt sich nicht anders als apodiktisch diskutieren. Auf der Erde gibt es viele religiöse Glaubensrichtungen, die ähnlich mit weltanschaulichen Orientierungen verknüpft sind wie die Philosophien. Dagegen gibt es aber nur eine strenge Wissenschaft im naturkundlichen Sinne und in Unterscheidung zu den humanistischen Wissenschaften, innerhalb deren sich das *principium falsificationis experimentalis* in aller Regel nicht anwenden läßt. Um der Genauigkeit willen sei hinzugefügt, daß der Umfang der unwiderlegbaren oder fast unwiderlegbaren naturwissenschaftlichen Disziplin unterschiedlich ist. Je nach Standpunkt ist die Darwinsche Evolution im Versuch widerlegbar, oder ist sie es nicht, *a fortiori* gilt das für die Anthropogenese, die Linguogenese und (wie bereits gesagt) die Biogenese. Auf die Frage, ob ein isoliertes und im Vakuum plaziertes Genom (als »Nukleotidzopf der DNA«) in diesem Zustand der Isolation aus seiner physikalisch-chemischen Struktur die belebte Spezies hervorbringen kann, aus der es entnommen wurde, oder ob es das nicht kann, darauf haben wir keine ganz sichere Antwort: weder ja, noch nein. Diese Unsicherheit kann durch weitere Fortschritte der Wissenschaften beseitigt werden, doch ist es heute schwer mit Gewißheit zu sagen, ob es so oder anders sein wird.

3. Wenn man sich eines neuen Wissensgebiets bemächtigt, also einen weißen Fleck unserer bisherigen Erkenntnis betritt, ist das meist von einem ziemlich naiven Optimismus begleitet, der die vor uns liegenden Probleme vereinfacht und gewissermaßen reduziert. Die Neigung zum Reduktionismus ist eines der grundlegenden Merkmale des menschlichen Geistes im Erkenntnisprozeß.

4. Die Anfangsgründe der Forschungen waren jedoch wegen jenes Erkenntnisfaktors, mit dem die Perspektive eines künstlichen Intellekts lockte, einem Geist in der Maschine, der über Verstand verfügt, voller Optimismus. Sehr schnell zeigte sich jedoch, daß er unzeitgemäß und nicht nur verfrüht war.

5. Schläue ist die Fähigkeit, sensuelle Daten so zu verarbeiten, daß die Chance des Überlebens der Individuen und ihrer Nachkommen maximiert wird. Verstand ist, wie ich meine, auf jene animalische Fähigkeit aufgesetzt und befähigt dazu, die Grenze des minimalen *Survival of the Fittest* zu überschreiten: Denn wir gehen über die sensuellen Daten und deren tierische Interpretation hinaus, die beim Menschen den Kausalismus hervorgebracht hat. Der Kausalismus wurde der Welt, »wo es nur ging«, gewissermaßen aufgepfropft, zum Beispiel als Animismus: Zwischen einem Regentanz und Regenfällen bestand angeblich auch eine kausale Beziehung, und dieses dynamische Schema, das in vielen Religionen erhalten geblieben ist, transzendiert in seinen Konsequenzen in der Regel die Welt (in ein Jenseits oder in eine Metempsychose oder wohin auch immer).

Im 18. Jahrhundert kritisierte D. Hume die »Heuristik des Kausalismus« als ein »Gesetz der hinreichenden Begründung« von logischer Kraft. Diese Heuristik, so wurde angenommen, entspringt nicht einer Erfahrung. Es war dies die Weiterentwicklung der Ansichten von Locke, der die Existenz eines Wissens *a priori* nicht anerkannte. Dagegen meinte Kant, daß synthetische Urteile *a priori* möglich sind (als uns angeboren). Der Streit ging also darum, ob *nihil est in intellectu, quod prius nun fuerit in sensu*, oder nicht. Meiner Meinung nach muß man sich nicht unbedingt mit Theorien künstlichen Intellekts befassen, sondern eher mit komparativer Neurophysiologie von Tier und Mensch sowie ihrem Verhalten in ähnlichen oder identischen Milieus (Nischen), um feststellen zu können, in welchem Maße die menschliche oder auch nichtmenschliche »Verstandhaftigkeit« durch die äußere Welt (auch im Sinne eines *imprinting*) mitbestimmt, begrenzt (durch »Unmöglichkeiten«) und folglich gestaltet ist. Natürlich hatte Hume, wenn er den Grundsatz des Kausalismus als logischen Begriff verwarf, recht. Im übrigen haben wir mit der Physik des 20. Jahrhunderts bereits die »Grenzen des Verstandes« in gewisser Weise überschritten, weil wir zum Beispiel wissen, was Quantenmechanik ist, sie aber nicht verstehen. Das gleiche gilt für die Tunneleffekte in der Mikrowelt oder den »Platztausch«

von Zeit und Raum, der im Umfeld der Schwarzen Löcher in der Megawelt stattfindet.

6. In den neunziger Jahren kamen zwei ziemlich unterschiedliche Ansätze auf, wie man die Frage nach der Struktur von Computerprogrammen angehen könnte, die in der Lage wären, die natürliche Sprache zu verstehen. Der eine Ansatz stützt sich auf Konzeptionen der linguistischen Philosophie, der andere enstammt der Hermeneutik. Die Grundidee der linguistischen Philosophie ist die Analyse der Bedeutung eines Wortes über dessen Zerlegung in elementare, semantische Sinnbestandteile, wobei die Logik zur Klärung der Bedeutung herangezogen wird.

Die Hermeneutik dagegen sieht in jedem Wort eine potentielle Unendlichkeit an Bedeutungen, während das Wort seine aktuelle Bedeutung durch den konkreten Kontext erlangt. Dieser Kontext hebt jene »Unendlichkeit« auf. W. Nalimow wählt einen vergleichbaren Ansatz, wenn er in seinem Buch *Probabilistisches Sprachmodell* Bayes' Formel einführt, die zuerst die Wahrscheinlichkeit der Informationserwartung (des Worts) bestimmt, und danach mittels des Kontexts aus dem weiten Feld des »vieldeutigen semantischen Spektrums« den dafür sinnvollen Platz aussucht. Ich halte diesen probabilistischen Standpunkt für sehr wichtig, weil unser »Apparat zur Datenverarbeitung«, also das Gehirn, ähnlich arbeitet. Hier ist vielleicht der Platz, um eine philosophische Pause einzulegen und festzustellen, wie wenig und zugleich doch wie viel wir gegenwärtig über die Arbeit unseres Gehirns wissen. Da die elektrische und elektrochemische Aktivität nur eine der »Facetten« in der Gesamheit der Gehirnprozesse darstellt, sollte man nicht gauben, daß ein Modell des Gehirns, das »aus lauter elektrischen, digitalen *Gattern*« konstruiert ist, dem lebenden Gehirn gleichkommt. Ich sage nicht, daß dies unmöglich ist, aber es ist sehr schwierig: nichtbiologische Neuronen können sich weder entwicklungsmäßig noch funktional so verhalten wie biologische, deren Dendriten und Axone sich wie die Wurzeln von Pflanzen im Gehirn bewegen können, und ich gebe meinen Kopf nicht dafür, daß sie nicht durch irgendwelche im Gehirn entstehenden »Isoseme« ausgerichtet sind. Das heißt, daß sie in ihren Bewegungen, die darauf zielen, Verbindungen zu bilden, nicht so orientiert sind, daß sinnhaltige Bedeutungen entstehen und/oder sich verstärken. Viel läßt sich hier an pathologischen Erscheinungen lernen, wie sie von Neurologen und Psychologen untersucht werden. Es zeigt sich nämlich, daß unser Gehirn »vielzellig« aufgebaut ist, aus vielen Aggregaten besteht, modisch gesprochen: aus vielen Modulen besteht, und daß die einzelnen Module relativ souverän sind. Dadurch sieht ein Mensch mit einem beschädigten Modul für Farbigkeit alles wie auf einem Schwarzweißfilm, die rezeptive Aktivität von allem, was wir wahrnehmen, um zu verstehen, ist aber durch die Erfahrungen aus dem irdischen Umfeld gewährleistet. Deshalb bestand vor der ersten Mondlandung in den USA die Befürchtung, daß die Mondlandschaft sich für das menschliche Auge als »völlig unverständlich« erweisen könnte, und entsprechende Experimente zeigten, daß dies unter bestimmten Bedingungen der Fall sein kann. Die Hermeneutik – insbesondere die Heideggersche – verabsolutiert die Sprache, wobei sie gleichzeitig (zu Recht) betont, daß das, *was* die Sprache schafft, das, *wodurch* sie in ihren Vorstellungen getragen und aussagemäßig gesteuert wird, *außerhalb* des Bewußtseins stattfindet: Dies ist die Unwissenheit über unsere linguistische generative Dynamik. Die Komplexität des Gehirns ist natürlich eine Folge der genotypischen Struktur, doch die uns verblüffenden Tatsachen sind, wie die riesige Menge von charakteristischen Kleinigkeiten des menschlichen Verhaltens (wie zum Beispiel die Art, wie jemand den Kopf hält, oder seine Handschrift) erblich sein kann, wo doch der Genkanal für die Erbvermittlung viel zu eng für eine derartige Masse an Reproduktionen ist. Wir erklären das heute, indem wir uns darauf berufen, daß der Fötus in der Phase »maximalen Entwicklungstempos« zwar aus den Keimen 250 000 Neuronen pro Minute erzeugt, daß ihre Ströme jedoch summarisch, ganzheitlich und gemeinsam geleitet werden. Es geht nicht, daß »jedes Neuron an der Hand zu seinem Platz geführt wird«. Das wäre ausgeschlossen, und wir werden als Modellbauer des Gehirns mit diesem Phänomen nicht fertig, da wir auf Systeme beschränkt sind, die zwar beliebig komplex sein können, aber immer digital und biologisch tot sind.

7. Der hermeneutische Ansatz, der einem der Äste der modernen Philosophie entspringt, »schreibt« die Wörter in die Untermengen universaler Erklärungsschemata. Zwar stoßen wir hier bereits auf ein sehr strittiges Gebiet, denn es ist beileibe nicht so, daß wir in Wörtern denken. Wir denken auch nicht unbedingt in Sätzen. Das Denken in einem bestimmten geschlossenen Set (einem *fuzzy set*) von Möglichkeiten können wir schon so modellieren, daß das, was an den »Eingängen« erscheint, eine sinnvolle Antwort an den »Ausgängen« bekommt – anders ausgedrückt: Der Turing-Test kann schon von einem entsprechenden Computer, im Dialog über ein entsprechendes Thema mit einem entsprechend ausgewählten Menschen als Partner »geknackt« werden. (Schlechter sieht es aus, wenn zwei Computer »miteinander reden«: Ihre »intellektuelle« Beschränktheit tritt dann schnell und deutlich zutage.) »Erklärungsschemata« heißen *frames* in angelsächsischen Instituten; es geht dabei um bestimmte Ausschnitte der Welt, die im Programm notwendig explizit gemacht werden müssen, das heißt explizit beschrieben werden müssen. Ein dreijähriges Kind besitzt bereits ein solches Wissen, das vor ihm selbst »geheim« ist, so daß diese *frames* für das Kind überflüssig sind. Das ist wie mit der Muttersprache, die man beherrscht, ohne die Grammatik zu kennen – und wie mit der erlernten Fremdsprache, deren Aneignung mühevoll ist. Aber wie das im Gehirn gemacht wird, wissen wir nicht. Wir wissen nur, daß auch hier die Multimodularität des Gehirns zum Tragen kommt.

8. Heute heißt es, daß alle Sprachen dieser Erde, und davon gibt es deutlich mehr als 4 000, aus einer gemeinsamen hervorgingen, mit der sich vor 12 000 Jahren die Urmenschen verständigten und die man nostratische Sprache nennt. Man weist darauf hin, daß in vielen Sprachen »Urwörter« von den Gliedmaßen oder deren Teilen abstammen, die besonders häufig gebraucht wurden: *Faust – fünf (Finger), Fist – Five, Pięść –*

pięć (palców) usw. Und zugleich können wir feststellen, welchen Einfluß physische Faktoren auf die Sprachausbildung hatten, zum Beispiel die Erdanziehungskraft.

Das, was sich der Anziehung widersetzt, ist der »Drang nach oben in die Höhe«: »Erhabenheit«, »Hoheit«, »Erhöhung« usw., während das, was der Anziehungskraft erliegt, »Untergang« ist, »Erniedrigung«, »Niedergang«, »Unterwürfigkeit«: Diese Wörter und mit ihnen unzählige andere, verlieren an Bord eines Raumschiffs in der Schwerelosigkeit ihren Sinn, ähnlich wie »hinauf« und »hinunter« usw. Das bezeugt unsere linguistische (und verstandesmäßige) Abhängigkeit von der Entstehung und dem Leben auf der Erdoberfläche. Die Anziehungskraft muß man nicht von der Newtonschen Physik erlernen: Jedes Kind und jedes Tier erkennt ihre Allgegenwart unwillkürlich. Solche Elemente eben bilden die große Masse des »verborgenen Wissens«, das wir in uns aufnehmen, weil wir leben, selbst dann, wenn sich die Person nicht innerhalb einer menschlichen Gemeinschaft befinden sollte und keine Sprache erlernt hätte.

9. Ich war – und bin – gezwungen, fürchterlich weitläufige und komplizierte Sachverhalte auf eine fürchterlich verkürzte und primitiv vereinfachende Weise zu behandeln. Allein um die Namen der Bücher und Artikel aufzuzählen, die dem »Verstehen« gewidmet sind, der »experimentellen Philosophie« oder dem »künstlichen Intellekt«, brauchte ich vielmehr Zeit und Raum. Weder zum künstlichen Intellekt noch zur experimentellen Philosophie führt ein Weg allein. Selbst wenn wir uns bescheiden und akzeptieren, daß wir die führende Spezies auf unserem Planeten sind, daß wir als soziale Wesen eine Sprache geschaffen haben, die von den Eigenschaften dieses Planeten mitgestaltet wurde, daß auf der Hauptachse jeglicher Art unseres Denkens, auch des bewußt Nichtsprachlichen, auch an der inneren, stummen Rede, für uns nicht erkennbare Prozesse außerhalb des Bewußtseins teilnehmen als dynamische Träger und Gestalter auch des schöpferischen Denkens, wird die Aufgabe, die wir uns gestellt haben – den »Geist« aus dem Menschen der Maschine einzuflößen –, dadurch nicht leichter. Das einzige, was man schon jetzt als sicher annehmen kann, ist die Nichtuniversalität des menschlichen Intellekts in der Metagalaxis insgesamt. Was den Schöpfer des Intellekts angeht, der im Gehirn installiert ist – die Nukleotidstränge des genetischen Erbcodes –, so können wir auch hier nicht sicher sein, daß nicht eine andere Art von Code, ein anderer Lebenstypus, eine andere Erscheinungsform von Verstand möglich ist. Genauso schwer ist es im Hinblick auf diesen Mangel an Daten, sich vorzustellen, daß künftige Modelle der Ingenieurkunst zum Geist in Maschinen (soweit auch *wir* Maschinen sind, nur eben lebendige und probabilistische) uns klare Antworten auf die Frage nach der Außergewöhnlichkeit oder aber umgekehrt der allgemeinen Verbreitung der irdischen Denkungsart und des verstandesmäßigen Handelns geben können. Ich glaube jedoch, daß selbst das in Zukunft nicht kategorisch für immer unmöglich ist.

10. Man darf auch nicht übersehen, daß es Spielarten der Philosophie, des Glaubens und der Weltanschauungen gibt, die außerhalb des Einflußgebiets des Mittelmeerraums, in Asien, entstanden sind, denn nur dort – nach dem Kanon unserer Naturwissenschaften in den Gebieten nichtempirischen Denkens – sind logische Systeme entstanden, die sich von unserem ursprünglichen und den durch seine Nichtuniversalität hervorgerufenen Ableitungen unterscheiden.

Doch ich, der ich mich in so vielen Bereichen zu Wort melde, in denen ich mich unsicher fühle, kann nichts zu den außereuropäischen Philosophien sagen, obschon ich lese und höre, daß sie zum Thema des Geists in der Maschine das Ihre beitragen können. In jedem Falle gibt zu denken, warum das gesamte zweifache Reich des Lebens, das Pflanzen- und das Tierreich, von einem einzigen Nukleotidcode der DNA getragen wird – während die Spezies, die als ein dünner Zweig von den Primaten abgeht und den ganzen Globus bevölkert hat, in ihrer sprachlichen Kommunikation linguistisch in Abertausende Verästelungen zerfallen ist. Aller Wahrscheinlichkeit nach hängt das mit der Notwendigkeit einer strengen und (praktisch gesprochen) kontextfreien Ordnung bei der Generationsweitergabe – in der Evolution – zusammen und zugleich mit der ungeheueren Plastizität der Hirnfunktionen, über die wir immer nur staunen können. Alle meine Vorstellungen über die Identität von 99,9prozentig eineiigen Zwillingen werden von dem Beispiel zweier Brüder zerstört: Einer von ihnen bleibt völlig normal, während der andere schizophren wird, und diese Krankheit ist die Folge von pathologischen Veränderungen der Kommunikation und der informationalen Arbeit des Gehirns.

Es gibt einen anderen Fall: Ein Junge, dem wegen eines Karzinoms im Alter von sechs Jahren die gesamte linke Hirnhälfte entfernt werden mußte, bei dem sich nicht nur die psychischen Funktionen, sondern auch die Motorik und die Sprache fast vollständig restituierten. Dieses regenerative Potential muß sowohl Psychologen wie Philosophen und die »Ingenieure menschlicher Seelen« in Erstaunen versetzen.

11. Ich komme zum Ende dieser losen Anmerkungen, möchte aber noch ein paar Worte hinzufügen. Auch wenn es für experimentelle Schritte noch viel zu früh ist, so glaube ich doch, daß man sich folgendes Problem vergegenwärtigen kann: Wird die genetische Ingenieurkunst in einem Stadium, das gegenüber dem heutigen weit fortgeschritten sein wird, erkennen, wo die Grenzen der baulich-funktionalen Variierbarkeit des Gehirns liegen, die durch die Ausgangsdaten der menschlichen Genome gezogen werden? (Metaphorisch gesprochen: Mit Sicherheit bilden alle Modelle, die aus Lego-Steinen gebaut werden können, eine geschlossene und endliche Menge: Gilt dasselbe auch für die prospektiven Potenzen der cerebromatischen Ingenieursarbeiten?)

Gegenwärtig spricht man bereits (das ist eine ganz andere Frage) davon, daß Biomorphe in die Mikromaschinen konstruktiv eingebauten Instinkt haben und »Pseudoinsekten« repräsentieren.

Bekanntlich ist eines der Haupthemmnisse für die Entwicklung der Insekten über die Äste des Linnéschen Baums nach oben ihre miese energetische Bilanz. (Hier kommen Sachen wie die Tracheen und noch ein paar andere wie der Chitinpanzer, also Exoskelette zum Tragen). Wird es möglich sein, solche Pseudoinsekten zu konstruieren, die sich zusammenschließen können, um die »Vernunft« als Gruppe zu vergrößern? Insekten sind diesen Weg nicht gegangen, weil sie ihn nicht brauchten (»Niemand kratzt sich, wenn es ihn nicht juckt«, sagte Einstein, und daraus würde folgen, daß uns die ganze Welt »entsetzlich juckt«). Wenn das so ist, wenn wir uns nicht durch Aggression und demographische Explosion vernichten, »kratzen wir uns durch« bis zum künstlichen Intellekt, der fähig sein wird, uns seine eigene Weltsicht zu präsentieren, seine eigene Sicht des Menschen – und das wird seine experimentelle Philosophie sein . . .

II

1. Ich habe versucht, nicht parteiisch zu sein in obiger Skizze, mit der ich den gegenwärtigen Forschungsstand wie aus großer Ferne gezeigt habe, doch natürlich ist Unparteilichkeit hier nicht möglich, wo schon die *contradictio in adiecto* des Titels sie verrät. Wenn Künstliche Intelligenz der Weg zur experimentellen Philosophie sein soll, dann entfällt die Option zugunsten des Empirismus. In *Summa technologiae* brachte ich gewissermaßen als extreme Zukunftsmusik ein Kapitel zum Thema »Die Glaubensvorstellungen der Elektronengehirne« unter, was als Thema heute wie vor über 35 Jahren eine leere Ankündigung ohne die Spur einer Erfüllung ist. Doch wenn es uns gelingt, grundlegende Erkenntnisfunktionen in den Maschinen zum Leben zu erwecken, dann wird in ihnen ganz unvermeidlich Information »metaphysischer« und »transzendenter« Art erscheinen, und das ist nur eine Frage der Zeit, die notwendig ist für die Entstehung einer Maschinengeneration, bei der Formen des Fideismus erreicht sein werden, die wir *a priori* nicht kennen: Ich sage nicht, daß es so sein muß, sondern nur, daß es so kommen kann.

2. Die Entdeckungen der Hermeneutik (zum Beispiel der Heideggerschen) übertreffen heute das, was die mühevolle Arbeit der Informatiker und Programmierer ausmacht, doch die Situation wird sich umkehren. Wie ich einmal schrieb: Was immer wir denken, ist bei weitem einfacher als das Substrat dieses Denkens. Natürlich werden wir uns zur KI, dem Vermögen unserer natürlichen Sprache folgend, emporrangeln. Es gibt eine durchaus nicht zufällige Ähnlichkeit des Erbcodes zur Sprache, obgleich ich meine, daß die Ähnlichkeit zur Symphoniepartitur für ein großes Orchester entscheidender ist (die Zelle ist ein noch viel größeres »Orchester«). Wir sollten keine Angst vor Metaphern haben, es sind diese eine der wirkungsvollsten Waffen, die unsere sprachlichen Aussagen vor dem *regressus ad infinitum* retten, den Gödel aufgezeigt hat. Die natürlichen Sprachen kommen mit dem unvermeidlichen Gödelschen Defekt zurecht, weil ihre Uneindeutigkeit, ihre konnotativ-denotative Verwaschenheit und textuelle Kontingenz es ihnen erlauben, nicht nur die »weichen« (semantischen) Widersprüchlichkeiten, sondern auch die »harten« (logischen) zu neutralisieren. Deshalb kann man in einem bestimmten Sinne davon sprechen, daß es eine umgekehrte Proportionalität zwischen der Länge eines Textes und seinem »zu interpretierenden« Inhalt gibt.

3. Wir wissen nicht, bis zu welchem Grad die Philosophie von der funktionalen Organisation unseres Gehirns abhängig ist. Ist eine bestimmte Klasse von Hirnen tatsächlich dazu befähigt, sich eher der Empirie zuzuwenden? Hatte Kretschmer mit seiner kategorischen Haltung ein klein bißchen recht?

Kann »außermenschlicher Verstand« entstehen? Als Werk genetischer Ingenieursarbeit, als Werk einer anderen Evolution, als Werk des Konstruktivismus? Wie soll diese Außermenschlichkeit verstanden werden? Wohl in dem, was sich als informationales Produkt eines solchen Gehirns für die Gesamtheit aller menschlichen Gehirne als unbegreiflich erweist. Doch das Gestammel eines Verrückten wird genauso unbegreiflich sein. Was also gilt? Die Variantenvielfalt allein innerhalb einer Art ist ungeheuer groß. Es ist leider nicht so, daß jeder geschulte Mensch Heidegger oder Platon in Gänze versteht! Wenn die Philosophen zum »Verstehen der Philosophie« durch die Gruppe ihrer Gehirne auserwählt sind, dann sind nicht alle Menschen intellektuell gleich, doch marschieren die Philosophen deshalb »an der Spitze«? Ich zweifle stark daran, denn auch in der Philosophie (wie in jeder Wissenschaft) kann man betrügen. Die Entwicklung der KI muß mit der Entwicklung des biologischen Zentralnervensystems nicht äquifinal sein. Die Möglichkeiten sind so weit wie der Ozean, und wir haben weder einen ordentlichen Kompaß noch eine Karte.

Verstand und Netz

1. Die Verbindungen, die den Globus umschlingen und zum »globalen Informationszeitalter« zu führen scheinen, die Verbindungen, die sich als Internet und vergleichbare Netze herausgebildet haben, weckten anfangs großen Enthusiasmus bei dem Herrn unserer Zeiten: dem Kapital in all den Konsortien, Regierungs- und Militärzentralen, Stäben und in den Forschungszentren, auch von Universitäten. Zugleich sah es so aus – und so verkündeten es die »Netzpropheten« –, daß diese Netze die Ökonomie beherrschen werden. Blitzschnelle Verbindungen sollten aus der Erdkugel eine Art Einheit machen (noch nicht heute, versteht sich), Banken und Börsen würde es ermöglicht, in Sekundenbruchteilen Transaktionen durchzuführen, und auf diese Art würden sich gewissermaßen die Pforten zum 21. Jahrhundert öffnen.

2. Schnell aber bemerkte man mindestens zwei Schwierigkeiten bei der informationalen Globalisierung: Zum einen bildet das Netz mit seinen Computerknoten (und von denen gibt es auf der Erde zig Millionen) ein völlig passives und »totes« System, sehr vereinfacht gesprochen in etwa wie das weltweite Netz der Bahngleise (in dem die Bahnhöfe so etwas wie stark vereinfachte »Computer« dieses Systems sind). Das Netz selbst kann sich nichts ausdenken, so wie das Bahnsystem die Fahrpläne nicht selbst zusammenstellt und auch keine hohe Unfallsicherheit garantiert, wenn es nicht durch andere, »gleisfremde« Faktoren unterstützt wird. Zum zweiten, und bis dahin reicht der Vergleich mit dem Bahnnetz nicht, kann man ins Internet und in einzelne Computer über deren Leitungssysteme (oder mittels Disketten, die auf die eine oder andere Art aus Sicht des Computernutzers mit einem unerwünschten und vielleicht schädlichen Programm »infiziert« sind) einbrechen, und das Stichwort dieser Bedrohung heißt Virus. Schon heute toben auf der ganzen Welt Angriffs- und Abwehrkämpfe zwischen Viren (es heißt, daß aufgrund der eifrigen Tätigkeit der Hacker heute täglich mindestens ein gutes Dutzend neuer Viren entsteht) und Antivirenprogrammen. Kein Wunder, daß es im Feuer dieser stillen Schlachten bereits zu einer solchen Eskalation gekommen ist, daß es Antivirenprogramme gibt, die den Computer zwar von den einen Viren säubern, gleichzeitig aber heimlich andere einschleusen; daß es sehr mutable Viren gibt (wie das biologische AIDS-Virus, wenn der Vergleich erlaubt ist), die durch ein »Loch« im Netz eindringen und vorgeben, »überhaupt keine Viren zu sein«. Am Horizont dieser schon reichlich verbissenen Kämpfe von Offensive und Defensive taucht die Frage auf, ob es um ein finites Spiel geht (aus dem die eine der beiden Seiten als Sieger oder Verlierer hervorgeht) oder ob es ein »unendlicher« Kampf wird, der ohne Aussicht auf einen einseitigen Sieg andauern muß.

3. Ich werde mich hier nicht mit der Frage beschäftigen, wozu Virenprogramme gebastelt werden und was mit ihrer Hilfe erreicht werden soll. Die Absichten können sehr unterschiedlich sein: Angefangen von kleinen »Gaunereien«, mit denen eine isolierte Transaktion einer Bank fehlgeleitet werden soll, bis hin zu einem sich neuerlich auftuenden Cyperspace rein militärischer Auseinandersetzungen mit Täuschungen, Fälschungen und Betrügereien ohne Blutvergießen, einer Virusinfektion, die ganze Kommunikationsnetze des Feindes lahmgelegt, und zwar entweder plötzlich und unerwartet oder aber erst auf ein Signal hin, das im übrigen gar nicht erst »gegeben« werden muß, es reicht, daß es verborgen im Netz des Gegners schlummert, versteckt zum Beispiel im allerunschuldigsten, synoptischen Langszeitprogramm mit eigener »Uhr«, die das Virus in der kritischen Phase des Informationsgefechts auslöst. In engem Zusammenhang mit obigen Bemerkungen steht natürlich die ziemlich drastische Frage, ob diese ganze neuzeitliche Informationskonzeption, die Netzwerke und ihre Globalisierung, mehr Böses als Gutes in sich trägt.

Zum Teil ist die Motivation der Autoren von Virenprogrammen ganz offensichtlich materiell und läßt sich einfach mit der Erwartung auf einen Gewinn (zum Beispiel finanzieller Natur) erklären, einem Vorteil (wirtschaftlich, politisch, militärisch), aber, wie uns die Statistik des *computer crime* lehrt, einem anderen Teil geht es nicht um irgendwelche Vorteile, sondern der Antrieb ist einfach ein »Sieg« des Hackers (die reine Befriedigung darüber, destruktive Macht erlangt zu haben oder in die Tiefen verborgener Daten oder irgendwelcher Geheimnisse des »Gegners« eingedrungen zu sein).

4. Gegenwärtig verwendet man außer gewöhnlichen *Firewalls* bereits den vielfach verschlüsselten Zugang *(input)* zum Computer, doch die Theorie der Chiffrierung und Dechiffrierung zeigt, daß die hundertprozentig sichere Chiffre nur die ist, die neu und bisher nicht bekannt ist und die nicht noch einmal verwendet wird. Allein schon die neuerliche Verwendung einer Chiffre erhöht die Wahrscheinlichkeit kolossal, daß sie »geknackt« wird, aber andauernd und immer neue »Chiffrebarrieren« zu errichten ist natürlich mühsam und verlangt, daß sich die Absender mit den Empfängern ständig außerhalb des Netzes verständigen. Man kann ruhig sagen, daß die Mehrheit der im Netz übermittelten Inhalte keine unerhörten Geheimnisse enthält, und ein Abhören dieser Inhalte muß kein Unglück sein. Hier allerdings kommt uns ein ganz anderer Faktor in die Quere, nämlich die Autorenrechte. Musikstücke, Libretti, künstlerische oder wissenschaftliche Texte können leicht abgefangen werden, und dann ist es nicht unbedingt schwer, festzustellen, wer der Absender ist, während man die Frage, wer das Werk zu Unrecht empfangen hat und vielleicht verwendet, nicht immer beantworten kann, und die Schwierigkeiten dabei wachsen in etwa proportional zu der Zahl der Nutzer im Netz (wenn ich in einem fast leeren Park meinen Geldbeutel verliere, ist es leichter, ihn wiederzufinden, als wenn mir das auf einem riesigen, von vielen Menschen besuchten Bahnhof passiert).

5. Wie aus dem Gesagten folgt (wenn auch nicht direkt), ist wohl die Haupteigenschaft, die ein ordentliches Funktionieren des Netzes als System, dem wir Information zur Übermittlung anvertrauen, garantiert, die Ehrlichkeit aller Teilnehmer. Es reicht ja schon, daß auf besagtem Bahnhof ein paar

Diebe sind, und schon sinkt die Chance, den verlorenen Gegenstand zu finden. Das Netz ist nicht in der Lage, die Ehrlichkeit der Nutzer zu garantieren. Dieser ganze Prozeß von Angriff und Verteidigung hat gerade erst angefangen und entsteht gewissermaßen vor unseren Augen, und die Gründung von Agenturen und Zentren, die sich auf die Konstruktion und den Verkauf von Antivirenprogrammen spezialisiert haben, erinnert lebhaft an den Zuwachs von Detekteien und Wachgesellschaften, wenn die Kriminalität ansteigt. Der »informatische Krieg«, vorläufig noch eher im übertragenen Sinne als wirklich militärisch, dauert an und wird andauern, und es ist schwer, vorauszusagen, wohin die Reise geht. Es gibt hier eine verborgene Gefahr, die schlimmer ist als der mehr oder weniger lokale Schaden für eine Firma oder Bank: Auch das Urheberrecht kann so immer leichter ausgehebelt werden.

6. Bisher ist noch kein Wort darüber gesagt worden, daß das Netz und seine Computerknoten keine Intelligenz besitzen. Daß Forschungszentren oder Universitäten sich pornographische Bilder zuschicken und sogar solche, die selbst da, wo »Permissivität« herrscht, verboten sind, zum Beispiel aus dem Bereich der Pädophilie, machen prozentual keinen wesentlichen Anteil der Inhalte aus, die durch die Kanäle des Internets sausen, aber sie sind zweifelsohne ein ekelerregender Skandal. Das Netz hat kein Zentrum, keine Mitte, niemand kontrolliert die Inhalte, und das ist auf jeden Fall ein Problem, das in dem Maße dringlicher wird, je weiter sich das Netz ausbreitet. Die einfachste Art, das Netz zu kontrollieren, wäre im Grunde der Einbau einer Art Intelligenz, also einfach eines Verstandes. (Um zensieren zu können, muß man verstehen können.)

Gleichwohl aber beginnen genau hier die Probleme. Seit einem halben Jahrhundert tobt der Streit um eine Intelligenz außerhalb des belebten Geistes, doch außer ein paar primitiven Programmen plus der *brute force* einer wachsenden iterativen Geschwindigkeit und vorläufig noch nebulösen und gewissermaßen »auf Zuwachs« gehegten Hoffnungen in parallel verarbeitende Computer wissen wir immer noch nicht, was wir im 21. Jahrhundert erreichen und wie wir es erreichen sollen. Es kann keine Rede davon sein, daß man mit Hilfe eines Pseudoverstandes zum Beispiel pornographische Inhalte herausfiltern könnte, denn die Inhalte sind stark kontextabhängig (eine nackte, gebärende Frau ist ja keine »Pornographie«, sondern wird eher die Illustration aus einem Geburtshilfelehrbuch sein).

Letztlich kann man die Pornographie als einen wenig wichtigen Aspekt der Dilemmata abtun, die mit dem Netz zusammenhängen. Gegenwärtig wächst die Zahl der Forschungszentren und die Zahl der Wissenschaftsteams fast exponentiell, und die Frage, WER als erster eine Entdeckung anzeigt, hat nicht nur für das Nobelpreiskomitee erstrangige Bedeutung, sondern auch für die Industrie (die pharmazeutische meinetwegen) und für die breiteste Öffentlichkeit. (Das Gerangel zwischen Professor Luc Montagner vom Pasteur-Institut in Paris und dem Amerikaner Robert Gallo um das Primat der Entdeckung des AIDS-Virus dauerte in der »Vornetzära« sehr lange: Auf beiden Seiten waren Regierungsstellen beteiligt, das sind also nicht einfach irgendwelche Hirngespinste.)

Um die wissenschaftlichen Veröffentlichungen zu beschleunigen, bedient man sich sogenannter »Preprints«, die sich in den Säuglingsjahren des Netzes als Botschafter auch schon als zu langsam und zu träge erweisen. Außerdem wird die Menge der übermittelten Information, wenn das Netz mittels »Kollateralen« zu einem großen »Spinnennetz« verbunden werden sollte, zu einem Moloch oder einer Lawine, die ohne die Beteiligung des Verstandes nur schwer an den eigentlichen Empfänger adressiert werden kann (als »Pfeiler« funktionieren hier seine unvollkommenen, statistisch arbeitenden Ersatzformen). Auf der anderen oder gar dritten Seite, wenn die Netze ein intellektuelles Potential erlangen würden, käme es zu einer Beschleunigung dessen, was ich in meinen Büchern als einen Zustand beschrieben haben, wonach die zivilisatorische Umwelt intelligenter würde als die Menschen, die in dieser Zivilisation leben. Eine Bevormundung der Menschen durch das Netz kann für uns nicht attraktiv sein. Alles läßt sich auch auf andere Gebiete übertragen, zum Beispiel auf die Patentierung von Erfindungen, Firmenzeichen, neuen Produkten usw. Mit einem Wort, zusammen mit dem Netz treten wahrscheinlich ebenso viele Positiva wie Negativa auf, da kann es schwierig sein, eine Gesamtbilanz zu ziehen.

7. Entsprechend treten *a fortiori* größere Dilemmata auf, wenn der Cyperspace aufhört, nur Schwärmerei, Zeitvertreib und Thema für *Science-fiction* zu sein. Mit einem Wort – der technologische Fortschritt bringt uns schwer zu lösende Dilemmata ...

8. Geburten neuer Technologiezweige werden auf der einen Seite von einem Chor von Skeptikern begleitet, auf der anderen Seite von Enthusiasten, und die Wellen verebben erst nach einiger Zeit. Ich denke, daß sich spätestens (wenn überhaupt) im Prozeß der Netzausweitung der Verstand als darin mitwirkender Faktor einstellt oder dessen Ersatz (genannt »Künstliche Intelligenz«). In diesem Falle käme es allerdings unweigerlich zu einer Intensivierung konfliktgeladener Zusammenstöße (bei denen es darum geht, wer über die, sagen wir mal, »größere Informationsschläue« verfügt). Es muß jedoch zu einer vielschichtigen Verästelung der Netze mit spezialisierten Subsystemen kommen: Die Medizin erwartet etwas anderes als die theoretische Physik; und am wenigsten erwünscht wäre die heute auf den Buchmärkten der Welt deutlich erkennbare »Informationsflut«: die Situation, daß es zu viele Quellen, Artikel und Nachrichten gibt und eine Art Sieb benötigt wird, das einfach den »Absendern« und den »Empfängern« immer neuer Inhalte das Leben erleichtert.

Von den ersten Anfängen des Internets an hatte ich den Eindruck, daß es auf merkwürdige Weise verfrüht gekommen ist. Die ganze Erscheinung gehört ja zum Begriff der Nachrichtenübermittlung, und die ist, wenn überhaupt, nur dann zu etwas nutze, wenn die übermittelten Inhalte von Bedeutung sind. Daraus, daß man den Inhalt eines neuen Buches oder einen Brief bedeutend schneller auf die andere Seite der Erde übermitteln kann, folgt auch nicht mehr, als aus der Erkenntnis, daß der Tee vom Umrühren nicht süßer wird. Was wir brauchen, sind neue zivilisatorische Inhalte, das aber bedeutet

Leitwerte in den verschiedenen Lebensbereichen, und das Netz schafft hier ohne inhaltliche Unterstützung und inhaltlichen »Nachschub« keine Verbesserung. Wie ich mir die »eigentlichere« Abfolge im Erscheinen der Koordinatoren der globalen menschlichen Handlung und ihrer Übermittlungskanäle vorgestellt habe, darüber sage ich an dieser Stelle nichts, weil ich dieser Frage reichlich Platz in meiner *Summa technologiae* gewidmet habe.

9. Höchstens kann ich hinzufügen, daß wir dank des Netzes und des projektierten, aber bisher nicht verwirklichten interaktiven Fernsehens Zeugen von unerwarteten Phänomenen werden können, wie der Verwandlung von Reklamebildern im Fernsehen in ihr absichtlich boshaftes Gegenteil (es genügt ja schon, daß ein Hacker nach der vollständigen Digitalisierung der Programme in ein Programm eindringt, das zum Beispiel Waschpulver anpreist, und es dergestalt »korrigiert«, daß alle Flecken auf den weißen Kinderhemdchen oder Höschen nie mehr wegzukriegen sind, oder der Verzehr einer angepriesenen Suppe bei den Essern augenblicklich fatale Wirkungen zeitigt). Solche »Änderungen« von Programmen sind schon jetzt ohne weiteres möglich, und nur die analoge Codierung des Bildes und des Inhalts verhindert vorläufig solche »Späßchen«. (Und das Fehlen der Rückkopplung zwischen dem Zuschauer-Empfänger und dem Sender.)

10. In einer Welt wie der unsrigen, die von so vielen Antagonismen und Konflikten zerrissen ist, wird jeder neue Technologiefaktor, obschon er vor den Triumphwagen einer phantastischen Zivilisation hätte gespannt werden sollen, früher oder später in ein Kampfwerkzeug, eine Waffe umgewandelt. Das ist auch beim computerisierten Fernmeldenetz bereits der Fall. Ein Paradox, das dieses Phänomen begleitet, führt zur einfachen Überlegung, daß wer keinen Computer hat, Computerviren nicht fürchtet, und für den, der sich nicht ans Internet anschließt, auch jegliche Falsifikate, absichtlich veränderte Programme nicht bedrohlich sind: Mit einem Wort, auch die technologisch-zivilisatorische Verspätung hat ihre guten Seiten ... Man muß sich vergegenwärtigen, daß sich das Entwicklungsniveau des Netzes und die Fähigkeiten, es zu gebrauchen, heute ungefähr da befinden, wo sich, *mutatis mutandis*, die Fliegerei befand, als sich die ersten Zeppeline in die Lüfte hoben. Erst die Zukunft wird zeigen, ob die Globalisierung des Fernmeldewesens, die leider ohne die globale Zusammenarbeit der Staaten und Völker auskommen muß, mehr Nutzen als Schaden bringen wird.

Information über die Information

1. Ich habe mir schon manchmal den Kopf zerbrochen auf der Suche nach einer klaren Antwort zu diesem Problem: Irgendwann um das Jahr 1963, als ich *Summa technologiae* schrieb und eine Antwort suchte – nicht so sehr auf eigene Faust, als vielmehr bei Spezialisten, die diese merkwürdige »Entdeckung« bekanntmachten und sie mathematisch-physikalisch einordneten. Es waren viele, und völlige Einigkeit unter ihnen gab es nicht: Die einen versuchten, alle Arten von Information irgendwie zu einem Ganzen zu fügen, die anderen versuchten es umgekehrt – wie eine Torte oder eine Bibliothek teilten sie die Information in Domänen (strukturelle, semantische usw.).

Tatsache vor allem ist, daß mit der Information (mit dem Begriff der Information) in etwa das gleiche geschah wie mit dem Begriff der Gravitation. Vielleicht ist nicht so ganz klar, was das ist, aber klar ist, wie man damit umgeht. Ich würde diese Veränderung in gewisser Vereinfachung die »Verindustrialisierung« eines neuen Begriffs nennen. Wir wissen bereits ziemlich gut Bescheid, wie man mit der Gravitation »umgehen« kann, wie man sie messen kann, wo man sie suchen muß, obwohl sich das »Wesen der Schwerkraft« nicht zeigen läßt, weil die Versuche, angefangen bei der naiven »Anziehung der Körper« bis hin zur Einsteinschen Krümmung des Raums durch Masse (*notabene* haben die Angriffe auf die allgemeine Relativitätstheorie nicht aufgehört), es uns überhaupt nicht erlauben, zu einem wie immer gearteten »Wesen der Schwerkraft« vorzudringen. Überhaupt gilt ja in den Naturwissenschaften, daß sie aufzeigen können, was, mit wem und wie, ohne eine Antwort auf die Frage nach dem »Wesen« von einer Sache oder Gegenstand zu geben. Lassen wir aber hier einmal die terminologischen Probleme der Wissenschaft von den Wissenschaften beiseite. Tatsache ist, daß man auf die Frage, wo Information ist und welche Eigenschaften sie besitzt, sagen kann, daß sie überall ist und sie jede beliebige Eigenschaft haben kann, selbst eine, die nicht im Einklang mit den Naturgesetzen steht (die semantische Information über eine Hexe, die einen Ritter in einen Stein verwandelt, läßt sich mit keiner Version eines physikalisch korrekten Prädikats oder deren Konjunktion vereinbaren). Die Information tritt aber nie »selbständig« auf, das heißt, daß sie sich nicht in einer von »Beimischungen (oder genauer von Trägern) gereinigten« Form im Reagenzglas zeigen läßt, ähnlich wie man so nicht die Wirkung von Masse auf die Raumzeit oder was Liebe ist, zeigen kann. Die Schwerkraft ist ein Ausdruck der Gravitation, und die Liebe ist *sui generis* eine Form der »Anziehung von Körpern« (männlicher und weiblicher zum Beispiel). Aber heraustrennen läßt sich Information nicht.

Diese kühne Behauptung bedarf eines kurzen Beweises:

Wie allgemein bekannt, wird Information jetzt verarbeitet, verschickt, gespeichert (auf Disketten zum Beispiel), man weiß, was Computer sind, die ohne die Einspielung von Programmen auch Information sind, aber gewissermaßen in der Hardware erstarrte und darauf eingerichtet, eingelesene Information, also Software zu verarbeiten. Das weiß jedes Kind, und gewiß schon deshalb denkt kaum jemand darüber nach, ob es überhaupt so etwas wie »ungezähmte« Information gibt, die nicht in Maschinen eingelesen und »frei« ist: Man kann zubilligen, daß es so ist, aber es ist schwer, die Grenze zu setzen, wo die Informationssphäre »endet«. Ich bin mir nicht einmal ganz sicher, ob eine solche Einschränkung möglich ist; das aber würde die reichlich horrende Aussage nach sich ziehen, daß alles Information ist. Sagen wir mal: nicht nur, aber auch das, ob nicht nur, ist keineswegs sicher.

2. Die Hauptbeschäftigung der Menschheit seit ihrem Bestehen war die Informationsverarbeitung in den Köpfen, dank des Zuflusses von Information aus der Umgebung, sowie ein ständiges Probieren, was mit dieser im Gehirn eventuell veränderten Information anzufangen wäre. Unsere Techniken entstanden aus der Informationsevolution, aber die ganze Biosphäre, das ganze Leben auf der Erde (jetzt weiß man schon, daß dieses bis viele Kilometer unter die Erdoberfläche reicht: dorthin, wo es zum Beispiel keinen Sauerstoff mehr gibt), ist auch Informationsevolution, die in den Arten abläuft und den Gesetzmäßigkeiten der natürlichen Auslese und Selektion folgt (Mutationen sind in diesen Prozessen unerläßlich, sind aber nichts weiter als größere oder kleinere Korrekturen eines Manuskripts). Eine Besonderheit der biologisch aktiven Information, die sich auf biologischen Trägern befindet (den Nukleotiden, aber wie es jetzt aussieht, nicht nur: Jetzt spricht man schon von nukleotidfreien »Prionen«), ist natürlich, daß sie ein merkwürdiges Alphabet darstellt, das »sich selbst erfunden« hat, »sich selbst zu Sätzen fügt – den Chromosomen und Genomen«, und was das Wichtigste ist, sich selbst dergestalt zu Organismen baut, als ob ein Haufen Sand und Ziegel, die ungenutzt herumliegen, sich selbst »zu einem Haus bauen« könnten. Im Fall eines Hauses braucht es aber informative Hilfen durch die Architekten und Maurer, die über die Information verfügen, wie und was mit wem zusammengefügt und -gesetzt werden muß. Jedesmal sehen wir, daß wir eine »Information« haben, ohne die nichts läuft. Ist das aber nicht doch eine sonderbare und willkürliche Erweiterung ihres Sinns? Aber das 21. Jahrhundert wird uns doch als das »Informationszeitalter« angekündigt, man weiß doch schon, wenn man dem Menschen über seine Sinne (= über seine Informationsempfänger) »künstliche« Information aus dem Computer (den ich seinerzeit »Phantomat« nannte) in Kopf und Körper »trichtert«, dann ist es im Endeffekt möglich, die »den Menschen real umgebende Welt« ganz durch eine Welt zu ersetzen, die vollständig künstlich ist, die »ihrem Wesen nach« aus entsprechenden elektronischen Impulsen aufgebaut ist ... Moment mal! Aus was ist denn die Welt gebaut, die wir ohne technische Maschinerie erleben? Das, was wir sehen, entsteht so, daß Photone ins Auge fallen und die Netzhaut reizen, die wiederum über die Sehnerven die höheren Nervenzentren »reizen«, bis es dazu kommt, daß wir »sehen«, und wenn aufgrund irgendwelcher Veränderungen das Auge beginnt, das Sehen zu deformieren, korrigieren Augenarzt und Optiker den Fehler, und dann wird die visuelle Information, die wir wahrnehmen, genau und akkurat so sein wie bei anderen Menschen. Aber mehr auch nicht, denn eine

Mücke, ein Tausendfüßler, eine Hornisse, eine Schnecke, sie alle »sehen« ihre Umgebung ganz anders als wir Menschen. Und beim Gehör sind es akustische Wellen ...

Und wenn der Astronaut an Reisekrankheit leidet, sich erbricht und in der Umlaufbahn nicht arbeiten kann, dann deshalb, weil die Information, die ihm das Labyrinth im Innenohr liefert, der Information widerspricht, die er sieht und wahrnimmt. Es ensteht ein »Informationskonflikt«, etwa so wie wenn der Chef eines Generalstabs gleichzeitig die Information erhält, daß der Feind flieht und daß der Feind näher rückt. Dank der Sinne nehmen wir also die Welt war; wir wissen bereits, daß man die Sinne peripher (»virtuelle Realität«) oder auch zentral (zum Beispiel über Halluzinogene) »täuschen« kann. Läßt sich angesichts dieser Überlegungen noch etwas finden, was überhaupt nichts mit Information zu tun hat? Bauchweh, vor allem wenn man etwas gegessen hat, ist zwar eine »diffuse, aber schmerzhafte« Information darüber, daß mit unserer Verdauung etwas nicht stimmt. Vielleicht bemerkt aber jemand, daß es Probleme gibt, die meinen Überlegungen widersprechen. Im Schoß eines Mädchens zu liegen, wie Hamlet zu Ophelia sagt (die nicht zu hören scheint), ist schön. Was bedeutet »schön« in den Kategorien der Information? Nun, es bedeutet, daß die Evolution, die uns zur Fortsetzung unserer Spezies »anregen« will (der »Befehl« geht von den Genen aus), Tätigkeiten, die zur Bildung eines Embryos führen, angenehm gemacht hat, während sie uns den Geruch des Todes (nicht nur über den Geruchssinn), die Zersetzung organischer Körper, verleidet hat. Doch was bedeutet, daß Information »angenehm« oder »unangenehm« sein kann? Der Prozeß emotionaler Korrelate der Informationssignalisation begann vor urlanger Zeit, längst vor der Entstehung des Menschen. Gefühle sind eine Information, deren Aufnahme untrennbar mit ihrer Empfindung verbunden ist. Ein Computer empfindet bekanntlich nichts, und es ist ihm »völlig egal«, ob im Internet statt wissenschaftlicher Artikel pornographische Bilder übermittelt werden. In jedem Fall zeugt diese Andersartigkeit einzig davon, daß nicht nur nicht alle Informationen gleich sind, sondern auch davon, daß der Verstand und die Aufnahme von Informationen bei Lebewesen (aber nur bei Lebewesen) von Empfindungen begleitet sein können, die emotional unterschiedlich belegt sind.

3. Von versandter und empfangener Information kann man folglich immer genau dann sprechen, wenn es um Lebewesen geht (dazu gehört ebenso die Pflanzenwelt). Aber wie ist das mit der Information, wenn »niemand da ist«? Die Frage, wie ein Baum »aussieht« und ob der Himmel blau ist, wenn niemand hinschaut, hat Philosophen seit der Antike beschäftigt. Ein paar Sachen sind heutzutage ein bißchen klarer geworden. So kann man Information verarbeiten, auch kennen wir ihren Zusammenhang mit der Energie, jedoch kann man Energie lediglich verändern (und sei es in Masse), vernichten dagegen kann man sie nicht. Dagegen kann man Information vernichten, denn sie ist eine bestimmte Organisation, eine Art Ordnung oder Ordnungen, und wenn »etwas« in die Tiefe eines »schwarzen Lochs« des Astrophysikers fällt, dann ist die Information dieses »etwas« unwiederbringlich verloren, denn unter der »Oberfläche der Ereignisse« eines schwarzen Lochs zertrümmert und zerstört die Gravitation, die zum Mittelpunkt hin anwächst, jegliche Organisation einschließlich der, die im Innern der Atome herrscht; was sich aber im Zentrum eines schwarzen Lochs selbst tut, wissen wir nicht, und die Astrophysiker sind in dieser Frage uneins. Tatsache ist, daß wir im Kosmos endlich Orte entdeckt haben, in denen es keine Information gibt, die man wahrnehmen könnte oder die »latent« vorhanden wäre (zum Beispiel als Brief eines Schiffbrüchigen in einer Flasche am Meeresgrund). Der Kosmos, »voll« von Information, ist in dieser nichtsubstantiellen Sache »löchrig«.

4. Was geht uns Zeitgenossen die Frage nach der Information überhaupt an? Muß sich, wer einen Rolls-Royce produziert oder kauft, mit Festkörpertheorie oder Quantenmechanik beschäftigten, obschon beide in der Produktion eines Autos und seines Gebrauchs »engagiert« sind? Ich würde sagen, es ist besser, wenn der Mensch über das nachdenkt, womit er sich beschäftigt, als wenn der Computer für ihn mehr oder weniger ein (einfacher) Apparat ist, den ein Affe so bedienen kann, daß Bananen herausgepurzelt kommen. Gegenwärtig – und das ist einer der wesentlichsten Punkte, zu dem ich auf Umwegen mit meiner Erörterung gelangen wollte – also, gegenwärtig hat die Produktion, oder eher: die Verarbeitung und Speicherung von Information durch die Menschen dieser Erde, schon längst die individuelle Kapazität des Geistes im Sinne eines informationsverarbeitenden Kanals überschritten. Wir haben heute schon die Situation einer Informations*flut*, und wenn sich Leute im Fernsehen den Start einer weiteren Ariane-Rakete gleichgültig anschauen, die so einen Transponder in eine Umlaufbahn bringt, der weitere 120 Fernsehprogramme ausstrahlen kann, dann läßt dies mich jedenfalls nicht gleichgültig. Es ist nicht angenehm zu wissen, daß potentiell eine Lawine an Informationsfülle bereitsteht, sich auf einen Knopfdruck hin über uns zu ergießen, wir aber genausowenig in der Lage sind, sie zu verdauen und zu konsumieren, wie kein Mensch auf einmal alles essen kann, was an einem Tag in allen Restaurants angeboten wird ...

Ich lese von Professoren, die täglich mehrere Dutzend Briefe in der elektronischen Post, der E-mail, bekommen. Ich frage mich, wann diese Menschen etwas essen oder Zeit zum Schlafen finden. Natürlich fließen durch das Netz Abertausende Informationen, aber der Teil, der an Banken, Börsen, Broker usw. geht, wird von Mitarbeiterteams empfangen und nicht von Individuen, die völlig allein dastehen. Die Informationskapazität eines Menschen ist heute genau die gleiche wie im Eolithikum vor 100 000 bis 80 000 Jahren, und es ist schon erstaunlich, daß Menschen, die einem solchen Platzregen an Informationen ausgesetzt sind, damit überhaupt fertig werden. Teilweise kommt das daher, daß sie die eingehende Information selektieren können, auf der anderen Seite fühle ich, der ich pro Woche nicht mehr als drei bis sechs wissenschaftliche Zeitschriften bekomme, mich mit Informationen überladen, weil ich zurückliegende Nummern oft mit einer gewissen Verspätung lese. Eine notwendige Voraussetzung, um in der anschwellenden Informationsflut nicht »zu ertrinken«, besteht darin, die Qualität der Information zu erkennen, unwesentliche Information, Reklame, Nebensächliches, Unnützes erst gar nicht zur Kenntnis zu nehmen. Und genau hier liegt der Hund begraben: Wenn es möglich wäre, Informationsselektoren zu konstruieren, die Texte bis zu einem gewissen Grad verstehen könnten, würde sich die Situation augenblicklich verbessern, und die Nachricht über die Stationierung von Hunderten von neuen Transpondern in einer Umlaufbahn würde den Menschen nicht in Panik (anstelle deren uns enthusiastische Annehmlichkeiten versprochen werden) versetzen. Nicht zuletzt muß auch klar gesagt werden: Hinter der öffentlich übermittelten, ausgestrahlten Information steht in der Regel das Kapital. Dabei ist es egal, ob es von Konzernen stammt oder aus Zuwendungen, von denen wissenschaftliche Einrichtungen leben. Wo das Kapital keinen Gewinn riecht, gibt es keine Investitionen, und deshalb bin ich mir gar nicht sicher, ob die Hochburgen des Kapitalismus mit ihrer Dynamik von Angebot und Nachfrage des Markts, die Gewinn verspricht, im 21. Jahrhundert die Oberhand behalten werden.

(Natürlich ist auch, daß das, was ich gerade gesagt habe, eine Information ist, die einen, sagen wir mal, futurologischen Beigeschmack hat.)

Information kann im Weltmaßstab nicht ungestraft und ohne Auswahl einfach immer mehr werden: Das Wettrennen der Produzenten und Erfinder von Prozessoren, die ja bereits schon Pentium abgehängt haben, kann nicht ewig dauern, denn das sähe nach einem asymptotisch ausgerichteten Trend hin zu einer allwissenden Gemeinschaft aus, also zu einem Herrgott der Bits. Dazu darf es einfach deshalb nie kommen, weil wir übertragungs- und informationstechnisch genauso beschränkt sind wie es der Homo robustus oder zumindest der Homo neanderthalensis war, der bekanntlich ein im Durchschnitt größeres Gehirn hatte als der moderne Mensch. Die überwältigende Mehrheit der Menschen wünscht sich denn auch, daß Information nicht so sehr informiert, sondern wie ein Computerspiel Unterhaltung und Vergnügen bietet. Neil Postman schrieb vor über zehn Jahren ein Buch, das heute noch aktueller ist als zum Zeitpunkt seines Erscheinens *(Wir amüsieren uns zu Tode, Frankfurt/M.: Fischer* [9]*1997).* Wir leben von der Information, aber wir können in ihr auch ertrinken, wenn uns keine Intelligenz, und sei sie auch künstlich, zu Hilfe eilt ...

5. Betrachtet man die Welt unter dem Blickwinkel der Information, herrscht darin eine charakteristische Besonderheit, nämlich die »Informationsfälschung«. Angefangen von der Fata Morgana, von der Vervielfältigung des Bildes der Sonne durch die Eiskristalle in Zirruswolken über die »Kanäle auf dem Mars« bis zu den »Gravitationslinsen« im Kosmos, leistet sich die Natur (natürlich ohne Absicht) bestimmte »Manipulationen«, die wir in der Welt der Menschen Betrug nennen würden. In der belebten Welt wiederum wimmelt es nur so von »Betrügereien« und »Fälschungen«, nur daß wir sie anders nennen: Es geht um Schutzfärbungen, um Mimikry, das Nachahmen des Erscheinungsbilds von gefährlichen, giftigen Wesen durch schutzlose – und natürlich steckt da keine Betrugsabsicht dahinter, sondern es ist einfach die Folge von Selektion und evolutionärer Mutation. Dieses Phänomen trifft man also nicht nur in der menschlichen Welt. Eine andere und gewichtigere Sache ist es, wenn sich vor uns der potentiell gigantische Raum der durch uns übermittelten, verarbeiteten und fabrizierten Information eröffnet. Selbst gelehrte Leute, die damit zu tun haben, die sozialen Folgen der massenhaften Anwendung des elektronischen Übertragungsnetzes vorherzusehen, hatten keine Ahnung (als Experten eines *technology assessment*), was für ein gefundenes Fressen der Cyperspace und das Inter- oder Euronet für Betrüger, Hacker und Bösewichte jeglicher Couleur werden würde, denn es lassen sich nicht nur geheim versandte Nachrichten abfangen, Bankoperationen zugunsten des Eindringlings oder seines »Kunden« stören, Nachrichten fälschen (als primitiver Prototyp mag die Affäre des *Grafen von Monte Christo* dienen, wo ein bestochener Telegrafist – der die »flügelschwingenden Signalmasten« bedient – falsche Nachrichten sendet, die in Paris ganze Dynastien in den Ruin stürzen). Was ist es da erst, wenn man mit einem Programm ein anderes Programm ersetzen, es bekämpfen kann, durch »Saboteure« in Gestalt von Viren vernichten (also von spezifischen Mikroprogrammen) und Wahrheit und Falschheit völlig durcheinanderbringen kann; die ersten Opfer von Betrügereien gibt es bereits.

Man liest sogar, daß die großen Konsortien, die Milliarden in das Netz investiert haben, sehr zögerlich sind, wenn es darum geht, ihre Verluste offenzulegen, die sie aufgrund von solchen Betrügereien bereits erlitten haben. Die Investoren-Aktionäre werden entweder nicht über jede neue Affäre informiert oder mit Versicherungen beruhigt, daß die »Lecks« und Invasionen in die Programme und Inhalte durch zusätzliche elektronische Sicherungen (*Firewalls* zum Beispiel) gestoppt würden. Auch wenn ich mich beim Programmieren nicht besonders auskenne und kein Spezialist für die Probleme im Netz bin, so weiß ich einfach aufgrund meiner allgemeinen Kenntnis der Geschichte, daß »ein Kampf des Schwerts mit dem Schild« kein Konflikt ist, der auf die militärische Sphäre beschränkt ist. Menschen betrügen und bestehlen Menschen überall, gegen phantastische Schlösser gibt es phantastische Dietriche, und nicht anders, darf man annehmen, wird es im *Imperium informaticum* sein: Das folgt einfach aus dem Lauf der Dinge! Wenn sich dagegen bestimmte Netzpfade, »Portale«, hundertprozentig sichern lassen, dann erweisen sich die Kosten der Sicherheit als prohibitiv. Information ohne Fälschung ist Fiktion ...

Quantencomputer?

1. Während der letzten fünfzig Jahre wurden die Computer laufend schneller, während ihre Bauteile immer kleiner wurden. Gleichwohl gibt es keine Zweifel, daß jener Trend ein Ende haben muß: Anfangs schien es, daß dieses Ende die kleinste Struktur der Materie ist, also der Punkt, wo ein Teilchen eine Welle *ist* und eine Welle ein Teilchen und wo die Heisenbergsche Unschärferelation herrscht. Wie Niels Bohr sagte, ein Mensch, der die Quantenmechanik eingehend studiert und dem nicht schwindelig wird, der hat ihre Gesetzmäßigkeiten nicht wirklich begriffen, denn die Gesetzmäßigkeiten der Quanten stehen im Widerspruch zum »gesunden Menschenverstand«, sind konterintuitiv und tun dem Kanon der Ursächlichkeit (dem Kausalismus) ganz offensichtlich Gewalt an. Um sofort in diese Hölle des Paradoxons einzutreten, muß man bedenken, daß es nicht nur auf dem Papier und in der Theorie, sondern auch in den Experimenten, wo wir uns bei den Fakten, die wir dort entdecken, einfach auf nichts mehr berufen können, nicht so ist, wie einige Optimisten unter den Physikern (Bohm zum Beispiel) behaupteten, daß das Elektron seinen Impuls und seine Lage auch vor jeglicher Messung hat und wir beide nur, bis sie gemessen sind, nicht kennen (also etwa so, daß man nicht weiß, ob und wo sich eine schwarze Katze in einem dunklen Zimmer befindet, sie aber dort entweder irgendwo ist oder sie dort nicht ist). Nun hat sich aber gezeigt, daß dem nicht so ist. Auch wenn das unsere Intuition noch so sehr verletzt, kann das Elektron gleichzeitig sowohl »da, als auch dort« sein, solange wir es nicht einer experimentellen Messung unterziehen. Auch das ist noch nicht das Schlimmste, denn zusätzlich gilt, daß das Elektron als Teilchen, das eine Welle *ist*, mit anderen Elektronen interferieren kann. Fatal ist, es kann auch auf sich selbst einwirken, und dann entsteht, was die Quantenphysik eine »Superposition« nennt. Ich habe hier nicht vor, tiefer in die unglaubliche Welt der Quanten vorzudringen, sondern habe nur das gesagt, was in bescheidenem Umfang erlaubt, die sich abzeichnende

Perspektive darzustellen, wie ein Quantencomputer gebaut werden kann. Es sieht so aus (aus vernünftiger Vorsicht heraus sage ich: »es sieht so aus«, und nicht, »ich bin mir sicher«), daß dies dann bereits das Ende der Mikrominiaturisierung und auch der Beschleunigung der logischen Funktionen der Computer wäre, denn auf diesem Wege gelangen wir zu den äußersten Grenzen der Materie. Früher einmal dachte ich, die Grenze würde erreicht, wenn Atome in bestimmten chemischen Verbindungen als »äußerste«, das heißt elementarste »logische Schalter« funktionieren würden, doch ich habe mich getäuscht, da man heute ja schon einzelne Informationseinheiten (Bits) auf den Elektronen, die um den Kern kreisen, unterbringen kann (zum Beispiel von Wasserstoff): damit führt der Weg noch »tiefer hinab«. Die Regel für das Vorgehen im Falle eines einzelnen Atoms oder Elektrons ist vergleichsweise einfach. Ähnlich wie Bits untrennbare und unteilbare Informationsbausteine sind (ein Bit ist genau so viel wie null oder eins, also ja oder nein), so kann ein Elektron, das um einen Atomkern kreist, sich entweder in einer Umlaufbahn geringster Energie befinden, die wir willkürlich Null nennen, oder es kann, mit der entsprechenden Energie versehen (die ihm das Photon bringt), auf eine höhere Umlaufbahn springen. Das ist für uns dann eins. Das Photon stammt aus einer Apparatur, die Laserstrahlen erzeugt, und durch sie können wir eine recht einfache Operation ausführen: Wenn wir das Elektron auf der »Ruhebahn« nicht energetisch stärken, dann ist das so, als wäre es mit Null codiert. Wenn wir es mit einem (nicht irgendeinem) Photon treffen, lädt es sich energetisch so auf, daß es auf die höhere Umlaufbahn springt und das Atom ist mit Ja codiert, also der Eins. Außerdem müssen im weiteren noch andere, wenn auch nicht viele, für die logische Gleichung aber notwendige Varianten berücksichtigt werden (»und«: also die Konjunktion, »kopiere«, also übermittle usw.). Solange wir ein Atom haben, ist dessen »Rechenleistung« extrem gering, kümmerlich, aber man kann mit Atomverbänden arbeiten, und schon ist die Situation nicht nur viel komplizierter, sondern auch viel weniger trivial: Es entsteht ein Quantencomputer, in dem die energetischen Zustände der Elektronen die Aufzeichnungen bilden, während die (Laser-)Photone diese Aufzeichnungen mit einem entsprechenden Programm in eine andere Form bringen können. Die Sache ist auch aus anderen Gründen, von denen ich wenigstens die zwei wichtigsten nennen will, komplizierter: Wegen der Möglichkeit von Superpositionen – also der Möglichkeit, daß die elektronische Welle auf sich selbst »sitzen« kann, und, noch schlimmer, weil die Haltbarkeit der entstehenden Aufzeichnungen, also die Haltbarkeit des auf der Ebene der Quanten angesiedelten Speichers (ohne den der Computer überhaupt nichts tun kann), sehr labil ist. Gegenwärtig liegt der Rekord für die Haltbarkeit im Bereich von ein paar Stunden. Im übrigen ist die Abschirmung von solchen Quantencomputern gegenüber Störungen, die Fehler verursachen können, ein eigenes Problem, weshalb viele das Ganze in Frage gestellt sehen. Zwar scheint da ein Computer kleinsten Ausmaßes und höchster Geschwindigkeit am Horizont aufzutauchen, doch darf man sich ihn so bald nicht erhoffen, selbst wenn er konstruierbar wäre, was von den Skeptikern unter den Physikern bestritten wird. In der Oktobernummer von »Scientific American« gibt es eine Zeichnung, die zeigt, wie ein gewöhnliches Salzkristall logische Operationen mit Hilfe von »Quantenverbindungen« durchführen könnte, daß so ein Computer in der Lage wäre, jedes beliebige andere Quantensystem zu simulieren und das mit unerreichbarer Geschwindigkeit ... So ist es auf dem Papier, aber in der Realität haben wir es noch immer mit sehr bescheidenen Verbänden von Atomen, Elektronen und damit auch Quanten zu tun.

In diesem Zusammenhang stellt sich die Frage, ob es möglich ist, wie der bekannte Physiker R. Penrose in seinem letzten Buch behauptete, daß das Bewußtsein *de facto* im Gehirn auf Quantenebene angesiedelt ist. Ohne näher auf eine Kritik dieser Konzeption aus physikalischer Sicht einzugehen, denn es gibt ja im Gehirn keine von Lasern generierten Photone, äußere ich nur meine subjektive, wenn auch starke Intuition, das heißt meine Erwartung, daß zur Erklärung des Phänomens des Bewußtseins die Quantenebene nichts beiträgt.

Man muß bedenken, daß die von der Suche nach dem Sitz des Bewußtseins getriebenen Denker mit ihm umgezogen sind, wohin es nur ging: von der Zirbeldrüse in die Hirnrinde, von der Hirnrinde in die Systeme darunter (zum Beispiel ins Mittelhirn und ins Limbische System). Aus all dem Hin- und Herziehen hat sich nichts Wahrscheinliches ergeben. Wie ich schon mehrfach geschrieben habe, kann uns selbst eine Maschine (Computer), die das Examen (also den Turing-Test) »besteht«, nicht die Sicherheit geben, daß sie ein Bewußtsein hat, denn die äquifinalen Zustände *Input* und *Output* erlauben es nicht festzustellen, ob im Innern der Maschine Prozesse herrschen, die mit den Prozessen, die das Entstehen von Bewußtsein im Gehirn des Menschen verursachen, identisch sind. Mit einem Wort, die »Umzüge« von einer Ebene (sagen wir mal der Neuronenebene) auf die atomare oder auch die Quantenebene, liefert uns keinerlei zusätzliches Wissen über das Entstehen und den Sitz des Bewußtseins, und die Umsiedlung des Bewußtseins macht einzig und allein deutlich, daß die Gelehrten versuchen, es »irgendwohin zu packen«.

2. Die gegenwärtig produzierten Prozessoren sind noch nicht das Ende des Wegs, denn die Vervollkommnung der litographischen Konservierung der »logischen Gatter« auf »Chips« kann noch gelingen. Hier stoßen wir auf folgendes Paradox: Wenn die Miniaturisierung bereits atomare Größenordnungen erreicht, kommt zugleich als sehr ernstzunehmender Faktor, der den weiteren Vormarsch bremst, der Indeterminismus ins Spiel: die Heisenbergsche Unschärferelation usw. Der ganze »Witz« der generellen Konzeption eines Quantencomputers steckt nämlich in dem, was die Deutschen *aus einer Not eine Tugend machen* nennen. Denn tatsächlich würden sich gerade die elektronischen Superpositionen und ihre Welleneigenschaften als Segen erweisen, wenn es gelänge, Computer nach dem (hier nur ganz allgemein beschriebenen) Prinzip der Quanten zu bauen und aus ihnen

a) dauerhafte Speicher und
b) sie gegenüber Störungen aus dem Umfeld unempfindlich zu machen.

Die Photondosen, also das Regulieren der Photonstrahlen, müßte ja nach unseren heutigen Maßstäben unglaublich präzise im jeweiligen energetischen Spektrum gehalten werden, denn sowohl ein »zu schwaches« als auch ein »zu starkes« Photon bringt sofort einen Fehler in die logischen Operationen, und vorläufig ist es »Zukunftsmusik«, Fehler aus einem Quantencomputer zu entfernen.

3. Es gibt noch ein anderes Problem, das über dem ganzen bisher noch jungfräulichen Gebiet der »Quantencomputeroperationen« träut, und zwar die unbestreitbare Tatsache, daß sich sofort, wenn Quantencomputer auftauchen, auch gleich »Quantenhacker« einstellen und vermehren werden. Wie man mit ihnen fertigwerden soll, weiß im Moment überhaupt noch niemand. Die treibende Kraft ist hier kein besonderer böser Wille oder eine deformierte Absicht, sondern einfach die menschliche Natur. Wir sind nun einmal unseren Nächsten gegenüber so unfreundlich, daß wir einbrechen, wenn man einbrechen kann, wo gefälscht werden kann, da fälschen wir, da stehlen wir, wir zerstören sogar, selbst wenn es dem Zerstörer überhaupt keinen Gewinn bringt.

4. So kann uns also die Abwesenheit oder auch das noch lange dauernde Erscheinen von Quantencomputern auf dem informatischen Markt zwar interessieren, nämlich als fernste Perspektive des technischen Fortschritts auf diesem Gebiet, eines Fortschritts, der direkt auf der Quantenmechanik aufbaut, doch bisher folgt aus dieser Perspektive für uns vielleicht sogar mehr ein »besser nicht« als ein »das ist wunderbar«, denn schon jetzt haben wir genügend Kummer jedweder Art mit den konventionellen Computern und ihren Netzverbindungen. Etwas anderes ist, daß die Quantenrevolution zweifelsohne Perfektionierungen sowohl bei der Haltbarkeit des Speichers auf dieser Ebene als auch bei der Reduzierung der Störungsanfälligkeit nach sich ziehen würde. Persönlich bin ich ein sehr gemäßigter Optimist, was es in der Praxis bedeuten könnte, sollten sich Quantencomputer in den Naturwissenschaften als besonders hilfreich erweisen (Funktionsanalysen in der Mathematik oder auch Simulationen von Zuständen der Materie, die wir überhaupt noch nicht kennen), dagegen werden die globalen Netze samt den Börsen, Banken usw. auch in Zukunft von solchen Computern bedient werden, die wir zwar auf Mikromaße miniaturisieren und weiter beschleunigen werden, deren gemeinsames Prinzip sich jedoch nicht ändern wird. Das besteht weiter darin, daß die elektrische Ladung in den logischen Gattern unterschiedlich ist – so war das beim kolossal überdimensionierten ENIAC wie auch bei CRAY (der auch schon nicht mehr zu den Rekordhaltern gehört). Aber natürlich kann ich mich hier irren, denn es ist nicht so, daß ich und allen voran die Physiker die ganze Weisheit auf dem Gebiet der Quantenmechanik »gefressen« hätten. Der Kosmos ist so eigenartig geschaffen, daß in ihm endlos viele Geheimnisse schlummern, während wir uns langsam immer tiefer in ihre Schichten vorgraben. Man weiß bereits, daß wenn sich zwei Wellen in Superposition wie eine Welle verhalten (wir nennen das eine Rückkopplung durch Kohärenz), dann haben wir es, wenn es zu einer Dekohärenz kommt, wieder mit zwei Wellen zu tun. Albert Einstein wollte sich mit der ganzen Domäne der Unbestimmtheit von Quanten nicht abfinden. Die für sie typischen Zustände vergewaltigen jede klassische Intuition über kausale Wirkungen. Wenn man ein Bit mißt (repräsentiert durch ein Elektron in Superposition), dann bestimmt das andere »irgendwie« selbst auch seinen Wert (physikalisch und logisch). Dabei kommt es nicht zu einer *kausalen* Einwirkung der ersten Messung auf die zweite. Wir wissen, daß bei Elektronen das eine hier, das andere aber auf dem Jupiter sein kann. Solange wir nicht messen, herrscht »Unklarheit«, also Unbestimmtheit, wenn wir aber ein Elektron messen, dann »muß« sich das andere so verhalten, daß seine Unbestimmtheit ebenfalls verschwindet (gewöhnlich macht man die Experimente, mit denen dieses Phänomen belegt wird, mit polarisierten Photonen, denn als Elektronen sind sie sowohl Wellen und auch nicht). Mit einem Wort, wir betreten hier ein Gebiet, das gewissermaßen im Widerspruch zu den Regeln der Kausalität steht, also zu unserem Denken, das von der einfachen Tatsache geprägt ist, daß wir in einer

Makrowelt leben, in der die Welleneffekte größerer »Materiestückchen« unsichtbar sind. Wenn wir mehr von den elektronisch plazierten Quantenbits haben, dann entstehen Zustände, die so schauderbar sind und jeder Intuition zuwiderlaufen, daß ich nicht weiß, wie man über sie ohne Mathematik überhaupt etwas Sinnvolles sagen kann. Aber immerhin sieht man außer diesen Unklarheiten wenigstens, daß auf dem Quantengebiet noch viel zu tun ist und es viel zu entdecken gibt. Niemand irrt sich gegenwärtig so wie die, die meinen, daß die Naturwissenschaften bald »am Ziel« sind und künftige Forschergenerationen nichts mehr zu tun haben. Vielleicht lohnt es sich, daran zu erinnern, daß sich die Gelehrten zum Ende des neunzehnten Jahrhunderts über die Gelehrten, und besonders die Physiker, des zwanzigsten Jahrhunderts ganz genau so sorgten, denn sie waren überzeugt, daß »schon fast alles, was es zu entdecken gibt, entdeckt worden ist«. Natürlich war es ganz anders, und man darf auch die Ideen von logischen Quantenoperationen nicht zu den unrealisierbaren Märchen rechnen, man weiß nicht, wie es mit diesen letzten Computern einmal wird, ja, man weiß nicht mal, ob die Ebene der Quantenoperationen schon das »Letzte vom Letzten« ist . . .

5. Ich möchte noch darauf hinweisen, daß die Fortschritte bei der Geschwindigkeit und Universalität, dabei auch der simulierten, die man sich von den Rechenkünstlern im Reich der Quanten erhoffen kann, nichts mit dem Problem des Bewußtseins zu tun haben und man auf diesem Weg (natürlich meiner Meinung nach) nichts über das Bewußtsein erfahren wird. Diese Frage hängt, wie ich denke, mit der Quantenstruktur der Materie nicht zusammen. Hier kann man sich mehr von *Artificial Life*, dem »künstlichen Leben«, und der Biochemie erwarten. Von dem, was ich sage, bleibt unberührt, daß ich mich irren kann.

Genalgorithmen

1. Es gibt eine Menge von Problemen, die sich in der Praxis mit einem normalen Computer nicht lösen lassen, selbst wenn er die größtmöglichste Rechenleistung hätte. Zu den einfachsten Problemen dieser Art, an denen der Einsatz von Genalgorithmen gewöhnlich verdeutlicht wird bzw. mit denen man anfängt, gehört das sogenannte »Problem des Handlungsreisenden«, der auf dem kürzesten Weg der Reihe nach eine bestimmte Zahl von Städten besuchen muß. Bei zehn Städten braucht der Computer etwa fünf Sekunden für die Lösung, doch für zwanzig braucht er schon rund 100 000 Jahre, weil das ein sogenanntes »Nichtpolynomes«-Problem ist, und die Lösung n Schritte verlangt. Die notwendige Zeit für die Lösung eines Problems der P-Gruppe wächst parallel zu den Ausmaßen des Problems in etwa demselben Tempo (10 Zeiteinheiten für 10 Problemelemente). Dagegen wachsen Probleme der Art »NP« auf der Zeitachse wie gesagt in Fakultät, und es geht sehr schnell, daß man auf die Lösung mit dem Computer Millionen Jahre warten muß. Diese schlimmeren »NP«-Probleme werden von den Mathematikern als »hart« bezeichnet: Selbst mit der größten Rechenleistung kann der Computer das Problem praktisch nicht lösen, denn hier hilft keine *brute force*, wie das vor allem bei den früheren Algorithmen fürs Schachspiel der Fall war. Hier erscheinen dann neuere Algorithmen auf der Szene, die Genalgorithmen genannt werden, weil die Mutter Natur in der Biologie und biologischen Evolution ähnliche verwendet. *Sensu stricto atque proprio* sind diese Algorithmen mit den klassischen nicht identisch, da sie keine Rezepte für die einzig optimale Lösung darstellen, zu der es keine bessere gibt. Es sind also keine identischen, sondern nur starke Approximierungen der optimalen Lösung. Wie solche Algorithmen funktionieren, ist gar nicht so leicht zu zeigen, weil im Grunde, und vor allem bei den wirklich »harten« NP-Problemen, das Bild dieses Spiels die Grenzen der menschlichen Phantasie sprengt. Man kann sich aber auf eine Art Reduzierung eines solchen Bildes einlassen und zwar, wie ich sofort hinzufüge, auf unterschiedliche Weise. Es geht in etwa so, wie wenn wir die Form eines mehrdimensionalen Raums durch einen Raum abbilden, der weniger Dimensionen hat, um so eine bessere Anschauung zu erhalten. Manfred Eigen hat diese elementare Bewegung der Evolution von Genverbänden in einem Modell dargestellt, das er *Wertlandschaft* nannte (*Stufen zum Leben*, München: Piper 1987). Die »Landschaft« sieht wie eine mit hügeligen Erhebungen gesprenkelte Ebene aus, während die »Pseudoorganismen«, die nach den Regeln der natürlichen Selektion um ihr Überleben kämpfen, während sie um die Erhebungen kreisen, von den niedrigeren zu den höheren springen können. Darin liegt dann auch ihr »biologischer Fortschritt«, also das *Survival of the Fittest*. Die nicht mithalten können, gehen unter, weil der Prozeß während ihrer Replikation stattfindet, und wenn die Replikation mißlingt, tritt ein, was stark an einen Phasenübergang erinnert (wenn zum Beispiel Wasser zu Eis erstarrt, oder umgekehrt: Es findet ein Wechsel des Aggregatzustands statt).

Mit der von Manfred Eigen übernommenen Darstellung wollte ich zeigen, auf welchem Weg der Forschergeist in unseren Zeiten sich bewegt und voranschreitet, um die Lebensprozesse von Auswahl und Selektion im Modell nachzubilden. Denn im allzu komplexen »Original« vermögen wir sie vorläufig nicht zu zeigen (die »Organismen«, die über den Wertlandschaften Eigens kreisen, sind selbst im Vergleich zu Bakterien oder den allereinfachsten Viren noch überaus primitive Modelle, doch die Prinzipien ihrer Dynamik kann man am Modell schon erkennen).

2. Zur Lösung der NP-Probleme, also der, die sich polynom nicht knacken lassen, haben Experten gleichwohl eine andere »Landschaft« hergerichtet. Die »Landschaft« *(landscape)* ist tatsächlich so, als wäre sie von Eigen übernommen, doch mit umgekehrtem Vorzeichen: Wo bei Eigen Hügel sind, gibt es hier Täler. Sie haben eine »Wertigkeit«, obgleich die Werte, die den Tiefen dieser »Täler« zugeschrieben werden, sich radikal von denen bei Eigen unterscheiden. Bei ihm geht es um solche parametrischen Werte, die den »Pseudoorganismen« selbst zukommen und von der Typologie ihres Funktionierens abhängen, so daß man sie pseudobiologisch nennen kann. Für die Lösung von Problemen der Art des genannten Handlungsreisenden dagegen, der den kürzesten Weg zwischen den Städten sucht (oder zur Feststellung, welche Zahl von Flugzeugen auf einer bestimmten Zahl von Flughäfen in Bereitschaft gehalten werden muß, um die Verluste zu minimalisieren, die durch einen beliebigen Faktor ausgelöst werden können, der einen Teil der startklaren Flugzeuge am Boden hält; die Zahl dieser Aufgaben kann unterschiedlich groß sein), ist die Tiefe »des Tals« durch den Preis (die Kosten) festgelegt, der als Teil der durch die Reisen verursachten Kosten bezahlt werden muß (oder durch den Service der Flugzeuge in Startbereitschaft: wie man sieht, können diese »Genlandschaften« mit ihrer stereometrischen Identität zur Lösung gänzlich unterschiedlicher Aufgaben herangezogen werden). Je tiefer das Tal, desto geringer die Kosten (Vorsicht: zwischen den Kosten und der »Tiefe« besteht eine umgekehrte Relation!). Man sucht dann das tiefste Tal, denn es bezeichnet das Kostenminimum, und genau das ist die Frucht der Anwendung von Quasi-Genalgorithmen bei der Suche nach der Lösung eines Problems, für das eine blind veranstaltete Suche, sei es durch unmittelbare (»menschliche«) Aktivität, sei es mit Hilfe der *brute force* eines Computers, Millionen Jahre dauern könnte. In welcher Art von Beziehung das, was wir hier in aller Kürze vorgestellt haben, zu realen »algorithmischen Genproblemen« in der Biologie (in der biologischen Evolution) steht, ist nicht so recht klar, was man schon allein daran sieht, daß die Haltungen der »echten« Genetiker, das heißt derer, die auf dem Gebiet der Biologie tätig sind, grundverschieden voneinander sind. Man muß schon sagen, daß die Rätsel, die hier verborgen liegen, ganz gewaltig sind. Unter Anwendung der vom Evolutionsgedanken Darwins inspirierten Techniken und anderer stellte D. Applegate von den Bella-Labors im vergangenen Jahr einen Rekord auf bei der Suche nach der optimalen Strecke für den Handlungsreisenden auf dem Weg zwischen 7 397 Städten: Die genetisch inspirierte Suche dauerte 3,5 Jahre, ein blindes

Vorgehen dagegen *(brute force)* hätte die Prüfung von 10^{2547} Wegen erfordert, was länger gedauert hätte als die Existenz des *Universums*!

3. Ein Konzept der »Genalgorithmen«, das so knapp und ansatzweise vorgestellt wird, scheint ein ungeheueres Paradox in sich zu bergen, das wir bisher nicht herauszuschälen vermochten. Zuerst, um ganz leicht zu beginnen, zeigt sich, daß diese Algorithmen genaugenommen schon dadurch denen ähneln, die in der lebenden Materie arbeiten, daß sie keine »absoluten« oder auch »letztendlichen« Ergebnisse liefern können. In der ökonomischen Praxis ist das gar kein Unglück, denn es lassen sich Lösungen, die das Optimum oder auch Minimum im Bereich von 95% approximieren, erreichen – und das ist schon überaus günstig. Aus biologischer Sicht wiederum sehen wir, daß bestimmt solche Algorithmen das evoluierende Leben antreiben, denn auch in ihm gibt es in aller Regel keine »absolut perfekten« evolutionären Lösungen. Es gibt nur flüchtige Erfolge und noch flüchtigere Niederlagen.

Zum zweiten wurden kürzlich Gruppen entdeckt, die das Gengepäck einer jeden Spezies »kommandieren«. Sie werden »HOX« genannt, und es gibt jeweils ein bis fünf oder vielleicht auch bis zu acht (das ist kein Gen, sondern so etwas wie ein kleiner, örtlicher Generalstab). Sie dirigieren die Entwicklung, da durch sie festgelegt wird, wo sich aus einem befruchteten Ei der Kopf entwickeln soll, wo der Rumpf, wo die Extremitäten und welche Körperteile überhaupt entstehen sollen. Manche Biologen sprechen sogar davon, daß es möglich wäre, energetisch auf die HOX so einzuwirken, daß die evolutionären Lösungen unserer zeitgenössischen Arten in die Zeit von vor 200 oder sogar 400 Millionen Jahre zurückgedreht werden könnten. Bisher waren die praktischen Erfahrungen sehr bescheiden, aber warten wir mit einer Aussage zur Bescheidenheit noch ein Jahrzehnt.

Es scheint nun merkwürdig, daß die Vorstellungen, die wir durch die Schaffung von »Wertlandschaften« für NP-Probleme bekommen, im Widerspruch zu den Vorstellungen zu stehen scheinen, die wir den HOX verdanken. Es ist so, daß jedes HOX die Systemarchitektur entsprechend der Artennorm auf Dauer festlegt, während Störungen innerhalb eines HOX die schwersten, letalen Defekte verursacht (Doppelköpfigkeit und andere Ungeheuerlichkeiten bei Menschen, aber nicht nur beim Menschen). Wahrscheinlich ist es so, daß eine übermäßige Eignung zur Schnelligkeit von Entwicklungen kein Vorteil für die Evolution war und zugunsten von »großen Symphonieorchestern« unter Leitung von HOX-Serien gebremst wurde: Dadurch konnten auch wir nach ungefähr 800 Millionen Jahren der Evolution von Vielzellern entstehen (nach der sogenannten kambrischen Eruption) und die Erde bevölkern. Ob das zum Guten oder Schlechten ist, wird sich erst im 21. Jahrhundert erweisen.

4. Die Leistung von genetischen Algorithmen ist eine erstaunliche Innovation, für mich, der ich seit zig Jahrzehnten die taube Welt zum Studium der Dame Evolution zu überreden versucht habe, vielleicht weniger als für Mathematiker, Programmierer und allen voran für Biologen.

Die ökonomischen Vorteile, über die sich das Großkapital freut, halte ich dabei für eine mikroskopisch kleine Erscheinung angesichts der neuen, gerade erst entstehenden Sicht auf die Evolutionsprozesse, die sich uns eröffnen und uns mit ihrer Potenz und ihrem nicht minder beachtlichen Rigorismus in Staunen versetzen. Gene sind ja so etwas wie ein Alphabet, und die aus ihnen gebauten Systeme sind Konstruktionen, die architektonisch unterschiedlich funktionieren, aber wohl einen festen Parameter haben: den Tod, ohne den eine als Fortschritt empfundene Entwicklung überhaupt nicht möglich wäre (zumindest eines Fortschritts, den wir in der Spannweite zu erkennen versuchen, die einen Einzeller wie zum Beispiel Paramaecium Caudatum Ehrenberg vom Homo sapiens trennt).

Aus einem Alphabet kann man ja sowohl die schlimmsten Kniddelverse als auch Shakespearesche Dramen und Tragödien bilden. Wir befinden uns wohl bereits unumkehrbar auf diesem Weg, und damit nähert sich der Tag, an dem wir nicht einfach über die peregrinische Geometrie von Handlungsreisenden und die Wirtschaftlichkeitsprobleme von Fluggesellschaften verfügen, sondern die Fähigkeit, lebende Systeme zu bauen. Was der Mensch mit dieser Fähigkeit wird anfangen können – diese Frage muß trotz aller Bedenken, die sich aufdrängen, wenn wir nach einer Antwort suchen, offen bleiben.

5. Man sollte zwar nicht glauben, daß die Probleme vom Typ NP, die mit Hilfe von Genalgorithmen gelöst werden können, bereits alle Probleme wären. Natürlich gibt es auch solche Aufgaben, die mit einer Genalgebra, mit Genalgorithmen nicht gelöst werden können. Aber es sollte auch niemand glauben, daß wir mit den oben skizzierten Entdeckungen bereits die »ganze Weisheit gefressen hätten« und damit alle theoretisch-praktischen Schwierigkeiten auf unseren künftigen Wegen werden überwinden können. Ich halte auch die Entdekkungen, die wir der Genetik verdanken, und die Entdeckung der Dirigentengene (HOX) für die wichtigsten Schritte, die in der Biologie des 20. Jahrhunderts gemacht wurden. Schon immer hielt ich die Nützlichkeit von Technologien im außerbiologischen Bereich, die durch das Leben ausgebildet wurden, für eine Fähigkeit *sui generis*, und deshalb schrieb ich in der Finsternis der sechziger Jahr vergeblich darüber, was für enorme Vorteile wir in die Hand bekommen (und was für entsetzliche Bedrohungen), wenn wir aus dem Bereich des Lebens unter Anwendung der dem Leben abgeguckten Instrumente und Strategien in die Welt des Menschen treten. Ich habe auch daran gedacht, daß sich die Konsequenzen daraus als unmenschlich erweisen können, doch allzu sehr habe ich nicht gewarnt, denn ich war eingelullt von dem Wissen, daß mich im Guten wie im Bösen niemand hört. Was im übrigen auch dem natürlichen Lauf der Dinge entspricht und ohne besondere Bedeutung ist.

Schlaue Roboter

1. Eine Riesenzahl von Theoretikern und Praktikern der verschiedensten Disziplinen arbeitet in letzter Zeit an einem Seitenzweig der Künstlichen Intelligenz, dem sich *sui generis* eine Ähnlichkeit mit dem menschlichen Geist zuschreiben läßt, und bei aller Vorsicht, mit dem der Tiere.

2. Worin soll diese Ähnlichkeit bestehen? Das Problem läßt sich in einen »architektonischen« Teil zerlegen (zum Beispiel ob und welche neuronenähnliche Netze konstruiert werden müßten, welche Prozessoren usw.) und einen theoretischen Teil, wo es eindeutig auch um philosophische Fragen geht. Hier werde ich mich mit letzteren beschäftigen, denn die Frage nach der Architektonik des Baumaterials eines Pseudogeistes ist genau so zweitrangig wie das Problem, das in der Frage steckt, ob sich ein bestimmtes Geländefahrzeug eher auf Ketten oder auf irgendwelchen Spezialrädern fortbewegen soll wie die kettenlosen Mondfahrzeuge der Amerikaner und Sowjets.

3. Auf den eigentlichen Kern reduziert, führt der »philosophische Ansatz« zur Frage, auf welche Weise »dem Geist des Roboters« eine *volitionale* Tendenz eingegeben werden kann. Das beste Schachprogramm in dem zur Zeit schnellsten Computer enthält keinerlei volitive Komponente. Es enthält ungefähr soviel »auf ein vorgegebenes (prästabilisiertes) Ziel gerichteten Drang« wie eine Metallkugel, mit der eine Mauer abgerissen wird, die wir zerstören wollen, oder wie ein Projektil aus einem Geschütz. Das Programm ersetzt gewissermaßen das Verlangen, ein vorher festgelegtes Ziel zu erreichen, wobei der Unterschied zwischen einer Granate in Bewegung und dem nächsten Schachzug darauf beruht, daß die Granate »auf dem Weg ins Ziel« auf keine sie störenden Hindernisse stößt (das heißt »nicht stoßen sollte«, wenn es nach dem Kanonier geht, der sich mit Sicherheit »außerhalb der Granaten und Geschütze« befindet), während dem Schachprogramm ebenjener Gegner den Weg zum Ziel (das heißt, den Gegner matt zu setzen) durch seine Züge erschwert, die ausschließen sollen, daß das Programm sein Ziel erreicht, den Gegner matt zu setzen.

4. Natürlich ist die Nachahmung volitiver Akte, also »das Wollen« von etwas, möglich, doch ist auch das reine Imitation, die mit einem authentischen Willensakt nichts gemein hat. Wenn das Programm zum Beispiel volitive Akte geschickt imitieren soll, muß der Programmierer vorhersehen, auf welche möglichen Hindernisse das Programm stoßen und auf welche Weise es ihnen »die Stirn bieten« kann. Von diesen möglichen Hindernissen kann es viele oder auch sehr viele geben. Auf die nächste Frage, ob »alle vorhersehbaren« Hindernisse *explizit* einprogrammiert werden müssen (also die Gesamtzahl als geschlossene Menge vorhergesehen werden muß), läßt sich antworten, daß dies nicht notwendig ist. Die natürliche Evolution funktioniert nicht so, daß die »Programme« in den Lebewesen mit »allen denkbaren Hindernissen« zurechtkämen. Bekanntlich können zum Beispiel Fliegen seit Hunderten von Jahren – denn so sind sie programmiert – unversehrt der Fliegenklatsche entkommen, dagegen können sie das Rätsel des Fensterglases nicht »lösen«. Aufgrund ihrer Lebensweise ist die Fähigkeit der Fliegen, »sich Wissen anzueignen« (also individualisierte, bedingte Reflexe auszubilden), im Vergleich zu den Bienen sehr gering, denn die Bienen haben sogar gelernt, sich einer »Signalsprache« zu bedienen, da sie diese für die Kunst des Überlebens brauchten. Diese Kunst, die nicht von einem außenstehenden Programmierer stammt, sondern einfach das Ergebnis der langen Einwirkung einer natürlichen Auslese ist, beherrscht noch kein von Menschen konstruierter Roboter. Wir können die Imitationen eines »Überlebenswillens« vervielfältigen, gelehrte Abhandlungen über das quasivolitive Funktionieren schreiben, immer komplexere Pseudoneuronennetze bauen, doch wir sind nicht in der Lage, die Molekularebene zu erreichen, auf der bereits die Viren und dann die Bakterien ihre Genome so »mischen« können, daß sie der vernichtenden Wirkung von Medikamenten (Antibiotika zum Beispiel) entgehen oder diese besiegen. Das geschieht gewöhnlich durch Neutralisierung der (für die Mikroorganismen) tödlichen biochemischen Wirkung des Medikaments oder durch eine Veränderung der antigenen Struktur des Mikroorganismus, so daß das Medikament diesen »nicht finden kann«. Ich verwende hier gewissermaßen metaphorische Beschreibungen, weil ich sonst lange und komplizierte physikalische, chemische oder biochemische Erörterungen anführen müßte, die ich vermeiden will, denn es geht mir allein darum, daß sich die Ansätze eines »Wollens«, die Keime volitiver Akte bereits in den allereinfachsten lebenden Organismen finden lassen.

5. Man muß sich im klaren sein, daß auf dem Feld, das wir hier betreten haben, komplizierte Ausflüchte nichts helfen. Die Bewegung des Uhrzeigers kann durch eine Feder, einen Elektromotor oder Gewichte verursacht sein – in letzterem Falle ist die Uhr in ihrem gleichförmigen Lauf auf die Erdanziehungskraft angewiesen, und wo es die nicht gibt, wie im Weltraum, könnte sie nicht mehr gehen. In jedem dieser Fälle ist die Bewegung vektoriell »im voraus« gerichtet, nämlich von den Uhrmachern und Konstrukteuren. Uns dagegen geht es darum, daß das »elektrische Gehirn«, der »Computergeist« (oder wie man ihn nennen soll), den Roboter im Auge hat, ihn psychisch anpeilt, seine Ziele, denen er entgegenstrebt, vorhersieht, während wir seine jeweiligen Entscheidungen, die ein sinnvolles Ganzes bilden, im voraus nicht kennen, so wie wir im voraus nicht wissen, welche Entscheidungen ein Expeditionsteilnehmer auf seinem Weg zum Pol oder auf dem Mount Everest treffen wird. Anders gesagt, es geht um eine fortschreitende, in der Adaptation erfolgreiche Souveränisierung des Roboters: In der letzten Phase der Perfektionierung der volitiven Akte könnte er mit dem Menschen gleichziehen ...

6. Unter den Experten herrscht die weitverbreitete Überzeugung, daß die Milliarden Jahre, die schließlich die kambrische Explosion der Arten hervorbrachten, also auch das *survival of* *the fittest* mit seinen vielen und unterschiedlich gestalteten Erscheinungen, vom menschlichen Verstand sozusagen »freihändig« ersetzt werden können. Daß wir uns nur ordentlich anstrengen und das notwendige theoretische Rüstzeug sammeln müssen, dann werden uns bald schon Roboter umgeben, die über einen »Willen« verfügen und die wir »überreden« und denen wir beibringen können, für uns die nötigen Ziele zu verfolgen. Eine solche Eventualität, die nicht auszuschließen ist, muß allerdings auch berücksichtigen, daß solche Roboter die ihnen genannten Ziele verfehlen, und zwar nicht wie schlecht gezielte Geschosse, sondern wie ein unartiges Kind oder ein von uns liebevoll aufgezogener Schädling. Wenn Roboter, die mit volitiver Souveränität versehen sind, sich uns widersetzen können, dann denke ich dabei nicht an die durch die Primitivität des magischen Denkens beliebt gewordene »Rebellion« der Roboter gegen den Menschen. Ich denke nur daran, daß bei einer Vergrößerung der Anzahl von Stufen freien Handelns nicht mehr »nur das Gute« erhalten bleibt, denn in der Freiheit kann sich das »Böse« entwickeln. Auch in der natürlichen Evolution läßt sich das überaus gut sehen, und diese Reflexion könnte die Intentionen ein wenig bremsen, Roboter mit einem »freien Willen« auszustatten.

7. »Intentionalität« bedeutet die bestimmte Ausrichtung auf etwas, das die »Intention« zu zeigen wünscht. Es geht hier nicht nur oder eigentlich überhaupt nicht um Intention im Sinne der Phänomenologie, im Sinne einer bestimmten philosophischen Richtung. Es geht darum, daß unsere Computer keine Spur von Intentionalität aufweisen und es sich vielleicht lohnt, darüber nachzudenken, wie man ihnen eine Intentionalität ohne Imitation und ohne Tricks entlocken könnte?

8. Das einzig uns bekannte Mittel dafür ist die natürliche Evolution, die das, was lebt, aber von einer Intention nur ungenügend zum Leben angetrieben wird, ohne »Mitleid« vernichtet, während sie das, was die Lebensintention geschickt realisiert, für einige Zeit (normalerweise einfach für die Zeit der Fortpflanzung) erhält. Die größte Schwierigkeit für Konstrukteure (Theoretiker und Praktiker) besteht nun leider darin, daß die Äonen, die die natürliche Evolution brauchte, also die Milliarden oder zumindest Millionen von Jahren, ein Hindernis sind, das wir nicht überwinden können. Alles hängt meiner Meinung nach davon ab, ob es eine Methode gibt, eine Strategie zur beschleunigten Erlangung der Volitionalität, Intentionalität oder einfach des *Wollens*. Der Mensch in beiden Spielarten des Geschlechts besitzt bestimmte ihm innewohnende Triebe wie die Libido, den Hunger, Durst usw., außerdem aber verfügt er über verschiedene Arten der Redundanz, die von der Bearbeitung mit Hämmern und Beilen in der Steinzeit bis zum Bau von Schlössern aus Ziegeln oder aus Streichhölzern und last but not least Weltraumflügen reichen.

9. Damit eine Volitionalität zu funktionieren beginnen kann, braucht es für sie ein »Weltbild« oder wenigstens eine Umwelt. Ein Kind muß erst lernen, daß man den Mond nicht mit der Hand vom Himmel holen kann, damit es Jahre später am Apollo-Programm teilnehmen darf.

10. Pseudomodelle einer aktiven Volitionalität, eines »Wollens« also, lassen sich auch so konstruieren, daß man einen Zufallsgenerator in das Programm einbaut, wodurch wir dann die künftigen Zustände und eventuelle Funktionen des »Roboters« nicht mehr voraussehen können. Doch das will niemand, wenn er nicht gerade Lotto spielt. Einmal beklagte sich eine Frau beim Psychiater über ihren Sohn und erzählte, er habe die ganze Torte aufgegessen, die doch für die Feiertage gedacht war, und außerdem die Köchin vergewaltigt. Ist das nicht, fragte sie, ein Beweis für seinen Wahnsinn? Nein, antwortete der Arzt. Hätte Ihr Sohn die Köchin gegessen und die Torte vergewaltigt, könnte man das anders sehen. Das ist ein gutes Beispiel dafür, wie ein »Zufallsgenerator« funktioniert, der uns eine volitionale Handlung vorspiegeln soll. Sie muß einen gewissen Sinn haben. Bei Bakterien, Flöhen oder Elefanten ist dies der Überlebenssinn, beim Menschen ist die Zahl der mehr oder weniger sinnvollen Handlungen angeblich um vieles größer, gleichwohl wissen wir (leider) nur allzu gut, daß

Menschen fähig sind, Dinge zu wollen, die schädlich, verrückt oder sogar tödlich sind. Ich kann mir nicht vorstellen, daß ein Roboter fast grenzenlose Volitionalität besitzen, daß er *Artificial Intelligence* besitzen könnte, ohne zugleich deutlichen Einschränkungen (wie die Menschen) unterworfen zu sein. Wir sind »Gefangene« des geltenden Rechts, moralischer Gesetze, auch der durch Tradition und Erziehung vorgegebenen, die uns unzählige Beschränkungen auferlegen, denn gäbe es sie nicht, gäbe es im Grunde keine Barrieren und Bremsen für den Wunsch, zu fressen und zu vergewaltigen.

11. Hartnäckig komme ich auf die Frage zurück, auf welche Weise wir Roboter mit einem »Willen« ausstatten könnten, der durch bestimmte Verbote und Orientierungen, die ihn in eine bestimmte Richtung lenken, abgesichert ist. Das ist ein sehr schwieriges Problem, und die Idee von Isaac Asimov, in seinen drei Gesetzen der »Robotik« enthalten, ist die reinste Utopie. Und wenn man alle Utopien über Bord geworfen hat, dann müssen wir uns zahlreichen Antinomien des praktischen Lebens stellen, weil es verschiedene erreichbare Ziele gibt, die axiologisch unterschiedlich belastet sind, aber nicht zugleich verwirklicht werden können, und dann verliert (wie man zu sagen pflegt) der Mensch den Kopf oder aber, um nicht den ganzen Kopf zu verlieren, wirft er eine Münze und schaut, ob es Kopf oder Zahl ist. Einfacher ausgedrückt, er verläßt sich dann völlig auf einen äußeren und von ihm im Endeffekt völlig unabhängigen schicksalshaften Mechanismus. Wenn aber Roboter mit Richterroben angetan über unsere Streitfälle zu richten hätten, wären wir nicht entzückt, wenn ihre Urteile von reinen Zufallsmechanismen abhingen.

12. Schon vor langer Zeit schrieb ich, daß es Situationen gibt, in denen Volitionalität *sui generis* in Abhängigkeit davon auftritt oder auch nicht auftritt, welche Beschreibungssprache wir wählen. Wenn nämlich ein Virus sich einer lebenden Zelle nähert, kommt es zu einer physiochemischen und biochemischen Anziehung, und wir erhalten eine Beschreibung, die ganz außerhalb jeglicher Volitionalität liegt. Zur Frage, ob das

Virus die Zelle überhaupt töten will oder nicht, darüber ist nichts gesagt. Aber der Virus attacktiert die Zelle, macht einen Einfall in ihr Inneres, tut so, als wäre es genau so ein Genverband wie das Genom der Zelle, verändert sich – Trojanisches Pferd und Schurke – in ein Virion, und schon haben wir ein Mikrodrama von Volitionalität auf der Bühne oder zumindest dessen Beginn.

13. Unsere Willensakte sind immer auf die Zukunft gerichtet. An dieser Stelle taucht das nächste Problem für die Konstrukteure der Roboter auf, denn kein Computer ist auf die Zukunft ausgerichtet. Damit man meinen könnte, daß er es ist, enthält das Programm für ein Schachspiel eine variantenreiche Evaluierung von »Zuständen« auf dem Schachbrett, und die Tabellen mit Werten, die den verschiedenen Zügen im voraus in Abhängigkeit der Konsequenz, die sie für das weitere Spiel haben, zugeschrieben sind, machen die nächsten Schachzüge des Computers mehr oder weniger verständlich und dadurch quasi-volitional. Aber auch wenn man uns sagt, daß es angeblich 10^{99} mögliche Schachpartien gibt, so geht es doch um eine endliche Menge. Wenn wir eine »planetarische Maschine« auf den Titan (einen Saturnmond) schicken wollten, müßten wir zuerst eine tabellarische Übersicht dessen erstellen, was die Maschine (der Roboter) auf Titan alles finden und was ihr zustoßen kann. Aber sollte es sich herausstellen (heute völlig unwahrscheinlich), daß es dort irgendwelche Wesen oder Pseudowesen gibt, sind wir nicht in der Lage zu gewährleisten, daß die vom Roboter auf dem fremden Globus ausgeführten Schritte volitiv sinnvoll sind. Worüber man nicht sprechen kann, hat schon Wittgenstein bemerkt, darüber sollte man schweigen. Mit dem oben erwähnten »Inventar« für den Roboter läßt sich schlecht weiterspielen, weil es sein kann, daß *sed tamen potest esse totaliter aliter*. Aber bedeutet das, daß man notwendig Menschen in die Tiefe unvorhersehbarer Situationen schicken muß? Schicken kann man sie, aber eine Erfolgsgarantie hat man damit noch nicht, denn auch der Mensch ist keine perfekte Verkörperung einer solchen Intentionalität, die alles versteht, und einer Volitionalität, die auf unbekanntem Terrain ausschließlich optimale Handlungen ausführt. Wie wir sehen, verläuft die Ausprägung »erfolgreicher Volitionalität« also schrittweise, und deshalb verrät der Gelehrte, der auf die Knie fällt und den Herrgott um Hilfe bittet oder kundtut, daß allein Gott den Sinn dieses Rätsels kennt, weil er wieder ein Rätsel der Natur nicht lösen kann, dieser Gelehrte verrät die wissenschaftliche Methode, obschon er ein sehr religiöser Mensch sein kann. Die Sache ist die, daß wir unsere Probleme an jemanden oder etwas abtreten, sobald wir an den Herrgott oder eine beliebige andere Transzendenz appellieren und damit auf die eigene Souveränität der Erkenntnis verzichten. Auch ein Roboter, der uns als planetarische Maschine erklären würde, daß der Herrgott allein weiß, was irgendwo dort sein könnte, weshalb er, der Roboter, sich von jeglichem Expeditionsrisiko befreit fühle, wäre weder aus Sicht des Baumeisters noch aus epistemologischer Sicht etwas wert. Roboter, die sich auf Gott berufen, ließen sich im übrigen nur allzu leicht bauen . . .

14. In dem hier angesprochenen Thema stecken noch zahlreiche weitere Rätsel, zum Beispiel haben wir allem Anschein zum Trotz keine Ahnung, wozu die Volitionalität Emotionen braucht (aber sie braucht sie irgendwie). Und wozu Intuitionen (auch sie sind sehr wichtig)? Wozu brauchen wir Träume (hier gilt dasselbe) usw.? Eine digitale (oder auch nicht) Simulation liefert nicht allzu viele Erklärungen und zwar wegen der für sie typischen monodigitalen (numerischen) Linearität. Noch haben wir nicht den ganzen Verstand gepachtet, und schon gar nicht den eigenen.

15. Wenn wir unsere eigenen, menschlichen Handlungen betrachten, erkennen wir leicht, welche Folgen unsere Zerstreutheit zeitigt. Da werde ich ans Telefon gerufen und lege mein Buch zur Seite, und wenn ich zurückkomme, kann ich es nicht finden, weil ich es, wie sich nach qualvoller Sucherei zeigt, ganz »mechanisch« ins Bücherregal gestellt habe. »Mechanisch« heißt hier nichts anderes als »unbewußt«. Weil mein Bewußtsein nicht »bemerkt« hat, wie das Buch zwischen die

Reihen der anderen ins Regal gestellt wurde, und das Gedächtnis dies nicht notiert hat, bin ich dazu verurteilt, Zeit mit Suchen zu verlieren. Und genau so machen sich weitere »Seinszuständen« bemerkbar (leider), nämlich »Bewußtsein« und »Gedächtnis«. Ein »schlauer Roboter« muß demnach über das eine wie das andere verfügen. Kein Gedächtnis ohne Bewußtsein *et vice versa*. Das Unglück nimmt zu, und ausweichen kann man ihm nicht. Ein Roboter, der über die Analogie von Sinnen verfügt, bemerkt den Akt des Einstellens eines Buches ins Bücherregal und behält ihn in Erinnerung: Heißt das aber, daß er über Bewußtsein und Gedächtnis verfügt, so wie wir? Ich glaube eher, nein. Wir haben eine ziemlich stark begrenzte Teilbarkeit der Aufmerksamkeit. Ein Roboter ist hier viel weniger eingeschränkt: Daran zweifle ich nicht, aber was hat das mit Bewußtsein zu tun? Wenn ich reglos daliege, zum Beispiel vor dem Einschlafen im Bett, ist mir die Körperlage als Ganzes bewußt, ich kann jedoch darüber hinaus mein Vorschlafbewußtsein zum Beispiel zu einem beliebigen Bein, den Händen oder dem Ohr »aussenden« und ich weiß, daß jeder normale Mensch das auch kann. Wie sollte ein Roboter eine solche rein psychische Aktivität nachahmen, und wie könnten wir von diesem »auf Kundschaft ausgeschickten« Bewußtsein des Roboters etwas erfahren? Wir können die Impulse in den entsprechenden Pseudonerven des Roboters verfolgen: klar. Aber steht hinter ihnen ein waches Bewußtsein? Immer weniger Fachleute halten dem Turing-Test die Treue, aber wenn der Roboter oder Computer *nichts* sagt, wird die Sache noch schlimmer. Es gibt also verschiedene Systeme mit schönen Bezeichnungen, bis oben hin mit Bewußtsein gefüllt, die sich an alles penibel erinnern, perfekt ausgestattet mit Volitionalität, mit intentional gut funktionierender Imagination, mit Redegabe, mit Emotionen, die ans Denken gekoppelt sind, und Denken, das an Intuition gekoppelt ist – all das ist nicht nur ungemein wichtig, sondern unabdingbar, wenn es darum geht, daß uns ein Volk von Robotern umgeben soll, die uns eilfertig gehorchen, doch uns im Gegensatz zu den Menschen absolut nichts Schlechtes tun und von den unzähligen Staatsmännern nicht zum Militärdienst eingezogen werden, um gegen einen Feind ins Feld zu ziehen. Vorläufig gibt es keine solchen Roboter, doch falls sie auftauchen würden, wären sie, wie ich glaube, höllisch teuer – Menschen sind viel billiger, denn von ihnen gibt es überall genug. Diese Roboter, die schlau, gehorsam und gut sind, sehen mir irgendwie mehr aus wie Verkörperungen der Wunschträume von Konstrukteuren nach Schutzengeln denn wie Menschen. Ich denke, daß im 21. Jahrhundert auf der Oberfläche von kleinen Planeten (wie dem Mars) von mir sogenannte planetarische Maschinen auftauchen werden und daß sie über stark redundante Programme, zum Beispiel Bergbauprogramme verfügen werden, auch auf dem Mond werden sie erscheinen, doch wird man mit ihnen kaum über etwas Interessantes reden können. Mit ganz vielen authentischen Menschen kann man im übrigen auch über nichts reden: Das sollte einen Skeptiker wie mich ein wenig freuen.

Simulation der Kultur

1. In jüngster Zeit ist die »Computersimulation von allem und jedem« Mode geworden: Vom Schicksal des Universums in hundert Milliarden Jahren bis zur Simulation der Evolution von Viren. Kein Wunder also, daß der Verlag der in gewisser Weise wohl erstrangigen Universität in den USA, das »Massachusetts Intitute of Technology« in Cambridge, Mass., The MIT Press, damit begonnen hat, eine Reihe herauszugeben, die der Simulation von Kultur gewidmet ist. Schon viel sonderbarer ist, daß man mich (Gott weiß warum) hier für einen »Kenner« hält und MIT Press mir eine Arbeit von Herrn N. Gessler mit der Bitte geschickt hat, diese zu rezensieren. Da der Autor mir schon vorher und von sich aus eine Zusammenfassung seiner Arbeit geschickt hatte, in der es um die (digitale) Simulation von Kultur ging, und weil ich die Idee für undurchführbar hielt, antwortete ich eben dies auch der MIT Press.

2. In meiner Antwort beschränkte ich mich allerdings darauf, das Projekt kategorisch als nicht realisierbar zu bezeichnen, und ich drückte das so aus, daß das Verlagslektorat sich verletzt fühlen konnte. Deshalb verfolgte mich das Gefühl, daß es nicht genügt, das Simulationsprojekt einfach und bloß als reine Fiktion abzutun. Es wäre notwendig, wenigstens in verkürzter Form zu sagen, warum sich weder die Kultur noch ihre Entstehung, ihre »Emergenz«, simulieren lassen. Dieser Artikel ist also der Versuch, zu zeigen, daß so ein Vorhaben »unmöglich« ist. Zuallererst muß natürlich gesagt werden, was Kultur ist und woher sie kommt, oder eher: woher sie kommen, denn es handelt sich hier um einen Strauß sich teilender Wege, auf denen einmal entstandene Kulturen ihre Gestalt verändern oder aussterben und verschwinden. Die Anthropologen, die die Kultur erforschen, stoßen in ihren Arbeiten bis heute immer wieder auf uralte Überreste von Kulturen mit zum Teil nicht entzifferbaren Zeichen von Schriften, die heute auf der Erde schon nicht mehr existieren.

Ganz allgemein schrieb ich darüber vor Jahrzehnten am Ende von *Phantastik und Futurologie*, und ich werde mich selbst daraus zitieren, denn weder die Zeit, die seither vergangen ist, noch all die neuen Erkenntnisse haben meine Ansichten dazu verändert:

3. »Der Mensch ist nicht ein Tier, das auf die Idee gekommen ist, eine Kultur zu entwickeln. Er ist auch nicht ein Kampf zwischen dem instinktbeherrschten Althirn und dem Mantel der Neugehirnrinde – wie es Arthur Koestler will. Er ist auch nicht ... der nackte Affe ... mit großem Gehirn (Desmond Morris), weil er eben nicht ein Tier mit irgendeiner Beigabe ist. Ganz im Gegenteil: als Tier ist der Mensch unzulänglich. Das Wesen des Menschen ist die Kultur, nicht, weil es den Schöngeistern so gefällt. Diese Feststellung soll heißen, daß dem Menschen im Ergebnis der Anthropogenese die ererbten, ihm durch die Evolution auferlegten Verhaltensformen abhanden gekommen sind. Die Tiere verfügen über ein System von Reflexen, das die Aggression innerhalb der Gattung in Zügeln hält und auch die Fortpflanzungsfähigkeit automatisch bei Beginn jeder Populationsexplosion hemmt. Die Wanderungen der Vögel oder Heuschrecken werden von hormonal-erblichen Mechanismen gesteuert. Ein Ameisenhaufen, ein Bienenstock, ein Korallenriff – das sind Aggregationen, die in Jahrmillionen auf ein automatisches Gleichgewicht abgestimmt worden sind. Die Sozialisierung der Tiere unterliegt ebenfalls der erblichen Steuerung. Nun, diese Art von Mechanismen gehen dem Menschen einfach ab. Da der Evolutionsprozeß ihm solche innere Handlungszwänge, denen die Tiere unterliegen, entzogen hatte, war der Mensch durch seine biologische Beschaffenheit dazu verurteilt, eine Kultur zu entwickeln.

Der Mensch ist ein unzulängliches Tier; d.h., daß er nicht in den tierischen Zustand zurückzukehren vermag. Kinder, die außerhalb des menschlichen Milieus aufwachsen, sind gerade darum auch in ihren biologischen Attributen zutiefst verkrüppelt: Es bildet sich bei ihnen weder eine der Gattungsnorm entsprechende Intelligenz noch die Sprache, noch auch ein reicheres Gefühlsleben aus. Sie sind Krüppel, nicht Tiere. Auch der Genozid ist eine Form der Kultur. Es gibt in der Natur keinen ›Zoozid‹ als Entsprechung zum Genozid. Es gibt also in der biologischen Beschaffenheit des Menschen keine Möglichkeiten, aus denen man eindeutig deduzieren könnte, wie er sein soll. Ohne sich über diesen Sachverhalt klar zu sein und rein spontan vorgehend, haben die menschlichen Gesellschaften Kulturinstitutionen hervorgebracht, die durchaus nicht die Verlängerung der biologischen Eigenschaften des Menschen sind – obwohl sie diesen Eigenschaften als Rahmen, als Stütze und zuweilen auch als Prokrustesbett dienen.

Die biologische Beschaffenheit des Menschen reicht nicht dazu aus, seine ›richtige‹ Verhaltensweise zu bestimmen. Diese partielle Undeterminiertheit des Menschen wird von der Kultur durch Werte ergänzt, die sich nicht auf das ›nackte Überleben‹ reduzieren lassen. Der Mensch hat Institutionen, d.h. er hat vergegenständlichte Wert- und Zielstrukturen geschaffen, die über das Individuum und über die Generation hinausreichen.

Das Paradoxon des Menschseins besteht darin, daß die biologische partielle Undeterminiertheit den Menschen zwingt, eine Kultur zu schaffen, und daß diese Kultur, sobald sie entstanden ist, sofort durch ihre Bewertung zwischen den biologischen Eigenschaften des Menschen zu differenzieren beginnt. Die einen Körperteile werden auf dieser Wertskala höher, andere niedriger loziert; den einen menschlichen Funktionen wird Würde zugemessen, den anderen wird sie genommen. Es gibt keine Kultur, die ... den Menschen in seiner Undeterminiertheit, die ergänzt werden *muß*, zur Kenntnis genommen hätte. Jede Kultur formt und vervollständigt den Menschen, aber nicht entsprechend dem tatsächlichen Zustand, denn sie bekennt sich nicht zu den eigenen Erfindungen und Entscheidungen im Repertoire dieser ihrer Willkürlichkeit; in vollem Ausmaß wird diese Willkürlichkeit erst von der Anthropologie entdeckt, wenn diese alle Kulturen, die in der Geschichte der Menschheit entstanden sind, erforscht. (...)

Indem der Mensch sich ergänzt, also restlos determiniert, verlagert er gleichzeitig seine eigene Natur in der für diese

Kultur charakteristischen Richtung. Dadurch wird er zum Schuldner ihres Ideals, ein nicht genügend zahlungsfähiger Schuldner. Aber indem er sich in die von der Kultur gewiesene Richtung verlagert, betrachtet der Mensch sich von dieser seiner neuen Warte aus; er sieht sich aus der Distanz der Religion, aus der Perspektive der Sitten und Bräuche, also nicht als ein bestimmtes materielles System, nicht als ein unvollständig programmierter Homöostat, der von der Kultur zusammengeflickt wurde, sondern als ein Wesen, das bestimmten axiologischen Gradienten unterworfen ist. Er hat sich diese Gradienten selbst ausgedacht, denn *irgendwelche* mußte er erfinden, und jetzt formen sie ihn, nun schon in Übereinstimmung mit der ihrer Struktur eigenen Logik und nicht mit der Triebstruktur des Menschen.«*

4. Dieses lange Zitat scheint mir angezeigt, denn es erklärt zumindest ansatzweise, warum sich die Entstehung der Kultur nicht simulieren läßt. Ergänzen wir noch, was zu ergänzen ist: Es ist so (ich stelle hier nur eine gewisse Konstante fest, kümmere mich aber nicht um die Gründe, woher diese kommt), es ist also so, daß die Kultur mit der Entstehung von Werkzeugen beginnt, die im Eolithikum »entdeckt«, im Paläolithikum dann schon bearbeitet wurden, und um sie herum und zugleich um die Tätigkeiten, in denen sie zur Anwendung kommen, entsteht sofort ein »Dunstkreis« des Nicht-Materiellen. Für die Werkzeuge kann der Archäologie jene Spuren nicht finden, da jene »Dunstschwaden« zusammen mit den Urmenschen von damals verschwinden. Sichtbar bleibt er zuerst einmal in den Gräbern, in die zu dem Leichnam jeweils Waffen und Lebensmittel beigegeben wurden, damit der Verstorbene sein Dasein nach dem Tod, wie immer auch, fortsetzen konnte. Eine andere Erklärung für die Ausstattung der Toten kennen wir nicht und können sie uns auch nicht vorstellen. Die ältesten menschlichen Gräber entstanden bereits vor vielen Tausend Jahren, obgleich es schwierig ist, ein ge-

* Nach Stanisław Lem: *Phantastik und Futurologie II.* Frankfurt a.M.: Suhrkamp 1984, S. 597-599.

naueres Datum festzumachen. Zur Zeit nimmt man an, daß vor ungefähr 15 000 bis 20 000 Jahren die Ursprache entstand, die sich schnell, als die Urmenschen über (fast) den ganzen Globus wanderten, in »lokale« Sprachen aufspaltete. Hier verbirgt sich bereits eines der Rätsel, denn bevor sich die Fähigkeit zu reden herausbildete, kann es schwerlich irgendwelche Formen von Glauben gegeben haben. Doch hier wächst vor uns bereits ein Wald an Hypothesen, den wir nicht betreten, denn nicht so sehr vor der Entstehung der Rede, als vor der Schrift, läßt es sich schwerlich annehmen, daß irgendwelche flüchtigen Formen »metaphysischen« Glaubens Spuren hinterlassen haben könnten. Ein paar Spuren sind bis auf den heutigen Tag erhalten (Menhire usw.), doch sind sie anthropogenetisch gesehen nicht gerade sehr alt. Hier können weitere Untersuchungen der Archäologen uns noch so manches sagen.

5. Das sah also so aus (wir verwenden ein anschauliches und naives Modell), daß es eine von den Sinnen direkt erfahrbare Wirklichkeit gab, einen Fluß oder Vulkan zum Beispiel, und »über ihr« oder »um sie herum« »bauten« sich die Urmenschen einen »metaphysischen Dunstkreis«, der im Laufe der Zeit und überall die Tendenz hatte, zu dem zu werden, was »sakral« ist. Zu Anfang war da vermutlich der Animismus, und jede Quelle, jeder Vulkan hatte seinen »Geist« oder seinen Gott (aber die »Dunstschwaden« der protokulturellen Metaphysik verwandelten sich sehr langsam in Götter, etwa so wie die Volkskunst, die über Jahrtausende ensteht und erstarrt), und dann begannen die »Dunstschwaden« sich so zusammenzuballen, daß aus ihnen der Polytheismus und schließlich auch der Monotheismus entstand. Natürlich kann man das eine wie das andere für richtig halten: Entweder das »Platonische«, das besagt, daß die Transzendenz (bei mir hier also die »Dunstschwaden«) schon immer existiert hat, nur daß die Menschen dafür noch nicht reif waren; und erst als sie genug »Grips« dafür hatten, das »Sakrale« zu bemerken, entdeckten sie das, was da war, als sie selbst noch nicht auf der Welt waren. Oder man sagt, daß die Menschen überhaupt nichts Sakrales entdeckt, sondern es sich einfach ausgedacht haben, und obschon es Hunderte von Glaubensvarianten gab und gibt, funktioniert die gezeigte Unterteilung bei allen ähnlich: in ein *sacrum* und ein *profanum*. Die Unterschiede wurden eher lokal durch die Entstehung von Tabuisierungen verursacht, durch die Unterscheidung von Werten und Geboten bezüglich des Geschlechts, der Schläfenlocken usw. Aber die Zweiteilung gab es grundsätzlich überall.

6. Es ist damit so ein bißchen wie mit der Mathematik: Die einen meinen, daß wir die mathematischen Welten entdecken, weil sie bereits da waren, und es nur die Mathematiker als ihre Entdecker noch nicht gab, so die Ansicht der Platoniker. Andere, wie zum Beispiel die Schule der Konstruktivisten, verkünden, daß wir selbst, die Menschen, die Mathematik eingebracht und aufgebaut haben. Ich habe überhaupt nicht die Absicht, mich hier in den Streit einzumischen, wer in der Mathematik und der Transzendenz recht hat, nicht weil ich keine eigene Meinung hätte, sondern weil dieses Problem von meiner Aufgabenstellung völlig unabhängig ist. Ob die Transzendenz einfach vorgegeben war oder erdacht wurde – das brauche ich nicht für die Entscheidung, welche Seite recht hat, wenn ich zeigen will, daß wir die Entstehung der menschlichen Kultur nicht simulieren können. Wie ließe sich nun diese »Zweiteilung« in ein Computerprogramm einbauen? Es läßt sich ja nicht einmal das, was nur individuell-volitional oder intentional ist, erfolgreich simulieren. Ein Computer will »nichts«, und wir können ihn nicht dazu kriegen, daß er »vom Programm her« etwas wünscht, begehrt oder will. Natürlich läßt sich eine Imitation des »Wollens« herstellen, aber das ist gerade so viel, wie wenn wir sagen, daß eine echte, lebende Russin und eine Babuschka aus Holz ein und dasselbe seien.

7. Es geht hier vor allem um ein heute noch unlösbares und rätselhaftes Phänomen: Ist jede kosmische Kultur zu der Bifurkation *(profanum – sacrum)* gezwungen, oder ist das ein lokales, irdisches Phänomen? Vielleicht rührte es daher, daß sich bereits der Urmensch nicht einfach mit seiner Sterblichkeit abfinden wollte, oder daher, daß die natürliche Evolution in ihrem Tempo eben so abgelaufen ist: hier bei uns – als Anthropogense und aus ihrem »Verlauf« ergab sich eine Eigenschaft aller Werkzeuge, die sich systematisch nicht in »Urmaterialismen« einschließen ließ, oder vielleicht trieb der für die Auflösung der Gödelschen Rätsel und Tücken notwendige mehrsymbolische Charakter jeder Sprache die Menschen gewissermaßen zu einer »Beglaubigung der Dunstschwaden der Metaphysik«. Wie es »wirklich« war und ob es allein um einen monophyletischen Grund oder eher um eine Vermengung und ein Zusammenspiel von Gründen ging, das wissen wir nicht. Wie aber sollen wir etwas simulieren, von dem wir nichts, aber auch gar nichts wissen und mit Feuereifer allerhöchstens ein »emergent-kulturelles« Pendant eines Marionettentheaters zustande brächten, das vorgibt, sich zu bewegen und zu leben, weil von außen an den Fäden gezogen wird? Das hat kaum szientischen Sinn, das ist eine Beliebigkeit, die jeder wissenschaftlichen Methode spottet, denn man kann zwar herumsimulieren, aber rauszukriegen, ob wir selbst den Kulturkeim in den protokulturellen Topf gelegt haben oder wir ihn einfach deshalb bekommen haben, weil es »nicht anders sein konnte« – das läßt sich nicht im Experiment auf die Poppersche Falsifikation testen, und jeder, der ein anderes Programm hat als wir, wird ein anderes Ergebnis erhalten. Es ist wie mit der Computersimulation von Geistern, Druden und Dämonen aus dem Jenseits: Wie man sich bettet, so liegt man. Man darf die Erfahrung im Sinne Poppers nicht durch Apparaturen, die der Wissenschaft dienen können, ersetzen. Folglich sollte man die Kultur nicht simulieren.

8. So wie es ganz sicher ist, daß der Mensch im Mittelalter keine Atomenergie freisetzen konnte, so ist ziemlich sicher, daß man die Kultur nicht simulieren kann, ohne ein wirkungsvolles Programm zur Simulation der Linguogenese an der Hand zu haben. Natürlich geht es nicht um den Gebrauch eines der vorhandenen Zeichensysteme, die fähig sind, designative Bedeutungen zu reproduzieren, geeignet zur syntaktischen Segmentierung und einer konnotativen oder denotativen Bezeichnung. Es geht darum, daß die vorlinguale Phase sich bereits bei Tieren als »Bedeutungsnebel« bemerkbar macht, die Sprache ist dann gewissermaßen deren Kondensat, deren Tropfenbildung, deren regeneratives Derivat. Für Psychologen ist es nichts Neues, daß das psychische Leben eines Individuums immer reicher ist als dessen Sprache, was bedeutet, daß man die Differenzierung der Bewußtseinszustände des Geistes nicht vollständig adäquat in sprachlicher Form wiedergeben kann. Immer bleibt in unserem psychischen Leben etwas Unausgesprochenes und Ungeklärtes, das man sich höchstens irgendwie denken kann, und dies geschieht, weil unsere Gehirnapparaturen einander sehr ähnlich sind, und schon allein deshalb es für uns leichter ist, einen anderen Menschen »ohne Worte« zu verstehen als eine Giraffe oder einen Tintenfisch: Es liegt ja nicht nur daran, daß unser Gehirn Milliarden von Verbindungen enthält, während das zentrale Nervensystem eines Tintenfisches vergleichsweise dürftig ausgestattet ist (doch es reicht ihm, um zu überleben).

9. Die philosophische Phänomenologie kann hier nicht helfen. Es geht darum, daß der vorlinguale psychosoziale Zustand auf eine uns völlig unbekannte Weise in den sprachlichen übergeht. Natürlich finden sich gleich Eiferer, für die die elementare Signalität von quasisprachlichen Gesten (von Schimpansen zum Beispiel) schon ein hervorragender Nährboden für die Kultur ist und somit auch für deren Simulation, um so mehr, als sich systemhaftes Verhalten, Herdenverhalten usw. mit kulturellem Verhalten gleichsetzen läßt (und dies ist gang und gäbe). Doch dann verhalten sich nicht nur Delphine und Affen »kultiviert«, nicht nur Hamadryaden, nicht nur Tauben und Störche, denn sie führen Brunsttänze auf. Ist der Sack erst einmal offen, läßt sich alles, lassen sich Kraut und Rüben reinwerfen. Die Kultur des Menschen in all ihren Spielarten, sowohl den synchronen wie den diachronen, ist ein Derivat der menschlichen Biologie, denn flögen wir wie Engel umher, dann fände diese physioanatomische Eigenart bestimmt in irgendeiner Weise ihren Niederschlag in den Kulturen. Und lebten wir wie Schwertwale unter Wasser, dann brächte das ebenso Veränderungen in unser kulturelles Schaffen. Da wir aber nun einmal so gebaut sind und funktionieren, wie »es jeder sehen kann«, hängt die Variable (unserer) kulturellen Produktion von der Sprache ab (denn die Sprache ist der »Führer« vieler Gehirnprozesse) und bis zu einem gewissen Grad von unserer postäffischen Spezialisierung des Sehens: Immerhin waren wir sehende Wesen, längst bevor wir zu sprechen begannen . . .

10. Ich behaupte nicht, daß eine Simulation der Emergenz, also des Entstehens von Kultur, ohne Sprache und außerhalb von Sprache überhaupt nicht möglich wäre. Mit aller Vorsicht will ich sagen, daß die sprachliche Heftnaht überaus nützlich wäre, wenn zur Erleichterung im Programm nur nicht mit zu großen Stichen genäht wird. Das generelle Bild, das ich bekomme, wenn ich versuche, das Ganze anschaulich zu machen, sieht so aus: Wir haben erstens eine bestimmte Menge von Tieren, die als Art durch die Fähigkeit der Nachrichtenübermittlung gekennzeichnet ist, die über eine reine Signalisierung hinausgeht. Diese Menge verfügt über redundante Verhaltensmöglichkeiten, die *en masse* keine Selbstbedrohung darstellen. Diese Menge lebt in irgendwelchen Nischen, an die sie im Hinblick auf das eigene Überleben angepaßt ist. Und jetzt müßten in ihr Verbote und Gebote keimen; ein Teil der triebhaften Verhaltensmuster muß einer erworbenen hundertprozentigen Blockierung bzw. Stimulierung unterliegen, der andere Teil kann scheinbar der Überlebensfähigkeit dienen, wie das zum Beispiel bei den Azteken der Fall war, die das Herz eines lebenden jungen Menschen aus dessen Brust rissen, damit das Himmelsgewölbe nicht einstürzte. Opferhandlungen, die, um es unverblümt zu sagen, dem Glauben entspringen, daß die Götter, die über die Welt herrschen, korrumpierbar sind, ist im Grunde genommen eine universell verbreitete und für wohl alle Glaubensrichtungen gültige Überzeugung, die nur im Detail meritorisch und lithurgisch unterschiedliche Formen annimmt. Jeder Glaube hat etwas, mal mehr, mal weniger, im Bereich der Ethik und Moral auszusagen, aber nicht jeder Glaube verspricht transzendentale Vorteile, die aus einem mit ihm im Einklang stehenden und damit lobenswerten Verhalten resultieren. Wie sich dies, und noch andere Funktionen, bei der Entstehung der Kultur simulieren lassen soll, ist mir rätselhaft, und wenn ich die Traktate der Amerikaner lese, kann ich mich über die Naivität ihres kapitalistischen markt- und börsenorientierten Pragmatismus, mit dem sie sich vor den Computern verneigen, nicht genug wundern. Es geht mir nicht darum, daß ihre Vorhaben undurchführbar sind, als wäre es ein Stück eines empirischen Kontinents, der noch nicht unterworfen ist, sondern allein darum, daß sie versuchen, aus Pfefferminztee einen Ozean zu machen und dabei glauben, daß sie die Empirie wissenschaftlich fortsetzen und bestätigen, wenn sie »die Emergenz der Kultur simulieren«. Wie man leider sieht, ist das Anwachsen der Dummheit universal und wurde im 20. Jahrhundert in keiner Weise gebremst. Die Metastasen des Erkenntnisoptimismus in die nahe Zukunft erfüllen mich nicht mit Zufriedenheit.

Die Rechenleistung des Lebens II

1. Über diese Leistung habe ich bereits geschrieben, doch waren, wie ich feststellen konnte, die Beweisführungen, deren ich mich bediente, für die Leser nicht hinreichend klar. Da aber die Sache meiner Meinung nach von ungeheurer Bedeutung ist, denn sie scheint uns den Weg zur Lösung eines der größten Rätsel des Lebens zu weisen, greife ich sie auf andere Weise noch einmal auf. Zugleich habe ich den Eindruck, daß die zur Zeit noch neue Unterteilung von Problemen, die mathematisch und auch algorithmisch nur schwer zu greifen sind, daß diese Unterteilung, deren ich mich bediente, das Problem, anstatt es zu erhellen, in den Augen aller, die mit der Mathematik nicht auf allerbestem Fuße stehen, nur noch verkompliziert hat. Deshalb komme ich auf jene Sache zurück und gehe sie von einer anderen Seite an.

2. Vor zwanzig Jahren erschien im Verlag Simon and Schuster, New York, *The Encyclopedia of Ignorance*, eine Enzyklopädie, die von den kosmologisch-kosmogonischen bis zu den biologischen und psychologischen Problemen alle enthalten sollte, die unbekannt sind, wobei einige dieser unbekannten Phänomene für immer unlösbar bleiben sollten. Zu solchen, die als Felder einer unüberwindlichen Ignoranz der Erkenntnis angesehen wurden, gehörte auch die spezifizische Leistungsgrenze aller Computer, angefangen von der Turing-Maschine bis hin zu einem rein abstrakten Computer, der aus der gesamten Materie des Universums gebaut wäre. Der Mathematiker und Biophysiker H.J. Bremerman aus Berkeley, Kalifornien, beschäftigte sich in seiner Arbeit *Complexity and Transcomputability* mit der Festlegung eben dieser Leistungsgrenze, also der Rechenleistung eines Computers, der an die unverrückbaren Gesetze und damit die Verbote der Physik stößt und in seiner Rechenleistung nicht mehr »weiter« gehen kann. Irgendwie kam Bremerman ohne Polynome aus; er ging einfach von einer Reihe von grundlegenden physikalischen Daten aus, wie der Lichtgeschwindigkeit (nach dem von Einstein entdeckten Grenzphänomen der Flüchtigkeit von Photonen kann kein Signal schneller als das Lichtsignal laufen), wie der Planck-Konstante usw. Ich werde hier jedoch nicht die Grundlagen der Physik referieren; Bremerman kam mit ein paar sehr einfachen Berechnungen schnell zum Ergebnis, daß der Lauf von Signalen in Bits pro Sekunde im Computer letztlich durch die Relation E/h begrenzt ist, wo E die Energie ist, mit der die Signale angetrieben werden, während h die Planck-Konstante ist. Nach Bremerman ist der Extremcomputer ein Würfel mit einer Kantenlänge von drei Zentimetern, für eine elementare Operation, die 10^{-10} Sekunden dauert. Anschließend führte Bremerman den Begriff der »Berechnungskosten« eines beliebigen Algorithmus ein, der eine arithmetische Aufgabe mit n Elementen lösen muß. Wie sich zeigt, wachsen die »Berechnungskosten« mit der Fakultät n (n!). Die Computer aus der Zeit, als Bremerman das schrieb, kamen auf 100 Millionen Operationen pro Sekunde (heute hat sich diese Größe mindestens schon verdoppelt). Dann führte Bremerman das uns (aus dem vorigen Essay über die Rechenleistung des Lebens) bereits bekannte Beispiel des Handlungsreisenden ein, der eine Reihe von Orten so aufsuchen muß, daß er an jedem nur einmal ist, er also den kürzesten Weg für seine Peregrination suchen muß. Auch hier wird das Problem mit der Fakultät gelöst: für n=4 haben wir 1x2x3x4=24. Doch n als Fakultät wächst bei zunehmendem Anstieg schneller als der Exponent: Für n=10 braucht der Computer 5 Sekunden, aber für n=20 würde die Arbeitszeit des Computers 100 000 Jahre betragen! Genau dies veranlaßte Bremerman zu dem Schluß, daß Probleme vergleichbaren »Härtegrades«, also vergleichbarer »algorithmischer Kosten« nicht mehr berechenbar (»transcomputable«) seien. Dies wäre dann die undurchstößliche »Mauer« auf dem Weg zur Perfektionierung der Computer, so etwas wie deren Leistungsgrenze, vergleichbar der unüberschreitbaren Lichtgeschwindigkeit. Irgendwie gilt dies in der Tat für die klassischen Algorithmen. Gleichwohl sind heute Taktiken aufgetaucht, mit denen jene angeblich »unbesiegbare« Transcomputabilität umgangen wird und die auf Gebieten, die um vieles praktischer sind als in dem nur als Modell eingesetzten Problem des Handlungsreisenden, bereits recht breite Anwendungen finden. Besonders viele derartige Probleme gibt es im *Big Business* (im vorigen Essay erwähnte ich nur die Aufgabe, das optimale Minimum von Flugzeugen gegenüber den Erwartungen der Passagiere zu finden, wenn der nach dem Flugplan vorgesehene Start durch technische Störungen, Streiks oder andere Ereignisse vereitelt wird: Die Kosten können hier in die Millionen Dollar gehen).

3. Mich interessieren hier die Probleme der Geschäftswelt nicht besonders. Mir scheint etwas ganz anderes wichtig, und zwar, daß die Anwendung genetischer Algorithmen dabei hilft, die Grenze der angeblichen Transcomputabilität zu überschreiten. So einfach wie möglich formuliert sind das gewissermaßen »hybride« oder »mathematisch unsaubere Algorithmen«, denn in der Regel taugen sie nicht dazu, die einhundertprozentig beste Lösung eines Problems zu finden, sondern erlauben in einer vernünftigen Zeit eine solche Lösung zu finden, die zum Beispiel 95 oder sogar etwas mehr Prozent des angepeilten idealen Optimums beträgt. Wie das geschieht? Das berühmte Prinzip der Darwinschen Evolution wird zur Arbeit herangezogen. Weder verwendet man »brutale« Rechenleistung, denn die versagt schnell, noch eine »reine« Konzeption blinder Mutationen, denn auch die scheint eine evolutive Spielart der »brute force« zu sein. Man bedient sich eines Modells, das eine mathematische Landschaft darstellt, die von flacheren und tieferen Tälern durchzogen ist. Eine gewisse Anzahl solcher »Täler«, die unweigerlich nicht zum Tal-Optimum führen, sind »tabu«, das heißt, sie werden aus dem Suchfeld ausgeschieden, während andere Täler, deren Tiefe der optimalen Lösung sehr nahekommt, als variable und schicksalshafte Größen »Mutationen« unterworfen werden. Die Landschaft beginnt sich zu bewegen, bis wir in ein solches Tal »fallen«, das eine hinreichend praktische (durch seine Tiefe) Lösung der Aufgabe darstellt. Unter den Mathematikern besteht keine völlige Einigkeit, ob solche »gemischten Algorithmen«, die sich einer Mutationsregel in der Art der Darwinschen Evolution bedienen, bereits so etwas wie ein

Allheilmittel für die Lösung aller schwierigen Aufgaben sind, doch lassen wir das einmal beiseite, denn mir geht es, und das schon auf eigenes Risiko, darum, in eine ganz andere und gerade von der Geschäftswelt sehr entfernte Richtung zu steuern.

4. Da haben wir eine riesige Zahl verschiedener Bakterienarten, und wie sich zeigt, sind schon fast alle gegenüber dem riesigen Spektrum der Antibiotika resistent geworden, von denen man noch vor ein paar Jahrzehnten glaubte, sie wären das theoretische *Panacaeum* gegen die unzähligen Infektionskrankheiten. Dieses Problem wurde im Hinblick auf den entscheidenen Punkt nie grundsätzlich gelöst, denn wir wissen noch nicht, wie Bakterien es machen, daß sie nach einiger Zeit zum Beispiel Penicillinase produzieren, also das Enzym, das das Penizillin zersetzt, wodurch sich letzteres gegenüber resistenten Stämmen als vollkommen unschädlich und also hilflos erweist. Dabei beträgt die Zeit, die Bakterien benötigen, um resistent zu werden, zwischen ein paar Jahren und ein bis zwei Jahrzehnten des Einsatzes von Antibiotika, und wenn die Therapeuten dank neuer Synthesen der Pharmakologie neue Antibiotika einführen, taucht nach ein paar, allerhöchstens nach zehn bis zwanzig Jahren die zuvor nur vorübergehend unterdrückte Resistenz wieder auf. Wie machen die Bakterien das nur?

Zwangsläufig mutieren Bakterien zwar, wie ich glaube, aber das ist keine ganz zufällige und blinde Mutation, denn dann brauchten sie nicht ein paar, sondern Millionen von Jahren, um hochgradig spezifische biochemische Verbindungen zu bilden, die im Stande sind, die mörderischen Fähigkeiten der Antibiotika unschädlich zu machen. Langsam beginnen wir zu verstehen, warum sich das Leben auf der Erde nach seiner Entstehung über einen Zeitraum von zwei Milliarden Jahren auf die Produktion von Billionen von Bakterien beschränkte, und diese sich nicht auf das Niveau von Vielzellern »erheben« konnten. Bestimmt wurden die Genapparate, die der Replikation von Bakteriengenen dienten, von jenen für uns so unvorstellbar langen Äonen »gedrillt«, bevor sie die ihnen heute zur

Verfügung stehene »Rechenleistung« erreichten, für die die angeblich unüberwindbare »Transcomputabilität« nur ein Witz ist. Natürlich geht es dabei nicht einfach um irgendwelche mathematischen Aufgaben, darum, den »Algorithmus der universellen Anpassungsfähigkeit« des Lebens zu finden, sondern um eine solche Generalisierung der für das Leben notwendigen kombinatorisch-transmutativen Fähigkeiten, die es dem Leben erlaubt, Katastrophen zu überstehen, wie es die tödliche Invasionen der Antibiotika für die Welt der Bakterien eine sein sollte. Die nicht einfach algorithmischen, sondern biologischen Kosten solcher Kämpfe der Welt der Mikroorganismen mit der Welt der Pharmakopöe sind sicher enorm, dennoch wird die »Rechenleistung«, verstanden als die Fähigkeit, biologisch gegen tödliche Gegenspieler anzukommen, in vergleichsweise kurzer Zeit mit jedem derartigen Widersacher fertig. Genau in diesem Kontext habe ich seinerzeit in *Also sprach Golem* gesagt, daß in erser Linie die allereinfachsten Organismen die größte adaptative Vielseitigkeit im Sinne eines Widerstandspotentials haben. Damit meinte ich, daß bei einer Katastrophe, die alles Leben auf der Erde auslöschen würde, die Welt der Tiere und der Pflanzen gleichermaßen, nur die Bakterien übrigblieben und sich aus ihnen – Äonen später – die nächste Phase einer Evolution entwickeln, und zwar einer, die mit Sicherheit ganz anders verliefe als der Linnésche Baum »unserer« Evolution.

5. Kurz gesagt, nicht umsonst hat das Leben in der Form von riesigen Kohorten von Protokaryonten über Billionen von Jahren gearbeitet, denn dank dieser Hartnäckigkeit (sofern man überhaupt anthropomorphische Begriffe für diese Kämpfe verwenden darf), erst dank der Tatsache, daß sie damals jene Fähigkeit für das *survival of the fittest* erlangten, konnten später Vielzeller auf der Erde erscheinen. Diese vielzelligen Systeme in ihren unzähligen Arten verloren zugegebenermaßen die universale Fähigkeit, die der bakteriellen »Rechenleistung« eigen ist, wodurch sie denn auch den unzähligen Katastrophen zum Opfer fielen, ob das nun geologische Katastrophen waren oder planetare. In jedem Falle waren sie kosmischen Ursprungs, bevor auf der Arena des Lebens der Mensch mit seinen antibakteriellen Medikamenten erschien, doch das vorangegangene »Training« und die »Übung« erlaubten es den Bakterien, diesen neuesten Angriff erfolgreich abzuwehren. Die verborgenen Mechanismen im biochemisch erkennbaren Bereich sind uns weiterhin unbekannt, besonders im Detail, und auch da, wo sich das Leben gewissermaßen »subbakteriell« verbirgt (ich meine die Welt der Viren). Hier gibt es noch sehr viel zu entdecken, denn, wie ich glaube, habe ich nicht einmal eine Spur, sondern nur deren Anfang aufgezeigt, die uns zu einem tieferen Verständnis des Lebens in seinen elementaren und zugleich wohl allerwesentlichsten Fähigkeiten führt.

6. Zum Ende dieser Erwägungen möchte ich folgenden Einwand machen: Es ist meines Erachtens nicht so, daß die »Rechenleistung«, die wir der Entdeckung der »mutativ arbeitenden genetischen Algorithmen« verdanken, bereits die Grundlage des Lebens und der Existenz der bakteriellen Welt ist. Bakterien beschäftigen sich mit Sicherheit nicht mit Algorithmen... Es geht nur darum, daß die Berufung auf die Leistungsgrenze einer bestimmten Klasse endlicher Automaten (gar nicht unbedingt nur der, die sich beispielsweise aus der iterativ arbeitenden Turing-Maschine herleiten lassen) ebenso wie der Hinweis auf die zweifellos in ihren Eigenschaften bereits entdeckten physikalischen Konstanten (wie Lichtgeschwindigkeit, wie die Planck-Konstante, der zweite Hauptsatz der Thermodynamik zur Entropie) der Errichtung unüberwindbarer Mauern auf dem Weg der menschlichen Erkenntnis gleichkommen. Langsam beginnen wir genau das zu verstehen, was ich mit der Sturheit eines Esels seit Jahren wiederhole: daß wir bei der Natur des Lebens in die Lehre gehen müssen und daß sich dort, in deren Tiefen, solche Geheimnisse verbergen, die auch die Lösungen von Dilemmata in sich tragen, die wir für ewig unlösbar halten. Bisher wurde auf diesem Weg nur der erste, kleine Schritt getan; da jedoch das *Big Business* viel mehr an Einsparungen, Gewinnen, an investiven Evolutionen des Kapitals interessiert ist, gelangen wir nicht auf dem Weg biologischer Forschungen, sondern indem wir die Hindernisse mathematisch überwinden, mit denen sich die Wirtschaft herumplagt, gewissermaßen verstohlen und zufällig zu Einsichten, die einem vor noch gar nicht so langer Zeit, wie ich das eingangs bereits beschrieben habe, als unerreichbare Traumgebilde erschienen sind. Noch allgemeiner und kühner gesprochen, muß man sagen, daß all diejenigen, die uns ein baldiges Ende der Erkenntnis prophezeien, weil sich die Menschen angeblich *bereits* »so gut wie alles zu Erkennende« angeeignet haben, sich gewaltig täuschen. Der Weg ist nicht nur weit und liegt offen vor uns, er hat auch, wie ich meine, kein Ende in Form eines Gipfels, der erreicht werden kann. Wer will, kann in dieser Perspektive die geringe Bedeutung unserer epistemologischen Anstrengungen sehen, ich sehe darin eher die Hoffnung auf eine Zukunft ... obschon auch wahr ist, daß alles, was die einen erreichen, die anderen schnell zum Nachteil der eigenen Art wenden.

PS. Obige Skizze läßt sich vielleicht verkürzt in folgende lapidare Dispositionen fassen:

1. Wie Karl Popper sagte: Die Natur schicke immer neue Arten von Lebewesen in die Welt, deren Schicksal aber – das zwischen einem Leben als Sieg und einem Tod als Niederlage liegt – ist eben der Lauf der natürlichen Evolution. Der Mensch aber kann statt lebender Wesen Hypothesen in die Welt schicken: die entweder überdauern, sich also in der Konfrontation mit der erlebten Welt bestätigen, oder als falsche untergehen ...

2. In obigem Sinne dient uns die Mathematik als Mitkonstrukteur der Hypothesen bei der Erkenntnis der Wirklichkeit. Wie wir am Beispiel der Darwinschen Evolution der Protokaryonten jedoch gesehen haben, können rein mathematisch unlösbare Aufgaben durch den Einsatz »genetischer Algorithmen« gelöst werden. Sie stellen eine spezifische Art einer solchen mathematischen Methode dar, die mit Hindernissen fertig wird, die für die klassischen Methoden transcomputabel sind.

3. Während die Kosten »transcomputabler« Aufgaben so ungeheuer groß sind, daß selbst ein aus der gesamten Materie des Universums gebauter Computer damit nicht zu Rande käme, sind die Kosten des algorithmisch-genetischen Triumphs zwar sehr groß, doch in jedem Falle unvergleichlich viel geringer. Über zwei Milliarden Jahre mußten sich die genetischen Algorithmen der Bakterien rekombinieren, biochemisch transmutieren, mußten Aberbillionen von Generationen sterben, damit am Ende solche Bakterienarten entstanden, die vergleichbar mit den heutigen über eine fast schon universale Anpassungsfähigkeit auch an eine noch so feindliche Umwelt verfügen.

4. Die Entstehung der Eukaryonten ist zwar ein evolutionärer Fortschritt des Lebens, der Millionen von vielzelligen Pflanzen- und Tierorganismen hervorbrachte, doch zugleich mit diesem »Fortschritt« trat unwiderruflich der Verlust der in den ersten Milliarden von Jahren des Lebens auf der Erde erlangten Universalität ein: Bakterien überleben sowohl den Zusammenstoß eines Kometen mit der Erde wie die Sintflut; weder von Känguruhs noch von Dinosauriern oder von Menschen läßt sich dasselbe sagen.

5. Die vom Leben bezahlten Kosten sind immer enorm hoch, wenn 99% der Arten, die der unserern vorausgingen, nicht überlebt haben. Doch die höchste Anpassungsleistung im Überlebenskampf hat das Leben in den Protokaryonten ausgebildet. Anders ausgedrückt: der viele Arten umfassende Fortschritt der Eukaryonten geht unweigerlich mit einem Verlust an adaptiver Geschmeidigkeit und universaler Wendigkeit einher. So stellt es sich uns zur Zeit dar.